史記

全本 全注 全译

〔汉〕司马迁 著

杨燕起 译注

六 列传（一）

岳麓書社 · 长沙

列 传

纪传体史书，均必须有纪、有传，故列传在《史记》中占有非常重要的地位。《太史公自序》说："扶义俶傥，不令己失时，立功名于天下，作七十列传。"这就确立了司马迁选择立传人物的三个基本标准：一是政治道德上既符合"义"的原则，又有其独特的洒脱特征。二是需能乘"时"、顺"时"，强调人物行为的时代性及其判断力和主动性，不得其"时"，自然不足以作用于社会历史。三是立功且成其名，历史上如此多的过往人物，能让司马迁选入列传者自然是有名的，有名亦自然应是有功的，且其功必须关系"天下"，所以其人生价值应该是有褒贬意义上的重要作用和影响的。《自序》的概括很有意义。实际上，《史记》五种体裁，除表、书之外，本纪、世家与列传一样，都是以记载人物事迹为主，通过记载人物事迹而表现社会历史内容的。从人物传记的角度来说，这三部分是《史记》的中心内容，其实如《平准书》《封禅书》所记，又何尝不表现人物？但列传是人物传记的主体。从形式上，七十列传也可分为五类：一、独传：一个人物单列一传，一般来说这种人物的社会作用比较大。二、合传：两个及两个以上人物合著于一传，这当中有多种情况，诸多人物之合传司马迁均有其相关立意。三、类传：同一类人物合著于一传，《史记》有刺客、循吏、儒林、酷吏、游侠、佞幸、滑稽、日者、龟策、货殖十篇类传，类传之序提挈全篇思想主旨，是很深刻的评论文字，一部史书有些什么类传，往往表现其记载时代的社会特征。四、少数民族与域外国家的传：以传为名，实际是记一个少数民族或域外国家的产生、发展、演变及其与中原政权的相互交往、影响与联系，这就扩大了史书的记载范围，故《史记》实为一部当时可知领域的世界史。五、自序：用以表述作者的家世、经历、作史意图等，亦借以列出全书各篇的著述提要，就是这部分的提要内容，已经具备后代目录学的雏形，有其独特的意义。五类结合，较为集中地表现出司马迁主要的政治、经济、军事、文化、学术等各方面的观点，亦是研究《史记》著述宗旨“究天人之际，通古今之变，成一家之言”“稽其成败兴坏之理”的重要篇卷，是《史记》中的精华部分，值得人们认真地研读。《史记》设立列传等体裁，是史书体例上突出以人物为社会历史主体的思想的一个重要发展，这同样是司马迁的首创，是他对史学的杰出贡献。

史记卷六十一

伯夷列传第一

原文

夫学者载籍极博，犹考信于六蓺。[1]《诗》《书》虽缺，然虞夏之文[2]可知也。尧将逊位，让于虞舜，舜禹之间，岳牧咸荐，乃试之于位，典职数十年，功用既兴，然后授政。[3]示天下重器，王者大统，传天下若斯之难也。[4]而说者曰尧让天下于许由，许由[5]不受，耻之，逃隐。及夏之时，有卞随、务光者。[6]此何以称焉？太史公曰：余登箕山[7]，其上盖有许由冢

译文

学者们运用的书籍文献虽然很广博，但还需要依从六艺来考察它们是不是可信。《诗经》《尚书》虽说残缺，然而虞代、夏代的记事文字还是可以了解的。唐尧将要退位，就把帝位让给了虞舜，虞舜让给了夏禹，这期间，四岳十二州牧都来推荐，才将其放在帝位上考察试用，掌管政务几十年，建立的功业显著，后来再正式授给他执政大权。这样做是表示天下是王者的重器，帝王是天下尊贵的统绪，传授天下的大权是如此的郑重艰难呀。可是诸子杂说讲尧把天下让给许由，许由不接受，认为是耻辱，就逃避隐居起来。到了夏代的时候，又有卞随、务光这样的人。这些人为什么又受到称赞呢？太史公说：我登上箕山，那上面有

云。孔子序列古之仁圣贤人，如吴太伯[8]、伯夷之伦详矣。余以所闻由、光义至高，其文辞不少概[9]见，何哉？

许由的坟墓。孔子提到许多古代的贤人，像吴太伯、伯夷，说得很详细。据我所听说的有关许由、务光的事，他们节义很高，记载他们事迹的文字却很少见到，这是为什么呢？

注释　1 载籍：书籍。　六蓺：即“六艺”。指《诗》《书》《礼》《乐》《易》《春秋》六部儒家经典。　2 虞夏之文：记载虞、夏时期的文字资料，这些资料保存在《尚书》中的《尧典》《舜典》《大禹谟》等篇目中。　3 逊位：让位，退位。　岳牧：相传尧舜时有四岳十二州牧分管政务和方国诸侯，合称“岳牧”。　典职：主管政务。　功用：功绩。　4 重器：贵重的宝器。　大统：尊显的统绪。　5 许由：上古隐士。相传尧让位于他而不受。　6 卞随：上古隐士。相传商汤曾想让位于卞随，卞随不受，投水而死。　务光：上古隐士。相传商汤也曾想让位于他，务光不受，负石投水而死。　7 箕山：古山名。今位于何处说法甚多。一说在今河南登封东南。　8 吴太伯：周太王之长子，后顺父愿让位于弟季历而出走奔吴，故称“吴太伯”。　9 概：大略。

孔子曰：“伯夷、叔齐，不念旧恶，怨是用希[1]。”“求仁得仁，又何怨乎？[2]”余悲伯夷之意，睹轶诗[3]可异焉。其传[4]曰：

伯夷、叔齐，孤竹君[5]之二子也。父欲立叔齐，及父

孔子说：“伯夷、叔齐，不记旧仇，因此怨恨很少。”“他们追求仁德而得到了仁德，又有什么怨恨呢？”我对他们的经历感到悲哀，当我读到他们留下来的诗句后发现与孔子所言不同。他们的传记说：

伯夷、叔齐，是孤竹君的两

卒，叔齐让伯夷。伯夷曰："父命也。"遂逃去。叔齐亦不肯立而逃之。国人立其中子[6]。于是伯夷、叔齐闻西伯昌善养老，盍往归焉。[7]及至，西伯卒，武王载木主[8]，号为文王，东伐纣。伯夷、叔齐叩马[9]而谏曰："父死不葬，爰及干戈，可谓孝乎？以臣弑[10]君，可谓仁乎？"左右欲兵之。太公曰："此义人也。"扶而去之。武王已平殷乱，天下宗周，而伯夷、叔齐耻之，义不食周粟，隐于首阳山，采薇而食之。[11]及饿且死，作歌。其辞曰："登彼西山[12]兮，采其薇矣。以暴易暴[13]兮，不知其非矣。神农、虞、夏忽焉没兮，我安适[14]归矣？于嗟徂[15]兮，命之衰矣！"遂饿死于首阳山。

个儿子。父亲想立叔齐做国君，等到父亲去世，叔齐把君位让给伯夷。伯夷说："这是父亲的命令。"就逃走了。叔齐也不肯继位而逃走了。国人立孤竹君的次子做国君。这时，伯夷、叔齐听说西伯昌善于尊养老人，就前往归附他。等到了那里，西伯去世了，武王用车载着他的木制神位，将其尊称为"文王"，往东去讨伐纣王。伯夷、叔齐勒住马劝告说："父亲死了不加安葬，就发动战争，这能说是孝吗？用臣下的身份来弑杀君王，这能说是仁吗？"武王左右的侍从要加害他们。太公吕尚说："这是些有节义的人。"搀扶着让他们离去了。武王平定了殷纣的祸乱，天下奉周王室做宗主，而伯夷、叔齐感到耻辱，坚持节义不吃周朝的粮食，隐居在首阳山中，采摘野菜以供食用。等到饿得将要死去，作诗歌一首。歌辞说："登上那西山啊，采摘山上的野菜。用暴臣换掉暴君啊，不能认识自己的错误。神农、虞舜、夏禹的世道转眼消失了啊，哪里才是我们的归宿？哎呀只有死呀，我的命运是这样的可怜啊！"于是他们饿死在首阳山上。

由此观之,怨邪非邪?

从这首诗看来,他们是有怨恨还是没有怨恨呢?

注释 1 怨是用希:即用怨希,因此怨仇很少。用,因。希,少。 2 求仁得仁,又何怨乎:此语见《论语·述而》。孔安国释云:“以让为仁,岂有怨乎?” 3 轶(yì)诗:此处指散佚而未编入《诗经》三百篇内之古代诗歌。 4 其传:《史记索隐》案:“盖《韩诗外传》及《吕氏春秋》也。” 5 孤竹君:孤竹国国君。孤竹,古国名,相传为姜氏,其君墨胎氏,在今河北卢龙县东南。 6 中(zhòng)子:次子。 7 西伯昌:即周文王姬昌。 养老:收养老人。 盍:于是,就。 8 木主:木制牌位。 9 叩马:勒住马。 10 弑(shì):古代下杀上为“弑”。 11 宗周:以周王室为宗主。 首阳山:古山名,在今山西永济南。 薇:一种野菜。 12 西山:即指首阳山。 13 以暴易暴:指武王伐纣。 14 安适:适安,到什么地方。 15 徂(cú):通“殂”,死。

或曰:“天道[1]无亲,常与善人。”若伯夷、叔齐,可谓善人者非邪?积仁洁行[2]如此而饿死!且七十子之徒[3],仲尼独荐颜渊为好学。然回也屡空,糟糠不厌,而卒蚤夭。[4]天之报施善人,其何如哉?盗跖日杀不辜,肝人之肉,暴戾恣睢,聚党数千人横行天下,竟以

有人说:“天道不分亲疏,经常帮助有善行的人。”像伯夷、叔齐,能不算是善人吗?他们积累仁德、品行纯洁却被饿死!再说在七十名弟子中,孔子只是推荐颜渊为好学。然而颜渊总是陷于贫穷,连糟糠都吃不饱,而终于过早夭折。上天对善人的报答和施舍,实际又是怎样的呢?盗跖天天残杀无辜,烤人的心肝当肉吃,暴虐凶狠放纵骄逸,聚集几千党徒在天下横行,竟然长寿而终。这是遵从的哪种标准呢?这是一些特别明显

寿终。[5]是遵何德哉？此其尤大彰明较著[6]者也。若至近世，操行不轨，专犯忌讳，而终身逸乐，富厚累世不绝。[7]或择地而蹈之，时然后出言，行不由径，非公正不发愤，而遇祸灾者，不可胜数也。[8]余甚惑焉，傥所谓天道，是邪非邪？

的例证。至于到了近代，操守行为不走正道、专门触犯禁令的人，却终身安逸享乐，家境富裕优厚累世不绝。有些人小心得看好地方才下脚，选准时机才说话，不走歪门邪道，不是公道正义的事不会发愤去做，却遭遇到祸患灾害的，这样的例子是数也数不清。我感到特别困惑，所谓天道，究竟是对还是错呢？

注释 1 天道：此意指支配人类命运的天神意志。 2 积仁洁行：积聚仁德，纯洁自己的行为。 3 七十子之徒：相传孔子有弟子三千，贤者七十（或曰七十二，或说七十七），举整数而言。 4 空(kòng)：贫穷。 厌：饱。 蚤：通“早”。 5 盗跖(zhí)：名跖，古代传说中的大盗，故称之为“盗跖”。 肝人之肉：日本泷川资言《史记会注考证》曰：“肝，疑当作‘脍’。”《庄子·盗跖》篇亦云“脍人肝而铺之。” 暴戾：残暴凶狠。 恣睢(suī)：放纵骄横。 6 彰明较著：特别明显。彰，明显，显著。较，通“皎”，明显。7 不轨：不法，不走正道。 忌讳：此指避忌，禁令。 8 择地而蹈之：看好地方才下脚落步。 时：时机恰当。 行不由径：走路不走小道。 公正：此指主持公道、正义。 发愤：下定决心努力。

子曰“道[1]不同不相为谋”，亦各从其志也。故曰“富贵如可求，虽执鞭之士[2]，

孔子说“主张不同就不一起谋划”，也是各人依从自己的志向。所以说“如果可以寻求到富贵的话，虽然是从事卑贱的职业，我也愿意去做。如果不可能寻求到，

吾亦为之。如不可求，从吾所好[3]”。“岁寒，然后知松柏之后凋”。举世混浊，清士乃见[4]。岂以其重若彼，其轻若此哉？

还是依从自己的爱好去做”。“到了年末的寒冷季节，才知道松柏是最后凋零的”。整个社会混乱污浊的时候，清正高洁的人士才会显现出来。这难道不是因为他们把德操看得极重，所以才把贫穷乃至生命看得极轻吗？

注释　1 道：主张，志向。　2 执鞭之士：本指从事各种卑贱职业的人，此指卑贱职业。　3 好(hào)：喜爱，乐意。　4 见：出现，显露。

“君子疾[1]没世而名不称焉。”贾子曰：“贪夫徇财，烈士徇名，夸者死权，众庶冯生。”[2]“同明相照，同类相求。”“云从龙，风从虎，圣人作而万物睹。[3]”伯夷、叔齐虽贤，得夫子[4]而名益彰。颜渊虽笃学，附骥尾[5]而行益显。岩穴之士，趣舍有时若此，类名堙灭而不称，悲夫！[6]闾巷之人，欲砥行立名者，非附青云之士，恶能施于后世哉？[7]

孔子说：“君子担忧自己死去而名声不被称扬。”贾谊说：“贪婪的人为财而死，有壮烈举动的人献身于名，夸矜权位的人为权丧生，平民百姓因求生而恶死。”《易经》说：“同样明亮的东西会互相照映，同类的事物会互相寻求。”“祥云随着龙兴而出现，山风随着虎啸而发生，圣人兴起，则万民仰见而天下归服。”伯夷、叔齐虽然贤仁，因为得到孔子的称赞，名声才更加显扬。颜渊虽然好学，但因为跟随孔子，德行才更加彰显。隐居山野的人士，进取隐退能做到恰当时机程度，却大抵上名声都被埋没而没有受到称扬，真是可悲呀！闾里街巷的平民，想磨砺品行树立名声，如果不依附品德高洁地位显贵的人，怎么能把其事迹延续至后世呢？

注释 1 疾:担忧,害怕。 2 贾子:贾谊,西汉时著名的文学家、政治家。 徇:通"殉",为达到目的而不惜牺牲生命。 夸者:贪于权势好矜夸之人。 冯生:贪生,求活。冯,通"凭",持,看重。 3 作:出现,兴起。 物:此指民众。 睹:见,看。 4 夫子:此指孔子。 5 附骥尾:附于千里马之尾。比喻受名人荐举和提拔。 6 岩穴之士:指隐居山野的人,即隐士。 趣(qū):通"趋",向前,进取。 舍:隐退。 时:指时机。 类:大抵。 堙(yīn)灭:埋没。 7 砥:磨刀石。指磨励,锻炼。 青云之士:指品德高洁地位显贵的人。恶(wū):怎么。 施(yì):延续。

史记卷六十二

管晏列传第二

原文

管仲夷吾者，颍上人也。[1] 少时常与鲍叔牙游，鲍叔知其贤。管仲贫困，常欺鲍叔，鲍叔终善遇之，不以为言。[2] 已而鲍叔事齐公子小白，管仲事公子纠。[3] 及小白立，为桓公，公子纠死，管仲囚焉。鲍叔遂进[4]管仲。管仲既用，任政于齐，齐桓公以霸，九合[5]诸侯，一匡天下，管仲之谋也。

译文

管仲，名夷吾，颍上人。年轻的时候经常和鲍叔牙来往，鲍叔牙知道他贤能。管仲家中贫困，常常欺骗鲍叔，鲍叔始终善待他，不为此而说他的不是。不久鲍叔侍奉齐国的公子小白，管仲侍奉公子纠。等到小白继位做了桓公，公子纠死去，管仲被囚禁起来。鲍叔就举荐管仲。管仲得以被任用，在齐国执掌大权，齐桓公因此称霸，多次会盟诸侯，使天下得到匡正，这些都是靠管仲的计谋。

注释 1 管仲夷吾：管仲姓管，名夷吾，字仲。死后谥“敬”，后人亦称“管敬仲”。颍上：颍水边上。颍水发源于今河南登封境，经安徽流入淮河。
2 欺：欺骗。 终：始终。 遇：对待。 不以为言：不因此发议论（或说管仲的不是)。 3 公子小白:即后来的齐桓公,襄公之弟。 公子纠:公子小白的同父异母兄弟。 4 进:举荐。 5 九合:多次盟会。九,泛指多次。

管仲曰:"吾始困时,尝与鲍叔贾,分财利多自与,鲍叔不以我为贪,知我贫也。[1]吾尝为鲍叔谋事而更穷困,鲍叔不以我为愚,知时有利不利也。吾尝三仕三见逐于君,鲍叔不以我为不肖,知我不遭时也。[2]吾尝三战三走[3],鲍叔不以我为怯,知我有老母也。公子纠败,召忽死之,吾幽囚受辱,鲍叔不以我为无耻,知我不羞小节而耻功名不显于天下也。[4]生我者父母,知我者鲍子也。"

鲍叔既进管仲,以身下之[5]。子孙世禄于齐,有封邑者十余世,常为名大夫。[6]天下不多[7]管仲之贤而多鲍叔能知人也。

管仲说:"我当初贫困时,曾经和鲍叔一起做买卖,分钱时多给自己一些,鲍叔不认为我贪心,他知道这是因为我贫穷。我曾经替鲍叔谋划事情而使他更加窘迫,鲍叔不认为我愚笨,他知道这是因为时运有时顺,有时不顺。我曾经多次任职而多次被国君驱逐,鲍叔不认为我没有才能,他知道这是因为我没有遇上好时机。我曾经多次参战而多次败逃,鲍叔不认为我胆怯,他知道这是因为我家中还有老母。公子纠失败,召忽因而死去,我被囚禁受了屈辱,鲍叔不为我感到羞耻,知道我是不会因为小节而羞愧,而会为功名不能彰显于天下而羞愧。生养我的是父母,真正了解我的是鲍子。"

鲍叔举荐管仲以后,自己身居管仲之下。他的子孙世世代代在齐国享受俸禄,受到国君赐予食邑的有十几代,且常常为有名的大夫。天下的人不称道管仲的贤能,却称赞鲍叔能够识别人才。

注释 1 贾(gǔ):做买卖。 多自与:即多给自己。 2 仕:做官。 见逐:被驱赶。 不肖:不贤,无才。 3 走:逃跑。 4 召忽:齐国人,与管仲一起辅佐公子纠,并为公子纠而死。 不羞小节:不以小节为耻辱。羞,以……为耻辱。 5 以身下之:把自己置于管仲之下。 6 世禄:世代享受俸禄。 封邑:帝王赐予的食邑。 7 多:推崇,赞赏。

管仲既任政相齐,以区区之齐在海滨,通货积财,富国强兵,与俗同好恶。[1]故其称曰:"仓廪实而知礼节,衣食足而知荣辱,上服度则六亲固。[2]四维不张[3],国乃灭亡。下令如流水之原[4],令顺民心。"故论卑[5]而易行。俗之所欲,因而予之;俗之所否,因而去之。

管仲担任齐相以后,认为齐国疆域狭小,且位于海滨,就发展商业积聚资财,图谋国家富足、军力强盛,他的政策与当地的习俗相协调。所以他宣称说:"仓库充实了民众就会懂得礼节,衣食富足了百姓就会知道荣辱,在上的人行为符合法度,那么六亲的关系就会和睦稳固。礼、义、廉、耻的教化不能得到伸张,国家就要灭亡。下达的政令要像流水的源泉一样,让它顺应民众的心意。"所以他的政论通俗而且容易执行。当地人民所希望的,他就提倡;当地人民所排斥的,他就废弃。

注释 1 通货积财:流通货物,积聚资财。 与俗同好(hào)恶(wù):和老百姓的思想意愿、风俗习惯相顺应。 2 仓廪:仓库。 实:充实。 上服度则六亲固:统治者的行为符合礼仪法度,那么六亲之间自然和睦、关系稳固。六亲,即父、母、兄、弟、妻、子。 3 四维:即礼、义、廉、耻四纲。 不张:不伸张。 4 原:同"源",源泉。 5 论卑:言论平易、通俗。

其为政也，善因[1]祸而为福，转败而为功。贵轻重，慎权衡。[2]桓公实怒少姬，南袭蔡，管仲因而伐楚，责包茅不入贡于周室。[3]桓公实北征山戎，而管仲因而令燕修召公之政。[4]于柯之会，桓公欲背曹沫之约，管仲因而信之，诸侯由是归齐。[5]故曰："知与之为取，政之宝也。[6]"

管仲富拟于公室，有三归、反坫，齐人不以为侈。[7]管仲卒，齐国遵其政，常强于诸侯。后百余年而有晏子焉。

管仲为政，善于将祸患变为福庆，将失败转换为成功。他重视发展经济，小心地权衡着事物的利弊得失。桓公原来是对少姬发怒，往南袭击蔡国，管仲借机前去讨伐楚国，责备楚国不向周王室及时进贡祭祀用的包茅。桓公实际往北去讨伐山戎部族，但管仲乘机却责令燕国重新施行召公时期的政令。在柯地会盟，桓公事后想背弃已答应了曹沫的盟约，管仲趁此劝告桓公遵守盟约来获取信任，诸侯因此归顺齐国。所以说："懂得给予就是索取，这是为政的法宝。"

管仲的富足能和齐国的公室相比，他的收入占全国税收的十分之三且筑有放酒杯的土台，但是齐国人不认为他奢侈僭越。管仲去世，齐国遵循他的政策，因此齐国在相当长的一段时间是诸侯国中的强国。以后百余年齐国又出现了晏子。

注释　1 因：由。　2 贵：看重，重视。　轻重：本指货币和物价高低，此处指发展经济。　慎：小心对待，即重视。　权衡：本指度量衡，此处指权衡事情的利弊得失。　3 少姬：齐桓公夫人，蔡缪侯之妹，因失宠归蔡，蔡君又将其改嫁于他人，因而触怒桓公。　蔡：春秋时小国名，都于今河南上蔡县。　包茅：指青茅，楚国特产，祭祀用品。　4 山戎：又称"北戎"，部族名，分布在今河北北部。　修：实行。　召（shào）公：周初大臣，曾佐武王灭商，后封于燕。　5 柯：古地名，在今山东东阿县西南。　曹沫：

《左传》《穀梁》并作“曹刿”,《史记·刺客列传》作“曹沬(huì)”,鲁国将领。在柯之盟会上,曹沬手执匕首挟持桓公订立盟约,收回失地。 因而信之:管仲顺势让桓公答应曹沬的要求,使其他诸侯相信齐国讲信义。 6 知与之为取,政之宝也:《史记索隐》:“《老子》曰:‘将欲取之,必固与之’,是知此为政之所宝也。” 7 拟:相比。 三归:说法较多。《史记正义》:“三归,三姓女也。妇人谓嫁曰归。”一说征收全国工商税收的三分归管仲。此说根据较多,为妥。 反坫(diàn):放酒杯的土台,古时只有帝王、国君才有。

晏平仲婴者,莱之夷维人也。[1]事齐灵公、庄公、景公,以节俭力行重[2]于齐。既相齐,食不重肉,妾不衣帛。[3]其在朝,君语及之,即危言;[4]语不及之,即危行。国有道,即顺命;无道,即衡命。[5]以此三世显名于诸侯。

晏平仲,名婴,是莱地夷维人。侍奉过齐灵公、庄公、景公三代国君,因为节约俭朴尽心办事在齐国被看重。他做了齐国宰相后,吃饭不用两样肉食,妻妾不穿丝绸衣服。他在朝廷上,国君的话涉及他,他就正直地陈述意见;没有涉及他,他就正直地去行事。国家能行正道,就服从命令;国家不行正道,就根据情况可行即行。由于这样,连续三朝,他都扬名于各诸侯国。

注释 1 莱:古小国名,在今山东龙口东南莱子城。 夷维:古地名,在今山东高密。 2 力行:尽力尽心办事。 重:被看重,受重视。
3 食不重(chóng)肉:只吃一样肉食。 帛:丝织品。 4 君语及之,即危言:国君的话涉及自己,就正直地陈述意见。危,高耸貌。引申为正直。
5 有道:走上正道,国泰民安。 顺命:服从命令。 衡命:指根据情况可行即行。

越石父贤，在缧绁[1]中。晏子出，遭之涂，解左骖赎之，载归。[2]弗谢，入闺。[3]久之，越石父请绝[4]。晏子戄然，摄衣冠谢曰："婴虽不仁，免子于厄，何子求绝之速也？[5]"石父曰："不然。吾闻君子诎于不知己而信于知己者。[6]方吾在缧绁中，彼不知我也。夫子既已感寤[7]而赎我，是知己；知己而无礼，固不如在缧绁之中。"晏子于是延入为上客。

越石父贤能，却被囚禁了。晏子外出，路中遇见了他，解下左边的骖马把他赎出，载着他回了家。晏子没有向他告辞，就径直到内室去了。过了很久，越石父请求绝交。晏子深感吃惊，整理了衣帽后谢罪说："我晏婴虽说不算仁厚，却让您从困境中解脱出来，您为什么这么快就请求绝交呢？"石父说："不对。我听说君子委屈于不知己，而在知己者面前伸展志向。当我被囚禁时，那是因为他们不了解我。先生既然了解我而把我赎出来，那你就是我的知己；是我的知己而却又不能以礼待我，反而不如被囚禁。"晏子于是就请他入门视为贵客。

注释 1 缧绁(léi xiè)：本指捆绑犯人的绳索，此指被囚禁。 2 涂：通"途"。 左骖(cān)：古时一车四马，居外的两匹马称骖，左边的称左骖。 3 谢：辞别。 闺：本指宫中的小门，此指内室。 4 绝：绝交。 5 戄(jué)然：惶惧、吃惊的样子。 摄：整理。 厄：困境。 6 诎：委屈。 信：通"伸"。 7 寤：通"悟"，觉悟，了解。

晏子为齐相，出，其御[1]之妻从门间而窥其夫。其夫为相御，拥大盖，策驷马，意气扬扬，甚自得也。[2]既

晏子做了齐国宰相，外出时，他的御手之妻从门缝里窥视她的丈夫。她见丈夫替宰相驾车，头上遮着大伞盖，鞭策着驷马，意气风

而归,其妻请去[3]。夫问其故。妻曰:"晏子长不满六尺,身相齐国,名显诸侯。今者妾观其出,志念深矣,常有以自下者。[4]今子长八尺,乃为人仆御,然子之意自以为足,妾是以求去也。"其后夫自抑损[5]。晏子怪而问之,御以实对。晏子荐以为大夫。

发,十分得意。不久御手回到家中,他的妻子想离开他。丈夫问她是什么原因。妻子说:"晏子不满六尺高,却做了齐国宰相,在诸侯国中扬名。刚才我看他外出时,思虑很深,常有一种甘居人下的态度。如今你有八尺高,替人当奴仆驾车,然而你却表现得自以为非常满足,我因此想离开你。"此后车夫就变得谦恭退让。晏子觉得奇怪,就问他,车夫按实回答。晏子推荐车夫为大夫。

注释　1 御:御手,车夫。　2 大盖:古代高级马车上的大伞盖。　策:鞭打。　3 请去:请求离家而去。　4 志念:意念,志向。　自下:以自己为下,即自卑、自谦。　5 抑损:谦恭,退让。

太史公曰:吾读管氏《牧民》《山高》《乘马》《轻重》《九府》,及《晏子春秋》,详哉其言之也。[1]既见其著书,欲观其行事,故次[2]其传。至其书,世多有之,是以不论,论其轶事[3]。

太史公说:我读过管仲的《牧民》《山高》《乘马》《轻重》《九府》,以及《晏子春秋》,书上的言辞说得多么详细呀。既已见过他们所著的书,就想观察他们的事迹,所以写了他们的传记。至于他们的书,世上已有很多,就不说了,这里只是论述他们的轶事。

管仲,世所谓贤臣,然孔子小[4]之。岂以为

管仲是世人所说的贤臣,然而孔子轻视他。难道是因为周朝的政治衰败,桓公既然贤明,管仲并不劝勉

周道衰微，桓公既贤，而不勉之至王，乃称霸哉？[5] 语曰："将顺其美，匡救其恶，故上下能相亲也。"岂管仲之谓乎？

方晏子伏庄公尸哭之，成礼然后去，岂所谓"见义不为无勇"者邪？至其谏说，犯君之颜，此所谓"进思尽忠，退思补过"者哉！假令晏子而在，余虽为之执鞭，所忻慕焉。

他称王，却让他称霸了吗？古语说："要顺势成就君主的美德，匡正挽救他的错误，所以君主百姓间能和睦相处。"难道说的是管仲吗？

当晏子伏在庄公尸体上哭泣，完成了做臣子的礼节后离去，难道这就是所说的"见到正义的事情不去做就是没有勇气"的表现吗？至于晏子直言谏说，敢于冒犯君主的尊严，这就是所说的"在朝就想到要竭尽忠心，在野就想到要弥补过失"的人吧！假如晏子还活着，即使替他挥鞭赶车，也是我所高兴和向往的啊。

注释 1《牧民》《山高》《乘马》《轻重》《九府》：以上皆《管子》一书的篇名。《晏子春秋》：后人编撰的一部记载晏婴事迹的书。 2 次：编写，编排。 3 轶(yì)事：人们不太了解之事，散佚零碎之事。 4 小：看不起，轻视。 5 至王：达到称王的地步。 乃：却。

史记卷六十三

老子韩非列传第三

原文

老子者,楚苦县厉乡曲仁里人也,姓李氏,名耳,字聃,周守藏室之史也。[1]

孔子适周,将问礼于老子。[2]老子曰:"子所言者,其人与骨皆已朽矣,独其言在耳。且君子得其时则驾,不得其时则蓬累而行。[3]吾闻之,良贾深藏若虚[4],君子盛德,容貌若愚。去子之骄气与多欲,态色与淫志,是皆无益于子之身。[5]吾所以告子,若是而已。"孔子去,谓弟子曰:"鸟,吾知其能飞;鱼,吾知其能游;兽,

译文

老子是楚国苦县厉乡曲仁里人,姓李,名耳,字聃,做过周朝掌管藏书室的史官。

孔子前往周都,想要向老子请教有关礼的事。老子说:"你听说的礼,创制它们的人连同其骨头都已经腐朽了,只有他们的言论还在。况且君子能够得到恰当的时机就可以做官,不能得到这种时机就会像蓬草一样随风飘零。我听说,出众的商人秘密地储存货物,但表面上看起来像没有什么,君子具有高尚的德行,可他的容貌好像是愚钝的人。抛弃你的骄纵之气和过多的欲望,除掉你的怪态神色和过分的奢望,这些对于你的自身都是毫无益处的。我所能告诉你

吾知其能走。走者可以为罔，游者可以为纶，飞者可以为矰。[6]至于龙吾不能知，其乘风云而上天。吾今日见老子，其犹龙邪！”

的，就这些罢了。”孔子离去，对弟子说：“鸟，我知道它能飞；鱼，我知道它能游；兽，我知道它能跑。能跑的可以制网去捕它，能游的可以用丝绳去钓它，能飞的可以备短箭去射它。至于龙，我对它不了解，它是能乘风驾云飞升上天的。我今日见到的老子，大概就是条龙吧！”

注释 1 苦县：春秋时楚国地名，在今河南鹿邑县。 厉乡：苦县下设之乡名，在苦县东。 里：古代户籍管理的一级组织，二十五家为一里。 2 适：往，到……去。 周：此当指东周京都洛阳。 3 驾：驾驭，或指做官。 蓬累：像蓬草一样随风转移、游离。 4 贾(gǔ)：商人。 深藏若虚：秘密地储存货物，表面上好像空虚无物。 5 态色：神态表情。 淫志：过高的志向、奢望。 6 罔：同“网”，捕兽之网。 纶：钓鱼之丝绳。 矰（zēng）：一种用丝绳系住，可射飞鸟的短箭。

老子修道德，其学以自隐无名为务。[1]居周久之，见周之衰，乃遂去。至关，关令尹喜曰[2]：“子将隐矣，强为我著书。”于是老子乃著书上下篇[3]，言道德之意五千余言而去，莫知其所终。

老子创立道家学派，其学说以隐蔽自身不求名利为追求目标。老子在周朝住得久了，见到周王朝的衰败，于是就离去。来到边关，守关将领尹喜说：“您将要隐居了，请您勉强给我写一部书吧。”于是老子就著作了上、下两篇，讲述道、德两方面的内容，共有五千多字，然后离去，谁也不知道他最后的下落。

或曰：老莱子亦楚人也，著书十五篇，言道家之

有人说：老莱子也是楚国人，著书十五篇，讲述道家学术的作

用，与孔子同时云。

盖老子百有六十余岁，或言二百余岁，以其修道而养寿也。[4]

用，和孔子是同时代人。

大概老子有一百六十多岁，有人说有二百多岁，是因为他修炼道术才得以长寿的。

注释 自隐：隐蔽自己，不显露。 无名：不求名利。 务：追求的目标。 2 关：一说指散关，在今陕西宝鸡西南；一说为函谷关。 关令：守关将领。 尹喜：《史记集解》引《列仙传》云："关令尹喜者，周大夫也。善内学星宿，服精华，隐德行仁，时人莫知"，后随老子俱去，著有《关令子》。 3 著书上下篇：即指今所称《老子》，亦名《道德经》《德道经》，分上、下两篇，五千余字。 4 盖：大概。 养寿：保养身体以延年益寿。

自孔子死之后百二十九年，而史记周太史儋见秦献公曰[1]："始秦与周合，合五百岁而离，离七十岁而霸王者出焉。"或曰儋即老子，或曰非也，世莫知其然否。老子，隐君子也。

老子之子名宗，宗为魏将，封于段干。宗子注，注子宫，宫玄孙假，假仕于汉孝文帝。而假之子解为胶西王印[2]太傅，因

孔子死后一百二十九年，史书记载周朝名叫儋的太史官拜见秦献公说："当初秦国和周朝合在了一起，五百年后又要分离，分离七十年有位霸王出现。"有人说儋就是老子，又有人说不是，世上谁也不知道这种说法是对是错。老子，是一位隐世君子。

老子的儿子名叫宗，宗做了魏国将领，被封在段干。宗的儿子叫注，注的儿子叫宫，宫的玄孙叫假，假在汉孝文帝时做了官。而假的儿子叫解的做了胶西王刘印的太傅，因此他们的家就在齐国。

世上信奉老子学说的排斥儒家

家于齐焉。

世之学老子者则绌儒学，儒学亦绌[3]老子。"道不同不相为谋"，岂谓是邪？李耳无为自化，清静自正。

学说，信奉儒家学说的也排斥老子的学说。"主张不同的人不能一起谋划"，难道说的是这种情况吗？老子主张无所作为，百姓自然就会道化，清静不挠，民众自然就会归正。

注释 1 史记：史书记载或史官记载。 太史：官名，古代掌管史籍和历法的官。儋(dān)：人名。 2 胶西王卬(áng)：卬，即刘卬，汉高帝孙，悼惠王刘肥之子，封国于胶西(治所在今山东高密)。 3 绌(chù)：通"黜"，排斥，反对。

庄子者，蒙[1]人也，名周。周尝为蒙漆园[2]吏，与梁惠王、齐宣王同时。其学无所不窥，然其要本归于老子之言。[3]故其著书十余万言，大抵率寓言[4]也。作《渔父》《盗跖》《胠箧》，以诋訿[5]孔子之徒，以明老子之术。《畏累虚》《亢桑子》之属，皆空语无事实。然善属书离辞，指事类情，用剽剥儒、墨，虽当世宿学不能自解免也。[6]其言洸洋自恣以适己，故

庄子是蒙地人，名周。庄周曾经担任过蒙地漆园的小吏，和梁惠王、齐宣王生活在同一时代。他治学无所不探究，然而他学术的要旨最根本的还是归属老子的理论范围。他著有十多万字的书，大抵都是寓言。他写了《渔父》《盗跖》《胠箧》，用来诋毁孔子学派，以便阐明老子的道术。《畏累虚》《亢桑子》一类的篇章，都是空洞的议论而没有事实依据。然而他善于撰写文章铺叙辞藻，指陈世事摹写物情，用来攻击儒家、墨家，即使是当代饱学之士也不能避免被他攻击。他的言辞荒诞虚妄只为了适己之意，所以当

自王公大人不能器之。[7]

时的王公大人都不器重他。

注释 1 蒙:战国时宋国地名,在今河南商丘东北。 2 漆园:古地名。《史记正义》引《括地志》云:"漆园故城在曹州冤句县北十七里。"当在今山东菏泽境内。按本文所讲,"漆园"时属蒙县管辖,应在蒙县境内。 3 窥:探索,研究。 要:主旨。 4 率:大概,通常。 寓言:有所寄托或比喻之言。 5 诋訿(dǐ zǐ):诋毁,诽谤。 6 属:撰写。 离:陈列,铺写。 用:因,因此。 剽剥:攻击。 宿学:饱学之士,知识渊博之人。 7 洸(huàng)洋:本形容水势浩大,此指言辞诞(dàn)谩,荒诞虚妄。 器:重视,器重。

楚威王闻庄周贤,使使厚币迎之,许以为相。[1]庄周笑谓楚使者曰:"千金,重利;卿相,尊位也。子独不见郊祭之牺牛乎?[2]养食之数岁,衣以文绣,以入大庙。[3]当是之时,虽欲为孤豚[4],岂可得乎[4]?子亟[5]去,无污我。我宁游戏污渎之中自快,无为有国者所羁,终身不仕,以快吾志焉。[6]"

楚威王听说庄周贤能,派遣使者带着厚重的礼物去迎接他,答应任命他做宰相。庄周笑着对楚国的使者说:"千金是很重的财利,卿相是尊贵的官位。您难道没有见过在郊祭中所用的牺牲之牛吗?将它饲养了几年,给它披上有文彩的绣衣,送它进太庙去。正当这个时候,这头牛即使想做一头小猪,难道还有机会吗?您赶快离去,不要玷污了我。我宁愿在有污水的小沟中游乐嬉戏求得自我快活,也不愿被掌握国家的人所拘束,我愿意终生不做官,好让我的心志轻松愉快哩。"

注释 1 楚威王:战国时楚国国君,公元前 339—前 329 年在位。 币:古代用作礼物的丝织品,或玉、马、皮帛之类。 2 郊祭:古帝王每年冬至在都城南郊举行祭天的活动。 牺牛:在祭祀时用作牺牲的牛。牺,牺牲,祭祀时的祭品。 3 文绣:有花纹的刺绣品。 大庙:太庙,即帝王的祖庙。 4 孤:微小。 豚(tún):小猪。 5 亟(jí):赶快。 6 宁(nìng):宁可,宁愿。 渎(dú):小水沟。 羁(jī):约束,束缚。

申不害者,京[1]人也,故郑之贱臣。学术以干韩昭侯,昭侯用为相。[2]内修政教,外应诸侯,十五年。终申子之身,国治兵强,无侵韩者。

申不害是京邑人,曾是郑国的一位低级官吏。他凭借学术向韩昭侯求取官位,昭侯任用他为宰相。他对内修明政令教化,对外应对各方诸侯,执政十五年。一直到申子去世,韩国得到治理,军力强大,没有哪个国家敢于侵犯韩国。

申子之学本于黄老而主刑名。[3]著书二篇,号曰《申子》。

申子的学术本源是黄老,但主要的主张是刑名法术。著书二篇,叫作《申子》。

注释 1 京:郑国邑名,在今河南荥阳市东南。 2 学术:学问。 干:求取。 韩昭侯:战国时韩国国君,公元前 362—前 333 年在位。 3 黄老:指道家学派。 刑名:先秦时法家提出的一种学说,主张循名责实,审察人们的言论、主张或名称是否和事物的实际相符。

韩非者,韩之诸公子也。喜刑名法术[1]之学,而其归本于黄老。非为人口吃,不能道说[2],而善著

韩非是韩国国君家族诸多公子中的一位。他喜好刑名法术的学说,而他学说的主旨来源于黄老。韩非子天生口吃,不能流利地发表议论,

书。与李斯俱事荀卿，斯自以为不如非。[3]

非见韩之削弱，数以书谏韩王，韩王不能用。于是韩非疾治国不务修明其法制，执势以御其臣下，富国强兵而以求人任贤，反举浮淫之蠹而加之于功实之上。[4]以为儒者用文乱法，而侠者以武犯禁。[5]宽则宠名誉之人，急则用介胄之士。[6]今者所养非所用，所用非所养。悲廉直不容于邪枉之臣，[7]观往者得失之变，故作《孤愤》《五蠹》《内外储》《说林》《说难》十余万言。

却善于著书写文章。他和李斯都曾师从于荀卿，李斯自认为比不上韩非。

韩非眼见韩国被削弱，多次上书劝谏韩王，韩王没有采纳他的意见。于是韩非痛恨治理国家的人不致力于修明他们国家的法制，掌握权势来驾驭他们的臣下，为使国家富足军力强盛而采取广招人才、任用贤能的政策，反而提拔一些虚浮淫侈的政治蛀虫，并使他们在朝政中的职位高于切实有功的人。他认为儒家是用经典文献来扰乱国家法度，而游侠一类又凭武力来触犯国家禁令。国家太平无事时宠用一些负有声名的人，非常时期却要用披甲戴盔的武士。如今所供养的不是所要用的人，所要用的又不是所供养的人。他悲叹廉洁正直之士不为邪曲奸枉之臣所容，观察之前政治上的得失变化，因此写作了《孤愤》《五蠹》《内外储》《说林》《说难》等十多万字的文篇。

注释　1 法术：法度与权术。法，法度，法家主张治国应以法度为本。术，权术，法家主张君主要善于运用权术驾驭臣下。　2 道说：说道，议论。3 李斯：秦朝政治家，后官至丞相。　荀卿：即荀子，名况。为避汉宣帝刘询之讳，后人又改称“孙卿”。　4 务：致力于，追求。　执势：掌握权势。　浮淫：虚浮淫侈。　蠹(dù)：蛀虫。此指政治上无能像蛀虫一样危害国家的人。 功实:切实有功之人。 5 文:指宣扬儒家思想的经典文献。 侠者:指有武艺、讲义气、爱打抱不平之人。 6 宽:宽缓,指国家太平时期。 名誉之人:负有声名之人。 急:和“宽”相对,指非常时期。 介胄之士:全副武装的武士。介,铠甲。胄,头盔。 7 廉直:廉洁正直之士。 邪枉:不正派。

然韩非知说之难,为《说难》书甚具,终死于秦,不能自脱。[1]

《说难》曰:

凡说之难,非吾知之[2]有以说之难也;又非吾辩[3]之难能明吾意之难也;又非吾敢横失能尽之难也。[4]凡说之难,在知所说之心,可以吾说当之。[5]

韩非了解游说的艰难,就写了《说难》对此加以详细阐述,但他最终死在秦国,自己还是不能摆脱游说的祸害。

《说难》写道:

游说的困难,不在于以我所知去说服对方;也不在于我的口才能否阐明我的用意;也不在于我是否敢于纵横驰骋地把意见全部表达出来。游说的困难,在于了解游说对象的心理,用自己的说词去迎合他。

注释 1 说(shuì)之:说服君王(或其他对象)。说,游说,劝说。 具:完备,详细。 2 知之:知道事理。 3 辩:分析,说明。 4 横失(yì):纵横奔放,滔滔不绝。失,通“泆”,飘逸,放荡。 尽:说明白,说彻底。 5 所说:游说对象。 以:用,拿。 当:适应,迎合。

所说出于为名高者也,而说之以厚利,则见下节而遇卑贱,必弃远

游说的对象是要追求高尚声名的人,却用追求厚利去游说他,你就会被看作是志节低下而受到卑贱的待遇,

矣。[1]所说出于厚利者也,而说之以名高,则见无心而远事情,必不收矣。[2]所说实为厚利而显为名高者也,而说之以名高,则阳收其身而实疏之;[3]若说之以厚利,则阴用其言而显弃其身。[4]此之不可不知也。

他一定会把你抛弃疏远的。游说的对象是要追求厚利的人,你却用追求高尚名声去游说他,就会被看作是没有头脑而不切实际的人,他一定不会录用你。游说的对象实际是要追求厚利但表面上装着要追求高尚的名声,如果拿追求高尚名声来游说他,他就会表面上录用你而实际上是疏远你;如果拿追求厚利来游说他,他就会暗中采纳你的意见而公开地抛弃你。这些是不可以不了解的。

注释　**1** 为:为了,追求。　名高:崇高之名声。　见:被(视为)。　下节:志向、气节低下。　遇:对待,待遇。　弃远:抛弃疏远。　**2** 无心:没有心眼,即无头脑。　远事情:离解决的事情很远,即空谈,不切实际。　收:收留,录用。　**3** 实:实质,实际。　显:公开,名义上。　阳:表面上。　**4** 阴:暗中,实际上。　身:指游说者本人。

夫事以密成,语以泄败。未必其身泄之也,而语及[1]其所匿之事,如是者身危。贵人有过端,而说者明言善议以推其恶者,则身危。[2]周泽未渥也而语极知,说行而有功则德亡,说不

行事因为保密而成功,言语中因为泄露了机密就会失败。未必是游说者本人有意泄露机密,而是言语中无意识地牵涉到君主内心隐藏的事,如果是这样,游说者本身会遭祸害。君王有了过错的苗头,而游说者直白地陈说,用巧妙的议论来推导出错误的严重,那么自身就会危险。君王对游说者的恩泽还没有达到如此深厚的程

行而有败则见疑，如是者身危。[3]夫贵人得计而欲自以为功，说者与知焉，则身危。[4]彼显有所出事，乃自以为也故，说者与知焉，则身危。[5]强之以其所必不为，止之以其所不能已者，身危。[6]故曰：与之论大人，则以为间己；与之论细人，则以为粥权。[7]论其所爱，则以为借资；论其所憎，则以为尝己。[8]径省其辞，则不知而屈之；泛滥博文，则多而久之[9]。顺事陈意，则曰怯懦而不尽；虑事广肆，则曰草野而倨侮。[10]此说之难，不可不知也。

度，而去尽情地说一些知心话，游说的意见被付诸施行并且有了功效，那么君主就会忘掉游说者的贡献，要是游说的意见行不通并且遭到了失败，那么游说者就会被怀疑，如果是这样，游说者本身会有危险。如果君王自认为有了独到的妙策并且想把它作为自己的功绩，游说者也有相同的认识而说了出来，那么自身就会危险。君王明显地在做某一件事，但他心里是想通过这件事来达到另外的目的，游说者了解这一目的而把它说出来了，那么自身就会危险。勉强君王去做他一定不会做的事，制止君王做他所不能罢手的事，游说者本身会有危险。所以说：和君王谈论他的大臣，就会认为是在离间他们之间的关系；和君王谈论他的下级官员，就会认为是在卖弄权势。谈论君王所喜爱的人，就会认为你在寻求凭借的资本；谈论君王所憎恨的人，就会认为你在试探自己的深浅。游说者径直简省他的言辞，就会认为你没有智慧而使你遭受屈辱；夸夸其谈博涉文辞，就会认为你卖弄才智而使他感到厌倦。顺从事态陈述意见，就会说你胆小懦弱而不敢全部讲出来；考虑事情广泛又不受拘束，就会说你鄙陋而骄傲侮慢。这些游说的困难，是不可以不知道的。

注释 1 及:牵扯,涉及。 2 贵人:君王。 过端:产生过错的苗头。 推:推导。 3 周泽:恩宠。 渥(wò):深厚。 语极知:把所了解知道的全部讲出来。德:功德。 亡:通“忘”。 4 得计:指自认为是独到的妙策。 与(yù):参与。 5 彼:指被说者,即上文提及的“贵人”。 显:明显。 出事:做事,成事。 也故:其他事情,或另外的目的。也,“他”之误。 6 强(qiǎng):勉强。 止:制止。 已:停止。 7 大人:此指君主的大臣。 间(jiàn):离间。 细人:地位卑微的人。 粥权:卖弄权势。粥,同“鬻(yù)”,卖。 8 借资:凭借的资本,即靠山。 尝:试探,探听。 9 径:直接。 不知:无知。 屈:屈辱。 泛滥:本指水漫溢横流,此指夸夸其谈,不切要害。 博文:博涉文辞。 10 陈:陈述。 不尽:不敢全部讲出来。 广肆:泛泛,没有规矩。 草野:此指鄙陋。 倨(jù)侮:骄傲侮慢。

凡说之务,在知饰所说之所敬,而灭其所丑。[1]彼自知其计,则毋以其失穷之;自勇其断,则毋以其敌怒之;自多其力,则毋以其难概之。[2]规异事与同计,誉异人与同行者,则以饰之无伤也。[3]有与同失者,则明饰其无失[4]也。大忠无所拂忤,辞言无所击排,乃后申其

大凡游说最要紧的,在于知道粉饰游说对象所推崇的事情,而掩盖他认为丑陋的事情。君王认为自己的计谋很高明,就不要拿以往的失误来使他受窘;肯定自己的决断很是勇敢,就不要拿出对立面来激怒他;夸耀自己的力量非常强大,就不要拿他为难的事来阻止他。规划另一件事,和君王的谋划相同,称赞另一个和君王有相同品行的人,就要粉饰而不能加以伤害。有和君王同样失误的人,就要明确进行粉饰而说他没有过错。君王对游说者的高度忠诚没有抵触,对游说者的言辞也不加以排

辩知焉。[5]此所以亲近不疑，知尽[6]之难也。得旷日弥久，而周泽既渥，深计而不疑，交争而不罪，乃明计利害以致其功，直指是非以饰其身，以此相持，此说之成也。[7]

斥，在这以后游说者就可以伸展智慧和口才了。这就是为什么要做到和君王亲近而不怀疑，能够把知道的都说出来的难处。等到旷日持久，而君王对游说者的恩泽已经深厚，能够做到深远计谋而不被怀疑，相互争执而不被加罪，于是可以明白地谋划利害来获取功业，直接指点是非来端正君王自身，能用这样的办法来扶助君王，就是游说成功了。

注释 1 饰:粉饰，美化。 灭:掩盖。 2 知:通“智”。 穷:窘迫，难堪。敌:对立面，或指说游说者个人理解的另一方面。 多:夸耀，自信。 概:阻止。 3 规:规划。 异:另一个，另一件。 行:品行。 4 失:过失。5 大忠:对君主非常忠诚。 拂忤:抵触。 击排:攻击排斥。 申:申诉，展开。 6 知尽:把知道的全部讲出来。 7 得(děi):等到。 旷日:费时。 弥:很，更。 交争:交锋争论。饰:端直，修正。一说通“饬”，整饬。 持:扶助。

伊尹为庖，百里奚为虏，皆所由干其上也。[1]故此二子者，皆圣人也，犹不能无役身而涉世如此其污也，则非能仕之所设也。[2]

伊尹做过厨师，百里奚当过俘虏，他们都以这样的身份取得了君王的信任。这两个人都是圣人，但仍然摆脱不了自身受到役使和经历卑污之事，因此智能之士并不把这些看作是耻辱。

宋有富人，天雨墙坏。其子曰“不筑且有盗”，其邻人之父亦云，暮而果大

宋国有位富人，天下雨把家中的围墙浸塌了。他的儿子说“不修筑将会有偷盗的人进来”，他邻居家

亡其财，其家甚知其子而疑邻人之父。[3]昔者郑武公欲伐胡，乃以其子妻之。[4]因问群臣曰："吾欲用兵，谁可伐者？"关其思曰："胡可伐。"乃戮关其思，曰："胡，兄弟之国也，子言伐之，何也？"胡君闻之，以郑为亲己而不备郑。郑人袭胡，取之。此二说者，其知皆当矣，然而甚者为戮，薄者见疑。[5]非知之难也，处知则难矣。

的老人也是这么说，天黑以后果真丢失了很多财物，这家人十分了解自家的儿子，于是怀疑邻居家的老人。从前郑武公打算攻打胡国，就把自己的女儿嫁给胡国国君。郑武公就此询问各位大臣说："我想对外用兵，去攻打哪个国家呢？"关其思说："可攻打胡国。"于是郑武公把关其思杀了，说："胡国，是我们的兄弟国家，你说去攻打它，有什么道理？"胡国国君听说了，认为郑国是亲近自己的，就不防备郑国。郑国人袭击胡国，把它夺取了。这二位说客，他们的认识都是符合实际的，然而事关重大的被杀了，不太重要的遭到怀疑。可见，游说的人不是在了解事理上有困难，而是在怎样处理了解的事理上有困难。

注释　1 伊尹：商初大臣，曾辅佐商汤灭夏。　庖（páo）：厨师。相传伊尹希望得到汤的任用，设法当了汤的厨师。　百里奚：春秋时秦国大夫，曾为晋国、楚国所虏。　干：求取。　2 役身：自身被役使。　能仕：智能之士。　3 且：将。　亡：丢失。　知：了解。　4 郑武公：春秋时郑国国君，公元前770—前744年在位。　子：女儿。　5 知皆当：知道的都适当（符合实际）。　甚者：重的，事关重大的。　薄者：轻的，不太重要的。

昔者弥子瑕见爱于卫君。[1]卫国之法，窃驾君车者罪至刖[2]。既而弥子之母病，人闻，往夜告之，弥子矫[3]驾君车而出。君闻之而贤之曰："孝哉，为母之故而犯刖罪！"与君游果园，弥子食桃而甘，不尽而奉君。君曰："爱我哉，忘其口[4]而念我！"及弥子色衰而爱弛，得罪于君。[5]君曰："是尝矫驾吾车，又尝食我以其余桃。"故弥子之行未变于初也，前见贤而后获罪者，爱憎之至变[6]也。故有爱于主，则知当而加亲；见憎于主，则罪当而加疏。故谏说之士不可不察爱憎之主而后说之矣。

从前弥子瑕被卫国国君宠爱。卫国的法令规定，偷驾君主车子的人要判断足的罪。随后弥子的母亲病重，有人听说了，在夜间前去告诉他，弥子假托国君的命令驾着君主的车子出宫了。卫君听说这件事却赞扬他说："孝顺呀，为了母亲甘愿触犯断足的罪！"弥子和国君游览果园，他吃到一个桃非常香甜，便把自己吃过的桃奉送给国君。国君说："真是爱我呀，忘记自己吃过却想着我！"等到弥子姿色衰老宠爱减少，得罪了国君。国君说："这个人曾假托君命驾走了我的车子，又曾经把他吃剩的桃子给我吃。"弥子的行为和当初相比没有变化，之所以从前被国君看作贤孝后来却又获得罪过，就在于国君对他的爱憎有了极大的变化。所以一个人被君主宠爱时，就认为他聪明有用而更加亲近；被君主憎恨时，就认为他罪有应得而更加疏远。所以游说的人不可以不先考察君主的爱憎态度，然后再去游说他。

夫龙之为虫也，可扰狎而骑也。[7]然其喉下有逆鳞径尺，人有婴之，则必杀人。[8]人主亦有逆鳞，

龙作为一种动物，可以驯服、戏耍并且骑乘。然而龙的喉咙下有片一尺左右的倒鳞，如果有人触动它，

说之者能无婴人主之逆鳞,则几[9]矣。	龙就一定会伤害人。君主也有逆鳞,游说的人能够不去触犯君主的逆鳞,就差不多可说是善于游说了。

注释　1 弥子瑕:卫国大臣。　见爱:被宠爱。　卫君:春秋时卫国国君。2 刖(yuè):古代的一种把脚砍掉的酷刑。　3 矫:盗用,假托。　4 忘其口:忘记了自己吃过。　5 色衰:姿色衰老。　爱弛:宠爱减退。　6 至变:极大的变化。　7 虫:泛指动物。　扰:驯服。　狎(xiá):戏耍,玩弄。8 逆鳞:倒长的鳞片。　径尺:长一尺左右。　婴:通“撄”,触动,触犯。9 几:几乎,差不多。

人或传其书至秦。秦王见《孤愤》《五蠹》之书,曰:“嗟乎,寡人得见此人与之游,死不恨矣![1]”李斯曰:“此韩非之所著书也。”秦因急攻韩。韩王始不用非,及急,乃遣非使秦。秦王悦之,未信用。李斯、姚贾害[2]之,毁之曰:“韩非,韩之诸公子也。今王欲并诸侯,非终为韩不为秦,此人之情也。今王不用,久留而归之,此自遗患也,不如以过法[3]诛	有人把韩非的书传到了秦国。秦王见到《孤愤》《五蠹》这些书,说:“哎呀,我如果能见到这个人和他交游,死也不觉得遗憾了!”李斯说:“这是韩非所写之书。”秦国这时急攻韩国。韩王起初不能任用韩非,等到形势紧急,才派遣韩非出使秦国。秦王很喜欢他,但还没有立即任用他。李斯、姚贾忌妒韩非,毁谤他说:“韩非是韩国公室诸公子中的一个。如今大王想兼并诸侯各国,韩非最终会帮助韩国,不会帮助秦国,这是人之常情。如今大王不任用他,让他长期留在秦国,若再放他回去,这是给自己留下了祸患,不如给他加个罪名按法诛杀了他。”秦王认为他们说得对,交给狱吏处治韩非。李斯派人送给韩非毒药,让他自杀。

之。”秦王以为然，下吏治非。李斯使人遗[4]非药，使自杀。韩非欲自陈[5]，不得见。秦王后悔之，使人赦之，非已死矣。

申子、韩子皆著书，传于后世，学者多有。余独悲韩子为《说难》而不能自脱耳。

韩非本想找秦王当面陈述，但不能见到秦王。秦王后来后悔了，派人赦免他时，韩非已经死了。

申不害、韩非都有著书，流传后世，学者们大多有他们的书。我只是悲叹韩非写了《说难》，自己却不能逃脱游说的祸难。

注释　1 秦王：即秦始皇嬴政。　恨：遗憾。　2 姚贾：战国时魏国人，后为秦大臣。据书载，韩非曾指责过姚贾。　害：忌妒。　3 过法：找出过错而按法治罪。过，实为强加罪名。　4 遗(wèi)：送给。　5 陈：陈述，剖白。

太史公曰：老子所贵道，虚无，因应变化于无为，故著书辞称微妙难识。[1]庄子散道德，放论，要亦归之自然。[2]申子卑卑，施之于名实。[3]韩子引绳墨，切事情，明是非，其极惨礉少恩。[4]皆原于道德之意，而老子深远矣。

太史公说：老子所主张的是“道”，讲究虚无，顺应自然，以无所作为来让万物育化发展，所以他写的书，文辞微妙，难于理解。庄子推演道德学说，放言高论，但他的主旨也还是归于自然无为。申不害勤恳自勉，把老庄的学说与循名责实相结合。韩非又将这种学说引入法度，以便决断事情，辨明是非，但他的主张发展到极点就显得严酷苛刻，缺少恩德。他们的思想都源出于道德的理论，而老子的旨意就更深邃旷远了。

注释　1 道：道家唯心主义哲学体系的核心，指先于物质存在的精神性的东西,是产生天地万物的总根源。 虚无:道家所指“道”的本体,谓其无所不在,但又无形可见。 因应:顺应自然。所谓自然,不是指客观存在的自然界,而是指万物发展的本然状态。 无为:无所作为,即不求有所作为。无为,并不是什么都不做,并不是不为,而是含有不妄为的意思。 辞称:文辞,名称。 **2** 散:扩散,推演。 放:放纵,放肆,不受约束。 要:要领,宗旨。 **3** 卑卑:勤恳自勉。 施:实施,推进。 名实:即其刑名之学。 **4** 绳墨:木工用以取直的墨线,此引申为法令、规则。 切:分析,判断。礉(hé):苛刻。 少恩:缺少恩德。

史记卷六十四

司马穰苴列传第四

原文

司马穰苴者，田完之苗裔也。[1]齐景公时，晋伐阿、甄，而燕侵河上，齐师败绩。[2]景公患之。晏婴乃荐田穰苴曰："穰苴虽田氏庶孽[3]，然其人文能附众，武能威敌，愿君试之。"景公召穰苴，与语兵事，大说之，以为将军，将兵扞[4]燕、晋之师。穰苴曰："臣素卑贱，君擢之闾伍之中，加之大夫之上，士卒未附，百姓不信，人微权轻，愿得君之宠臣国之所尊以监军，乃

译文

司马穰苴是齐国田完的后代子孙。齐景公的时候，晋国攻伐齐国的东阿和甄城，燕国也侵犯齐国的河上地区，齐军大败。齐景公为此十分不安。晏婴向景公推荐田穰苴说："穰苴虽然是田氏家族中的一个远房子弟，但他的文才能归服众人，武功能威慑敌人，希望您试用一下他。"齐景公召见了穰苴，与他谈论军事，感到非常满意，于是就任命穰苴做将军，命他率领军队去抵御燕国、晋国军队的入侵。穰苴说："我的地位一向是卑贱的，君王把我从平民之中提拔起来，安排在大夫之上，但士兵并没有亲附，百姓也不会信任，我的资历、威信轻微，希望君王派一位宠臣且国人所敬重的人来监督军队才行。"于是

可。[5]”于是景公许之，使庄贾[6]往。

齐景公答应了，就派宠臣庄贾前往监督军队。

注释 1 司马：官名，掌管军事、军赋等事。西周时设置，后代沿用，但地位高低、权限大小，均有区别。 穰苴(ráng jū)：人名，齐国田氏之族，后为大司马官，故又称“司马穰苴”。 田完：春秋时陈厉公之子，因国难奔齐，称为“田氏”(古代“田”“陈”音相近，通用)，子孙世代在齐为官。 苗裔：后代。 2 阿、甄：齐邑名。阿，即今山东阳谷县东北阿城镇。甄，一作“鄄”，即今山东鄄城县北。 河上：黄河南岸地，即沧、德二州北界。 败绩：大败。 3 庶孽：古代宗法制度下的旁支子孙，与“嫡”相对。4 捍(hàn)：抵御。 5 闾伍：犹如“闾里”，平民居住的地方。 监军：监视、督察军队的官。 6 庄贾：齐国大夫，齐景公宠臣。

穰苴既辞，与庄贾约曰：“旦日日中[1]会于军门。”穰苴先驰至军，立表下漏待贾。[2]贾素骄贵，以为将己之军而己为监，不甚急；亲戚左右送之，留饮。日中而贾不至。穰苴则仆表决漏，入，行军勒兵，申明约束。[3]约束既定，夕时，庄贾乃至。穰苴曰：“何后期为？”贾谢曰：“不佞[4]大夫亲戚送之，故

穰苴辞别了景公，与庄贾约定说：“明天正午时刻在军营门前会合。”第二天，穰苴先来到军营，竖起木表、下漏计时等候庄贾。庄贾平素显贵而骄横，认为率领自己的军队而自己又做监军，不必着急；亲戚僚属为之饯行，留他饮酒。直至正午，庄贾尚未赶赴军营。穰苴就放倒木表，放掉漏壶里的水，进入军营，巡视营地，整饬军队，宣布纪律，明确军令。纪律军令宣布完毕，已是傍晚时分，庄贾才姗姗而来。穰苴问道：“为什么来得这么晚？”庄贾歉疚地说：“敝人的朋友和亲戚为我送行，因

留。”穰苴曰:“将受命之日则忘其家,临军约束则忘其亲,援枹[5]鼓之急则忘其身。今敌国深侵,邦内骚动,士卒暴露[6]于境,君寝不安席,食不甘味,百姓之命皆悬于君,何谓相送乎!”召军正[7]问曰:“军法期而后至者云何?”对曰:“当斩。”庄贾惧,使人驰报景公,请救。既往,未及反,于是遂斩庄贾以徇三军[8]。三军之士皆振栗。

此耽搁了。”穰苴说:“将帅在接受命令之时,就要忘掉自己的家庭;身在军队,受军令约束,就要忘记自己的亲属;击鼓进军的危急时刻,就要忘记自己的生命。如今敌人深入侵犯我国领土,国内骚乱不安,士兵们在边境日晒雨淋、风餐露宿,国君睡不安稳,食不甘味,百姓的生命皆系于你身上,还说什么为你送行呢?”穰苴召军中执法官问道:“依军令,约定时间而迟到的人该如何处置?”执法官回答说:“应当斩首。”庄贾惧怕,派人飞马报告齐景公,请求救命。派出的人走了,还未返回,穰苴就将庄贾在三军面前斩首并示众全军。全军士兵都非常震惊恐惧。

注释 1 旦日:明天。 日中:中午时刻。 2 立表下漏:古代测量时间的工具。 立表:在有阳光的地方竖一木杆,观察它的影子以测定时间。 下漏:“漏”即“刻漏”,在壶上刻明度数,里面装满水,再使水一滴一滴往下漏,看刻度即可测定时间。 3 仆表:将表放倒。仆,倒。 决漏:将刻漏中的水放出。决,放。 4 不佞:不才。自谦之辞。 5 援:操起。 枹(fú):鼓槌。 6 暴(pù)露:日晒雨淋,风餐露宿。 7 军正:军队中的法官。 8 徇(xùn):示众。 三军:春秋时大国兵制,分上军、中军,下军,其中以中军为主力,据说一军约一万二千五百人。楚国则以中军、左军、右军为三军。

久之，景公遣使者持节[1]赦贾，驰入军中。穰苴曰："将在军，君令有所不受。"问军正曰："驰三军法何？"正曰："当斩。"使者大惧。穰苴曰："君之使不可杀之。"乃斩其仆、车之左驸、马之左骖，以徇三军。[2]遣使者还报，然后行。士卒次舍井灶饮食问疾医药，身自拊循之。[3]悉取将军之资粮享士卒，身与士卒平分粮食。最比其羸弱者，三日而后勒兵。[4]病者皆求行，争奋出为之赴战。晋师闻之，为罢[5]去。燕师闻之，度[6]水而解。于是追击之，遂取所亡封内故境而引兵归。未至国，释兵旅，解约束，誓盟而后入邑。景公与诸大夫

过了好长时间，景公派使者拿着符节来赦免庄贾，使者驱车直入军营。穰苴说："将帅在军队中，国君的命令有所不受。"穰苴问军中法官说："闯入军营，飞车急驰，依法该怎么办？"军中法官说："应当斩首。"使者极为恐惧。穰苴说："国君派来的使者不能杀。"便杀了为使者驾车的随从，砍掉车子左边起承重作用的木头，杀了车驾左边的马，向全军巡行示众。穰苴打发使者回去报告国君，便率领着军队出发了。凡士兵驻扎宿营、打井饮水、设灶炊食、诊断疾病、安排医药等事，穰苴都亲自一一安排，加以抚慰。把自己应该享受的物资粮食全部拿出款待士兵，自己与士兵一样平分进食。对身体瘦弱的士兵更给予特殊的照顾，三天以后穰苴重新整编军队。生病的人都争着要求出征，人人争先奋勇地为他而战斗。晋国的军队听说这些情况，就主动撤兵。燕国的军队听说这些情况，向北渡过黄河，危机得以解除。于是穰苴率领齐军趁势追击，收复了齐国所有沦陷的国土，然后率军返回。军队还未到达国都时，穰苴便让军队卸去了战斗的装束，解除战时的军令，与士兵宣誓后进入都城。齐景公和各大夫到郊外迎接，按照礼节犒劳军队后，才

郊迎,劳师成礼,然后反归寝。[7]既见穰苴,尊为大司马。田氏日以益尊于齐。

返回寝宫。齐景公接见穰苴后,尊封他做大司马。由此田氏家族在齐国一天天地显贵起来。

注释 1 节:古代国君的一种信物,以羽、旄牛尾编之,系于竹柄之上。有重大事情派人出使时,持"节",表示代表国君的意思。 2 左驸:车箱外立在左边的一根木头,起承重之用。 左骖(cān):一辆车驾三匹马称之"骖",左骖,三匹马中左边的那匹。因御者在左,故斩其车之左驸,马之左骖。 3 次:军队驻扎的地方。 舍:军营。 拊(fǔ)循:安抚,抚慰。 4 最比(bǐ,旧读 bì):尤其关照。比,亲近,照顾。 羸(léi)弱:瘦弱。 5 罢:撤兵。 6 度:通"渡"。 7 郊迎:在郊外迎接,为古代一种隆重的礼节。 归寝:返回寝宫。

已而大夫鲍氏、高、国之属害之,谮于景公。[1]景公退穰苴,苴发疾而死。[2]田乞、田豹之徒由此怨高、国等。[3]其后及田常杀简公,尽灭高子、国子之族。至常曾孙和,因自立,为齐威王,用兵行威,大放穰苴之法,而诸侯朝齐。[4]

齐威王使大夫追论古者《司马兵法》而附穰

不久,齐国大夫鲍牧、高昭子、国惠子这帮贵族觉得穰苴对他们是一种威胁,就在齐景公面前诽谤他。景公废退了穰苴,穰苴生病死了。由此田乞、田豹这些人十分怨恨高昭子、国惠子等人。等田常杀了齐简公以后,就消灭了高昭子、国惠子两家。田常的曾孙田和,乘势自立为齐君,称齐威王,带兵打仗,行使威势,完全仿效穰苴的作法,因而各诸侯国都来齐国朝见。

齐威王指派大臣整理以前的《司马兵法》,并把穰苴带兵打仗的事

苴于其中，因号曰《司马穰苴兵法》。[5]

迹也收在里面，因而起名为《司马穰苴兵法》。

注释 1 已而：不久。 鲍氏、高、国之属：三者均为齐国大夫。鲍氏，即鲍牧。高，即高昭子。国，即国惠子。 谮(zèn)：背地里说坏话，进谗言。 2 退：废退，不用。 发疾：生病。 3 田乞：田僖子。 田豹：田僖子之族人。 4《史记索隐》认为，“至常曾孙和，因自立，为齐威王”句原文有缺误，应当是：“田和自立，至其孙，因号为齐威王。” 放：通“仿”，仿效。 5 追论：整理。 《司马兵法》：因古代掌管军事的官称作司马，所以泛指兵书为《司马兵法》，此非专指穰苴的兵法。

太史公曰：余读《司马兵法》，闳廓深远，虽三代征伐，未能竟其义，如其文也，亦少褒矣。[1]若夫穰苴，区区为小国行师，何暇及《司马兵法》之揖让[2]乎？世既多《司马兵法》，以故不论，著穰苴之列传焉。

太史公说：我读了《司马兵法》，觉得它博大深远，即使夏、商、周三代征战，也未能充分体现它的深义，其中的文字，稍微有些溢美了。至于田穰苴，他仅仅是为一个小诸侯国带兵打仗，怎么能做到《司马兵法》那样的谦恭有礼呢？既然世上流传着许多《司马兵法》，因此不必再述及，就写了这篇司马穰苴的列传。

注释 1 闳廓：宏大，宽广。 三代：夏、商、周三朝。 褒(bāo)：赞扬，与“贬”相对。 2 揖让：古代宾主相见时的拱手礼节，此意谓《司马穰苴兵法》缺乏古代的谦恭深义。

史记卷六十五

孙子吴起列传第五

原文

孙子武[1]者，齐人也。以兵法见于吴王阖庐[2]。阖庐曰："子之十三篇，吾尽观之矣，可以小试勒兵乎？[3]"对曰："可。"阖庐曰："可试以妇人乎？"曰："可。"于是许之，出宫中美女，得百八十人。孙子分为二队，以王之宠姬二人各为队长，皆令持戟。令之曰："汝知而心与左右手背乎？[4]"妇人曰："知之。"孙子曰："前，则视心；左，视左手；右，视右手；后，即视背。"妇人曰："诺。"约

译文

孙子，名武，是齐国人。因为精通兵法被吴王阖庐接见。阖庐说："你的十三篇兵书，我都读过了，你可以当场演试一下指挥军队吗？"孙武回答说："可以。"阖庐说："可以用妇女来演试吗？"孙武说："可以。"于是阖庐从宫中的美女中选了一百八十人供孙武调遣。孙子把她们分成两队，让吴王的两个宠爱的侍妾分别做队长，都让她们各自持戟。孙武发布号令说："你们知道你们的前心和左右手后背吗？"妇人们说："知道。"孙子说："我说向前，就朝着前心所对的方向；我说向左，朝着左手所对的方向；我说向右，朝着右手所对的方向；我说向后，就转过身去朝着后背所对的方

束既布，乃设铁钺，即三令五申之。[5] 于是鼓之右，妇人大笑。孙子曰："约束不明，申令不熟，将之罪也。"复三令五申而鼓之左，妇人复大笑。孙子曰："约束不明，申令不熟，将之罪也；既已明而不如[6] 法者，吏士之罪也。"乃欲斩左右队长。吴王从台上观，见且[7] 斩爱姬，大骇。趣[8] 使使下令曰："寡人已知将军能用兵矣。寡人非此二姬，食不甘味，愿勿斩也。"孙子曰："臣既已受命为将，将在军，君命有所不受。"遂斩队长二人以徇[9]。用其次为队长，于是复鼓之。妇人左右前后跪起皆中规矩绳墨[10]，无敢出声。于是孙子使使报王曰："兵既整齐，王可试下观之，唯王所欲用之，虽赴水火犹可也。"吴王曰："将军罢休就

向。"妇人们说："是。"纪律宣布完毕，就摆了斧钺，随即又三令五申地进行交待。孙子击鼓令她们向右，妇人们大笑起来。孙子说："纪律不明确，号令不熟悉，这是将领的过错。"于是再次三令五申地交待清楚，然后击鼓令她们向左，妇人们再次大笑起来。孙子说："纪律不明确，号令不熟悉，是将领的过错；既然已经讲清楚却不按照号令行事，就是下属官吏和士兵的过错。"于是要处决左右两名队长。吴王在台上观看，见到孙子将要处决他的爱妾，大吃一惊。急忙派人传下命令说："我已经知道将军能够用兵了。我要是没有这两个爱妾，吃饭都不会觉得味道香甜，希望不要斩杀她们。"孙子说："我既然已经奉命为将，将领在军队中，君命有所不受。"就把两位队长斩杀并以此来示众。按次序再次选拔两个人做队长，重新击鼓演练。妇人们向左向右向前向后跪着站起都符合号令要求，没有人敢吭声。这时孙子派人报告吴王说："军队已经操练整齐，大王可以试着下来观看，任凭大王想如何使用她们，即使让她们赴汤蹈火也没问

舍，寡人不愿下观。”孙子曰：“王徒好其言，不能用其实。[11]”于是阖庐知孙子能用兵，卒[12]以为将。西破强楚，入郢，北威齐晋，显名诸侯，孙子与有力焉。[13]

题。”吴王说：“将军停止演练回住所休息去吧，我不想看下去了。”孙子说：“大王只是喜欢表面说的，不能在实际中运用。”于是阖庐知道孙武善于用兵，任命他为将军。吴王阖庐能向西打败强大的楚国，进入郢都，向北威震齐国、晋国，在诸侯国中大显声名，这些都是孙武出色指挥的结果。

注释 1 孙子武：即孙武，字长卿，敬称“孙子”。春秋时齐国人，我国古代著名的军事家。 2 阖庐：亦作“阖闾”，春秋末吴国国君，名光，公元前514—前496年在位。 3 十三篇：即指《孙子》，亦称《孙子兵法》，流传至今的有十三篇。 勒：统率，指挥。 4 汝：你们。 而：你们。 5 约束：此指纪律。 𫓧钺(fǔ yuè)：同“斧钺”，古时军中杀人之刑具，同时也象征着指挥权力。 6 如：按照，遵从。 7 且：将。 8 趣(cù)：急忙，迅速。 9 徇(xùn)：巡行示众。 10 绳墨：此指要求、纪律。 11 徒：只。 其：指代说话者自己。 12 卒：终于。 13 与(yù)：参与。

孙武既死，后百余岁有孙膑[1]。膑生阿、鄄之间，膑亦孙武之后世子孙也。[2]孙膑尝与庞涓[3]俱学兵法。庞涓既事魏，得为惠王将军，而自以为能不及孙膑，乃阴使召孙膑。膑至，庞涓恐其贤于己，疾之，则以法

孙武死后一百多年有孙膑。孙膑出生在东阿、鄄城一带，是孙武的后代子孙。孙膑曾经和庞涓一同学习过兵法。庞涓侍奉魏国后，当了惠王的将军，他自认为才能比不上孙膑，于是暗中派人召来孙膑。孙膑来到魏国，庞涓害怕他比自己贤能，因而忌恨他，就假借罪名用刑斩断孙膑的两只脚，并在

刑断其两足而黥之，欲隐勿见。[4]

他面额上刺字，想让他永无出头之日。

注释 1 孙膑：战国时军事家，孙武后裔。因受庞涓暗害，被处膑刑(剔去膝盖骨)，故名。生卒及原名不详。从本传看，孙膑是受了刖刑。
2 阿(ē)：古地名，在今山东东阿县。 鄄(juàn)：古地名，在今山东鄄城县北。 3 庞涓：战国时魏国将领。相传他曾与孙膑一起向鬼谷子学兵法。
4 疾：忌恨。 黥(qíng)：亦称"墨刑"，用刀刺刻犯人的面额，再涂上墨。 欲隐勿见(xiàn)：想使他隐藏起来不再出现。

齐使者如梁，孙膑以刑徒阴见，说齐使。[1]齐使以为奇，窃载与之齐。齐将田忌[2]善而客待之。忌数与齐诸公子驰逐重射[3]。孙子见其马足不甚相远，马有上、中、下辈。[4]于是孙子谓田忌曰："君弟[5]重射，臣能令君胜。"田忌信然之，与王及诸公子逐射千金。及临质，孙子曰："今以君之下驷与彼上驷，取君上驷与彼中驷，取君中驷与彼下驷。"[6]既驰三辈毕，而田

齐国使者来到了大梁，孙膑以罪犯身份暗中去会见，游说齐国使者。齐国使者认为他是一个难得的人才，就偷偷地载着他回到了齐国。齐国将军田忌赏识他，以贵宾之礼接待他。田忌多次和齐国王族公子下大赌注赛马。孙膑看到他们的马脚力都相差不多，马依跑得快慢分成上、中、下三个等次。于是孙膑对田忌说："您只管下大的赌注，我能让您获胜。"田忌信以为然，就同齐王和各公子下千金的赌注。等到比赛开始，孙膑说："现在用您的下等马去和他们的上等马比赛，再用您的上等马和他们的中等马比赛，用您的中等马和他们的下等马比赛。"三轮赛马完毕，田忌只有一轮没有取胜，最终赢

忌一不胜而再[7]胜，卒得王千金。于是忌进孙子于威王[8]。威王问兵法，遂以为师。

得了齐王的千金。这时候田忌把孙膑举荐给威王。威王向他询问兵法，随即任孙膑为军师。

注释 1 如：往，到。 阴：暗地里，悄悄地。 2 田忌：齐国将领，田齐之宗族。 3 驰逐：赛马。 重射：下很大的赌注。 4 马足：马的脚力，即跑得快慢。 辈：批，等次。 5 弟：但，只管。 6 临质：临到比赛时。质，抵押品，此指比赛。 驷：同驾一辆车的四匹马为驷，此指马。 7 再：两次。 8 威王：齐威王，齐国国君，公元前356—前320年在位。

其后魏伐赵，赵急，请救于齐。齐威王欲将孙膑，膑辞谢曰："刑余[1]之人不可。"于是乃以田忌为将，而孙子为师，居辎车[2]中，坐为计谋。田忌欲引兵之赵，孙子曰："夫解杂乱纷纠者不控捲，救斗者不搏撠，批亢捣虚，形格势禁，则自为解耳。[3]今梁赵相攻，轻兵锐卒必竭于外，老弱罢[4]于内。君不若引兵疾走大梁，据其街路，衝其方虚，彼

后来魏国攻打赵国，赵国困急，向齐国请求援救。齐威王想让孙膑做主将，孙膑辞谢说："受过刑罚的人不可以任主将。"于是就任命田忌做主将，而让孙膑做军师，坐在设有篷帐的辎重车上，在车中出谋划策。田忌想领着兵直接奔赴赵国，孙膑说："要解开乱丝一样的纠纷不能紧握拳头使用蛮力，劝解殴斗不能拿着武器参与搏击，要抓住要害攻击敌方空虚之处，敌方迫于形势，就会自行解围了。如今魏国去进攻赵国，它的精锐部队一定全部到外面去了，在国内只留有疲惫不堪的老弱病残之士。您不如领着军队火速挺进大梁，占据它的交通要道，攻击它正处于空虚的地方，魏国一定会放弃赵国回来自救。这样我们就可以一举两得，既解除了魏

必释赵而自救。[5]是我一举解赵之围而收弊[6]于魏也。”田忌从之，魏果去邯郸，与齐战于桂陵，大破梁军。[7]

国对赵国的包围，又使魏国疲于奔命。”田忌依从了他的计谋，魏军果然离开了邯郸，和齐军在桂陵交战，魏军大败。

注释 1 刑余：遭受过刑罚。 2 辎(zī)车：设有篷帐的载重之车。 3 杂乱纷纠：像乱丝一样纠结在一起。 控捲(quán)：握紧拳头(即用力)。捲，通“拳”。 搏撠(jǐ)：搏斗，击刺。撠，击刺。 批亢捣虚：抓住要害，进击空虚之处。批，手击，抓。亢(gāng)，通“吭”，咽喉，要害。捣，冲击，攻打。 形格势禁：为地形所阻碍，为所处形势所顾忌，即为形势所阻。格，阻碍。禁，顾忌。 4 罢：通“疲”。 5 街路：交通要道。 衝：同“冲”。 方虚：正好空虚之处。 6 弊：疲乏。 7 去：离开。 桂陵：古地名，在今河南长垣县西南；一说在今山东菏泽东北。

后十三岁，魏与赵攻韩，韩告急于齐。齐使田忌将而往，直走大梁。魏将庞涓闻之，去韩而归，齐军既已过而西矣。[1]孙子谓田忌曰：“彼三晋之兵素悍勇而轻齐，齐号为怯，善战者因其势而利导之。[2]兵法，百里而趣利者蹶上将，五十里而趣利者军半至。[3]使齐军

十三年以后，魏国和赵国进攻韩国，韩国向齐国告急。齐国派田忌领兵前往，直接奔赴大梁。魏将庞涓听说后，离开韩国回魏，齐军已经越过边界向西挺进了。孙膑对田忌说：“三晋军队向来强悍勇敢并轻视齐国，他们认为齐国人胆怯，善于指挥作战的将领要顺应形势并引导战局向有利于自己的一方发展。兵法上说，前进一百里而急于争利的会损失军队的上将，前进五十里而急于争利的军队只有一半的人员到达。让齐军进入

入魏地为十万灶[4],明日为五万灶,又明日为三万灶。"庞涓行三日,大喜,曰:"我固知齐军怯,入吾地三日,士卒亡者过半矣。"乃弃其步军,与其轻锐倍日并行[5]逐之。孙子度其行,暮当至马陵。[6]马陵道陕,而旁多阻隘,可伏兵,乃斫大树白而书之曰"庞涓死于此树之下"。[7]于是令齐军善射者万弩,夹道而伏,期曰"暮见火举而俱发"。庞涓果夜至斫木下,见白书,乃钻火烛[8]之。读其书未毕,齐军万弩俱发,魏军大乱相失。庞涓自知智穷兵败,乃自刭,曰:"遂成竖子之名!"[9]齐因乘胜尽破其军,虏魏太子申[10]以归。孙膑以此名显天下,世传其兵法。

魏国土地时先修筑十万人吃饭的灶,第二天修筑五万人吃饭的灶,第三天修筑三万人吃饭的灶。"庞涓行进了三天,特别高兴,说:"我本就知道齐军胆怯,进入我们魏国三天,士卒逃亡的人已经超过半数了。"庞涓于是放弃步兵,只率领轻装的精锐部队日夜兼程追赶齐军。孙膑估计他们的行程,晚上当会抵达马陵。马陵一带道路狭窄,而且两旁多是险阻峻隘的地势,可以埋伏军队,于是就命士卒砍削大树现出白色树干,并在上面写字说"庞涓死于此树之下"。同时命令善射的士卒带着万张弓弩,在道路两旁埋伏着,同他们约定说"晚上见到有火点起来就一齐射箭"。庞涓果然在夜晚到了被砍削的树下,看见白树干上有字,就叫人点起火来看。还没有读完上面写的字,齐军万箭齐发,魏军大乱,互相不能接应。庞涓自知无计可施,军队必败,就自杀了,临死前说:"竟成就了这小子的名声!"齐国因此乘胜进军,彻底击败了魏国军队,俘虏了魏国太子申而回国。孙膑因此名扬天下,他写的兵法,也在世上广为流传。

注释 1 过:指越过国界。 西:指西行进入魏国。 2 三晋:晋原为春秋时的大国,后韩、赵、魏分晋为三国,故有“三晋”之称。 因:顺应。 利导:引导而使之转向有利自己的一方。 3 这两句话出自《孙子·军争》篇,词句略有变更。 趣利:即“趋利”,取得胜利。趣,通“趋”。 蹶(jué):损失。 上将:主将。 4 为十万灶:修筑供十万军队所需之灶。下文同。 5 轻锐:轻兵锐卒。 倍日并行:两天的路程并作一天走完。 6 度(duó):估计,推测。 马陵:古地名,在今山东莘县西南;一说在今河南范县西南。具体地址,还须考证。 7 陕(xiá):同“狭”,狭窄。 斫(zhuó):砍,削。 白:砍掉树皮,使其露出白色的部分。 8 钻火:点火,取火。古人钻木取火,此沿用。 烛:用火照。 9 自刭(jǐng):割脖子自杀。 遂:竟,最终。 竖子:犹今骂人语“小子”,此指孙膑。 10 申:即魏惠王太子,名申。因其与庞涓同领魏军攻韩,故被俘。

吴起者,卫[1]人也,好用兵。尝学于曾子,事鲁君。[2]齐人攻鲁,鲁欲将吴起,吴起取[3]齐女为妻,而鲁疑之。吴起于是欲就名,遂杀其妻,以明不与齐也。[4]鲁卒以为将。将而攻齐,大破之。

吴起是卫国人,喜好用兵。曾经向曾子学习过,侍奉过鲁国国君。齐国人进攻鲁国,鲁国打算任命吴起做主将,吴起娶了齐国女子为妻,因而鲁国怀疑他。吴起此时一心想成就功名,就杀了他的妻子,借以表明他不亲附齐国的立场。鲁国就任命他做主将。他领兵进攻齐国,大败齐军。

注释 1 卫:古国名,姬姓,始封之君为周武王弟康叔。先后都朝歌、楚丘、帝丘、野王。前209年为秦所灭。 2 曾子:孔子的弟子,名参(shēn),春秋时鲁国人。 事:侍奉,服务。 3 取:“娶”之古字。 4 就:成就。 与(yǔ):结交,亲附。

鲁人或恶吴起曰："起之为人，猜忍[1]人也。其少时，家累千金，游仕不遂[2]，遂破其家。乡党笑之，吴起杀其谤己者三十余人，而东出卫郭门。[3]与其母诀，啮臂而盟曰[4]：'起不为卿相，不复入卫。'遂事曾子。居顷之，其母死，起终不归。曾子薄[5]之，而与起绝。起乃之[6]鲁，学兵法以事鲁君。鲁君疑之，起杀妻以求将。夫鲁小国，而有战胜之名，则诸侯图鲁矣。且鲁卫兄弟之国也，而君用起，则是弃卫。"鲁君疑之，谢[7]吴起。

鲁国有人毁谤吴起说："吴起为人疑忌残忍。他年轻的时候，家中积蓄有千金财产，吴起外出游历谋求官职未能如愿，使家业破败。乡里人耻笑他，吴起把三十多个讥笑自己的人都杀了，就往东出了卫国都城的郭门。和母亲诀别时，他咬破了臂膀发誓说：'我吴起不做到卿相，就不再回卫国了。'于是他跟着曾子求学。过了没有多久，他母亲死了，吴起竟没有回去。曾子轻视他，就和吴起断绝往来了。吴起于是来到鲁国，学习兵法来侍奉鲁国国君。鲁国国君怀疑他，吴起竟杀死了妻子以换取大将的官职。再说鲁是个小国，如果有战而取胜的名声，那么诸侯们就会图谋对付鲁国了。而且鲁国和卫国是兄弟之国，如果鲁君重用吴起，这就是抛弃了卫国。"鲁国国君开始怀疑吴起，罢免了他。

注释　1 猜忍：疑忌残忍。　2 游仕不遂：外出游历谋求官职未能如愿。遂，实现，如愿。　3 乡党：乡里，邻居。　郭门：城门。内城为城，外城为郭。　4 啮(niè)：咬。　盟：发誓。　5 薄：轻视。　6 乃：于是。　之：到。　7 谢：罢免。

吴起于是闻魏文侯[1]贤，欲事之。文侯问李克[2]曰："吴起何如人哉？"李克曰："起贪而好色，然用兵司马穰苴[3]不能过也。"于是魏文侯以为将，击秦，拔五城。

起之为将，与士卒最下者同衣食。卧不设席，行不骑乘，亲裹赢粮，与士卒分劳苦。[4]卒有病疽者，起为吮之。[5]卒母闻而哭之。人曰："子卒也，而将军自吮其疽，何哭为？"母曰："非然也。往年吴公吮其父，其父战不旋踵[6]，遂死于敌。吴公今又吮其子，妾不知其死所[7]矣。是以哭之。"

文侯以吴起善用兵，廉平，尽能得士心，乃以为西河守，以拒秦、韩。[8]

吴起听说魏文侯贤明，想要侍奉他。魏文侯询问李克："吴起是个什么样的人呢？"李克说："吴起贪求荣名而好女色，然而他用兵的谋略，就连司马穰苴也比不过他。"于是魏文侯就任命他做主将，出击秦国，攻占了五座城邑。

吴起做主将，和士兵中最下等的人吃同样的饭，穿同样的衣。睡卧时不设置褥垫，行军时不骑马乘车，亲自背包扛粮，替士卒们分担劳苦。士兵中有人身上长了毒疮，吴起替他用嘴吸毒液。士兵的母亲听说这件事就哭起来。有人说："您儿子是士兵，将军却亲自替他吸毒液，您哭什么呢？"母亲说："不是这样。往年吴将军替我儿子的父亲吸毒液，他父亲作战时一往直前，义无反顾，就死在敌阵里。吴将军如今又替我们的儿子吸毒液，我不晓得儿子他会死在哪里。因此我才哭呢。"

魏文侯因为吴起善于用兵，廉洁正直，完全能得到将士的欢心，就任命他做西河郡太守，来抗御秦国、韩国。

注释　1 魏文侯：魏国国君，名魏斯，魏国建立者，公元前445—前396

年在位。 2 李克:一说即李悝(kuī),魏国名臣,曾协助魏文侯进行改革,魏得以富强;一说为子夏的学生,魏贤臣。 3 司马穰苴:春秋时齐国军事家,姓田,名穰苴,官大司马。 4 席:席子、褥垫之类。 骑乘:骑马乘车。 裹:包扎。 赢(yíng):背,担。 5 疽(jū):毒疮。 吮(shǔn):用嘴吸。 6 战不旋踵:言其奋勇直前,在所不惜。不旋踵,脚跟不向后转。踵,脚后跟。 7 死所:死的地方。 8 廉平:廉洁公正。 西河:即西河郡,辖境在今陕西、山西间黄河段以西,魏长城以东。古称黄河由北向南段为西河,故名西河郡。

魏文侯既卒,起事其子武侯[1]。武侯浮西河而下[2],中流,顾而谓吴起曰:"美哉乎山河之固,此魏国之宝也!"起对曰:"在德不在险。昔三苗氏左洞庭,右彭蠡,德义不修,禹灭之。[3]夏桀之居,左河济,右泰华,伊阙在其南,羊肠在其北,修政不仁,汤放之。[4]殷纣之国,左孟门,右太行,常山在其北,大河经其南,修政不德,武王杀之。[5]由此观之,在德不在险。若君不修德,舟中之人尽为

魏文侯去世以后,吴起侍奉他的儿子武侯。武侯乘船在黄河中顺流而下,船到河中央,回过头对吴起说:"真是壮观呀,山河形势这么坚固,这是魏国的瑰宝啊!"吴起回答说:"要使国家强盛,在于对民众施德,不在于山河险固。从前三苗氏部族,左边是洞庭湖,右边是彭蠡泽,但是他不修德义,夏禹就把他灭亡了。夏桀所居的地方,左边是黄河、济水,右边是泰山、华山,伊阙要塞在南边,羊肠坂道在北边,但是他治理国家不讲仁道,商汤放逐了他。殷纣掌握的国家,左边有孟门,右边有太行山,常山在北边,黄河流经南边,但是他治理国家不讲德义,周武王杀了他。由此看来,治理国家在于施恩德,不在于地势险固。假若君王不施恩德,同在一条船中的人都可能成

敌国也。”武侯曰:“善。”

为仇敌。”武侯说:“讲得好。”

注释 1 武侯:即魏武侯,名击,公元前395—前370年在位。 2 浮西河而下:乘舟在黄河中顺流而下。 3 三苗氏:亦名“有苗”,古代传说中的南方部族。 左、右:古人以人之南向确定左右,故西为右,东为左。 洞庭:即今洞庭湖。 彭蠡:即今鄱阳湖。 4 河济:指黄河、济水。 泰华:泰山、华山。 伊阙:山名,又名“龙门山”,在今河南洛阳东南。因两山相对,伊水流经其间,形势如门,故名“伊阙”。 羊肠:即“羊肠坂”,太行山上之坂道,在今山西平顺县东南。因其萦曲如羊肠,故名。 放:放逐。 5 孟门:古隘道名,在今河南辉县西;或为山名,在今陕西宜川东北、山西吉县西。 太行:山名,在今河南沁阳北。 常山:即恒山,在今河北曲阳县西北,不是今日所称“恒山”。 大河:黄河。

吴起为西河守,甚有声名。魏置相,相田文[1]。吴起不悦,谓田文曰:“请与子论功,可乎?”田文曰:“可。”起曰:“将三军,使士卒乐死,敌国不敢谋,子孰与起[2]?”文曰:“不如子。”起曰:“治百官,亲万民,实府库[3],子孰与起?”文曰:“不如子。”起曰:“守西河而秦兵不敢东乡,韩赵宾从,子孰与起?[4]”文曰:“不如

吴起做西河守,有了很好的声誉名望。魏国设置相位,任命田文为国相。吴起不高兴,对田文说:“我想和您比比功劳,可以吗?”田文说:“可以。”吴起说:“统领三军,让士兵们乐意去拼死战斗,敌对国家不敢谋害魏国,您和我吴起比谁强?”田文说:“不如您。”吴起说:“管理文武百官,让万民亲附,使府库充实,您和我吴起比谁强?”田文说:“不如您。”吴起说:“镇守西河,使得秦国军队不敢向东侵犯,韩国、赵国归服魏国,您和我吴起比谁强?”田文说:“不如您。”吴起说:

子。”起曰:“此三者,子皆出吾下,而位加吾上,何也?”文曰:“主少国疑,大臣未附,百姓不信,方是之时,属之于子乎?[5]属之于我乎?”起默然良久,曰:“属之子矣。”文曰:“此乃吾所以居子之上也。”吴起乃自知弗如田文。

“这三个方面,您的能力都不如我,但官位却在我之上,是为什么?”田文说:“君主年少,国家不安定,大臣们不亲附,百姓不信任,正当这个时候,是把国家政事托付给您呢?还是托付给我呢?”吴起默默地沉思了好久,说:“要托付给您啊。”田文说:“这就是我官位在您之上的原因呀。”吴起才明白自己不如田文。

注释 1 田文:魏国贵戚重臣,与齐孟尝君田文非一人。 2 子孰与起:你和我吴起相比谁强。 3 实:充实。 府库:泛指仓库。在古代,“府”指收藏财物或文书的地方,“库”指藏兵甲战车之处。 4 乡:通“向”。 宾从:臣属,归服。 5 主少国疑:君主年少,国内不安定。 属(zhǔ):通“嘱”,委托,托付。

田文既死,公叔为相,尚魏公主,而害吴起。[1]公叔之仆曰:“起易去也。”公叔曰:“柰何?”其仆曰:“吴起为人节廉而自喜名也。[2]君因先与武侯言曰:‘夫吴起贤人也,而侯之国小,又与强秦壤界,臣窃恐起之无留心也。[3]’武侯即

田文死了以后,公叔做国相,他娶了君主的女儿,但畏忌吴起。公叔的仆从说:“吴起是容易被撵走的。”公叔说:“怎么做?”他的仆从说:“吴起为人品节廉正,但自己很看重名声地位。您可以先向武侯进言说:‘吴起是个贤能的人,而您的国土太小了,又和强大的秦国接壤,我担心吴起没有长期留在魏国的打算。’武侯马上会说:‘怎么办?’您

曰:'奈何?'君因谓武侯曰:'试延[4]以公主,起有留心则必受之,无留心则必辞矣。以此卜之。'君因召吴起而与归,即令公主怒而轻君。吴起见公主之贱君也,则必辞。"于是吴起见公主之贱魏相,果辞魏武侯。武侯疑之而弗信也。吴起惧得罪[5],遂去,即之楚。

乘机对武侯说:'请用下嫁公主的办法试探他,吴起有长期留在魏国的打算,就一定会接受,没有留下来的打算就必定会推辞。以此来推断。'您召见吴起并和他一起回家,故意让公主发怒而表现出蔑视您的态度。吴起见到公主这样看不起您,就一定会推辞娶公主的。"当吴起看到公主蔑视魏国的国相时,果然婉言谢绝了魏武侯。武侯也就怀疑而不相信他了。吴起害怕招致罪过,就离开了魏国,随即来到楚国。

注释 1 公叔:一说此人为韩国的公族,在魏国做官;一说此人即魏国大臣公叔座,亦名公孙座。 尚:娶。古时臣下娶君主的女儿称"尚"。 害:畏忌。 2 节廉:品节廉正。 喜名:看重名声地位。 3 因:凭,根据。 壤界:接壤。 留心:留在魏国的想法。 4 延:诱引。 5 得罪:招致罪过。

楚悼王[1]素闻起贤,至则相楚。明法审令,捐不急之官,废公族疏远者,以抚养战斗之士。[2]要在强兵,破驰说之言从横者。[3]于是南平百越[4];北并陈、蔡,却三晋;[5]西

楚悼王向来听说吴起贤能,吴起一到就让他做国相。吴起法规明确,令出必行,裁减不紧要的官员,剥夺掉国君远门宗族的爵禄,以便优待供养参与作战的军士。致力于加强军力,斥退奔走游说专门宣传纵横家主张的人。于是楚军向南平定了百越部族;向北兼并了陈、蔡小国,

伐秦。诸侯患楚之强。故楚之贵戚尽欲害吴起。及悼王死，宗室大臣作乱而攻吴起，吴起走[6]之王尸而伏之。击起之徒因射刺吴起，并中悼王。悼王既葬，太子立，乃使令尹[7]尽诛射吴起而并中王尸者。坐射起而夷宗[8]死者七十余家。

打退韩、赵、魏三国的进攻；向西攻伐秦国。诸侯各国都忧患楚国的强大。以往楚国显贵的公族亲戚全都想谋害吴起。等到悼王死去，王室大臣发动叛乱并进攻吴起，吴起逃跑到停放悼王尸体的地方并伏在尸体上。攻击吴起的人用箭射杀吴起，同时也射中了悼王。悼王安葬以后，太子继位，命令尹诛杀了所有用箭射吴起同时射中悼王尸体的人。由于射杀吴起被判罪而灭族的有七十多家。

注释　1 楚悼王：名熊疑，公元前 401—前 381 年在位。　2 审令：令出必行。　捐：抛弃，裁减。　废：指剥夺爵禄。　公族疏远者：指国君的远门宗族。　3 驰说：奔走游说。　从横：即“纵横”。从，通“纵”。　4 百越：亦名“百粤”。古代越族散居在今福建、广东等地，因部族众多，故名。　5 陈、蔡：春秋时的两个小国，在今河南省境内。　三晋：即韩、赵、魏三国。　6 走：跑，逃跑。　7 令尹：楚国的最高行政长官，相当于相国。　8 夷宗：灭族。夷，消灭，铲除。

太史公曰：世俗所称师旅，皆道《孙子》十三篇、《吴起兵法》，世多有，故弗论，论其行事所施设者。[1]语曰：“能行之者未必能言，能言之者未必能行。”

太史公说：人们在谈论军事战术时，总要提到《孙子》十三篇和《吴起兵法》，这两部书社会上流传很多，所以我就不加论述，只论述他们的所作所为。俗话说：“能做的未必能说，能说的未必能做。”孙膑对付庞涓的计策谋划很英明，然而不孙子筹策庞涓明矣，然不能蚤救患于被刑。[2] 吴起说武侯以形势不如德，然行之于楚，以刻暴[3] 少恩亡其躯。悲夫！

能及早挽救自己遭受刑罚的祸患。吴起以重视地理形势不如重视恩德游说魏武侯，然而他在楚国执政时，却以苛刻暴虐葬送了自己的性命。可悲呀！

注释 1 师旅：此指军事。 所施设：干的事情，即所作所为。 2 筹策：谋划。 蚤：通“早”。 被刑：遭受刑罚。 3 刻暴：苛刻，暴虐。

史记卷六十六

伍子胥列传第六

原文

伍子胥者，楚人也，名员[1]。员父曰伍奢。员兄曰伍尚。其先曰伍举，以直谏事楚庄王，有显，故其后世有名于楚。[2]

楚平王有太子名曰建，使伍奢为太傅，费无忌为少傅。[3]无忌不忠于太子建。平王使无忌为太子取妇于秦，秦女好[4]，无忌驰归报平王曰："秦女绝美，王可自取，而更为太子取妇。"平王遂自取秦女而绝爱幸之，生子轸。更为太子取妇。

无忌既以秦女自媚于

译文

伍子胥是楚国人，名员。伍员的父亲叫伍奢。伍员的哥哥叫伍尚。他的祖先叫伍举，因为侍奉楚庄王时能够直言进谏，地位显赫，所以他的后代在楚国很有名气。

楚平王有个太子名叫建，平王派伍奢做他的太傅，费无忌做他的少傅。费无忌对太子建不忠诚。平王派费无忌替太子到秦国去娶亲，将娶的秦国女子长得漂亮，无忌赶紧回国报告平王说："那位秦国女子是个绝代美人，您可以自己娶了，再另外给太子娶个女子。"平王就自己娶了这位秦国女子，特别宠爱她，生了儿子轸。又另外替太子娶亲。

费无忌利用秦国女子向平王

平王，因去太子而事平王。恐一旦平王卒而太子立，杀己，乃因谗太子建。建母，蔡女也，无宠于平王。平王稍益疏建，使建守城父，备边兵。[5]

献媚以后，乘机离开太子去侍奉平王。但恐有朝一日平王去世而太子继位，会杀了自己，就借机在平王面前说太子建的坏话。建的母亲是蔡国女子，平王不宠爱她。平王愈加疏远太子建，派建去守卫城父，以备边界之兵。

注释　1 员：音 yún。　2 楚庄王：春秋时楚国国君，公元前 613—前 591 年在位。　显：高贵，显赫。　3 楚平王：春秋时楚国国君，公元前 528—前 516 年在位。　太傅：即太子太傅，皇太子辅臣。　费无忌：楚国大臣，《左传》作“费无极”。　少傅：即太子少傅，协助太子太傅辅导、翼护太子。　4 好：貌美，漂亮。　5 稍：逐渐。　益：更加。　城父：楚地名，在今安徽亳州东南。

顷之，无忌又日夜言太子短于王曰：“太子以秦女之故，不能无怨望，愿王少自备也。[1]自太子居城父，将兵，外交诸侯，且欲入为乱矣。”平王乃召其太傅伍奢考问[2]之。伍奢知无忌谗太子于平王，因曰：“王独柰何以谗贼小臣疏骨肉之亲乎？”无忌曰：“王今不制，其事成矣。王且

不久，费无忌又日夜在平王面前说太子的坏话：“太子因为秦国女子的缘故，不可能没有怨恨，希望您略加防备。自从太子驻扎在城父，率领军队，对外结交诸侯，将要进都城发动叛乱了。”平王就召唤太子太傅伍奢来审问。伍奢知道是费无忌在平王面前诋毁太子，因而说：“您为什么偏偏听信讲坏话的贼害小臣来疏间父子的骨肉之亲呢？”费无忌说：“您现在不加制止，太子的事将要成功了。您将会被擒拿。”

见禽[3]。”于是平王怒，囚伍奢，而使城父司马[4]奋扬往杀太子。行未至，奋扬使人先告太子：“太子急去，不然将诛。”太子建亡奔宋。

于是平王发怒，囚禁伍奢，并派城父的司马官奋扬去杀太子。奋扬还没到达，就先派人去告知太子说：“你得赶紧离去，不然的话将要被诛杀。”太子建逃往宋国。

注释 1 怨：怨恨，仇恨。 望：埋怨，责怪。 少：稍微，有所。 2 考问：审查，审问。 3 且：将。 见：被。 禽：通“擒”，捉拿。 4 司马：当地的军事长官。

无忌言于平王曰：“伍奢有二子，皆贤，不诛，且为楚忧。可以其父质[1]而召之，不然，且为楚患。”王使使谓伍奢曰：“能致[2]汝二子则生，不能则死。”伍奢曰：“尚为人仁，呼必来。员为人刚戾忍訽[3]，能成大事，彼见来之并禽，其势必不来。”王不听，使人召二子曰：“来，吾生汝父；不来，今杀奢也。”伍尚欲往，员曰：“楚之召我兄弟，非欲以生我父也，恐有脱者后生患，故以父为质，

无忌向平王进言说：“伍奢有两个儿子，都很贤能，不诛杀掉，他们将会成为楚国的祸患。可以用他们的父亲做人质招他们来，不然，他们将会成为楚国的祸患。”平王派人对伍奢说：“能够把你两个儿子招来就让你活，不能招来的话就让你死。”伍奢说：“伍尚为人宽厚仁慈，呼他一定会来。伍员为人强悍凶狠忍辱负重，能够成就大事，他料到来了会一起被擒拿，势必不来。”平王不听，派人召唤伍奢的两个儿子说：“你们来了，我让你们的父亲活下去；如果不来，现在就杀掉伍奢。”伍尚打算前往，伍员说：“楚国召唤我们兄弟，不是想借此让我们的父亲活下来，而是担心我们逃脱了会产生后患，

诈召二子。二子到，则父子俱死。何益父之死？往而令[4]仇不得报耳。不如奔他国，借力以雪父之耻，俱灭，无为[5]也。”伍尚曰：“我知往终不能全父命。然恨[6]父召我以求生而不往，后不能雪耻，终为天下笑耳。”谓员：“可去矣！汝能报杀父之仇，我将归死[7]。”尚既就执，使者捕伍胥。伍胥贯弓[8]执矢向使者，使者不敢进，伍胥遂亡。闻太子建之在宋，往从之。奢闻子胥之亡也，曰：“楚国君臣且苦兵[9]矣。”伍尚至楚，楚并杀奢与尚也。

所以拿父亲做人质，来欺骗我们。我们去了，就会和父亲一起死掉。这对挽救父亲有什么益处？去了反而不能报仇。不如逃奔到别的国家，借力来为父亲报仇，如果我们都被杀了，是不值得的。”伍尚说：“我知道前往最终不能保全父亲的生命。然而我会为父亲召唤我，我却不前往，以后又不能为他报仇雪恨而懊悔，最终会被天下人耻笑。”他对伍员说：“你可以逃走！你能报杀父之仇，我将投身就死。”伍尚被拘执以后，使者要拘捕伍胥。伍胥拉满了弓搭上箭对准使者，使者不敢上前，伍胥就逃跑了。听说太子建在宋国，前往依从他。伍奢听说伍胥逃跑了，说：“楚国的君臣将要苦于战火了。”伍尚到了楚国，楚王一并杀害了伍奢和伍尚。

注释　1 质：作为人质。　2 致：招致，招来。　3 刚戾(lì)：强硬凶狠。　忍訽(gòu)：忍辱负重。訽，耻辱。　4 令：使。　5 无为：没有用处，没有意义。即白白送死。　6 恨：遗憾，懊悔。　7 归死：自首就死。　8 贯弓：拉满弓。　9 且苦兵：将要受到战争的苦难。

伍胥既至宋，宋有华氏之乱[1]，乃与太子建俱奔

伍胥到了宋国以后，宋国发生了华氏之乱，就和太子建一起奔

于郑。郑人甚善之。太子建又适晋,晋顷公[2]曰:"太子既善郑,郑信太子。太子能为我内应,而我攻其外,灭郑必矣。灭郑而封太子。"太子乃还郑。事未会,会自私欲杀其从者,从者知其谋,乃告之于郑。[3]郑定公与子产诛杀太子建。[4]建有子名胜。伍胥惧,乃与胜俱奔吴。到昭关[5],昭关欲执之。伍胥遂与胜独身步走,几不得脱。追者在后。至江,江上有一渔父乘船,知伍胥之急,乃渡伍胥。伍胥既渡,解其剑曰:"此剑直百金,以与父。[6]"父曰:"楚国之法,得伍胥者赐粟五万石,爵执珪,岂徒百金剑邪![7]"不受。伍胥未至吴而疾,止中道,乞食。至于吴,吴王僚方用事,公子光为将。[8]伍胥乃因公子光以求见吴王。

往郑国。郑国君臣对他们很友好。太子建又到晋国,晋顷公说:"太子已经和郑国友好,郑国信任太子。太子如果能够替我做内应,而我从外部进攻它,灭亡郑国是必然的了。灭了郑国就封赏太子。"太子于是回到郑国。举事的准备还没有完备,碰上太子因为个人的私事想杀掉他的随从,随从知道他们的谋划,就报告给郑国。郑定公和子产诛杀了太子建。建有个儿子名胜。伍胥害怕,就和胜一起奔往吴国。到了昭关,昭关守将想逮捕他们。伍胥就和胜分开徒步逃跑,差点儿被逮住。追逐的人紧跟在后面。到了江边,江上有一个渔翁撑着船,知道伍胥危急,就让伍胥上船渡江。伍胥过江以后,解下他的佩剑说:"这柄剑价值百金,我把它送给您。"渔翁说:"楚国的法令规定,捕获伍胥的人奖赐粟五万石,并给予执珪的爵位,难道我会图百金的宝剑吗?"没有接受。伍胥还没有到吴国就生了病,在半道停下来,向人家讨饭吃。到了吴国,吴王僚正在掌政,公子光做将军。伍胥就通过公子光来求见吴王。

注释 1 华氏之乱：宋国华亥、华定等与国君争权而出奔。 2 晋顷公：春秋时晋国国君，公元前525—前512年在位。 3 会：妥善，完备。 会自私：碰上因为个人的私事。会，恰巧，适逢。自私，个人的私事。 4 郑定公：春秋时郑国国君，公元前529—前514年在位。 子产：春秋时期的政治家，郑国执政大臣，名公孙侨，字子产。 5 昭关：古关名，当时吴楚之间交通要道。在今安徽含山县北。 6 直：通“值”。 与：给予。 7 爵执珪：封给相当于执珪之官爵。执珪，楚国特有的爵名，赐功臣以珪，谓之执珪，地位相当于有领地的封君。珪，帝王或诸侯举行朝会、祭祀时用的一种玉器。 徒：只，仅仅。 8 吴王僚：名姬僚，春秋时吴国国君，公元前526—前515年在位。 用事：执掌政权。 公子光：即吴王阖庐，吴王僚之堂兄，公元前514—前496年在位。

久之，楚平王以其边邑钟离与吴边邑卑梁氏俱蚕，两女子争桑相攻，乃大怒，至于两国举兵相伐。[1]吴使公子光伐楚，拔其钟离、居巢[2]而归。伍子胥说吴王僚曰：“楚可破也。愿复遣公子光。”公子光谓吴王曰：“彼伍胥父兄为戮于楚，而劝王伐楚者，欲以自报其仇耳。伐楚未可破也。”伍胥知公子光有内志[3]，欲杀王而自立，未可说以外事，乃

过了很久，楚国边城钟离的女子和吴国边城卑梁氏的女子一齐采桑养蚕，两人争夺蚕桑而引起两地相互攻击，楚平王大为恼怒，以至于发展到两国发兵互相讨伐。吴国派公子光攻打楚国，夺占了楚国的钟离、居巢返回。伍子胥进劝吴王僚说：“楚国是可以打败的。希望再次派遣公子光。”公子光对吴王说：“伍胥的父兄被楚国杀了，他劝说您讨伐楚国的用意，是想借此报家仇。讨伐楚国不一定能取得胜利。”伍胥知道公子光有个人野心，想杀了吴王而自立，不可以用对外用兵来劝说他，就把专诸推

进专诸于公子光，退而与太子建之子胜耕于野。

荐给了公子光，而后他和太子建的儿子胜到乡下种田去了。

注释 1 钟离：当时楚国边境邑名，在今安徽凤阳县东北。 卑梁氏：当时吴国边境邑名，在今安徽天长西北。 蚕：养蚕。 2 居巢：地名，当时属于楚国，在今安徽六安东北；或在今巢湖东北。 3 内志：想在国内夺权为王。

五年而楚平王卒。初，平王所夺太子建秦女生子轸，及平王卒，轸竟立为后，是为昭王[1]。吴王僚因楚丧，使二公子[2]将兵往袭楚。楚发兵绝吴兵之后，不得归。吴国内空，而公子光乃令专诸袭刺吴王僚而自立，是为吴王阖庐。阖庐既立，得志，乃召伍员以为行人[3]，而与谋国事。

过了五年，楚平王去世了。当初，楚平王所夺取的太子建要娶的秦国女子生下了儿子轸，等到平王去世，轸竟然继位做了国君，这就是昭王。吴王僚趁着楚国有丧事，派了王室的两位公子领兵前往袭击楚国。楚国发兵断了吴国军队的后路，使其不能回国。吴国内部空虚，而公子光就让专诸袭击刺杀了吴王僚而自立为王，这就是吴王阖庐。阖庐继位以后，心满意足了，就召来伍员，任他为行人，同时让他参与谋划国家政事。

楚诛其大臣郤宛、伯州犁，伯州犁之孙伯嚭亡奔吴，吴亦以嚭为大夫。[4]前王僚所遣二公子将兵伐楚者，道绝不得归。后闻阖庐弑王僚自立，遂以其

楚国诛杀了其大臣郤宛、伯州犁，伯州犁的孙子伯嚭逃奔吴国，吴国也任用他做大夫。原先吴王僚派出的两位公子领兵攻打楚国，因为道路断绝不能回国。后来听说阖庐弑杀了吴王僚自立为王，就领着他

兵降楚，楚封之于舒[5]。阖庐立三年，乃兴师与伍胥、伯嚭伐楚，拔舒，遂禽故吴反二将军。因欲至郢，将军孙武曰："民劳，未可，且待之。"乃归。

们的军队投降了楚国，楚国把他们封在舒地。阖庐继位三年，就兴师和伍胥、伯嚭去攻打楚国，夺取了舒地，擒拿了原先吴国反叛的两位将军。趁机想攻到郢都，将军孙武说："民众劳苦，不可攻战了，暂且等待时机。"就回国了。

四年，吴伐楚，取六与灊。[6]五年，伐越，败之。六年，楚昭王使公子囊瓦[7]将兵伐吴。吴使伍员迎击，大破楚军于豫章[8]，取楚之居巢。

四年，吴国攻打楚国，夺取了六地和灊地。五年，攻打越国，打败了它。六年，楚昭王派公子囊瓦领兵攻打吴国。吴国派出伍员迎战，在豫章把楚军打得大败，夺取了楚国的居巢。

注释　1 昭王：即楚昭王，春秋末楚国国君，公元前515—前489年在位。　2 二公子：公子烛庸及盖余。　3 行人：官职名，掌朝觐聘问等事。　4 郤(xì)宛：楚国大臣。　伯州犁：楚国大臣，伯嚭的祖父。　伯嚭(pǐ)：原为楚国人，后为吴国大臣。　5 舒：楚地名，在今安徽庐江县西南。　6 六：楚地名，在今安徽六安东北。　灊(qián)：亦作"潜"，楚地名，在今安徽岳西县西北。　7 囊瓦：楚国将领。　8 豫章：地区名，约今淮河中上游以南，大别山以北，合肥以西一带。

九年[1]，吴王阖庐谓子胥、孙武曰："始子言郢未可入，今果何如？"二子对曰："楚将囊瓦贪，而

九年，吴王阖庐对伍子胥、孙武说："当初你们说楚国郢都还不可攻入，现在怎么样？"二人回答说："楚将囊瓦贪财，唐国、蔡国都怨恨他。大王一定想大举攻打楚国，首先要得

唐[2]、蔡皆怨之。王必欲大伐之,必先得[3]唐、蔡乃可。”阖庐听之,悉兴师与唐、蔡伐楚,与楚夹汉水而陈。[4]吴王之弟夫概将兵请从[5],王不听,遂以其属五千人击楚将子常。子常败走,奔郑。于是吴乘胜而前,五战,遂至郢。己卯[6],楚昭王出奔。庚辰[7],吴王入郢。

到唐国、蔡国的支持才可以。”阖庐听从他们的意见,出动了全部军队和唐国、蔡国联合攻打楚国,和楚国在汉水两岸列阵对峙。吴王的弟弟夫概领着兵请求出击,阖庐不答应,他就率领自己的部属五千人袭击楚将子常。子常失败逃跑,奔往郑国。于是吴军乘胜前进,经过五番战斗,就到达了楚国郢都。己卯日,楚昭王逃出了都城。庚辰日,吴王进入郢都。

注释 1 九年:吴王阖庐九年,为公元前 506 年。 2 唐:春秋时楚国西北一小国名,姬姓,在今湖北随州西北唐县镇,公元前 505 年灭于楚。 3 得:得到支持。 4 汉水:即今汉水。 陈(zhèn):“阵”之古字,排列为阵。 5 从:出击。 6 己卯:日本泷川资言《史记会注考证》谓“己卯上夺‘十一月’三字”。即为当年十一月己卯日。 7 庚辰:古人用六十甲子记日,“己卯”日后即“庚辰”日,“庚辰”即“己卯”日之第二天,二十八日。

昭王出亡,入云梦[1];盗击王,王走郧[2]。郧公弟怀曰[3]:“平王杀我父,我杀其子,不亦可乎!”郧公恐其弟杀王,与王奔随[4]。吴兵围随,谓随人曰:“周之子孙在汉川[5]者,楚

楚昭王离开国都逃亡,进入云梦泽;强盗袭击昭王,昭王跑到了郧地。郧公的弟弟名叫怀的说:“平王杀了我父亲,我杀他的儿子,不也可以吗?”郧公恐怕他弟弟杀了昭王,和昭王逃奔到随地。吴国军队包围了随地,对随地人说:“周王住在汉水流域的子孙,楚国把他们全都消灭了。”

尽灭之。”随人欲杀王，王子綦匿王，已自为王以当之。[6]随人卜与王于吴，不吉，乃谢吴不与王。[7]

随地人想杀死昭王，王子綦把昭王藏起来，自己扮成昭王来阻拦他们。随地人进行了占卜，认为把楚王给吴国，不吉利，于是婉言谢绝吴国，不把楚王给他们。

注释 1 云梦：即云梦泽，在今洪湖、洞庭湖一带。 2 郧(yún)：春秋时小国名，在今湖北安陆；一说在今湖北十堰郧阳区。 3 郧公：楚国国内的封君，名斗辛，因封于郧，故名。 怀：人名，郧地封君的弟弟。 4 随：春秋时小国名，在今湖北随州。姬姓，西周初年所封。 5 汉川：汉水流域一带。 6 王子綦(qí)：人名，楚昭王之兄，名公子结。 当：阻拦。 7 卜：占卜。 谢：谢绝。

始伍员与申包胥为交，员之亡也，谓包胥曰：“我必覆楚。”[1]包胥曰：“我必存之。”及吴兵入郢，伍子胥求[2]昭王。既不得，乃掘楚平王墓，出其尸，鞭之三百，然后已。申包胥亡于山中，使人谓子胥曰：“子之报仇，其以甚乎[3]！吾闻之，人众者胜天，天定亦能破人[4]。今子故平王之臣，亲北面而事之，今至于僇死人，

当初，伍员和申包胥是至交，伍员要逃亡时，对申包胥说：“我一定要让楚国覆亡。”申包胥说：“我一定要保存楚国。”等到吴国军队进入郢都，伍子胥到处搜寻楚昭王。搜寻不到，就挖掘楚平王的坟墓，取出他的尸体，抽打三百鞭，然后才罢手。申包胥逃亡到山里，派人对伍子胥说：“你这种报仇方式，大概过分了吧！我听说，人多能够胜天，天定后也能毁灭人。你是从前平王的臣子，亲自侍奉过他，现在你竟侮辱他的尸体，这难道不是丧失天理到了极点吗！”伍子胥说：“替我向申包胥说，我好比是天色已经落暮，可前面的路程还很远，

此岂其无天道之极乎！[5]”伍子胥曰：“为我谢申包胥曰，吾日莫[6]途远，吾故倒行而逆施之。”于是申包胥走秦告急，求救于秦。秦不许。包胥立于秦廷，昼夜哭，七日七夜不绝其声。秦哀公[7]怜之，曰：“楚虽无道，有臣若是，可无存乎！”乃遣车五百乘[8]救楚击吴。六月，败吴兵于稷[9]。会吴王久留楚求昭王，而阖庐弟夫概乃亡归，自立为王。阖庐闻之，乃释楚而归，击其弟夫概。夫概败走，遂奔楚。楚昭王见吴有内乱，乃复入郢。封夫概于堂溪，为堂溪[10]氏。楚复与吴战，败吴，吴王乃归。

后二岁，阖庐使太子夫差将兵伐楚，取番。[11]楚惧吴复大来，乃去郢，徙于鄀[12]。当是时，吴以伍子胥、孙武之谋，西破强楚，北威齐晋，南服越人。

所以我会做逆情背理的行动。”于是申包胥跑到秦国去告急，向秦国求救。秦国不答应。申包胥站在秦国朝廷上，日夜痛哭，七天七夜哭声不断。秦哀公怜悯他，说：“楚国君主虽然无道，但有像他这样的臣子，我可以不援助吗？”秦国于是派出五百乘战车援楚攻吴。六月，在稷地打败吴国军队。正碰上吴王长久留在楚国搜寻昭王，而阖庐的弟弟夫概却逃回国，自立为王。阖庐听说了，就放弃楚国返回，袭击他的弟弟夫概。夫概败走，就奔往楚国。楚昭王看到吴国发生内乱，才重新进入郢都。封夫概于堂溪，称为堂溪氏。楚国重新和吴国开战，打败了吴国，吴王才返回国内。

两年后，阖庐派太子夫差领兵攻打楚国，夺取了番地。楚国惧怕吴国再次大规模来犯，就离开郢城，把国都迁到鄀城。正当这个时候，吴国用伍子胥、孙武的谋划，往西攻破了强大的楚国，向北威慑着齐国晋国，向南臣服了越国。

注释 1 申包胥:春秋末楚国大臣。 覆:覆灭。 2 求:找,搜寻。 3 其以甚乎:大概过分了吧。以,通“已”。 4 天定亦能破人:《史记正义》:“申包胥言闻人众者虽一时凶暴胜天,及天降其凶,亦破于强暴之人。” 5 北面:面向北,即为臣。因君王坐北朝南,臣下面向北朝拜。 僇(lù):侮辱。 天道:天理。 6 莫:“暮”之本字。 7 秦哀公:春秋末秦国国君,公元前 536—前 501 年在位。 8 乘(shèng):古时一车四马名“乘”。 9 稷:楚地名,在今河南桐柏县东南。 10 堂溪:又作“棠溪”,楚地名,在今河南西平县西。 11 夫差:吴王阖庐之太子,后为吴国国君,公元前 495—前 473 年在位。 番(pó):楚地名,在今江西省鄱阳县。 12 鄀(ruò):楚地名,在今湖北宜城东南。

其后四年,孔子相鲁[1]。

后五年,伐越。越王句践迎击,败吴于姑苏,伤阖庐指,军却。[2]阖庐病创将死,谓太子夫差曰:“尔忘句践杀尔父乎?”[3]夫差对曰:“不敢忘。”是夕,阖庐死。夫差既立为王,以伯嚭为太宰[4],习战射。二年后伐越,败越于夫湫[5]。越王句践乃以余兵五千人栖于会稽之上,使大夫种厚币遗吴太宰嚭以请和,求委国为臣妾。[6]吴王将

四年后,孔子出任鲁国国相。

五年后,吴国攻打越国。越王句践迎战,在姑苏山打败吴国,击伤了阖庐的脚趾,吴国军队退却。阖庐的创伤发作,临死前,他对太子夫差说:“你会忘掉句践杀死了你的父亲吗?”夫差回答说:“不敢忘记。”这天夜晚,阖庐死了。夫差继位做王以后,任命伯嚭为太宰,演习战阵射击。两年以后攻打越国,在夫湫山打败越国。越王句践只带领余下的五千人困守在会稽山上,派大夫文种带着厚重礼物贿赂吴国太宰嚭,通过他向吴王求和,说句践愿把整个越国委托给吴国,他愿做吴国的奴仆。吴王准备

许之。伍子胥谏曰:“越王为人能辛苦[7]。今王不灭,后必悔之。”吴王不听,用太宰嚭计,与越平[8]。

答应他。伍子胥进谏说:“越王的为人是能经受艰辛劳苦。如今大王不消灭他,以后一定会后悔的。”吴王不听,采纳太宰嚭的计策,和越国讲和了。

注释 1 孔子相鲁:事在鲁定公十年(前500)。 2 句践:春秋末越国国君,越王允常之子,公元前497—前465年在位。 姑苏:古山名,在今江苏苏州西南。《左传》和《吴世家》中均为“战槜李”。槜(zuì)李,亦作“檇李”,古地名,在今浙江省嘉兴西南。 却:后退。 3 病创:由于创伤而病情加重。 尔:你。 4 太宰:吴国之官名,掌内外事务,犹后世之丞相。 5 夫湫:即“夫椒”,古山名,在今江苏太湖中。 6 栖:困守。 会(kuài)稽:山名,在今浙江绍兴东南。 种:即文种,越国之大臣。 币(bì):古代指送人的金、帛、币等礼物。 遗(wèi):赠送,贿赂。 委国:把整个国家委托给吴国。 7 辛苦:艰辛劳苦。 8 平:讲和。

其后五年,而吴王闻齐景公[1]死而大臣争宠,新君弱,乃兴师北伐齐。伍子胥谏曰:“句践食不重味,吊死问疾[2],且欲有所用之也。此人不死,必为吴患。今吴之有越,犹人之有腹心疾也。而王不先越而乃务齐,不亦谬乎!”吴王不听,伐齐,大败齐师

五年后,吴王听说齐景公死去而大臣们争权夺利,新的国君幼弱,就兴师往北去攻打齐国。伍子胥进谏说:“句践平时不同时吃两样肉食,亲自哀悼死去的人,慰问有病的人,想要有所作为。这个人不死,一定会成为吴国的祸患。如今越国对吴国来说,就等于人有心腹疾病一样。而大王不先灭亡越国却想攻打齐国,不是很荒谬吗!”吴王不听,仍攻打齐国,在艾陵把齐师打得大

于艾陵，遂威邹、鲁之君以归。[3] 益疏子胥之谋。

败，于是威慑了邹、鲁等小国的君主然后回国。此后，吴王更加不听从伍子胥的计谋了。

注释 1 齐景公：春秋末齐国国君，公元前 547—前 490 年在位。 2 吊死问疾：哀悼死去的人，慰问有病的人。 3 艾陵：古地名，在今山东莱芜东北。 邹、鲁之君：此泛指中原各诸侯国。

其后四年，吴王将北伐齐，越王句践用子贡之谋[1]，乃率其众以助吴，而重宝以献遗太宰嚭。太宰嚭既数受越赂，其爱信越殊甚，日夜为言于吴王。吴王信用嚭之计。伍子胥谏曰："夫越，腹心之病，今信其浮辞诈伪而贪齐。破齐，譬犹石田，无所用之。且《盘庚之诰》曰：'有颠越不恭，劓殄灭之，俾无遗育，无使易种于兹邑。'[2] 此商之所以兴。愿王释齐而先越；若不然，后将悔之无及。"而吴王不听，使子胥于齐。子胥临行，谓其子

又过了四年，吴王将要往北攻打齐国，越王句践采纳子贡的计谋，就率领他的部众来帮助吴国，并用贵重的宝物献给太宰嚭。太宰嚭多次接受了越国的贿赂，特别爱护而信任越国，日夜在吴王面前替越国说好话。吴王信任他，采用他的计策。伍子胥进谏说："越国，是吴国的心腹疾病，现在您相信它的虚夸言词和伪善欺诈而去北伐齐国。攻破了齐国，譬如得到了石板田，毫无用处。况且《盘庚之诰》说：'有颠越礼法不奉行君王命令的，将其割除并灭绝，不要让他在我们国土上延续后代。'这就是商朝所以能够兴盛的原因。希望大王放弃攻齐而先去灭亡越国；假若不这样做，以后将要悔恨也来不及了。"但吴王不听，派伍子胥出使齐国。子胥临走

曰:“吾数谏王,王不用,吾今见吴之亡矣。汝与吴俱亡,无益也。”乃属其子于齐鲍牧,而还报吴。[3]

时,对他儿子说:“我多次劝谏吴王,吴王不采纳,我现在已看到吴国的灭亡了。你和吴国一起灭亡,没有任何益处。”就把他的儿子嘱托给齐国鲍牧,然后返回吴国向吴王报告。

注释 1 子贡之谋:子贡的计策、谋划。当时齐侵鲁,为解鲁国之难,子贡说吴伐齐救鲁;为解除吴的后顾之忧,子贡又说越王出兵助吴。子贡,孔子的学生,姓端木,名赐,卫国人,曾仕于鲁。 2《盘庚之诰》:即《尚书·盘庚》篇,文字略有出入。诰,指古代的一种训诫勉励之文告。 颠越不恭:颠倒超越礼法,不听从君王之命令。不恭,不顺从,不奉行。 劓(yì):割,割除。 殄(tiǎn):灭绝。 俾(bǐ):使。 易种:延续后代。易,延。 兹:此。 3 属(zhǔ):委托,交付。 鲍牧:齐国大夫,鲍叔牙之后人。

吴太宰嚭既与子胥有隙,因谗曰:“子胥为人刚暴,少恩,猜贼,其怨望恐为深祸也[1]。前日王欲伐齐,子胥以为不可,王卒伐之而有大功。子胥耻其计谋不用,乃反怨望。而今王又复伐齐,子胥专愎强谏,沮毁用事,徒幸吴之败以自胜其计谋耳。[2]今王自行,悉国

吴国太宰嚭和伍子胥有隔阂,他在吴王面前讲伍子胥的坏话说:“伍子胥为人刚强暴戾,缺少恩情,猜忌残忍,他的怨恨恐怕会成为很深的祸患。前次您想攻打齐国,伍子胥认为不可以,您最终攻打了齐国还取得了大功。伍子胥耻于他的计谋不被采纳,反生怨恨。如今您又要攻打齐国,伍子胥独断执拗,强行劝阻,败坏、毁谤您的事业,只希望吴国失败来证明自己的计谋是正确的。如今您自己出征,倾动全国的军事力量去攻打齐

中武力以伐齐，而子胥谏不用，因辍谢，详病不行。[3]王不可不备，此起祸不难。且嚭使人微伺[4]之，其使于齐也，乃属其子于齐之鲍氏。夫为人臣，内不得意，外倚诸侯，自以为先王之谋臣，今不见用，常鞅鞅[5]怨望。愿王早图之。”吴王曰：“微[6]子之言，吾亦疑之。”乃使使赐伍子胥属镂[7]之剑，曰：“子以此死。”伍子胥仰天叹曰：“嗟乎！谗臣嚭为乱矣，王乃反诛我。我令若[8]父霸。自若未立时，诸公子争立，我以死争之于先王，几不得立。若既得立，欲分吴国予我，我顾[9]不敢望也。然今若听谀臣言以杀长者。”乃告其舍人曰：“必树吾墓上以梓，令可以为器；[10]而抉吾眼县吴东门之上，以观越寇之入灭吴也。[11]”乃自刭死。吴王闻

国，而伍子胥的进谏不被采用，因此他停止上朝，假装有病推辞不去。您不可不加防备，他要兴起祸端是不难的。而且我派人暗中盯着他，他在出使齐国的时候，就把他的儿子嘱托给了齐国的鲍氏。作为君主的臣子，在国内不能得志，却在外倚靠其他诸侯国，自认为是先王的谋臣，如今不被重用，就怏怏不乐，总是怨恨。希望您及早加以处置。”吴王说：“没有你这番话，我也怀疑他。”就派人赐给伍子胥一柄属镂剑，说：“你用它去死。”伍子胥仰天叹息说：“哎！谗害之臣伯嚭作乱了，吴王反而诛杀我。我让你父亲称霸。你还没有继位时，几兄弟争夺王位，我拼死在先王面前力争，差一点儿你就不能继位。你继位以后，想把吴国的一部分封给我，我却不敢奢望。可如今你听了谄媚小臣的话来杀害对你有仁德的长者。”于是告诉他的舍人说：“一定要在我的坟墓上种上梓树，将来让它可以做棺材；并挖出我的眼珠子悬挂在吴都城东门上，让我看到越国强寇从这里进来灭亡吴国。”就

之大怒，乃取子胥尸盛以鸱夷革[12]，浮之江中。吴人怜之，为立祠于江上，因命曰胥山[13]。

自刎而死了。吴王闻说大发雷霆，就将伍子胥的尸体装在皮口袋里，让它在江中飘浮。吴国人怜悯他，为他在江边建立祠堂，并把附近的一座山取名叫胥山。

注释 1 隙：隔阂，矛盾。 猜贼：猜忌而残忍。贼，残，害。 2 专愎(bì)：专断，执拗。 沮(jǔ)毁：败坏，毁谤。 3 辍(chuò)谢：停止上朝。辍，停止，中断。 详：通"佯"，假装。 4 微伺：暗中侦探。 5 鞅鞅：怨恨不满的样子。 6 微：不是，如果没有。 7 属镂(zhǔ lòu)：剑名，亦称"属庐""属娄"。 8 若：你。 9 顾：却，反而。 10 舍人：兼有差使的门客。 梓(zǐ)：落叶乔木，木材轻软耐朽，皇帝、大臣常以此木做棺。 器：即梓器，棺材。 11 抉：挖。 县：同"悬"。 12 鸱(chī)夷革：皮口袋。 13 胥山：山名，在今江苏苏州境内，同时还有伍子胥墓、吴相国伍公鸱夷藏处碑、胥山祠等。

吴王既诛伍子胥，遂伐齐。齐鲍氏杀其君悼公而立阳生[1]。吴王欲讨其贼，不胜而去。其后二年，吴王召鲁、卫之君会之橐皋[2]。其明年，因北大会诸侯于黄池[3]，以令周室。越王句践袭杀吴太子，破吴兵。吴王闻之，乃归，使使厚币与越平。后九年，越王句践遂

吴王诛杀伍子胥以后，就去攻打齐国。齐国鲍氏杀了他的国君悼公并扶植阳生继位。吴王想讨伐齐国杀了国君的鲍氏，没能取胜就离去了。又过了二年，吴王召集鲁国、卫国的君王在橐皋会盟。第二年，吴国乘势往北在黄池大会诸侯各国，以便号令周天子。越王句践偷袭杀死了吴国太子，打败了吴国军队。吴王听说后，即令回国，派使者用厚重礼物和越国讲和。

灭吴，杀王夫差；而诛太宰嚭，以不忠于其君，而外受重赂，与己比周[4]也。

九年后，越王句践灭亡了吴国，杀了吴王夫差；同时诛杀了太宰嚭，因为他不忠诚于自己的国君，而且接受越国厚重的贿赂，与敌国狼狈为奸。

注释 1 阳生：即悼公。此有误，应是立壬（任），即齐简公。 2 橐（tuó）皋：古地名，在今安徽巢湖西北柘（zhè）皋镇。 3 黄池：古地名，在今河南封丘县西南。 4 比周：比，勾结坏人。周，与人团结。“比周”此为偏义复词，义在“比”，狼狈为奸。

伍子胥初所与俱亡故楚太子建之子胜者，在于吴。吴王夫差之时，楚惠王[1]欲召胜归楚。叶公谏曰：“胜好勇而阴求死士，殆有私乎！”[2]惠王不听。遂召胜，使居楚之边邑鄢[3]，号为白公。白公归楚三年而吴诛子胥。

和伍子胥当初一起逃亡的原先的楚国太子建的儿子胜，也在吴国。吴王夫差在位的时候，楚惠王想召唤胜回楚国。叶公进谏说：“胜喜好勇力并暗中搜求敢死之士，恐怕会有个人野心！”惠王不听从。就召来胜，让他居住在楚国边界上的鄢邑，称他做“白公”。白公回到楚国三年，吴国诛杀了伍子胥。

白公胜既归楚，怨郑之杀其父，乃阴养死士求报郑。归楚五年，请伐郑，楚令尹子西许之。兵未发而晋伐郑，郑请救于楚。楚使子西往救，与盟而还。白公胜怒曰：“非郑之仇，乃子

白公胜回到楚国以后，怨恨郑国杀了他的父亲，就暗中收养敢死之士以求报复郑国。他回到楚国五年后，请求攻打郑国，楚国的令尹子西答应了。军队还没有出动而晋国攻打郑国，郑国向楚国求救。楚国派子西前往救援，和郑国结盟后回国。白公胜发怒说：“郑国不是我的仇敌，子西才是我的仇

西也。”胜自砺剑，人问曰：“何以为？”胜曰：“欲以杀子西。”子西闻之，笑曰：“胜如卵耳，何能为也。”

敌。”胜亲自磨剑，人家问他说：“磨剑干什么？”胜说：“想用它杀子西。”子西听说了，笑着说：“胜不过像是一枚禽蛋，能有什么作为呢。”

注释 1 楚惠王：楚国国君，公元前488—前432年在位。 2 叶公：楚国大夫，姓沈，名诸梁，字子高，因封于叶（今河南叶县西南），故名。 阴求：暗中访求。 死士：勇于去死之人。 殆（dài）：恐怕。 3 鄢（yān）：古地名，在今河南鄢陵县西北。

其后四岁，白公胜与石乞袭杀楚令尹子西、司马子綦于朝。[1]石乞曰：“不杀王，不可。”乃劫王如高府[2]。石乞从者屈固负楚惠王亡走昭夫人[3]之宫。叶公闻白公为乱，率其国人[4]攻白公。白公之徒败，亡走山中，自杀。而虏石乞，而问白公尸处，不言将亨[5]。石乞曰：“事成为卿，不成而亨，固其职也。”终不肯告其尸处。遂亨石乞，而求惠王复立之。

又过了四年，白公胜和石乞在朝廷上袭击并杀了楚国的令尹子西、司马子綦。石乞说：“不杀掉楚王，不行。”就劫持楚王到高府。石乞的随从屈固背着楚惠王逃跑到楚昭王夫人的宫中。叶公听说白公作乱，率领封地的人进攻白公。白公的党徒失败了，白公逃跑到山里面，自杀了。叶公俘虏了石乞，问他白公的尸首在什么地方，要是不说出来就要煮杀他。石乞说：“事成了就做卿相，不成就被煮死，本来就应当如此。”最终不肯告诉叶公白公尸首在什么地方。于是叶公就把石乞烹杀了，而后找到惠王并重新让他做国君。

注释

1 石乞:楚国将领,曾与白公胜一起攻打吴国,得胜而回,白公胜所养死士之一。 子綦:楚国大臣,官至司马,为职掌军事之最高长官。《左传》作“子期”。 2 如:往,到。 高府:楚国别府名。 3 昭夫人:即楚昭王夫人,惠王之母也。 4 国人:叶公封地之人。 5 亨(pēng):“烹”之本字,煮。

太史公曰:怨毒[1]之于人甚矣哉!王者尚不能行之于臣下,况同列乎![2]向令伍子胥从奢俱死,何异蝼蚁。[3]弃小义,雪大耻,名垂于后世,悲夫!方子胥窘于江上,道乞食,志岂尝须臾忘郢邪?故隐忍[4]就功名,非烈丈夫孰能致此哉?白公如不自立为君者,其功谋亦不可胜道者哉!

太史公说:像费无忌那样狠毒地陷害人实在是太可怕了!做君王的人尚且不能这样对臣下,更何况是同僚呢!假使让伍子胥跟从伍奢一同去死,他的一生和蝼蛄蚂蚁有什么差别。抛弃小的道义,洗雪大的耻辱,声名流传到了后代,好悲壮啊!当伍子胥在江边遭受窘迫,又在半道上讨饭吃,他何尝有顷刻忘记灭楚报仇呢?所以竭力隐忍而成就了功名,不是坚毅果敢的大丈夫谁能做到呢?白公胜如果不自立为国君,他的功业和谋略也是说不尽的啊!

注释 1 怨毒:极端的怨恨。 2 尚:尚且。 同列:指处在同等地位的人。 3 向:假使。 蝼蚁:像蝼蛄和蚂蚁一类的小动物。比喻无足轻重的小人物。 4 隐忍:不露真情,尽力忍耐。

史记卷六十七

仲尼弟子列传第七

原文

孔子曰“受业身通者七十有七人”，皆异能之士也。[1]德行：颜渊、闵子骞、冉伯牛、仲弓。政事：冉有、季路。言语：宰我、子贡。文学[2]：子游、子夏。师也辟，参也鲁，柴也愚，由也喭，回也屡空。[3]赐不受命而货殖焉，亿则屡中。[4]

译文

孔子说“我的学生中接受教育并身通六艺的有七十七人”，他们都是有奇异才能的人。德行好的有：颜渊、闵子骞、冉伯牛、仲弓。能执掌政事的有：冉有、季路。能言善辩的有：宰我、子贡。擅长文章博学的有：子游、子夏。而颛孙师偏激，曾参鲁纯，高柴愚直，仲由粗野，颜回常常处于穷困之中。端木赐不安于天命而去经商，揣测行情竟然常常能猜对。

注释　**1** 孔子：公元前551—前479年，名丘，字仲尼。春秋末期著名的思想家、教育家、政治家，儒学创始人。相传先后有弟子三千人，其中著名的有七十余人。　受业身通者：受教育而身通六艺的人。六艺，即礼、乐、射、御（驭）、书、数六科，是我国古代教育的基本课。　七十有七人：即七十七人。有，“又”。《孔子家语》亦作“七十七人”，惟文翁《孔庙图》作七十二人。 2 文学:指善于撰写文章并且博学。 3 师:即颛孙师(公元前 503—?),又称子张。春秋时陈国人,主张"博爱容众",思想比较激进。 辟:通"僻",邪僻。 参(shēn):曾参(前 505—前 435 年),又称曾子,春秋时鲁国人,以孝著称,作《孝经》。相传《大戴礼记》中有十篇是记载他的言行。后世儒者尊其为"宗圣"。 鲁:迟钝。 柴:即高柴,字子羔。曾做过孔悝的家臣。 愚:愚笨。 由:仲由。 喭(yàn):粗鲁。 回:颜回。 屡空:经常贫穷没有出路。 4 赐:即端木赐,又称端沐赐、子贡,春秋时卫国人。经商曹、鲁间,富至千金。又聘问各国,与诸侯"分庭抗礼"。 命:天命,命运。 货殖:经商。 亿:通"臆",预料,揣度。 中(zhòng):猜中。

孔子之所严事[1]:于周则老子;[2] 于卫,蘧伯玉;[3] 于齐,晏平仲;[4] 于楚,老莱子;[5] 于郑,子产;[6] 于鲁,孟公绰。[7] 数称臧文仲、柳下惠、铜鞮伯华、介山子然,孔子皆后之,不并世。[8]

孔子所尊敬的人:在周朝有老子;在卫国是蘧伯玉;在齐国是晏平仲;在楚国是老莱子;在郑国是子产;在鲁国是孟公绰。他多次称赞臧文仲、柳下惠、铜鞮伯华、介山子然,孔子比他们出生都晚,与他们不在同一个时代。

注释 1 所严事:所尊敬的人。严,尊敬,推崇。事,侍奉。 2 周:朝代名。史所称有西周和东周。 老子:即老聃,姓李,名耳,字伯阳。
3 卫:古国名。周武王弟康叔建立,始定都朝歌(今河南淇县东南),公元前 209 年为秦所灭。 蘧(qú)伯玉:卫国大夫,名瑗。孔子在卫国时曾居住于他家。 4 齐:古国名。公元前 11 世纪吕尚受封的诸侯国,建都营丘(今山东淄博临淄区西北临淄故城),公元前 221 年为秦所灭。 晏平仲:名婴,春秋时齐国大夫。见《管晏列传》。传世《晏子春秋》一书,为后人伪托。 5 楚:古国名。芈姓,始祖鬻熊。西周时始建都于郢(今湖北荆州市荆州区西北)。公元前223年为秦所灭。 老莱子:春秋末年楚国隐士。相传住在蒙山的南面,自耕而食,有孝行。 6 郑:古国名。公元前806年,周宣王弟郑桓公所建国,公元前375年为韩所灭。 子产:即公孙侨,又名公孙成子。春秋时郑国政治家,曾创立按"丘"征"赋"制度,并将"刑书"铸于鼎,公开颁行。 7 鲁:古国名。公元前11世纪周分封的姬姓国,建都曲阜。公元前256年为楚所灭。 孟公绰:鲁国大夫。 以上所述之人均与孔子同时代。 8 数称:经常称赞。 臧文仲:又称臧孙辰,春秋时鲁国大夫。历仕鲁庄公、闵公、僖公、文公四君。曾废除关卡,以利经商。按《论语》记载,孔子经常批评臧文仲,似不应与柳下惠等并提。 柳下惠:春秋时鲁国大夫,姓展,名获,字禽。"柳下"为其食邑,"惠"为谥号。 铜鞮(dī)伯华:即晋国大夫羊舌赤。"铜鞮"为其食邑名,在今山西沁县南。"伯华"为其字。 介山子然:即介子推,又作介之推、介推,春秋时晋国贵族。曾随晋文公出亡十九年,后与母隐居绵上(今山西介休东南)山中。不并世:不在一个时代。

颜回[1]者,鲁人也,字子渊,少孔子三十岁。

颜渊问仁[2],孔子曰:"克己复礼,天下归仁焉。[3]"

孔子曰:"贤哉回也!一箪食[4],一瓢饮,在陋巷,人不堪其忧,回也不改其乐。""回也如愚[5];退而省其私,亦足

颜回是鲁国人,字子渊,比孔子小三十岁。

颜渊问什么是仁,孔子回答说:"克制自己,使言语行动都符合礼仪规范,天下的人就会称许你是有仁德的人了。"

孔子说:"颜回是多么贤德的人啊!一竹筐饭,一瓢水,居住在简陋的巷子里,别人不能忍受那种困苦,颜回却不改变他好学的乐趣。""听讲时,颜回一言不发像个愚蠢的人;课后观察他

以发，回也不愚。[6]”“用之则行，舍之则藏，唯我与尔有是夫！[7]”

的交谈，却发现他常能深刻发挥，颜回并不愚蠢。”“被任用就施展抱负，不被任用就退蔽隐居，只有我和你才有这样的处世态度啊！”

注释 1 颜回：公元前521—前490年，孔子最得意的门生，以德行著称，31岁死。后世儒者尊为其“复圣”。 2 仁：古代儒家一种含义极为广泛的道德规范，其核心为“爱人”。 3 克：约制。 礼：指礼仪制度、规范。 归：称许。一说为归属，归附。 仁：指有仁德的人。 4 一箪(dān)食：一竹筐饭。箪，古代盛饭的圆形竹器，类似竹篮。 5 如愚：默不作声，像个愚笨的人。 6 退：下课后。 省(xǐng)：察看。 私：指颜回的言谈和想法。 7 舍：舍弃，不用。 藏：退，隐蔽。 尔：指颜回。

回年二十九，发尽白，蚤[1]死。孔子哭之恸[2]，曰：“自吾有回，门人益亲[3]。”鲁哀公问：“弟子孰为好学？”孔子对曰：“有颜回者好学，不迁怒，不贰过。[4]不幸短命死矣，今也则亡[5]。”

颜回二十九岁，头发全白了，死得很早。孔子为他哭得很伤心，说：“自从我有了颜回，学生们更加亲近我了。”鲁哀公询问：“你的学生中哪一个最喜爱学习？”孔子回答说：“有一个叫颜回的最好学，他不把怒气转移发泄在别人身上，也不重犯同样的错误。他不幸短命死了，现在再没有这样的人了。”

注释 1 蚤：通“早”。 2 恸(tòng)：哀痛。 3 门人：学生。 益亲：更加亲密。 4 不迁怒：不把怒气转移发泄到别人身上。 不贰过：不重犯同一错误。 5 亡：通“无”，没有。

闵损[1],字子骞,少孔子十五岁。

孔子曰:"孝哉闵子骞!人不间[2]于其父母昆弟之言。"不仕大夫,不食污君之禄。[3]"如有复我者,必在汶上矣。[4]"

闵损,字子骞,比孔子小十五岁。

孔子说:"闵子骞真孝顺啊!听不到别人对他与其父母兄弟的闲话。"他不愿做士大夫手下的官,不吃昏君的俸禄。他曾经说:"如果有人再来叫我做官,我一定逃到汶水北面去。"

注释 1 闵损:公元前 536—前 487 年,鲁国人。在孔子的学生中以德行和颜回并称。 2 间:闲话,异议。 3 不仕大夫:不给大夫做官。据《论语》载,季氏曾请闵子骞做他费地的官,闵子骞推辞不仕,故此称"不仕大夫"。 污君:昏君。 禄:古代官吏的俸禄。 4 复我:再来聘我。汶上:汶,水名,即山东的大汶河。水之北面称为"阳",凡言某水上,皆指水北。汶上,即为汶水的北面。

冉耕[1],字伯牛。孔子以为有德行。

伯牛有恶疾,孔子往问之,自牖执其手[2],曰:"命也夫,斯人也而有斯疾,命也夫!"

冉耕,字伯牛。孔子认为他有德行。

伯牛患了顽症,孔子前去看望他,在窗口握着他的手,说:"这是命啊,这样好的人却患了这样的病,是命运啊!"

注释 1 冉耕:公元前 544—? ,鲁国人,在孔门中以德行著称。 2 恶疾:难治愈的病。 自牖(yǒu)执其手:因伯牛患有恶疾,不想见人,所以孔子从窗户中伸手去握他的手。牖,窗户。

冉雍[1],字仲弓。

仲弓问政,孔子曰:“出门如见大宾,使民如承大祭。[2]在邦无怨,在家无怨。[3]”

孔子以仲弓为有德行,曰:“雍也可使南面[4]。”

仲弓父,贱[5]人。孔子曰:“犁牛之子骍且角,虽欲勿用,山川其舍诸?[6]”

冉雍,字仲弓。

仲弓向孔子询问为政之事,孔子回答说:“出门做事要像接见贵宾一样恭敬,使唤百姓要像承办隆重的祭祀一样虔诚。在诸侯国做事,不与他人结怨;在卿大夫封地做事,也不与他人结怨。”

孔子认为仲弓品质很好,说:“冉雍呀,可以让他做卿大夫一类的官职。”

仲弓的父亲,是个地位卑贱的人。孔子说:“杂色牛生的幼犊长着一身纯红色的毛,两角端正,即使不想用它做祭品,山川之神难道会舍弃它吗?”

注释 1 冉雍:鲁国人。《史记索隐》引《家语》云:“伯牛之宗族,少孔子二十九岁。” 2 大宾:尊贵的宾客。 大祭:隆重的祭祀。 3 邦:古代诸侯的封国。 家:卿大夫统治的地方,一般比邦小。《史记会注考证》皇侃曰:“在邦,谓仕诸侯;在家,谓仕卿大夫。” 4 南面:面向南。古代天子、诸侯、卿大夫听政时均坐北朝南,故“南面”为做官之意。此约指做卿大夫一级的官。 5 贱:地位卑微。 6 犁牛:黄黑杂色之牛。 骍(xīng):纯红色的牛。周朝以赤为贵,所以祭祀时要选用纯红色的牲畜。 角:两角长得端正。此句用“犁牛”比喻仲弓的父亲,用“子”比喻仲弓。说明仲弓虽出身低微,但有良好的品质,仍可做官。 用:指用它(杂色牛的幼犊)来祭祀。 山川:指山川之神,此比喻上层统治者。 诸:“之乎”的合音词。

冉求[1]，字子有，少孔子二十九岁。为季氏宰[2]。

季康子[3]问孔子曰："冉求仁乎？"曰："千室之邑，百乘之家，求也可使治其赋。[4]仁则吾不知也。"复问："子路仁乎？"孔子对曰："如求。"

冉求，字子有，比孔子小二十九岁。做过季孙氏的家务总管。

季康子问孔子说："冉求有仁德吗？"孔子回答说："拥有一千户人家的公邑，一百辆兵车的采邑，可以让冉求管理那里的兵赋。至于他有没有仁德，我就不知道了。"季康子又问："子路有仁德吗？"孔子回答说："同冉求一样。"

注释　1 冉求：公元前522—前489年，鲁国人。　2 季氏：即季孙氏，鲁桓公少子季友后裔。从季文子起，至季武子、季平子、季桓子、季康子等相继执政，掌握鲁国政权。　宰：家务总管。　3 季康子：即季孙肥，鲁哀公时正卿。　4 千室之邑：一千户的公邑。邑，古代居民居住的地方。又分公邑和采邑。公邑由诸侯管理，采邑则是诸侯分封给大夫的领地。　百乘(shèng)之家：能出一百乘战车的采邑。乘，古代用四匹马拉的战车。家，诸侯分封给卿大夫的采邑。　赋：兵赋，为交纳的兵甲车马等。此代指管理军政工作。

求问曰："闻斯[1]行诸？"子曰："行之。"子路问："闻斯行诸？"子曰："有父兄在，如之何其闻斯行之！"子华怪之，"敢问问同而答异？"孔子曰："求也退，故进之。[2]由也

冉求问孔子说："一听到让做的事就立即去做吗？"孔子说："马上做。"子路问："一听到让做的事就立即去做吗？"孔子说："有父兄在，怎么能一听到让做的事就去做呢！"子华感到很奇怪，"冒昧地问一问，为什么问题相同，答案却不一致呢？"孔子说："冉求遇事容易退缩，所以要激

兼人,故退之。[3]”

励他。仲由胆子大,所以要抑制他。”

注释 1 斯:则,就。 2 退:办事退缩犹豫。 进:激励,促进。 3 兼人:胆量有两个人的大。 退:抑制。

仲由[1],字子路,卞人也。少孔子九岁。

子路性鄙,好勇力,志伉直,冠雄鸡,佩豭豚,陵暴孔子。[2]孔子设礼稍诱子路,子路后儒服委质,因门人请为弟子。[3]

子路问政,孔子曰:“先之,劳之。[4]”请益,曰:“无倦[5]。”

仲由,字子路,是卞地人。比孔子小九岁。

子路生性质朴,喜欢逞勇斗力,志气刚强爽直,头上戴着公鸡冠式样的帽子,腰间佩着用公猪皮装饰的剑,他曾经欺辱过孔子。孔子用礼仪规范渐渐地引导他,后来子路穿着儒生的服装,带着拜师的礼物,通过孔子的门人请求做孔子的学生。

子路向孔子询问怎样管理政事,孔子说:“自己先带头做事,然后使百姓勤劳耕作。”子路请求再多讲一点,孔子说:“不知疲倦,持之以恒。”

注释 1 仲由:公元前542—前480年,鲁国卞人(今山东泗水)。字子路,又字季路。曾仕鲁,后仕卫,在贵族内讧中被杀。 2 鄙:质朴。 伉(kàng)直:刚强爽直。 冠:戴着。 雄鸡:指公鸡冠式样的帽子。 豭豚(jiā tún):豭,公猪。豚,小猪。此指用公猪皮装饰的剑。 陵暴:欺侮,施暴。 3 稍诱:渐渐地诱导。 委质:致送拜师的礼物。古代弟子初次拜师时,按惯例要送给老师礼物。委,交付。质,通“贽”,礼物。 因:经由,通过。 4 先之:以身作则,干在前面。 劳之:使百姓勤劳地工作。 5 无倦:不知疲倦。

子路问:“君子尚[1]勇乎?”孔子曰:“义之为上[2]。君子好勇而无义则乱,小人好勇而无义则盗。”

子路有闻,未之能行,唯恐有闻。[3]

孔子曰:“片言可以折狱者,其由也与![4]”“由也好勇过我,无所取材[5]。”“若由也,不得其死然[6]。”“衣敝缊袍[7]与衣狐貉者立而不耻者,其由也与!”“由也升堂矣,未入于室也。[8]”

子路问:“君子崇尚勇力吗?”孔子说:“君子最崇尚的是义。君子喜欢斗勇而不崇尚义就会作乱,小人好勇而不崇尚义就会去行盗。”

子路听了这些,没有马上去实践,只怕又听到新的道理。

孔子说:“只根据片面之词就可以判断案件的,大概只有仲由吧!”“仲由好勇的精神超过了我,但不可取。”“像仲由那样,会不得好死的。”“穿着破烂的旧丝袍和穿着狐皮大衣的人站在一起而不知羞耻的人,恐怕只有仲由吧!”“仲由的学问,好像登上了正厅,但还没有进入内室。”

注释 1 尚:崇尚。 2 上:通“尚”,最高尚的。 3 未之能行:即“未能行之”,还没有去做。 有闻:又有新的道理。有,通“又”。 4 片言:单方面的言辞。 折狱:判决诉讼案件。折,判断。 5 材:通“哉”,语气词。 6 不得其死然:不会得到善终,即不得好死。 7 衣:穿。 敝缊(yùn)袍:破旧的丝棉袍。 8 升堂:走入正厅。 室:内室。按古代房屋结构是先入门,再登堂(正厅),然后入室。 此句比喻做学问的几个阶段,即仲由虽然有一定的学问,但还未真正到家。

季康子问:“仲由仁乎?”孔子曰:“千乘之国可使治其赋。不知其仁。”

季康子问:“仲由有仁德吗?”孔子说:“有一千辆兵车的国家,可让他管理那里的军政事务。但不知子路喜从游，遇长沮、桀溺、荷蓧丈人[1]。

子路为季氏宰，季孙[2]问曰："子路可谓大臣与？"孔子曰："可谓具臣[3]矣。"

子路为蒲[4]大夫，辞孔子。孔子曰："蒲多壮士，又难治。然吾语汝：恭以敬，可以执勇；[5]宽以正，可以比众[6]；恭正以静，可以报上。[7]"

道他有没有仁德。"

子路喜欢随从孔子出游，曾经遇见过长沮、桀溺和荷蓧丈人。

子路做了季孙氏的总管，季孙氏问孔子说："子路可以说是大臣了吗？"孔子说："可做备位充数的臣子。"

子路出任蒲邑大夫时，向孔子告别。孔子说："蒲邑壮士多，又难以治理。然而我告诉你：恭敬谦让，可以驾驭勇猛；宽大公正，可以使百姓亲近；恭谨清正，可以使百姓安静，借此也就可以报效国君了。"

注释　1 长沮、桀溺、荷蓧(diào)丈人：此三人大概为时人所尊重的隐士。荷，扛。蓧，古代锄草用的竹具。丈人，对老年人的尊称。　2 季孙：据《论语》载，约为季子然。　3 具臣：不能称职、备位充数的臣僚。时子路为季氏的家臣，但对于季氏的越礼行为没有劝止，所以孔子对他不满，称他只能做充数的臣僚，还不是合格的臣属。　4 蒲：卫国邑名，在今河南长垣县。　5 恭以敬：恭与敬为同义词。"恭"着重在外貌方面，"敬"着重在内心方面。以，连词。　执：控制，驾驭。　6 比众：使众人亲近。比，亲近，靠近。　7 恭正以静：恭敬和清正可以使百姓清静。　上：指君主或上司。

初，卫灵公有宠姬曰南子。[1]灵公太子蒉聩得过

起初，卫灵公有个宠姬叫南子。灵公太子蒉聩得罪过南子，他

南子[2]，惧诛出奔。及灵公卒而夫人欲立公子郢，郢不肯，曰："亡人太子之子辄在。"于是卫立辄为君，是为出公。出公立十二年，其父蒉聩居外，不得入。子路为卫大夫孔悝[3]之邑宰。蒉聩乃与孔悝作乱，谋入孔悝家，遂与其徒袭攻出公。出公奔鲁，而蒉聩入立，是为庄公。方孔悝作乱，子路在外，闻之而驰往。遇子羔[4]出卫城门，谓子路曰："出公去矣，而门已闭，子可还矣，毋空[5]受其祸。"子路曰："食其食者不避其难。[6]"子羔卒去。有使者入城，城门开，子路随而入，造[7]蒉聩。蒉聩与孔悝登台，子路曰："君焉用孔悝？请得而杀之[8]。"蒉聩弗听。于是子路欲燔台，蒉聩惧，乃下石乞、壶黡攻子路，击断子路之缨。[9]

怕被杀就逃到了国外。灵公死了以后，夫人想要公子郢继位，公子郢不同意，说："逃亡太子的儿子辄还在国内。"于是卫国立辄做了国君，这就是卫出公。出公继位十二年，他的父亲蒉聩一直流亡在国外，没能回国。子路做了卫国大夫孔悝采邑的长官。蒉聩和孔悝一起作乱，设计进入孔悝家里，然后跟他的党徒袭击卫出公。出公逃往鲁国，蒉聩进宫继位，这就是卫庄公。当孔悝作乱时，子路在外面，听到这个消息后急忙赶了回去。恰好碰上子羔出了卫国的城门，他对子路说："卫出公已经逃走了，城门也已经关闭，您可以回去了，不要白白地卷入这场灾难。"子路说："享受了人家的俸禄，就不能回避人家的灾难。"子羔离去了。正好有个使者进城，城门打开了，子路就跟了进去，来到蒉聩处。蒉聩和孔悝登上了听政台，子路说："您怎么能用孔悝？请让我捉住把他杀掉。"蒉聩不同意。于是子路准备放火焚烧听政台，蒉聩害怕，就让石乞、壶黡攻打子路，砍断了子路的帽带。子路说："君子即使死了，帽子也不能掉下来。"于是系

子路曰："君子死而冠不免。"遂结缨而死[10]。

好帽带便死了。

孔子闻卫乱，曰："嗟乎，由死矣！"已而果死。故孔子曰："自吾得由，恶言不闻于耳[11]。"是时子贡为鲁使于齐。

孔子听说卫国发生了叛乱，说："唉呀，仲由一定会死的！"不久，仲由果然死了。因此孔子说："自从我有了仲由，恶言恶语的话再也听不到了。"这时，子贡正为鲁国出使到了齐国。

注释　1 卫灵公：卫国国君，公元前534—前493年在位。　南子：子姓，宋国贵族，实际为卫灵公的夫人，而不是妾(依当时语，妾亦不当称姬)，又称釐夫人。蒯聩(卫庄公)回国即位后，南子被杀。　2 蒯聩(kuài kuì)得过南子：卫灵公三十九年(前496)，蒯聩朝见时因谋刺南子未遂，出奔至宋国，后又至晋国。得过，得罪。　3 孔悝(kuī)：卫国大夫，蒯聩姐姐伯姬的儿子。下句提及"蒯聩及与孔悝作乱"，孔悝作乱非出于本心，而是为其母伯姬逼迫所为。　4 子羔：即高柴，当时与子路同为孔悝家臣。5 毋空：不要徒然、白白地。　6 食其食：吃了他的粮食。其，代词，此指孔悝。　难(nàn)：灾难。　7 造：拜访。　8 得而杀之：捉住他杀了。得，捉住。　9 燔(fán)：焚烧。从"食其食者不避其难"之文揣恻，子路要杀孔悝和焚台恐为表面行为，实际上是为了救孔悝。因孔悝作乱非出自本心，实为人胁迫所为。　壶黡(yǎn)：《史记·卫世家》作"盂黡"。　缨：系在颔下的帽子带。　10 结缨而死：子路帽带被击断时，恐已受重伤，故系好帽带后就死了。　11 恶言不闻于耳：因子路十分勇猛，所以自子路入孔门后，没人敢对孔子出恶言。

宰予[1]，字子我。利口辩辞。既受业，问："三年之丧[2]不已久乎？君

宰予，字子我。他口舌灵利，擅长辞辩。宰予跟从孔子学习后，问孔子说："守三年的丧礼恐怕太久了

子三年不为礼，礼必坏；三年不为乐，乐必崩。[3]旧谷既没，新谷既升，钻燧改火，期可已矣。[4]”子曰：“于汝安乎？”曰：“安。”“汝安则为之。君子居丧，食旨不甘，闻乐不乐，故弗为也。[5]”宰我出，子曰：“予之不仁也！子生三年然后免[6]于父母之怀。夫三年之丧，天下之通义[7]也。”

吧？如果君子三年不学习礼仪，对礼仪一定会生疏；三年不演奏音乐，演技一定也会荒废。陈谷已经吃完，新谷已经入仓，取火用的木头都已经轮换过，服丧一年也就行了吧。”孔子说：“这样做，对你来说心安吗？”宰予说：“心安。”孔子说：“你心安就照办吧。君子服丧期间，吃了美味的食物也不会觉得甘甜，听了音乐也不会觉得快乐，因此不这样做。”宰我出去后，孔子说：“宰予是没有仁德的人！儿女生下来三年，然后才能脱离父母的怀抱。守孝三年，这是天下通行的礼义啊。”

注释 1 宰予：公元前522—前458年，鲁国人。 2 三年之丧：古代丧仪之一。一般适用于子为父母、未嫁女为父母、长孙为祖父母，或嫁后复归从父母居之女为父母、妻妾为夫等情况。守丧时穿斩衰服。三年之丧，并非守丧三周年。一说只要经过两个周年，再加第三个周年的头一个月即可，实际服丧二十五月；一说三年之丧为二十七个月，唐代以后多从此说。 3 礼：礼仪。 坏：败坏，此引伸为生疏。 乐：音乐。 崩：倒塌。此引伸为荒废。 4 既没：已经吃完。 升：入仓。 钻燧改火：燧，即燧石。为古代取火的工具。改火，古代钻木取火，被钻的木头因四季而不同。 期(jī)：一年。 已：停止。 5 旨：指味美的食物。 乐不乐：前一个“乐(yuè)”指音乐，后一个“乐(lè)”，为喜悦、快乐之意。 6 免：脱离。 7 通义：天下普遍遵守的礼义。

宰予昼寝[1]。子曰:"朽木不可雕也,粪土之墙不可圬[2]也。"

宰我问五帝[3]之德,子曰:"予非其人也。"

宰我为临菑大夫,与田常作乱,以夷其族,孔子耻之。[4]

宰予白天睡觉。孔子说:"腐朽了的木头是不能雕刻的,粪土一样的墙壁是不能粉刷的。"

宰我询问五帝的德行,孔子说:"你是不配问这种问题的人。"

宰我在齐国做官时,曾跟田常一起发动叛乱,因而被灭族,孔子为这件事感到羞耻。

注释 1 昼寝:白天睡觉。 2 圬(wū):泥工抹墙用的抹子,此引申为粉刷。 3 五帝:古代传说中的帝王。一说为黄帝、颛顼(xū)、帝喾(kù)、尧、舜;一说为太昊、炎帝、黄帝、少昊、颛顼。实际是我国原始社会末期部落或部落联盟的领袖人物。 4 与田常作乱:田常,陈釐子之子。又称田成子,陈成子,名恒。春秋时齐国大臣。齐简公四年(公元前481),田常杀死简公,拥立齐平王,自任相国,后尽杀公族强者,扩大封地,从此齐国由陈氏专权。另据《左传·哀公十四年》载:宰我未与田常一道作乱。但有个叫阚止、字"子我"的人,因为争宠,被田常所杀。此记载或许因阚止的表字与宰予相同而讹。 夷其族:诛杀了他的家族。夷,灭。

端沐赐[1],卫人,字子贡。少孔子三十一岁。

子贡利口巧辞,孔子常黜[2]其辩。问曰:"汝与回也孰愈[3]?"对曰:"赐也何敢望回[4]! 回

端沐赐是卫国人,字子贡。他比孔子小三十一岁。

子贡口齿伶俐而巧于辞令,孔子经常驳斥他的狡辩。孔子问他:"你和颜回哪一个更强?"子贡回答说:"我哪里敢和颜回相比! 颜回听到一个道理能够推知十个道理,我听到一个

也闻一以知十，赐也闻一以知二。”

子贡既已受业，问曰：“赐何人也？”孔子曰：“汝器也。”曰：“何器也？”曰：“瑚琏[5]也。”

道理才能推知两个。”

子贡跟从孔子学习以后，问孔子说：“我是怎样的人呢？”孔子说：“你好比一个器皿。”子贡说：“什么样的器皿？”孔子说：“祭祀用的瑚琏。”

注释 1 端沐赐：即端木赐。详见前注。 2 黜(chù)：抑制，驳斥。 3 愈：较好，胜过。 4 望回：与颜回相比。 5 瑚琏：古代祭祀时盛放黍稷的礼器，较为尊贵。以此比喻子贡有立朝执政的才能。

陈子禽[1]问子贡曰：“仲尼焉学[2]？”子贡曰：“文武之道未坠于地，在人，贤者识其大者，不贤者识其小者，莫不有文武之道。[3]夫子焉不学，而亦何常师之有！[4]”又问曰：“孔子适[5]是国必闻其政。求之与？抑与之与[6]？”子贡曰：“夫子温良恭俭让以得之。[7]夫子之求之也，其诸[8]异乎人之求之也。”

子贡问曰：“富而无

陈子禽问子贡说：“仲尼的学问跟谁学的？”子贡说：“周文王、周武王的学说没有消失，尚在人间流传，贤能的人能掌握它的根本，不贤能的人只能领会它的细枝末节，到处都有周文王、周武王的学说。先生在哪儿不能学习，又何必非有固定的老师呢！”陈子禽又问：“孔子每到一个国家，一定要了解这个国家的政事。这是请求别人告诉他的呢？还是别人主动告诉给他的呢？”子贡说：“先生是凭借温和、善良、恭敬、俭朴、谦让的作风得来的。先生这种求取的方法，大概不同于别人的求取方法吧。”

子贡问：“富有而不骄傲，贫穷但不献媚，这种人怎么样？”孔子说：“不

骄,贫而无谄,何如?”孔子曰:“可也;不如贫而乐道,富而好礼。”

错;但还不如贫穷而乐于遵从圣人之道,富有却能够谦恭守礼的人。”

注释 1 子禽:陈亢的表字。 2 焉学:跟谁学的。焉,疑问代词。 3 文武:周文王、周武王。周文王,商末周族领袖,姓姬名昌。周武王,姬昌之子,姓姬名发,西周王朝的建立者。孔子尊他们为圣人,认为他们的学问博大精深。 坠于地:消失,失落。 在人:在人间。 大者:文武之道的根本。 小者:细枝末节。 4 夫子:古代对有学问或有身份的人的一种敬称。其后沿袭成为学生对老师的尊称。 常师:固定的老师。 5 适:到,达。 6 抑与之与:还是别人主动介绍给他的呢。抑,还是,选择连词。前一个“与”,给予;后一个“与”,句末语气词,表示疑问。之,指孔子。 7 温:温和。 良:善良。 恭:恭敬。 俭:俭朴,不放纵。 让:谦让。 8 其诸:表示不定语气,相当于“大概”“或者”。

田常欲作乱于齐,惮高、国、鲍、晏[1],故移其兵欲以伐鲁。孔子闻之,谓门弟子曰:“夫鲁,坟墓所处,父母之国,国危如此,二三子[2]何为莫出?”子路请出,孔子止之。子张、子石请行,孔子弗许。[3]子贡请行,孔子许之。

田常想在齐国发动叛乱,但他害怕高氏、国氏、鲍氏和晏氏的势力,因此想调动他们的军队去攻打鲁国。孔子听到这件事,对他门下的学生说:“鲁国是祖宗坟墓的所在地,是父母之国,国家危险到这个程度,你们为什么没有谁挺身而出?”子路请求出行,孔子不同意。子张、子石请求出行,孔子也不允许。子贡请求出行,孔子答应了。

于是,子贡出发到了齐国,劝告田常说:“您攻打鲁国是错误的。鲁国是

遂行，至齐，说田常曰："君之伐鲁过矣。夫鲁，难伐之国，其城薄以卑，其地狭以泄，[4]其君愚而不仁，大臣伪而无用，其士民又恶甲兵之事，此不可与战。君不如伐吴[5]。夫吴，城高以厚，地广以深，甲坚以新，士选以饱，重器精兵尽在其中，又使明大夫守之，此易伐也。[6]"田常忿然作色[7]曰："子之所难，人之所易；子之所易，人之所难。而以教常，何也？"子贡曰："臣闻之，忧在内者攻强，忧在外者攻弱。今君忧在内。吾闻君三封而三不成者，大臣有不听者也。今君破鲁以广齐，战胜以骄主，破国以尊臣，而君之功不与焉，则交日疏于主。[8]是君上骄主心，下恣[9]群臣，求以成大事，难矣。夫上骄则恣，臣骄则

难以攻伐的国家，它的城墙又薄又矮，护城河又窄又浅，它的国君既愚昧又不仁，它的大臣既虚伪又无能，它的士兵和百姓又厌恶打仗的事情，这样的国家不能和它交战。您不如去攻打吴国。吴国的城墙又高又厚，护城河又宽又深，甲胄既坚固又精良，战士既经过挑选又精神饱满，宝贵的人才和精锐的士兵都在那里，又派了贤明的大夫镇守它，这样的国家才容易讨伐。"田常气愤得变了脸色说："你认为难办的事，别人认为是容易的；你认为容易的事，别人认为是难办的。你用这些指教我，有什么道理？"子贡说："我听说，忧患在国内的要去攻打强大的国家，忧患在国外的要去攻打弱小的国家。现在您的忧患来自国内。我听说您三次被封爵但三次都没有成功，是因为大臣中有不听从的啊。如今您要攻克鲁国来扩张齐国的领土，战争取胜了就会使齐王骄纵，打败了鲁国就会抬高齐臣的地位，但您的功劳却不在其中，那么，您与国君的关系就会日益疏远。这样，您使国君产生骄傲的心理，使大臣们行为放肆，想要因此

争，是君上与主有郤[10]，下与大臣交争也。如此，则君之立于齐危矣。故曰不如伐吴。伐吴不胜，民人外死，大臣内空，是君上无强臣之敌，下无民人之过[11]，孤主制齐者唯君也。”田常曰：“善。虽然，吾兵业已加鲁矣，去而之吴，大臣疑我，柰何？[12]”子贡曰：“君按兵无伐，臣请往使吴王，令之救鲁而伐齐，君因以兵迎之。”田常许之，使子贡南见吴王。

成就大业，难呀。国君骄纵就会无所顾忌，大臣们骄纵就会争权夺利，这样您上与国君会产生嫌隙，下与大臣会发生争斗。如果这样，您在齐国的处境就很危险了。所以说不如攻打吴国。攻打吴国不能取胜，人民战死在国外，大臣的势力在朝内也会削弱，这样您在上则没有强臣的对抗，在下则没有人民的责难，能够孤立国君，控制齐国的也就只有您了。”田常说：“好。但是我军已向鲁国进发了，如果撤离鲁国而向吴国挺进，大臣会怀疑我，怎么办？”子贡说：“您暂时按兵不动，不要进攻，请让我出使吴国，叫它来援救鲁国而攻打齐国，届时您趁势出兵迎击它。”田常同意了，派子贡南下拜见吴王。

注释　1 惮(dàn)：害怕，担忧。　高、国、鲍、晏：当时在齐国握有实权的卿大夫家族。　2 二三子：指孔子的学生，相当于“你们”。　3 子张：即颛孙师。　子石：即公孙龙。　4 薄以卑：以，联词，并且。卑，低，矮。　其地狭以泄：《越绝书》《吴越春秋》作“其池狭以浅”。池，护城河。　5 吴：古国名。又称“句吴”。始祖为周太王古公亶父之子太伯、仲雍。公元前473年被越所灭。　6 地广以深：与上文相联系，此应作“池广以深”。　甲：铠甲。此泛指武器。　新：精良。　选：经过挑选。　饱：指精神饱满。　重器：宝器，比喻可贵的人才。　明大夫：贤明的大夫。　7 忿然作色：气愤得变了脸色。忿然，愤怒的样子。　8 与：在其中。　交：交情。　疏：

疏远。 主：指齐王。 **9** 下恣(zì)：对下放纵。 **10** 有郤(xì)：有嫌隙，有隔阂。 **11** 过：过失，此引申为责备。 **12** 业已：已经。 加：实施，指向鲁国发起进攻了。 去：离开。 之：往，到。

说[1]曰："臣闻之，王者不绝世，霸者无强敌，千钧之重加铢两而移。[2]今以万乘之齐而私千乘之鲁，[3]与吴争强，窃为王危之。且夫救鲁，显名也；伐齐，大利也。以抚泗上[4]诸侯，诛暴齐以服强晋，利莫大焉。名存亡鲁，实困强齐，智者不疑也。"吴王曰："善，虽然，吾尝与越战，栖之会稽。[5]越王苦身养士，有报我心。子待我伐越而听子。"子贡曰："越之劲不过鲁，吴之强不过齐，王置齐[6]而伐越，则齐已平鲁矣。且王方以存亡继绝为名，夫伐小越而畏强齐，非勇

子贡游说吴王说："我听说，施行王道的人不会使别国的王位断绝，推行霸道的人不能允许另有强大的敌人存在，在千钧重的物体上，哪怕再加上一铢一两也会使它产生移位。如今拥有一万辆战车的齐国企图吞并有一千辆战车的鲁国，来跟吴国争强斗胜，我私下替大王感到危险啊。况且援助鲁国，是显扬名声的事情；攻打齐国，是获取大利的机会。通过安抚泗水一带的各国诸侯，来惩罚暴虐的齐国，征服强大的晋国，好处没有比这更大的了。而且名义上保存了即将灭亡的鲁国，实际上削弱了强大的齐国，聪明的人是不会犹豫不决的。"吴王说："好，即便如此，我曾经和越国进行过战争，使越王栖息在会稽山上。越王卧薪尝胆，豢养士兵，有报复我的意图。您等我把越国彻底打败了再按您说的做吧。"子贡说："越国的力量超不过鲁国，吴国的实力也赶不上齐国，大王如果放弃齐国而去讨伐越国，那么齐国恐怕已经平定鲁国了。况且大王正以保存灭亡的国家、延续断绝

也。夫勇者不避难，仁者不穷约[7]，智者不失时，王者不绝世，以立其义。今存越示诸侯以仁，救鲁伐齐，威加晋国，诸侯必相率[8]而朝吴，霸业成矣。且王必恶越[9]，臣请东见越王，令出兵以从，此实空越，名从诸侯以伐也。”吴王大说，乃使子贡之越。

的继嗣作为旗号，但如果攻打弱小的越国却害怕强大的齐国，这不是勇敢的表现。勇敢的人不会回避困难，仁爱的人不受困厄约束，聪明的人不会错过时机，施行王道的人不会使别国的王位断绝，凭借这些来树立他们的道义原则。如今保存越国，可以向诸侯显示自己的仁德，援助鲁国讨伐齐国，施威于晋国，诸侯一定会相继来朝见吴国，那么称霸的大业就成功了。大王如果真的畏惧越国，我请求往东去会见越王，叫他出兵跟随大王，这样实际上可以使越国国内空虚，名义上却是跟随诸侯讨伐齐国。”吴王非常高兴，派子贡前往越国。

注释　1 说(shuì)：劝说，游说。　2 王者：施行王道的人。战国时，儒家称以仁义治天下为王道，以武力称强为霸道。　绝世：绝嗣，王位不传。　千钧：此泛言极重。钧，古代重量单位，一钧为三十斤。　铢两：古代重量单位，二十四铢为一两，十六两为一斤。此言极轻微的重量。3 万乘：拥有一万辆战车的国家，此比喻大国。　私：占为私有，吞并。4 泗上：此暗指中原各国。泗，水名，在今山东中部。上，北面。　5 栖：栖息。　会(kuài)稽：会稽山，在今浙江绍兴东南。公元前494年，吴王夫差在夫椒大败越军，乘胜攻克越都，越王句践退守会稽山，被迫屈服。6 置齐：放弃齐国。置，放弃，搁开。　7 穷：困厄。　约：束缚。　8 相率：相继。　9 必恶越：果真厌恶越国。必，果真。恶，讨厌。此是“畏惧”的婉转说法。

越王除道郊迎[1]，身御至舍而问曰："此蛮夷之国，大夫何以俨然辱而临之？[2]"子贡曰："今者吾说吴王以救鲁伐齐，其志欲之而畏越，曰'待我伐越乃可'。如此，破越必矣。且夫无报人之志而令人疑之，拙也；有报人之志，使人知之，殆[3]也；事未发而先闻，危也。三者举事之大患。"句践顿首[4]再拜曰："孤尝不料力，乃与吴战，困于会稽，痛[5]入于骨髓，日夜焦唇干舌，徒欲与吴王接踵而死，孤之愿也。"遂问子贡。子贡曰："吴王为人猛暴，群臣不堪[6]；国家敝于数战，士卒弗忍；百姓怨上，大臣内变；子胥以谏死，太宰嚭用事，[7]顺君之过以安其私：是残国之治[8]也。今王诚发士卒佐之以徼其志[9]，重宝以说其

越王清扫道路，到郊外迎接子贡，并亲自驾车到官舍询问说："这里是偏僻落后的国家，大夫为什么屈尊来到这儿？"子贡说："近来我劝说吴王为了援助鲁国而去攻打齐国，他心里想这样做，但害怕越国，说'等我攻下了越国才行'。如果这样，攻破越国是肯定的了。况且没有报复人的意图但却使人怀疑，是愚蠢的；有报复人的意图而让人知道了，是不安全的；事情还没有开始做却叫人预先知道了，是危险的。这三种情况是办事的大祸患。"句践叩头再次拜见说："我曾经不自量力，就和吴国交战，被困在会稽山上，对此我恨入骨髓，日夜唇焦舌干，只想与吴王一道死去，这是我的愿望。"句践问子贡怎么办。子贡说："吴王为人凶猛残暴，大臣们都承受不了；国家因为多次发动战争而疲敝，士兵们无法忍耐；百姓怨恨吴王，大臣们不堪忍受；伍子胥由于直谏而死，太宰伯嚭掌权，他迎合吴王的过失来巩固个人的私利：这是使国家灭亡的治理方法。现在您真能兴兵辅佐以投合他的意愿，用贵重的珍宝以求得他的欢心，用谦卑

心，卑辞以尊其礼，其伐齐必也。彼战不胜，王之福矣。战胜，必以兵临晋，臣请北见晋君，令共攻之，弱吴必矣。其锐兵尽于齐，重甲困于晋，而王制其敝，此灭吴必矣。”越王大说，许诺。送子贡金百镒，剑一，良矛二。子贡不受，遂行。

的辞令尊崇并表示对他礼敬，那么他肯定会去攻打齐国。如果他战而不胜，那是您的福气。如果战胜了，他一定会率兵逼近晋国，到时候请让我北上面见晋国国君，让晋国和齐国共同攻打吴军，这样必定能削弱吴国。吴国的精锐部队全被消耗在齐国，大部队被牵制在晋国，您趁他疲惫不堪时去攻打他，这样灭亡吴国是必然的了。”越王非常高兴，答应了。送给子贡百镒黄金，一把剑，两支好矛。子贡没有接受，就走了。

注释　1 除道：清扫道路。　郊迎：到郊外迎接，以示敬意。　2 蛮夷之国：古代统治者对南方各族的泛称，有时也指四方各族。含有轻贬的意思。此用为自谦之辞。　俨然辱而临之：庄严地屈尊来到这里。俨然，庄严的样子。辱，表敬副词，屈尊。临之，到越国来。　3 殆：危险。　4 顿首：头叩地而拜，为古代的九拜礼之一。　5 痛：恨。　6 不堪：不能忍受。　7 子胥：吴国大夫，姓伍，名员，字子胥。他劝吴王夫差拒绝与越国议和并停止伐齐。太宰伯嚭从中进谗，伍子胥渐被疏远。公元前484年，他被夫差赐剑自尽。按：此时子胥尚未死，所记年代有误。　太宰嚭：即伯嚭，春秋时吴国大臣。因善逢迎，深得吴王夫差宠信。吴破越后，受越贿赂，许越媾和，并屡进谗言，谮杀伍子胥。吴亡后，降越为臣，被越王句践所杀。　用事：掌权。　8 残国之治：使国家灭亡的治理方法。残国，临近灭亡的国家。　9 徼（yāo）其志：应合他的志向。徼，通“邀”，求取，投合。

报吴王曰："臣敬以大王之言告越王，越王大恐，曰：'孤不幸，少失先人，内不自量，抵罪于吴，军败身辱，栖于会稽，国为虚莽，赖大王之赐，使得奉俎豆而修祭祀，死不敢忘，何谋之敢虑！[1]'"后五日，越使大夫种[2]顿首言于吴王曰："东海役臣孤句践使者臣种，敢修下吏问于左右。[3]今窃闻大王将兴大义，诛强救弱，困暴齐而抚周室，请悉起境内士卒三千人，孤请自被坚执锐，以先受矢石。[4]因越贱臣种奉先人藏器，甲二十领，铁屈卢之矛，步光之剑，以贺军吏。[5]"吴王大说，以告子贡曰："越王欲身从寡人伐齐，可乎？"子贡曰："不可。夫空人之国，悉人之众，又从其君[6]，不义。君受其币[7]，许其师，而辞

子贡回报吴王说："我恭敬地把大王的话告诉了越王，越王十分恐惧，说：'我很不幸，从小便失去了父亲，又自不量力，得罪了吴国，以致军队打了败仗，自讨耻辱，栖息在会稽山上，国家变成废墟草丛，仰赖大王的恩赐，使我得以捧着祭品祭祀祖先，这样的恩德我死也不敢忘记，怎么敢有别的打算！'"过了五天，越国派大夫文种向吴王叩头说："东海差役之臣句践的使者臣子文种，冒昧地前来，向大王请安。如今我私下听说大王将要派遣仁义之师，讨伐强敌，救护弱小，围困强暴的齐国而安定周王室，请允许越国境内的三千名士兵全部出动，句践请求身披铠甲，手执锐器，率先冲锋陷阵。由此，越国的下臣文种进献祖先珍藏的宝器，二十件铠甲，还有斧子、屈卢矛、步光剑，向贵国军吏祝贺。"吴王非常高兴，派人转告子贡说："越王想亲自跟着我讨伐齐国，可以吗？"子贡说："不行。使人家国内空虚，用尽人家的所有士兵，又让它的国君当随从，这样做是不道德的。您可以接受它的礼物，收下它的军士，但要辞谢它的国君。"吴

其君。”吴王许诺，乃谢越王。于是吴王乃遂发九郡[8]兵伐齐。

王答应了，就辞谢越王。然后出动了九个郡的士兵攻打齐国。

注释 1 孤：古代王侯对自己的谦称。 少：小的时候。 先人：已死去的祖父或父亲。此指父亲。 抵罪：得罪。 虚：废墟。 莽：草丛。 奉：捧，进献。 俎豆：古代祭祀的器皿。 修：整治。 2 大夫种：越国大夫文种，字少禽，一作子禽。曾献计辅佐句践发愤图强灭吴。功成之后，句践赐剑命其自尽。 3 东海役臣孤句践使者臣种：东海，因越国东临东海，故此以东海代越国。役臣，供驱使的臣子。 敢修下吏问于左右：这句话是尊敬吴王及大臣的说法。意思是不敢直接向吴王问候，而托吴国的下吏来传达越国对吴王及左右近臣的问候。修，修好。下吏，下级官吏。左右，吴王的左右近臣。 4 诛：讨伐，惩处。 被：通“披”。 坚：坚固的铠甲。 锐：锐利的武器。 以先受矢石：先遭受箭矢和流石的攻击。此话的意思是，先冲锋打头阵。 5 领：衣领。此引申为衣服的件数。 鈇(fǔ)：通“斧”，疑为衍字。 屈卢：古代造矛的良匠名。此用作良矛的代称。 步光：古名剑之名。 6 从其君：使他的国君相从。 7 币：古人用作礼物的丝织品。后泛指礼物。 8 郡：春秋至隋唐时的地方行政区名，因朝代而异，地域范围有所不同。春秋时“县”大“郡”小，战国时“郡”大“县”小。

子贡因去之晋，谓晋君[1]曰：“臣闻之，虑不先定不可以应卒，兵不先辨不可以胜敌。[2]今夫齐与吴将战，彼战而不胜，越乱之

子贡因此离开吴国去了晋国，对晋国国君说：“我听说，事先不制定好计谋，就不能应付突发的事变，事先不训练好军队就不能战胜敌人。现在齐国将要与吴国开战，如果吴国被打败了，越国一定会趁机

必矣；与齐战而胜，必以其兵临晋。”晋君大恐，曰：“为之柰何？”子贡曰：“修兵[3]休卒以待之。”晋君许诺。

作乱；如果吴国和齐国一战取胜了，吴军一定会领兵逼临晋国国境。”晋君大为恐慌，说：“这该怎么办？”子贡说：“修理武器，休养士兵，来等待它。”晋君答应了。

注释 1 晋君：晋定公。 2 虑：谋略。 先定：事先安排。 卒：同“猝”，突然，仓猝。 兵：士卒。辨(bàn)：通“办”，训练。 3 修兵：修理武器。兵，武器。

子贡去而之鲁。吴王果与齐人战于艾陵，大破齐师，获七将军之兵而不归，果以兵临晋，与晋人相遇黄池之上。[1]吴晋争强。晋人击之，大败吴师[2]。越王闻之，涉江袭吴，去城[3]七里而军。吴王闻之，去晋而归，与越战于五湖[4]。三战不胜，城门不守，越遂围王宫，杀夫差而戮其相。[5]破吴三年，东向而霸[6]。

子贡离开晋国前往鲁国。吴王果然跟齐国人在艾陵作战，把齐军打得大败，俘获了七个将军的兵马仍不班师，接着吴王果真率领军队逼近晋国，和晋国人在黄池相遇。吴国和晋国争强。晋国人出击吴军，把吴军打得大败。越王听到这一消息，渡过江去袭击吴国，在距离吴国都城七里远的地方驻军。吴王听到这个消息，离开晋国返回吴国，同越军在五湖交战。多次战斗，吴军都失败了，城门失守，越军就包围了王宫，杀了吴王夫差并处决了他的相国。灭掉了吴国以后三年，越国在东方称霸。

注释 1 艾陵：春秋齐地，在今山东蓬莱东北。艾陵之战，在公元前484年(吴王夫差十二年)。 七将军：据《左传·哀公十一年》载，在艾陵之战中，吴军俘获齐国的将领有国书、公孙夏、闾丘明、陈书、东郭书等五人，而非七人。　黄池：在今河南封丘县西南。黄池之会在公元前482年。　2 大败吴师：吴、晋在黄池争强时，越王句践乘虚攻入吴都，俘太子友。吴王得报，密而不宣。吴、晋争执歃血先后。夫差终让晋先歃，然后南还。吴、晋并未交战。故此说有误。　3 城：吴国都城，今江苏苏州。4 五湖：具体地点不详，约泛指太湖流域的所有湖泊。　5 三：此指多次。　杀夫差：公元前473年，句践灭亡吴国，欲将吴王夫差流放到甬东岛（今浙江舟山岛）上，夫差自缢而死。　戮其相：杀了他的相国伯嚭。6 东向而霸：成为东方的霸主。据史书载，公元前473年（灭吴的同一年，非过三年），句践与齐、晋会盟于俆(shū)（亦作“徐州”，在今山东省滕州南），周元王册命句践为伯，句践南归。

故子贡一出，存鲁，乱齐，破吴，强晋而霸越。子贡一使，使势相破，十年之中，五国各有变。[1]

所以子贡这次出行，保存了鲁国，扰乱了齐国，灭亡了吴国，使晋国强大而使得越国称霸。子贡充当了一次外交使者，使使各国的形势出现变化，十年期间，这五个国家各自发生了重大变化。

子贡好废举，与时转货资。[2]喜扬人之美，不能匿人之过。[3]常相鲁、卫，家累千金，卒终于齐。[4]

子贡精通于低价买进、高价卖出的生意，并依据时机随时转换货物和资金的使用场所。他喜欢颂扬别人的长处，但也不隐匿别人的过失。他曾经担任过鲁国、卫国的相国，家产累积有了千金，最后死在齐国。

注释

1 使势相破：使各国的形势发生相应的变化。　五国：即鲁、齐、吴、越、晋五国。　2 废举：即货物便宜时买进，待价高时卖出。废，卖出。举，买进。 与时:依据时机,季节和地点。 转货资:转移货物和资金的使用场所。 3 美:美德,长处。 匿:隐瞒。 过:过失。 4 常:通“尝”,曾经。 相鲁、卫:担任过鲁国、卫国的相国。此说似无根据。

言偃,吴人,字子游。少孔子四十五岁。

子游既已受业,为武城宰[1]。孔子过,闻弦歌[2]之声。孔子莞尔[3]而笑曰:“割鸡焉用牛刀[4]?”子游曰:“昔者偃闻诸夫子曰,君子学道则爱人,小人学道则易使。”孔子曰:“二三子,偃之言是也。前言戏之耳。”孔子以为子游习[5]于文学。

言偃是吴国人,字子游。比孔子小四十五岁。

子游跟从孔子学习以后,做了武城的长官。孔子经过武城时,听到弹琴唱歌的声音。孔子微笑着说:“杀鸡何必用宰牛的刀?”子游说:“从前我听先生说过,有才德的人学习了礼乐之道就会爱护别人,老百姓学习了礼乐之道就会容易听使唤。”孔子说:“学生们,言偃说的话是对的。我刚才那句话不过是开个玩笑罢了。”孔子认为子游熟悉儒学。

注释 1 武城:鲁国邑名,在今山东平邑县南。 宰:长官。相当于现在的县长。 2 弦歌:弹琴吟诗,古人的一种学习方法。即将诗填入谱成的乐曲中,用琴瑟等弦乐器配合歌唱。子游遵从孔子的教导,提倡礼乐,所以武城邑人都学习弦歌。 3 莞(wǎn)尔:微笑的样子。 4 割鸡焉用牛刀:指治理一个小县,用不着这样的教育方法。 5 习:熟悉。

卜商,字子夏[1]。少孔子四十四岁。

卜商,字子夏。比孔子小四十四岁。

子夏问："'巧笑倩兮，美目盼兮，素以为绚兮'[2]，何谓也？"子曰："绘[3]事后素。"曰："礼后乎？[4]"孔子曰："商始可与言《诗》已矣。"

子贡问："师与商孰贤？"子曰："师也过，商也不及。[5]""然则师愈[6]与？"曰："过犹[7]不及。"

子谓子夏曰："汝为君子儒，无为小人儒[8]。"

孔子既没，子夏居西河教授，为魏文侯师。[9]其子死，哭之失明。

子夏询问："'微笑的脸颊露出酒窝，美丽的眼睛真明亮，仿佛洁白的绢面染上了绚丽的文采'，这三句诗说的是什么意思？"孔子说："绘画最后要涂上白粉。"子夏说："礼仪是产生在仁义的后面吗？"孔子说："卜商，现在可以和你谈论《诗》了。"

子贡问："颛孙师跟卜商哪一个更贤能？"孔子说："颛孙师做事有些过分，卜商做事有些不足。"子贡说："那么颛孙师强一些吧？"孔子说："过分和不足是一样的。"

孔子对子夏说："你要做有才德的读书人，不要做浅薄好名的读书人。"

孔子去世后，子夏居住在西河一带教授学生，做过魏文侯的老师。他的儿子死了，子夏因为哭泣而双目失明了。

注释

1 卜商：公元前507—？，晋国温人（今河南温县西南），一说卫国人。春秋末期政治家。孔子死后，讲学于西河，主张国君学习《春秋》。政治家李克、吴起为其学生。相传《诗经》等儒家经典由他而传。 **2** 前三句出自《诗·卫风·硕人》，是卫人赞扬齐庄公之女庄姜美丽华贵的诗歌。后一句是逸诗。倩（qiàn），笑时两腮出现的酒窝。盼，眼睛黑白分明。素，白色。绚，绚丽，有文采。 **3** 绘：绘画，此处喻礼。 **4** 礼后乎：礼产生在道义之后吗？ **5** 过：做事过分。 不及：做事不足。 **6** 愈：胜过，较好。 7 犹:等同,如同。孔子主张中庸,因此认为过分和不足都不妥。 8 儒:儒生,读书人。 9 西河:魏国地名。在今山西、陕西间的黄河龙门以下的西岸地区,时设西河郡。《史记索隐》刘氏云:"今同州河西县有子夏石室学堂也。" 魏文侯:战国时魏国的建立者。姓姬,名斯,又称魏斯,公元前445—前396年在位。当时子夏在西河教学,魏文侯曾向他请教过国政。

颛孙师,陈人,字子张。少孔子四十八岁。

子张问干禄[1],孔子曰:"多闻阙疑,慎言其余,则寡尤;[2]多见阙殆,慎行其余,则寡悔。言寡尤,行寡悔,禄在其中矣。"

他日,从在陈蔡间,困,问行。[3]孔子曰:"言忠信,行笃敬,虽蛮貊之国行也;[4]言不忠信,行不笃敬,虽州里[5]行乎哉!立则见其参于前也,在舆则见其倚于衡,夫然后行。[6]"子张书诸绅[7]。

颛孙师,是陈国人,字子张。比孔子小四十八岁。

子张询问怎样求取禄位,孔子说:"多听,把有疑问的搁置一边,谨慎地谈论其他有把握的问题,就能少犯错误;多看,搁置有危险的事情,谨慎地从事没有危险的事情,就能减少懊悔。言论少犯错误,行动减少懊悔,禄位也就在里面了。"

有一天,子张随从孔子在陈国和蔡国之间遭到围困,子张问怎样才能处处行得通。孔子说:"说话忠诚老实,行为忠厚恭敬,即使在蛮貊异族地区,也能行得通;说话不忠诚老实,行为不忠厚恭敬,即使在本乡本土,难道能行得通吗?站立时,就好像看见'忠诚老实忠厚恭敬'几个字显现在眼前,乘车时,就像这几个字挂在车辕前的横木上,这样才到处行得通。"子张把这几个字写在自己的衣带上。

注释 1 干禄:求取禄位。干,求。 2 阙疑:保留疑问。阙,有保留、回避的意思。与下文"阙殆"为互文见义。殆,危险的事情。 寡尤:少犯错误。寡,少。尤,过错。 3 困:孔子周游列国时,从陈国去蔡国的途中被陈人包围,绝粮七天。 行:通达,行得通。 4 笃(dǔ):忠厚。 蛮貊之国:古代对南方和东北方少数民族的贬称。 5 州里:古代的一种居民组织。五家为邻,五邻为里,二千五百家为州。一说一万家为一州。此意指本乡本土。 6 参:显现。 衡:车辕前的横木。 7 绅:士大夫系在腰间的大带子。

子张问:"士何如斯可谓之达[1]矣?"孔子曰:"何哉,尔所谓达者?"子张对曰:"在国必闻,在家必闻。[2]"孔子曰:"是闻也,非达也。夫达者,质直而好义,察言而观色,虑以下人[3],在国及家必达。夫闻也者,色取仁而行违,居之不疑,在国及家必闻。"

子张问:"读书人怎样做才能算通达呢?"孔子说:"你所说的通达是什么意思?"子张说:"在诸侯国有一定的声望,在卿大夫家也有一定的声望。"孔子说:"这是声望,而不是通达。所谓通达,应是品质正直,爱好礼义,善于分析别人的言论,观察别人的表情,总想到恭谦让人,这种人无论是在诸侯国还是大夫家一定会通达。而所谓声望,是表面上追求仁义,行动上却相违背,并以仁义自居而毫不怀疑,这种人在诸侯国和大夫家肯定会有声望。"

注释 1 达:通达。见识高,不同流俗。 2 闻:有声誉,有名望。 家:卿大夫的封地。 3 下人:甘居人下。指对人恭敬有礼。

曾参,南武城[1]人,字子舆。少孔子四十六岁。

曾参是南武城人,字子舆。比孔子小四十六岁。

孔子以为能通[2]孝道，故授之业。作《孝经》。死于鲁。

孔子认为他能通晓孝道，因此教授他学业。曾参撰著了《孝经》。他死在鲁国。

注释 1 南武城：古邑名，即武城，在今山东平邑县南。 2 通：通晓。

澹台灭明[1]，武城人，字子羽。少孔子三十九岁。

澹台灭明是武城人，字子羽。比孔子小三十九岁。

状貌甚恶[2]。欲事孔子，孔子以为材薄。[3]既已受业，退而修行，行不由径，非公事不见卿大夫。[4]

澹台灭明的体态相貌很丑陋。他想侍奉孔子，孔子认为他的资质较差。他跟从孔子学习以后，回家修养德行，从来不走邪道，不是为了公事他从来不去会见公卿大夫。

南游至江，从弟子三百人，设取予去就，名施乎诸侯。[5]孔子闻之，曰："吾以言取人，失之宰予[6]；以貌取人，失之子羽。"

他南下游历到了长江，跟从他的弟子有三百多人，凡获取、给予、离开、接近等行为均设有原则，因此子羽的名声在诸侯国广为传颂。孔子听到后说："我凭言辞来衡量人，错怪了宰予；以相貌来判断人，错看了子羽。"

注释 1 澹(tán)台灭明：公元前512—？，春秋时儒者。 2 恶(è)：丑陋，相貌不扬。 3 事：侍奉。 材薄：资质、才能较差。材，同"才"。 4 修行：培养自己的德行。 径：小路。此指邪路。 5 南游至江：相传澹台灭明南游到吴国。今江苏苏州有澹台湖，原为澹台灭明故居，后沉陷为湖。 取：获取。 予：给。 去：离开。 就：接近。 施：传颂。 6 失之宰予：宰予能言善辩，对孔子坚持"三年之丧"的主张表示怀疑，故孔子一时对他不满。失，错怪。

宓不齐[1]，字子贱。少孔子三十岁。

孔子谓“子贱君子哉！鲁无君子，斯焉取斯[2]？”

子贱为单父宰，反命于孔子，[3]曰：“此国有贤不齐者[4]五人，教不齐所以治者。”孔子曰：“惜哉不齐所治者小，所治者大则庶几[5]矣。”

宓不齐，字子贱。比孔子小三十岁。

孔子评价说：“子贱真是个君子啊！鲁国如果没有君子，子贱从哪里学得君子的品质呢？”

子贱做了单父县宰后，回去向孔子报告，说：“这个地方有五个人比我贤明，他们教给我治理社会的方法。”孔子说：“可惜不齐治理的地区太小了，如果治理的地方大些就差不多了。”

注释　1 宓(fú)不齐：公元前521—？，鲁国人。　2 斯焉取斯：前一个“斯”为代词，指宓不齐。焉，哪里。后一个“斯”为语气词。　3 单父(shàn fǔ)：县名，在今山东省单县。　反命：回去报告。　4 贤不齐者：即“贤于不齐者”，比不齐贤明的人。　5 庶几(jī)：差不多。

原宪[1]，字子思。

子思问耻。孔子曰：“国有道，榖。[2]国无道，榖，耻也。”

子思曰：“克伐怨欲不行焉，可以为仁乎？[3]”孔子曰：“可以为

原宪，字子思。

子思问什么叫耻辱。孔子说：“国家政治清明，做官，领受俸禄。国家政治黑暗，也做官，领受俸禄，就叫耻辱。”

子思说：“好胜、自夸、怨恨、贪心都不存在的话，可以算作是仁了吧？”孔子说：“可以说是难能可贵了，至于

难[4]矣，仁则吾弗知也。”

是不是仁，那我就不知道了。”

注释 1 原宪：公元前515—？，又称原思、仲宪。鲁国人，一说宋国人。孔子在鲁国任司寇时，他在孔子家当总管。孔子去世后，隐居卫国。2 国有道：国家政治清明。 谷：领受俸禄。 3 克：好胜。 伐：自夸其功。 怨：怨恨。 欲：贪心。 不行：不存在，没有。 4 难：难能可贵。

孔子卒，原宪遂亡在草泽[1]中。子贡相卫，而结驷连骑，排藜藋入穷阎，过谢原宪。[2]宪摄敝[3]衣冠见子贡。子贡耻之，曰：“夫子岂病[4]乎？”原宪曰：“吾闻之，无财者谓之贫，学道而不能行者谓之病。若宪，贫也，非病也。”子贡惭，不怿[5]而去，终身耻其言之过也。

孔子死后，原宪隐居在草泽中。子贡做了卫国的相国，外出时坐四匹马拉的车子，随从前呼后拥，他排开野草，来到偏僻狭小的住室探望原宪。原宪穿戴破旧的衣帽会见子贡。子贡为他感到羞耻，说：“你难道处于窘迫境地吗？”原宪说：“我听说，没有财产的叫作贫穷，学到了道理而不能实行才叫作窘迫。像我原宪是贫穷，而不是窘迫。”子贡感到惭愧，心中不快就离开了，他一生都为自己说错了话而感到羞愧。

注释 1 草泽：荒野。 2 结驷：用四匹马并辔驾的车。 连骑：骑手相连，此指子贡的随从。 藜藋：两种野草。 穷阎：偏陋的里巷，此指原宪的住所。 过谢：探望。 3 摄：整理，引申为穿戴。 敝：破旧。4 岂：难道。 病：困苦，窘迫。 5 怿(yì)：高兴，喜悦。

公冶长,齐人,字子长。

孔子曰:"长可妻也,虽在累绁之中,非其罪也。[1]"以其子妻之。

公冶长是齐国人,字子长。

孔子说:"公冶长,值得把女儿嫁给他,虽然他曾被关押在监狱里,但不是他的过错。"于是孔子将女儿嫁给了公冶长。

注释 1 妻:(qì):用作动词,把女子嫁给别人。 累绁(xiè):捆绑犯人的绳索。此指监狱。

南宫括[1],字子容。

问孔子曰:"羿善射,奡荡舟,俱不得其死然;[2]禹、稷躬稼而有天下?[3]"孔子弗答。容出,孔子曰:"君子哉若人[4]!上德哉若人!""国有道,不废[5];国无道,免于刑戮。"三复"白珪之玷",以其兄之子妻之。[6]

南宫括,字子容。

他问孔子说:"羿擅长射箭,奡善于水战,但他们都不能够善终;而禹和后稷亲自耕种庄稼,却为什么得到了天下?"孔子没有回答他。南宫括出去以后,孔子说:"这个人是个君子啊!这个人崇尚道德啊!""国家政治清明,他不会被废弃;国家政治黑暗,他也不致遭受刑罚、杀戮。"南宫括经常诵读"白珪之玷"的诗句,于是孔子把兄长的女儿嫁给了他。

注释 1 南宫括:鲁国人。《论语》作"南宫适"。 2 羿:即后羿,传说中的夏代东夷族首领。原为有穷国君主,擅长射箭。曾推翻夏朝统治,夺得太康王位。后被自己的臣子寒浞杀死。 善射:精通射箭。 奡(ào):古代传说中的人物,能在陆地行舟,后被夏帝少康所杀。 荡舟:擅长水战。 3 禹:即夏禹,传说中的古代圣君。治水有功,重视农业。 稷:

传说中古代周族的始祖，名弃。善于种植各种粮食作物，被尊为五谷之神。 躬：亲自。 4 若人：这个人。 5 不废：不会被废弃。 6 三复：经常，多次。古代的"三""九"往往不是具体的数字，而是泛指多次。 白珪之玷(diàn)：此语出自《诗·大雅·抑》，共四句："白珪之玷，尚可磨也；斯言之玷，不可为也。"白珪，一种珍贵而莹洁的玉器。玷，污点。这四句话的意思是：白珪上的污点，还可以抹去；言语中的错误，一出口便无法收回了。南宫括经常念这几句诗，以此提醒自己的言行要慎重。 兄之子：兄长的女儿。孔子的兄长叫孟皮，此时孟皮已亡，所以孔子替他的女儿主婚。

公皙哀[1]，字季次。

孔子曰："天下无行，多为家臣，仕于都[2]；唯季次未尝仕。"

公皙哀，字季次。

孔子说："天下的读书人都没有好的品行，大多数都屈节成了大夫的家臣，在都邑里做官；唯独季次不曾做官。"

注释 1 公皙(xī)哀：齐国人。《孔子家语》作"公皙克"。 2 仕于都：在都邑做官。仕，做官。都，大夫的封地。

曾蒧[1]，字皙。

侍[2]孔子，孔子曰："言尔志。"蒧曰："春服既成，冠者五六人，童子六七人，浴乎沂，风乎舞雩，咏而归。[3]"孔子喟尔[4]叹曰："吾与[5]蒧也！"

曾蒧，字皙。

曾蒧陪侍孔子，孔子说："谈谈你的志趣。"曾蒧说："春暖花开的时候，我和五六个年青的人，六七个小孩，在沂水里洗澡，然后登上舞雩台吹吹风，最后一路唱着歌回家。"孔子长叹一声说："我赞赏曾蒧的志趣呀！"

注释 1 曾蒧(diǎn)：曾参的父亲。 2 侍：陪侍，在旁边陪着。 3 春服既成：穿着春天的衣服。此意是到了春暖花开的时候。 冠者：按古代礼仪，男子到了二十岁要举行冠礼，表示已成人。 童子：小孩，未成年的人。 浴：沐浴。 沂(yí)：水名，即西沂水，发源于山东曲阜东南尼山麓，经曲阜南流入泗水。 风乎：沐浴春风。 舞雩(yú)：鲁国祭天求雨的地方。在今山东曲阜南。 4 喟(kuì)尔：深深叹息的样子。 5 与：赞许。曾蒧说的是太平盛世的景象，所以得到孔子的赞许。

颜无繇[1]，字路。路者，颜回父，父子尝各异时事孔子。

颜回死，颜路贫，请孔子车以葬。孔子曰："材不材[2]，亦各言其子也。鲤也死，有棺而无椁，吾不徒行以为之椁，以吾从大夫之后，不可以徒行。[3]"

颜无繇，字路。颜路是颜回的父亲，父子俩曾经在不同时期师事过孔子。

颜回死的时候，颜路因为贫穷，曾经请求孔子卖掉车子来安葬颜回。孔子说："不管有没有才能，对我们来说都是自己的儿子。鲤死的时候，也只有内棺而没有外椁，我不能卖掉车子步行来为他买外椁，因为我曾经做过大夫，是不可以步行的。"

注释 1 颜无繇(yóu)：公元前545—？，又称颜由。 2 材不材：材，有才华，指颜回。不材，没有才华，指孔鲤。 3 鲤：孔鲤(公元前532—前483年)，字伯鱼，孔子的儿子。 有棺而无椁(guǒ)：古代的棺材有两层，里面的称之为"棺"，外面套的大棺材称之为"椁"。有棺而无椁，往往是贫穷的表现。 徒行：步行。 从大夫之后：孔子曾做过鲁国的司寇，小大夫一级。但因是过去的事，所以说"从大夫之后"。

商瞿，鲁人，字子木。少孔子二十九岁。

孔子传《易》于瞿，瞿传楚人馯臂子弘，弘传江东人矫子庸疵，疵传燕人周子家竖，竖传淳于人光子乘羽，羽传齐人田子庄何，何传东武人王子中同，同传菑川人杨何。[1] 何元朔中以治《易》为汉中大夫。[2]

商瞿是鲁国人，字子木。比孔子小二十九岁。

孔子把《周易》传授给商瞿，商瞿把它传授给楚国人馯臂子弘，子弘传授给江东人矫子庸疵，矫疵传授给燕国人周子家竖，周竖传授给淳于人光子乘羽，光羽传授给齐国人田子庄何，田何传授给东武人王子中同，王同传授给菑川人杨何。杨何在元朔年间因研究《周易》做了汉朝的中大夫。

注释　**1**《易》:即《周易》,又叫《易经》。　馯(hán)臂子弘:姓馯,名臂,字子弘。《汉书·儒林传》作“馯臂子弓”。　江东:因长江自芜湖至南京间为西南、东北流向,因此南北朝前习惯上将芜湖以下的长江下游南岸地区称为江东。　矫子庸疵:姓矫,名疵,字子庸。《汉书·儒林传》说他是鲁国人。　周子家竖:姓周,名竖,字子家。　淳于:古国名。春秋时为淳于国,后为杞国的都城,在今山东安丘东北。　光子乘羽:姓光,名羽,字子乘。　田子庄何:姓田,名何,字子庄。　东武:古邑名,在今山东诸城。　王子中同:姓王,名同,字子中。　菑川:即淄川县,在今山东淄博。　杨何:字叔元。汉武帝时任中大夫,著有《易传杨氏》二篇,已佚。**2** 元朔:汉武帝年号,即公元前128—前123年。《汉书·儒林传》作“元光”,即公元前134—前129年。“元光”也为汉武帝年号。　中大夫:汉代官名,掌管议论。

高柴[1],字子羔。少孔子三十岁。

子羔长不盈五尺[2],受业孔子,孔子以为愚。

子路使子羔为费、郈宰,[3]孔子曰:"贼夫[4]人之子!"子路曰:"有民人焉,有社稷[5]焉,何必读书然后为学[5]!"孔子曰:"是故恶夫佞者。[6]"

高柴,字子羔。比孔子小三十岁。

子羔身高不满五尺,在孔子那里学习,孔子认为他愚笨。

子路想让子羔做费邑的长官,孔子说:"这是贻误人家的子弟!"子路说:"那个地方有百姓,有朝廷衙门,为什么一定要先读书才叫学习呢?"孔子说:"所以我讨厌花言巧语的人。"

注释 1 高柴:公元前521—前393,卫国人,一说齐国人。 2 不盈五尺:身高不到五尺。盈,满。 3 费(bì):古邑名,在今山东费县西北。 郈(hòu):疑为衍字,不译。 宰:官吏。 4 贼:害,贻误。孔子认为子羔没有经过学习就去做官会害了别人。 夫:相当"于"。 5 社稷:社,土神。稷,谷神。古代国都和地方都设立祭祀土神和谷神的祭坛,分别由国君和地方长官主祭,祈求年成。所以社稷又有代表国家政权的意思。 6 恶(wù):讨厌,憎恨。 佞(nìng):花言巧语的人。

漆雕开[1],字子开。

孔子使开仕,对曰:"吾斯之未能信[2]。"孔子说[3]。

漆雕开,字子开。

孔子叫子开做官,子开回答说:"我对做官这件事还没有自信。"孔子听了很高兴。

注释 1 漆雕开:公元前540—?,复姓漆雕,名开。鲁国人,一说蔡国人。 2 吾斯之未能信:即"吾未能信斯"。信,信心,自信。斯,代词,指做官。 3 说:通“悦”。

公伯缭[1],字子周。

周诉子路于季孙,子服景伯以告孔子,[2]曰:“夫子固有惑志,缭也吾力犹能肆诸市朝。[3]”孔子曰:“道之将行,命也;道之将废,命也。公伯缭其如命何!”

公伯缭,字子周。

子周在季孙氏面前诋毁子路,子服景伯把这件事告诉了孔子,说:“看来季孙先生已对子路产生了疑心,至于公伯缭,我还有能力将他陈尸于街市。”孔子说:“我的主张能实行,是命运决定的;主张被废弃,也是命运决定的。公伯缭能将命运怎么样!”

注释 1 公伯缭:复姓公伯,名缭。《论语》作“公伯寮”。 2 周:子周。 诉(sù):诉说。此引申为进谗言,诋毁。 子服景伯:鲁国大夫。 3 夫子:指季孙氏。 惑志:疑惑。 肆:处死后陈尸于市。 市朝:市场,街市。

司马耕[1],字子牛。

牛多言而躁。问仁于孔子,孔子曰:“仁者其言也讱[2]。”曰:“其言也讱,斯可谓之仁乎?”子曰:“为之难,言之得无讱乎!”

问君子,子曰:“君子不忧不惧。[3]”曰:“不忧

司马耕,字子牛。

子牛话多,性情急躁。他问孔子怎样做才能具有仁德,孔子说:“有仁德的人,说话比较谨慎。”子牛又问:“说话谨慎,就可以称为有仁德吗?”孔子说:“要做到仁德很难,说话能不谨慎吗?”

子牛问孔子什么样的人算是君子,孔子回答说:“君子不忧愁,不畏惧。”子牛说:“不忧愁,不畏惧,就可

不惧，斯可谓之君子乎？”子曰：“内省不疚[4]，夫何忧何惧！”

称得上君子吗？”孔子说：“问心无愧，哪里还有忧愁，哪里还有畏惧呢！”

注释 1 司马耕：复姓司马，名耕。宋国人。子牛为桓魋(tuí)之弟，桓魋任宋国司马，故子牛亦以司马为姓氏。 2 讱(rèn)：说话困难。此引申为说话谨慎。因子牛“多言而躁”，故孔子说：“仁者其言也讱。” 3 君子不忧不惧：子牛的哥哥桓魋在宋国任司马，意图作乱，为此子牛常怀忧惧，所以孔子这样开导他。 4 内省(xǐng)：内心反省，自我检查。 不疚：不惭愧，不内疚。

樊须[1]，字子迟。少孔子三十六岁。

樊迟请学稼[2]，孔子曰：“吾不如老农。”请学圃[3]，曰：“吾不如老圃。”樊迟出，孔子曰：“小人哉樊须也！上[4]好礼，则民莫敢不敬；上好义，则民莫敢不服；上好信，则民莫敢不用情[5]。夫如是，则四方之民襁负[6]其子而至矣，焉用稼！”

樊迟问仁，子曰：“爱人。”问智，曰：“知人。”

樊须，字子迟。比孔子小三十六岁。

樊迟向孔子请教种植庄稼，孔子说：“我不如老农。”樊迟又请教怎样种菜，孔子说：“我不如菜农。”樊迟退了出去，孔子说：“樊迟真是个小人啊！位尊者讲究礼仪，那么百姓就没有人敢不敬重他；位尊者崇尚道义，那么百姓就没有人敢不服从他；位尊者讲诚信，那么百姓就没有人敢不真心对待他。做到了这些，四方的百姓就会背着孩子前来归附，哪里用得着自己去种庄稼！”

樊迟问什么是仁德，孔子说：“爱护别人。”樊迟又问什么是智慧，孔子说：“了解别人。”

注释 1 樊须:公元前515—? ,齐国人,一说鲁国人。 2 稼:种植谷物。 3 圃:种植蔬菜瓜果的园子。此引申为种植蔬菜。 4 上:位尊者,统治者。 5 情:真情。 6 襁(qiǎng):包裹婴儿的被子。 负:背着。

有若[1],少孔子四十三岁。

有若曰:“礼之用,和为贵,先王之道斯为美。小大由之[2],有所不行;知和而和,不以礼节之[3],亦不可行也。”“信近于义,言可复也;[4]恭近于礼,远[5]耻辱也;因不失其亲,亦可宗也。[6]”

有若比孔子小四十三岁。

有若说:“礼的运用,以和谐为可贵,先王治理国家的方法中,这一点最为珍贵。但无论大小事情均按这一条去做,也有行不通的时候;只知道为了和谐而和谐,不用礼去节制它,也是行不通的。”他又说:“诚信要符合道义,才能践行承诺;恭敬要符合礼仪,才能远离耻辱;依靠和自己关系亲密的人,也就可靠了。”

注释 1 有若:公元前518—? ,鲁国人。 2 由之:均按它去做。由,经过,引申为按它去做。之,指“礼之用,和为贵”。 3 节之:节制,约束它。 4 信:诚信。 义:道义。 言:言论。 复:谓践行承诺。 5 远:远离。 6 因:依靠,凭借。 亲:亲族。 宗:主,可靠。

孔子既没[1],弟子思慕,有若状似孔子,弟子相与共立为师,师之如夫子时也。他日[2],弟子进问曰:

孔子去世以后,学生们思念他,有若的相貌像孔子,所以学生们共同拥戴他为师,像平时对待孔子一样对待他。有一天,学生们上前问道:“从前先生出门时,让弟子带上

"昔夫子当行,使弟子持雨具,已而果雨。[3]弟子问曰:'夫子何以知之?'夫子曰:'《诗》不云乎:月离于毕,俾滂沱矣。[4]昨暮月不宿[5]毕乎?'他日,月宿毕,竟不雨。商瞿年长无子,其母为取室[6]。孔子使之齐,瞿母请之。孔子曰:'无忧,瞿年四十后当有五丈夫子[7]。'已而果然。敢问夫子何以知此?"有若默然无以应。弟子起曰:"有子[8]避之,此非子之座也!"

雨具,后来果真下起雨来。学生们问:'先生怎么知道会下雨?'先生说:'《诗经》上不是说过吗:月亮靠近毕宿,就会下滂沱大雨。昨天晚上月亮不是停留在毕宿吗?'然而有一天,月亮停留在毕宿区域,竟没下雨。商瞿年纪大了,没有儿子,他的母亲要替他另娶妻室。孔子派商瞿到齐国去,商瞿的母亲替他求情。孔子说:'不用担忧,商瞿四十岁以后会有五个男孩子。'后来果真是这样。请问先生怎么会知道这些?"有若沉默,无话可答。学生们站起来:"你让开吧,这不是你该坐的地方啊!"

注释 1 既没:死了以后。 2 他日:有一天。 3 昔:从前。 当行:出门时。 4 月离于毕,俾滂沱(pāng tuó)矣:此两句出自《诗经·小雅·渐渐之石》,是关于气象的谚语,意思是说月亮运行快接近毕星时,就要下大雨。离,接近,经过。毕,星宿名,有星八颗。俾,则。滂沱,大雨。 5 宿:停留。 6 取室:娶妻。取,通"娶"。 7 丈夫子:男孩子。 8 有子:即有若。

公西赤[1],字子华。少孔子四十二岁。

子华使于齐,冉有为

公西赤,字子华。比孔子小四十二岁。

子华出使去了齐国,冉有替子华

其母请粟[2]。孔子曰："与之釜[3]。"请益，曰："与之庾[4]。"冉子与之粟五秉[5]。孔子曰："赤之适齐也，乘肥马，衣轻裘。[6]吾闻君子周急不继富。[7]"

的母亲向孔子请求粮食。孔子说："给她一釜。"冉有请求再增加些，孔子说："给她一庾。"冉子给了她五秉粮食。孔子说："公西赤出使齐国的时候，乘坐肥马拉着的车子，穿着轻暖的皮袍。我听说君子救济有急难的穷人，但不周济富裕的人。"

注释 1 公西赤：公元前509—？，复姓公西，名赤，鲁国人。 2 粟：小米。此指粮食。 3 釜(fǔ)：古代量器名称，容量为当时的六斗四升。 4 庾：古代量器名称，容量为当时的十六斗。 5 秉：古代量器名称。十斗为一斛，十六斛为一秉，五秉则为八十斛。 6 适：往，去。 乘肥马：乘肥马拉的车。 7 周：通"赒"，救济。 急：急难。 继：接济，增益。

巫马施[1]，字子旗。少孔子三十岁。

陈司败[2]问孔子曰："鲁昭公[3]知礼乎？"孔子曰："知礼。"退而揖巫马旗曰[4]："吾闻君子不党[5]，君子亦党乎？鲁君娶吴女为夫人，命之为孟子。孟子姓姬，讳称同姓，故谓之孟子。[6]鲁君而[7]知礼，孰不知礼！"施以告孔子，孔子曰：'丘也

巫马施，字子旗。比孔子小三十岁。

陈司败问孔子说："鲁昭公懂礼吗？"孔子回答说："懂礼。"孔子出去以后，陈司败向巫马旗作揖说："我听说君子不袒护别人的过失，君子也会袒护别人的过失吗？鲁国国君娶了吴国的女子做夫人，给她起名叫孟子。孟子姓姬，因避讳以同姓相称，所以叫她孟子。鲁君如果懂得礼，那么还有谁不懂礼呢！"巫马施把陈司败的话告诉孔子，孔子说："我真幸运啊，如果有过错，别人一定会知道。做臣

幸，苟有过，人必知之。[8]臣不可言君亲之恶，为讳者，礼也。[9]”

下的不能说国君的过错，替他们遮掩，就是懂礼啊。”

注释 1 巫马施：公元前521—？，复姓巫马，名施。鲁国人，一说陈国人。 2 陈司败：陈国的司寇，主管司法的官。司败，即司寇。一说姓陈名司败的人。 3 鲁昭公：鲁国国君，公元前541—前510年在位。 4 退：退出。 揖：作揖。 5 不党：不偏袒，不包庇。 6 孟子姓姬，讳称同姓，故谓之孟子：鲁昭公是周公的后裔，姓姬；吴国是太伯的后裔，也姓姬。按照当时礼俗，同姓不能结婚。另外，春秋时国君夫人的称号，一般由她的出生国名，加上她的本姓组成，即这位吴女本应称“吴姬”。但如把“姬”字表出，便表示鲁昭公违背了“同姓不婚”的礼制，因而为了避嫌，鲁昭公给她改名，称之为“孟子”。孟子，意为长女。但这种做法仍遭到陈司败的批评。 7 而：如果。 8 苟：如果。 过：错误。 9 君亲：国君和父母。此专指国君的过失。 恶：过失。

梁鳣[1]，字叔鱼。少孔子二十九岁。

颜幸[2]，字子柳。少孔子四十六岁。

冉孺[3]，字子鲁。少孔子五十岁。

曹恤，字子循。少孔子五十岁。

伯虔，字子析。少孔子五十岁。

公孙龙[4]，字子石。少孔子五十三岁。

梁鳣，字叔鱼。比孔子小二十九岁。

颜幸，字子柳。比孔子小四十六岁。

冉孺，字子鲁。比孔子小五十岁。

曹恤，字子循。比孔子小五十岁。

伯虔，字子析。比孔子小五十岁。

公孙龙，字子石。比孔子小五十三岁。

注释　1 梁鳣(zhān):齐国人。　2 颜幸:鲁国人。　3 冉孺:鲁国人。"孺",一作"儒"。　4 公孙龙:楚国人,一说卫国人。

自子石已右三十五人,显有年名及受业闻见于书传。[1] 其四十有二人[2],无年及不见书传者纪于左:

冉季[3],字子产。公祖句兹[4],字子之。秦祖[5],字子南。漆雕哆[6],字子敛。颜高[7],字子骄。漆雕徒父[8]。壤驷赤[9],字子徒。商泽[10]。石作蜀[11],字子明。任不齐[12],字选。公良孺[13],字子正。后处[14],字子里。秦冉,字开。公夏首[15],字乘。

自子石以上三十五人,他们的年龄、姓名以及学习的情况及生平事迹,文献都有清楚的记载。其余四十二人,年龄不可考,也没有文献记载,列在下面:

冉季,字子产。公祖句兹,字子之。秦祖,字子南。漆雕哆,字子敛。颜高,字子骄。漆雕徒父。壤驷赤,字子徒。商泽。石作蜀,字子明。任不齐,字选。公良孺,字子正。后处,字子里。秦冉,字开。公夏首,字乘。

注释　1 已右:以上。已,同"以"。右,古代文字竖行书写,并从右往左,所以"已右"相当于现在的"以上"之意。下文"左",为"以下"之意。　显:清楚。年名:年龄和姓名。　受业闻见:学习的情况及生平事迹。　书传:文献。其实这三十五人中,没有年龄记载的有十二人,书传中没有记载的有六人。　2 四十二人中,颜骄、公良孺、秦商、叔仲会等在《孔子家语》中有记载。　3 冉季:鲁国人。　4 公祖句兹:复姓公祖,名句兹。5 秦祖:秦国人。　6 漆雕哆(chǐ):鲁国人。　7 颜高:孔子在卫国时,曾替孔子驾过车。《孔子家语》说他比孔子小五十岁。　8 漆雕徒父:字固,鲁国人。　9 壤驷赤:复姓壤驷,名赤,秦国人。　10 商泽:《孔子家语》说他字子季。 11 石作蜀:复姓石作,名蜀。 12 任不齐:楚国人。 13 公良孺:复姓公良,名孺,陈国人。《孔子世家》说,孔子周游时,曾以家车五乘随孔子游。"其为长贤,有勇力",孔子遇难于蒲,公良孺"斗甚疾"而脱之。 14 后处:齐国人。 15 公夏首:复姓公夏,名首,鲁国人。

奚容箴[1],字子皙。公肩定[2],字子中。颜祖[3],字襄。鄡单[4],字子家。句井疆[5]。罕父黑[6],字子索。秦商[7],字子丕。申党[8],字周。颜之仆[9],字叔。荣旂[10],字子祺。县成[11],字子祺。左人郢[12],字行。燕伋[13],字思。郑国[14],字子徒。秦非[15],字子之。

奚容箴,字子皙。公肩定,字子中。颜祖,字襄。鄡单,字子家。句井疆。罕父黑,字子索。秦商,字子丕。申党,字周。颜之仆,字叔。荣旂,字子祺。县成,字子祺。左人郢,字行。燕伋,字思。郑国,字子徒。秦非,字子之。

注释 1 奚容箴:复姓奚容,名箴,卫国人。 2 公肩定:复姓公肩,名定,鲁国人,一说晋国人。 3 颜祖:鲁国人。 4 鄡单:读作 qiāo shàn。 5 句井疆:卫国人。 6 罕父黑:复姓罕父,名黑。 7 秦商:楚国人,一说鲁国人。比孔子小四岁。 8 申党:《论语》作"申枨",鲁国人。 9 颜之仆:鲁国人。 10 荣旂:鲁国人。 11 县(xuán)成:鲁国人。 12 左人郢:复姓左人,名郢,鲁国人。 13 燕伋:鲁国人。 14 郑国:本名薛邦,因避汉高帝名讳而改,鲁国人。 15 秦非:鲁国人。

施之常[1],字子恒。颜哙[2],字子声。步叔乘[3],字子车。原亢籍[4]。乐欬[5],字子声。廉絜[6],字庸。叔仲会[7],字子期。颜何[8],

施之常,字子恒。颜哙,字子声。步叔乘,字子车。原亢籍。乐欬,字子声。廉絜,字庸。叔仲会,字子期。

字冉。狄黑[9],字皙。邦巽[10],字子敛。孔忠[11]。公西舆如,字子上。公西葴[12],字子上。

颜何,字冉。狄黑,字皙。邦巽,字子敛。孔忠。公西舆如,字子上。公西葴,字子上。

注释

1 施之常:鲁国人。 2 颜哙:鲁国人。 3 步叔乘:复姓少叔,名乘。步,误字。齐国人。 4 原亢籍:《孔子家语》载,名亢,字籍。与原思同祖,当为鲁国人。 5 乐欬:鲁国人。 6 廉絜:卫国人。 7 叔仲会:晋国人,一说鲁国人。比孔子小五十四岁。 8 颜何:字冉。鲁国人。 9 狄黑:卫国人。 10 邦巽:鲁国人。 11 孔忠:字子蔑。孔子兄之子。 12 公西葴:鲁国人。

太史公曰:学者多称七十子之徒,誉者或过其实,毁者或损其真,钧之未睹厥容貌,则论言弟子籍,出孔氏古文,近是。[1]余以弟子名姓文字悉取《论语》弟子问,并次为篇,疑者阙焉。[2]

太史公说:学者经常谈到孔子的七十门徒,赞誉之词有的超过了实际,毁谤之词有的掩盖了真相,总体来说都是未见到他们的真实面貌,而议论品评孔门弟子的事迹,出自《论语》的比较接近事实。所以我把《论语》中有关孔子弟子的文字材料全都摘取下来,并把它们编排成篇,有疑问的就空缺着。

注释 1 誉者:称赞的人,此处代其所说的话。 或:有的。 过:超过。 毁者:诋毁的人,此处代指其所说的话。 损:贬损。 真:真实情况。 钧:通"均"。 睹:看到。 厥:他们,即孔门的七十个学生。 则:而。 论言:议论品评。 弟子籍:孔门弟子的事迹。 孔氏古文:此指《论语》。 近是:接近事实。 2 并次:合编。 阙:缺。

史记卷六十八

商君列传第八

原文

商君者,卫之诸庶孽[1]公子也,名鞅,姓公孙氏,其祖本姬姓也。鞅少好刑名之学,事魏相公叔座为中庶子。[2]公叔座知其贤,未及进。会座病,魏惠王亲往问病,曰:“公叔病有如不可讳[3],将柰社稷何?”公叔曰:“座之中庶子公孙鞅,年虽少,有奇才,愿王举国而听之。”王嘿[4]然。王且去,座屏[5]人言曰:“王即不听用鞅,必杀之,无令出境。”王许诺而去。公叔座召鞅

译文

商君是卫国王室诸多庶孽公子中的一个,名鞅,姓公孙,他的祖先本是姓姬。公孙鞅年轻时喜好法家刑名学说,侍奉魏相公叔座,担任中庶子。公叔座知道商鞅贤能,还没来得及把他推荐给国君。正碰上公叔座重病,魏惠王亲自前往慰问他的病情,说:“您如果有不测,国家将怎么办?”公叔说:“我的中庶子公孙鞅,虽然年轻,但有特殊的才能,希望您把国家政事全部交给他。”魏惠王沉默不语。魏惠王将要离去时,公叔座让其余人离开而向魏王进言说:“您如果不任用公孙鞅,一定要杀了他,不要让他走出魏国国境。”魏惠王答

谢曰："今者王问可以为相者，我言若，王色[6]不许我。我方先君后臣，因谓王即弗用鞅，当杀之。王许我。汝可疾去矣，且见禽。[7]"鞅曰："彼王不能用君之言任臣，又安[8]能用君之言杀臣乎？"卒不去。惠王既去，而谓左右曰："公叔病甚，悲乎，欲令寡人以国听公孙鞅也，岂不悖[9]哉！"

应后离去。公叔座召来公孙鞅道歉说："刚才魏王询问可以出任相国的人，我提到了你，从魏王的神色看他没有接受我的意见。我的原则是先忠于君，后忠于友，因而对魏王说如果不任用你，应当杀掉你。魏王答应了我。你要赶快离开，不然将会被擒拿。"公孙鞅说："魏王不能听信您的话而任用我，又怎么会听从您的话杀掉我呢？"终究没有离去。惠王离去以后，对左右随侍人员说："公叔座病得很严重，很可悲呀，他想让我把国家政事交给公孙鞅处理，难道不是很荒谬吗？"

注释 1 庶孽(niè)：非正妻所生孩子。或称"庶子"，或称"孽子"。 2 刑名之学：即法家学说。因法家主张"循名责实"，以刑法治国，故名。 公叔座：亦作公孙座。魏国大臣，曾连任魏国相国。座，一本作"痤"，古通用。 中庶子：大夫家中掌家事者，地位略高于舍人。 3 不可讳：古人对"死"的一种委婉说法，即不能忌讳，或不可避免。 4 嘿：同"默"。 5 屏(bǐng)：除去，排除。 6 色：神色，表情。 7 疾去：赶快离开。 且见禽：将被捉拿。禽，通"擒"。 8 安：怎么。 9 悖(bèi)：违逆，荒唐。

公叔既死，公孙鞅闻秦孝公下令国中求贤者，将修缪公之业，东复侵地，乃遂西入秦，因孝公宠臣

公叔座死了以后，公孙鞅听说秦孝公在国内发布命令求贤，要重修穆公的霸业，收复东边被人侵占的土地，于是就向西进入秦国，通过

景监以求见孝公。[1]孝公既见卫鞅，语事良久，孝公时时睡[2]，弗听。罢而孝公怒景监曰："子之客妄人[3]耳，安足用邪！"景监以让[4]卫鞅。卫鞅曰："吾说公以帝道，其志不开悟矣。[5]"后五日，复求见鞅。鞅复见孝公，益愈，然而未中旨。[6]罢而孝公复让景监，景监亦让鞅。鞅曰："吾说公以王道[7]而未入也。请复见鞅。"鞅复见孝公，孝公善之而未用也。罢而去。孝公谓景监曰："汝客善，可与语矣。"鞅曰："吾说公以霸道[8]，其意欲用之矣。诚[9]复见我，我知之矣。"卫鞅复见孝公。公与语，不自知膝之前于席也[10]。语数日不厌。景监曰："子何

孝公的宠臣景监得以拜见孝公。孝公见了卫鞅以后，和他长时间谈论国事，孝公不断打瞌睡，听不进去。召见结束后孝公对景监发怒说："你的客人只不过是个妄人罢了，哪里值得任用呀！"景监拿孝公的话责备卫鞅。卫鞅说："我用五帝治国的策略来游说孝公，他的心志不能得到启发醒悟。"以后第五天，景监请求孝公再次召见卫鞅。卫鞅再次拜见孝公，彼此谈论稍微好了一些，然而他所游说的还没有符合孝公的心意。召见结束后孝公再次责怪景监，景监也责备卫鞅。卫鞅说："我用夏、商、周三王治国之道来游说孝公，还是没有贴近他的心志。请求再一次召见我卫鞅。"卫鞅再一次拜见孝公，孝公觉得他的游说有道理但没有加以采用。召见结束后就离去了。孝公对景监说："你的客人很好，可以同他交谈了。"卫鞅说："我用称霸之道来游说孝公，他的意图是想要采用了。假如还能召见我，我知道如何游说了。"卫鞅又一次拜见孝公。孝公和他谈论国事，两膝不知不觉地往前移动到靠近卫鞅一侧的席子。谈论了好几天也不觉得厌倦。景监说："您用什么打动了我的国君？国君高兴得不得了。"卫鞅说："我用帝王的治国之道

以中[11]吾君？吾君之欢甚也。”鞅曰：“吾说君以帝王之道比三代，而[12]君曰：‘久远，吾不能待。且贤君者，各及其身显名天下，安能邑邑[13]待数十百年以成帝王乎？’故吾以强国之术说君，君大说之耳。[14]然亦难以比德[15]于殷周矣。”

来游说国君，让他建立像夏、商、周一样的盛世，但是你的国君说：‘太久远了，我不能等待。而且一位贤明的国君，各自都想在他们有生之年就在天下建立显赫的声名，怎么能够忧闷不乐地等待几十以至上百年才能成就帝王之业呢？’所以我用使国家强盛的方法游说国君，国君就特别高兴了。然而这难以和殷周时代比量道德功业了。”

注释 1 孝公：战国时秦国国君，公元前361—前338年在位。 缪公：即秦缪公，春秋时秦国国君，公元前659—前621年在位，当时秦成为五霸之一。 景监：姓景的太监。按：本传语“宠臣”及《史记索隐》云“景，姓，楚之族也”，当为秦之大臣。 2 时时：不断。 睡：坐着打瞌睡。 3 妄人：说大话而不切实际之人。 4 让：责备，指责。 5 帝道：五帝治国的策略。 开悟：启发醒悟。 6 益愈：稍微好一点。益，渐渐，稍微。 中旨：符合心意。 7 王道：三王之道，即夏禹、商汤、周文武治国之道。 8 霸道：春秋时五国称霸之道。 9 诚：假如。 10 不自知：即自不知，不自觉地。 膝之前于席：按古人之习惯言，古人席地而坐，两膝据席，臀部靠在脚跟上，全身端直。此指两膝向前移动，更加靠近对方。 11 中(zhòng)：说中，打动。 12 而：你，你的。 13 邑邑：忧闷不乐的样子。邑，通“悒”。 14 前一“说”为“游说”，后一“说”为“悦”。 15 比德：比较道德功业。

孝公既用卫鞅，鞅欲变法，恐天下议己。卫鞅曰："疑行无名，疑事无功。[1]且夫有高人之行者，固见非于世[2]；有独知之虑者，必见敖于民。[3]愚者暗[4]于成事，知者见于未萌。民不可与虑始而可与乐成。[5]论至[6]德者不和于俗，成大功者不谋于众。是以圣人苟[7]可以强国，不法其故；苟可以利民，不循其礼。"孝公曰："善。"甘龙[8]曰："不然。圣人不易民[9]而教，知者不变法而治。因[10]民而教，不劳而成功；缘[11]法而治者，吏习而民安之。"卫鞅曰："龙之所言，世俗之言也。常人安于故俗，学者溺于所闻。[12]以此两者居官守法可也，非所与论于法之外

孝公任用卫鞅以后，卫鞅想变更法度，孝公恐怕天下议论自己。卫鞅说："行动犹豫不决不会成名，做事迟迟不定不会有功绩。况且有高于常人的行动，本来就会被世俗非难；有自己独到的见解，一定就会被愚民诋毁。愚昧的人对于已成之事还不能明其道理，智慧的人在事物萌发时就能够加以觉察。民众不可以和他们谋划初始行动，却可以同他们享受最后成果。讲论最高道德的人不与世俗同流，成就最大功业的人不和民众计谋。因此圣人假若可以使国家强盛，就不必效法陈规；假若可以便利民众，就不必遵循旧礼。"孝公说："讲得好。"甘龙说："不是这样。圣人不改变民众的习俗而行教化，聪明的人不更改国家的法度而治理政事。顺着民众习俗实行教化，不费辛劳就能成功；沿用国家法度治理政事，官吏习惯民众安定。"卫鞅说："甘龙所言，是世俗之见。一般人只安于陈规陋俗，学者们拘泥于所闻所见。用这两方面保住官职奉守法令即可，但不能和他们谈论成法以外的事情。三代因为礼制不同所以能王天下，五霸因为法度不同所以才能称霸。聪明的人创设法度，愚昧的人却被法度制约；贤能的人变更礼制，

也。三代不同礼而王，五伯[13]不同法而霸。智者作法，愚者制焉[14]；贤者更礼，不肖[15]者拘焉。”杜挚[16]曰：“利不百，不变法；功不十，不易器。[17]法古无过，循礼无邪。”卫鞅曰：“治世不一道，便国不法古。故汤、武不循古而王，夏、殷不易礼而亡。[18]反古者不可非，而循礼者不足多。[19]”孝公曰：“善。”以卫鞅为左庶长[20]，卒定变法之令。

不肖的人要被礼制拘束。”杜挚说：“没有百倍的利益，不变更法度；不获十倍的功效，不改换器物。效法往古不会有过错，遵循旧礼不会走邪道。”卫鞅说：“治理好社会不能用一种主张，要便利国家就不能效法往古。所以商汤、周武王不遵循古制却能在天下称王，夏桀、殷纣不变更礼法而遭受灭亡。反对旧法的不应该遭到非议，而遵循古礼的不值得称赞。”孝公说：“讲得好。”任命卫鞅做左庶长，很快制定了变更成法的命令。

注释　1 疑行：行动犹豫不决。　疑事：做事迟迟不定。　2 见非于世：在世俗（或世人）面前被非难。　3 独知之虑：独到、明智的想法、见解。知，通“智”。虑，思想，想法。　敖：通“謷（áo）”，诋毁。　4 暗：愚昧不明，糊涂。　5 虑始：谋划开始。　乐成：享受成果。　6 至：极，最高的。　7 苟：假如。　8 甘龙：秦国大臣。　9 易民：改变人们旧有风俗习惯。　10 因：按照，顺着。　11 缘：因袭，沿用。　12 常人：一般人。　溺：沉溺。　13 五伯：五霸。伯（bà），通“霸”。　14 焉：“于之”之合音，“被什么……”。　15 不肖：没有才能。　16 杜挚：秦国大臣。　17 功：功效。　器：旧的器物。　18 夏、殷：指殷纣、夏桀。　19 非：非难，指责。　多：称赞，赞赏。　20 左庶长：秦爵位名，二十等中自下而上，左庶长为第十等。

令民为什伍，而相牧司连坐。[1]不告奸者腰斩，告奸者与斩敌首同赏，匿奸者与降敌同罚。民有二男以上不分异者，倍其赋。[2]有军功者，各以率[3]受上爵；为私斗者，各以轻重被[4]刑大小。僇力本业，耕织致粟帛多者复其身。[5]事末利及怠而贫者，举以为收孥。[6]宗室非有军功论，不得为属籍。[7]明尊卑爵秩等级，各以差次名田宅，臣妾衣服以家次[8]：有功者显荣，无功者虽富无所芬华[9]。

令既具，未布，恐民之不信，已乃立三丈之木于国都市南门，募民有能徙置北门者予十金。[10]民怪之，莫敢徙。复曰"能徙者予五十

下令将民众十家编成"什"，五家编成"伍"，什伍内部互相监督检举，一家犯法，十家连带治罪。不告发奸恶的要判腰斩的极刑，告发奸恶的人和斩杀敌人首级的人得到相同的奖赏，隐藏奸恶的人和投降敌方的人受到相同的处罚。民众家有两个以上成年男子而不分家另立门户的，收加倍的赋税。立了军功的人，按照各级标准升爵受赏；私下进行殴斗的，分别按轻重受大小不同的处罚。努力从事农业生产，耕田织布收获粮食布帛多的人，免除自身的徭役赋税。从事商业取利和因懒惰而导致贫穷的，将全家收为官奴婢。国君的族人没有军功可以论列的，不能归入王室的谱牒。明确尊卑的爵位等级，各按等级次第占有田地房产，家臣奴婢的衣着服饰依照主人家的等级决定：有功劳的人可以显赫荣耀，没有功劳的人虽然富有也不能荣华显贵。

新令完备以后，还没有公布，公孙鞅担心民众不相信，就在国都集市的南门竖起了一根三丈长的树干，招募有能够把它搬到北门去的人奖赏十金。民众觉得奇怪，没有谁敢去搬动。他再次规定说"能够搬动的奖赏五十

金”。有一人徙之,辄[11]予五十金,以明不欺。卒下令。

金”。有一个人把它搬到了北门,他就马上奖给那人五十金,用来表明令出必行,决不欺骗。接着颁布了新法。

注释 1 什伍:五家为“伍”,十家为“什”,以此来编制户籍。 牧司:监督,检举。牧,督促。司,同“伺”。 连坐:连带治罪。 2 男:成年男子。 分异:分家并各自立户。 3 率(lǜ):标准。 4 被:遭遇。此为“受”。 5 僇(lù)力:努力。僇,通“戮”。 本业:农业。 复:免除赋役。 6 事末利:从事商业。 举:尽,全部。 收孥(nú):收为奴婢。 7 宗室:国君的族人、亲属。 属籍:王室的谱牒。 8 差次:次第等级。 名:占有。 家次:主人家的等级。 9 芬华:荣华显贵。 10 具:完备。 市:市场,集市。 徙置:搬迁,放置。 11 辄:立刻,马上。

令行于民期年[1],秦民之国都言初令之不便者以千数。于是太子犯法。卫鞅曰:“法之不行,自上犯之。”将法[2]太子。太子,君嗣也,不可施刑,刑其傅公子虔,黥其师公孙贾。[3]明日,秦人皆趋[4]令。行之十年,秦民大说,道不拾遗,山无盗贼,家给人足。民勇于公战,怯于私斗,乡邑

法令在民众中颁行了一年,秦国民众跑到国都来说新令不便利的数以千计。正在这时太子触犯了法令。卫鞅说:“法令之所以不能执行,是由于上层有人触犯它。”将要对太子依法惩治。太子是国君的继承人,不能够施加刑罚,就对太子的太傅公子虔处以刑罚,对太子的师傅公孙贾施加了黥刑。第二天,秦国人就都遵从法令。新法颁行了十年,秦国民众非常高兴,道路上丢落的物品没有人去捡拾,山野里没有了盗贼,家家户户都很富足。民众勇于为国家战斗,害怕为私事殴斗,乡村、城镇都得到非常好的治理。

大治。秦民初言令不便者有来言令便者，卫鞅曰“此皆乱化[5]之民也”，尽迁之于边城。其后民莫敢议令。

秦国民众中当初说新令不便利的人又有前来说新令便利的，卫鞅说“这都是些扰乱教化的民众”，把他们全都迁到边境的城邑去了。这以后民众没有谁敢于议论新法。

注释 1 期(jī)年:一周年。 2 法:依法惩治。 3 嗣:继承人。 傅:负责教育辅导太子的官。下文“师”同此。 公子虔(qián)、公孙贾:秦国大夫。二人当时均为秦太子之师傅。 4 趋:遵从。 5 乱化:扰乱教化。

于是以鞅为大良造[1]。将兵围魏安邑[2]，降之。居三年，作为筑冀阙宫庭于咸阳，秦自雍徙都之。[3]而令民父子兄弟同室内息[4]者为禁。而集小乡邑聚为县，[5]置令、丞，凡三十一县。为田开阡陌封疆，而赋税平。[6]平斗桶权衡丈尺。[7]行之四年，公子虔复犯约，劓[8]之。居五年，秦人富强，天子致胙[9]于孝公，诸侯毕贺。

于是秦孝公任命卫鞅为大良造。让他领兵去包围魏国的安邑，降服了它。过了三年，营建咸阳城并在这里修筑冀阙和宫庭，秦国把国都从雍邑迁到这里。又下令禁止父子兄弟同室居住。把一些小的乡村城邑归并成县，每县设置县令、县丞，总共合并成三十一县。修整田地开设阡陌并拓垦荒地划分地界，而使赋税平衡。统一全国的度量衡制度。颁行了四年，公子虔再次触犯新法，对他处以劓刑。过了五年，秦国富强，周天子把祭肉赐给了孝公，各国诸侯都来祝贺。

注释 1 大良造:秦爵位名，二十等中位于第十六等。 2 安邑:当时魏国国都，在今山西夏县西北。一说不是“安邑”，根据本书《六国年表》

及《魏世家》当为“固阳”，即今内蒙古包头北固阳县。 3 作为筑：造作、营建、修筑。此三字重叠，疑有衍文。 冀阙：又名“魏阙”，皇宫门前两边的楼台，是公布法令的地方。“冀”“魏”都有“高大”的意思。阙，宫阙，楼台。 咸阳：古地名，后秦之都城，在今陕西咸阳东北二十里。 雍：秦之故都，在今陕西凤翔县南。 4 同室内息：同室居住生息。 5 集：归并。 聚：自然村落。 6 为田：修整田地。 阡陌(qiān mò)：纵横交错的田埂。阡，为南北向的田埂。陌，为东西向的田埂。 封疆：堆积泥土作为地界的标志。封，堆积泥土。疆，界限。 7 桶：相当于斛，六斗为一桶。 权衡：秤。权，秤锤。衡，秤杆。 8 劓(yì)：古代的一种刑罚，即割掉鼻子。 9 致胙(zuò)：送来祭肉。胙，祭祀用过的肉。以胙赠送表示天子对孝公格外尊宠。

其明年，齐败魏兵于马陵，虏其太子申，杀将军庞涓。其明年，卫鞅说孝公曰：“秦之与魏，譬若人之有腹心疾，非魏并秦，秦即并魏。何者？魏居领厄之西，都安邑，与秦界河而独擅山东之利。[1] 利则西侵秦，病[2] 则东收地。今以君之贤圣，国赖以盛。而魏往年大破于齐，诸侯畔之，可因此时伐魏。[3] 魏不支秦，必东徙。东徙，秦

第二年，齐国在马陵打败了魏军，俘虏了魏国的太子申，杀死了将军庞涓。第二年，卫鞅劝孝公说：“秦国和魏国的关系，好像人有心腹疾病一样，不是魏国并吞了秦国，就是秦国并吞魏国。为什么呢？魏国处在险要山岭的西部，建都安邑，和秦国以黄河为界而独自拥有崤山以东的便利。形势对它有利就会往西侵犯秦国，不利就向东扩展领地。如今凭借您的贤能圣明，国家得以强盛。而魏国去年被齐国打得大败，诸侯国也背叛它，可以趁机攻打魏国。魏国抵挡不住秦国，一定会向东迁移。向东迁移，秦国可以占据

据河山之固,东乡[4]以制诸侯,此帝王之业也。”孝公以为然,使卫鞅将而伐魏。

黄河崤山一带的坚固地势,向东发展来制服各国诸侯,这就是帝王的伟业啊!”孝公认为他讲得对,就派卫鞅领兵去攻打魏国。

注释 1 领厄(è):关键要害之处。领,通“岭”。厄,险要的地方。 界河:以黄河为界。 擅:拥有。 山东:崤山以东。 2 病:不利。 3 往年:此指去年。 畔:通“叛”。 4 乡:通“向”。

魏使公子卬将而击之。军既相距,卫鞅遗魏将公子卬书曰:“吾始与公子欢,今俱为两国将,不忍相攻,可与公子面相见,盟,乐饮而罢兵,以安秦魏。”魏公子卬以为然。会盟已,饮,而卫鞅伏甲士而袭虏魏公子卬,因攻其军,尽破之以归秦。[1]魏惠王兵数破于齐秦,国内空,日以削,恐,乃使使割河西之地献于秦以和。[2]而魏遂去安邑,徙都大梁。[3]梁惠王曰:“寡人恨不用公叔座之言也。”[4]卫鞅既破

魏国派公子卬领兵迎击。两军相距对峙以后,卫鞅写了一封信给魏将公子卬说:“我当初和公子交好,如今我们成了秦魏两国的主将,我不忍心互相攻杀,想和公子当面相见,结盟,欢饮后罢兵回国,使得秦魏两国都能安定。”魏国公子卬认为他说得对。会盟结束,一起饮酒,卫鞅埋伏了甲胄之士袭击并俘虏了魏国公子卬,乘势进攻他的军队,彻底打垮了魏军后回到了秦国。魏惠王的军队多次被齐国、秦国打败,国内空虚,势力一天天地削弱下去,惠王恐惧,就派使者把黄河西岸的土地献给秦国来讲和。魏国也就离开了安邑,把国都迁到了大梁。梁惠王说:“我后悔没有采纳公叔座的意见。”卫鞅打败魏国以后回到国内,

魏还，秦封之於、商十五邑，号为商君。[5]

秦国把於、商的十五座城邑封给他，封号为商君。

注释 **1** 已：完结，结束。 因：乘势。 **2** 日：一天天地。 河西：魏国原占据之黄河以西的地方，曾于此设西河郡（亦名河西郡）。 **3** 去：离开。 大梁：古地名，今河南开封。亦代指魏国。 **4** 梁惠王：即魏惠王。 恨：遗憾，后悔。 **5** 於（wū）：古地名，在今河南西峡县东。 商：古地名，在今陕西商洛商州区。

商君相秦十年，宗室贵戚多怨望者。赵良[1]见商君。商君曰："鞅之得见也，从孟兰皋[2]，今鞅请得交，可乎？"赵良曰："仆弗敢愿也。[3]孔丘有言曰：'推贤而戴者进，聚不肖而王者退。[4]'仆不肖，故不敢受命。仆闻之曰：'非其位而居之曰贪位，非其名而有之曰贪名。'仆听君之义[5]，则恐仆贪位贪名也。故不敢闻命。"商君曰："子不说吾治秦与？[6]"赵良曰："反听之谓聪，内视之谓明，自胜之谓强。[7]虞舜有言曰：'自卑也尚矣。[8]'

商君做秦相十年，王室宗亲中很多人怨恨他。赵良去见商君。商君说："我能够见到您，是由孟兰皋引见的，如今我请求和您交朋友，可以吗？"赵良说："这是我不敢高攀的。孔丘说过：'推重贤人，有才能受到民众拥戴的人就会仕进；招揽不贤的人，有志节讲王道的人就会隐退。'我不贤，所以不敢从命。我听过这样的说法：'不该占有的职位却占有了，这叫作贪位；不该享有的名声却享有了，这叫作贪名。'我要是接受您的深情厚谊，恐怕我就是贪位贪名了。所以我不敢听命。"商君说："您不高兴我治理秦国吗？"赵良说："听从反面的意见叫作聪，能够反省自身叫作明，善于克制自己叫作强。虞舜

君不若道虞舜之道，无为问仆矣。”

有过言论说：‘能够谦虚卑下是很高尚的。’您不如遵循虞舜的主张，无须问我了。”

注释　1 赵良：战国时隐士。　2 从孟兰皋：由孟兰皋引见。从，由，自。　3 仆：说话者自谦之词。　愿：仰慕，高攀。　4 推贤：推重贤能。　戴：拥戴，爱戴。　进：指仕进，做官。　王者：讲王道的人。　退：隐退。　5 义：情谊，恩义。　6 说：通“悦”。　与：同“欤”，句末语气词。　7 反听：听反面意见、不同意见。　内视：视察自身，反省自己。　自胜：战胜自己，克制自己。　8 自卑：谦虚而自处卑下。　尚：高尚，尊崇。

商君曰：“始秦戎翟[1]之教，父子无别，同室而居。今我更制其教，而为其男女之别，大筑冀阙，营如鲁卫矣。[2]子观我治秦也，孰与五羖大夫[3]贤？”赵良曰：“千羊之皮，不如一狐之掖[4]；千人之诺诺，不如一士之谔谔。[5]武王谔谔以昌，殷纣墨墨[6]以亡。君若不非武王乎，则仆请终日正言而无诛，可乎？[7]”

商君说：“当初秦国的风教与戎狄相似，父子没有分别，同在一室居住。如今我更改了它的风教，从而使得秦国男女有别，大规模建筑冀阙，经营得如同鲁国、卫国一样了。您观察我治理秦国，和五羖大夫相比谁更贤能？”赵良说：“千张羊皮，不如一领狐狸腋下之皮；千人随声附和，不如一人的直言争辩。武王提倡大臣直言争辩，所以他的事业昌盛；殷纣使得臣下缄口不言，因而导致国家灭亡。假若您不反对武王的主张的话，请让我直言而不受处罚，可以吗？”

注释　1 戎翟(dí)：戎、翟都是我国古代西北民族。翟，通“狄”。　2 更：

更改,改变。 制:制定,治理。 营如鲁卫:经营治理得像鲁国、卫国那样文明、进步。 3 五羖(gǔ)大夫:指秦国大夫百里奚。百里奚原为虞国大夫,虞被晋国灭亡后,百里奚被掠为奴,送给秦国,他逃离秦国又被楚人所获。秦缪公知其贤,以五张黑羊皮赎回,并委以国政,故秦人称之为"五羖大夫"。羖,黑羊。 4 掖:通"腋",此指狐狸腋下之毛。
5 诺诺:应声附和。 谔谔:直言争辩的样子。亦写作"愕愕"。 6 墨墨:同"默默",指殷纣手下的大臣缄口不言。 7 非:非难。 诛:惩罚,责备。

商君曰:"语有之矣,貌言华也,至言实也,苦言药也,甘言疾也。[1]夫子果肯终日正言,鞅之药也。鞅将事子,子又何辞焉!"赵良曰:"夫五羖大夫,荆之鄙人也。[2]闻秦缪公之贤而愿望见,行而无资,自粥于秦客,被褐食牛。[3]期年,缪公知之,举之牛口之下,而加之百姓之上,秦国莫敢望焉。[4]相秦六七年,而东伐郑,三置晋国之君,一救荆国之祸。[5]发教封内,而巴人致贡;[6]施德诸侯,而八戎[7]来服。由余闻之,款关请见。[8]

商君说:"俗话说,表面上好听的话如同花朵,中肯正直的话好比果实,听起来刺耳的话是治病良药,媚人的甜言蜜语会使人生病。先生果真肯于刚正直言,就是我的良药了。我将要侍奉您,您又何必推辞呢!"赵良说:"那位五羖大夫,是楚国边远地区的人。听说秦穆公贤能,就想拜见,要前往却没有路费,就把自己卖给一位秦国客人,穿着粗麻衣替人家饲养牛。过了一年,穆公知道了,把他从喂牛的低贱身份提拔上来,使他凌驾于百官之上,秦国没有谁敢抱怨。出任秦相六七年,往东去攻打郑国,三次安置晋国的国君,一次制止了楚国企图北进的祸患。在国境内发布教令,巴国前来纳贡;在诸侯国施加恩德,周边的戎族归服。由余听说了,敲开边关

五羖大夫之相秦也，劳不坐乘，暑不张盖，行于国中，不从车乘，不操干戈，功名藏于府库，德行施于后世。[9] 五羖大夫死，秦国男女流涕，童子不歌谣，舂者不相杵。[10] 此五羖大夫之德也。

门请求朝见。五羖大夫出任秦相，劳累了不坐车，天热了不张伞，在国内行走，不要车骑跟从，不持武器护身，记述功名的简册藏在府库中，德行流传于后世。五羖大夫死了，秦国的男女都流泪哭泣，儿童不唱歌了，捣米的也不劳作了。这是五羖大夫的德行使然啊！

注释 1 貌言华：表面好听的话如同花朵。华，"花"之本字。 至言实：中肯正直之言像果实。至言，至理之言，真实之言。 苦言药：批评的话、刺耳的话似治病良药。 甘言疾：甜言蜜语会使人生病。 2 夫：那。 荆：即楚国。 鄙：边远地方。 3 资：钱财。 粥：同"鬻"，卖。 被：通"披"。 褐：粗布衣服。 食(sì)：饲养。 4 举：提拔。 加：凌驾。 百姓：指百官。 望：怨望。 5 三置晋国之君：先后安置晋国惠公、怀公、文公回国继位。一救荆国之祸：指在城濮之战中秦与晋等国一起击败了楚国，制止了楚国企图北进的祸乱。 救：止。 6 封内：境内。 巴：指今四川东北一带。 7 八戎：泛指秦国周边的部族。 8 由余：本晋国人，逃到西戎为其贤臣。后秦缪公使计促使由余降秦。 款关：叩门(敲边关之门)。款，叩。 9 盖：遮阳挡雨的工具，即伞。 府库：此指收藏史籍、记载姓氏功勋的国家档案库。 10 歌谣：唱歌。 舂(chōng)：捣米。 相杵：互相哼唱佐助人用力捣米。相，助。杵，捣米用的工具，此指捣米。

"今君之见秦王也，因嬖人景监以为主，非所以为名也。[1] 相秦不以百姓为事，而大筑冀阙，非所

"如今您拜见秦王，是通过宠嬖小人景监的引荐，这不是重视名声的合适途径。出任秦相不替百姓们做事，却大规模建筑冀阙，这不是建立

以为功也。[2]刑黥太子之师傅,残伤民以骏刑,是积怨畜祸也。[3]教之化民也深于命,民之效上也捷于令。[4]今君又左建外易[5],非所以为教也。君又南面而称寡人,日绳秦之贵公子。[6]《诗》曰:'相鼠有体,人而无礼;人而无礼,何不遄死。[7]'以《诗》观之,非所以为寿[8]也。

功劳的正确方法。用刑罚黥刺太子的师傅,用严酷刑罚来残虐伤害民众,这是在蓄积怨仇和祸患。您所施行的教化对民众的影响比国君的命令还大,民众响应您的教化比执行国君的命令还迅速。如今您又违背常理来搞建设,推行变法,这不是施行教化的可靠措施。您又在封地号称寡人,每日都用法律来要求秦国贵族的公子。《诗经》上说:'相鼠都相待以礼,而做人怎么能无礼;做人而没有礼貌,何不快死。'依据《诗经》这话来观察,您的作为不能使您长寿。

注释

1 嬖(bì)人:宠信的近身侍从。　主:引荐者,投靠的人。　为名:图名誉,重视名声。　2 为事:做事,服务。　为功:建立功勋。　3 骏刑:严峻的刑罚。骏,通"峻"。　畜(xù):蓄积,积储。　4 教:教化。　捷:快。
5 左建外易:所建之事、所变之法,都与常理乖背。左,邪,不正。外,排斥,违反。易,变革。　6 南面而称寡人:面向南坐而自称寡人。南面,古代君王坐北朝南而理朝政。春秋战国时期凡有封地的君主,都可以自称寡人。　绳:本指木工用的墨绳,引申为标准,法则。此指要求,约束。
7 此四句见《诗经·鄘风·相鼠》。相鼠,鼠的一种,据说见人就使前脚相交,像作揖一样,所以又称"礼鼠"。　体:体貌,相待以礼。　遄(chuán):速,快。　8 为寿:延年益寿。

"公子虔杜门不出已八年矣,君又杀祝欢[1]而黥公孙贾。《诗》曰:'得人者兴,失人者崩。'[2]此数事者,非所以得人也。君之出也,后车十数,从车载甲,多力而骈胁者为骖乘,持矛而操闟戟者旁车而趋。[3]此一物不具,君固不出。[4]《书》曰:'恃德者昌,恃力者亡。'[5]君之危若朝露,尚将欲延年益寿乎?[6]则何不归十五都,灌园于鄙,劝秦王显岩穴之士,养老存孤,敬父兄,序有功,尊有德,可以少安。[7]君尚将贪商於之富,宠秦国之教,畜百姓之怨,秦王一旦捐宾客而不立朝,秦国之所以收君者,岂其微哉?[8]亡可翘足而待[9]。"商君弗从。

"公子虔闭门不出已经八年了,您又杀了祝欢,并给公孙贾脸上刺上字。《诗经》上说:'能得人心的就会兴盛,失掉人心的就会崩溃。'这几件事,都不是能得人心的。您在外出的时候,后面有几十辆车跟着,随从的车上装载着武器,力量强大而身体壮实的人做您的陪乘,手持着矛操着戟的军士紧靠着您的坐车奔驰前行。这些装备有一件不完备,您必然不会出门。《尚书》中说:'依恃德行的昌盛,依恃武力的灭亡。'您的危险就像早晨的露水一样马上就会来临,还能幻想延年益寿吗?那么您何不把所封的十五都邑归还给秦国,到偏僻的地方去浇灌田园,劝说秦王使隐居在山野的贤人显贵,赡养老人,抚恤幼孤,敬重父兄,依功序爵,尊崇有德之人,这样或许可以稍保平安。倘若您再要贪恋商於封地的富足,夸耀自己在秦国实施的教化,会使百姓愈加怨恨您,秦王一旦死了,秦国会以各种理由拘捕您,这种可能难道还小吗?您的灭亡很快就会到来。"商君没有听从。

注释 1 祝欢:似为太子师傅,生平不详。 2《诗经》中无此文,可能采自其他逸诗。 3 载甲：装载着兵甲之类的武器装备。 骈胁：肋骨相连，看不到肋条痕迹。指身体强壮。骈(pián)，并连。胁，肋条骨。 闟(xī)戟：长戟。 旁(bàng)：同“傍”，依傍，紧靠。 4 具：完备。 固：一定，必然。 5 今《尚书》中无此文。 6 朝(zhāo)露：早上的露水。 尚：还，犹。 7 十五都：即封商鞅的於、商十五邑。 灌园于鄙：在偏僻之地浇灌田园。 劝：勉励，鼓励。此指提拔、重用。 显：使其显，尊贵。 岩穴之士：隐居山林之贤人。 存：慰问，抚恤。 序：按等级次第授官或依照功绩给予奖励。 少：稍。 8 尚将：倘若再要。 捐宾客：抛下宾客，即“死”的婉转说法。捐，抛弃。 收：收捕，拘捕。 微：小。 9 翘足而待：很快就会等到。翘足，形容时间很短。

后五月，而秦孝公卒，太子立。公子虔之徒告商君欲反，发吏捕商君。商君亡至关下，欲舍客舍。[1]客人不知其是商君也，曰：“商君之法，舍人无验者坐之。”[2]商君喟然叹曰：“嗟乎，为法之敝一至此哉！”[3]去之魏。魏人怨其欺公子卬而破魏师，弗受。商君欲之他国。魏人曰：“商君，秦之贼[4]。秦强而贼入魏，弗归，不可。”遂内[5]秦。商君既复入秦，走商邑，与其徒

五个月后秦孝公去世，太子继位。公子虔一帮人告发商君想要谋反，派出吏卒拘捕商君。商君逃亡到了边关地区，想住宿在客店里。客店的主人不知道他是商君，说：“商君的法令，留宿没有凭证的客人，客店主人要连带判罪。”商君喟然而叹道：“哎呀，制定新法的弊端竟然到了这种程度啊！”他离开秦国跑到了魏国。魏国人怨恨他欺骗了公子卬并打败了魏军，不接纳他。商君想跑到其他国家去。魏国人说：“商君是秦国的逃犯。秦国强大而其逃犯进入魏国，不送回去，是不行的。”就把他送回秦国。商君再次进入秦国以后，

属发邑兵北出击郑[6]。秦发兵攻商君，杀之于郑黾池[7]。秦惠王车裂商君以徇，[8]曰："莫如商鞅反者！"遂灭商君之家。

跑到了商邑，和他的部属发动邑中的士兵往北出击郑县。秦国出动军队进攻商君，在郑县黾池把他杀死了。秦惠王将商君五马分尸并以此示众，说："不要像商君那样谋反！"接着又诛灭了商君全家。

注释 1 关：秦之边关。 舍：住。 客舍：客店。 2 客人：客店之主人。 验：凭证。 坐：受牵连而判罪。 3 喟(kuì)然：悲伤叹息的样子。 敝：通"弊"，害处，弊端。 一：竟。 4 贼：逃犯。 5 内：同"纳"，交纳，进献。 6 郑：郑县，在商邑北，今陕西渭南华州区。 7 黾(miǎn)池：古地名，在今河南渑池县西。一说据《六国年表》，商鞅死于"彤地"，今渭南华州区彤城。 8 车裂：俗称"五马分尸"。古代的一种酷刑，五马驾车，同时分向而驰，撕裂人头与四肢。 徇(xùn)：示众。

太史公曰：商君，其天资[1]刻薄人也。迹其欲干孝公以帝王术，挟持浮说，非其质矣。[2]且所因由嬖臣，及得用，刑公子虔，欺魏将卬，不师赵良之言，亦足发明商君之少恩矣。[3]余尝读商君《开塞》《耕战》书[4]，与其人行事相类。卒受恶名于秦，有以[5]也夫！

太史公说：商君，是一个天性刻薄的人。考查他起初用帝王之道来劝说孝公，所说不过是浮华不实之词，并不是出于他的本心。而且他的推荐人是宠臣太监，等到他被任用，刑罚公子虔，欺骗魏将公子卬，不听从赵良的言论，也足以表明商君缺乏恩义之情。我曾经读过商君的《开塞》《耕战》等篇章，其内容与他这个人的所作所为是一致的。他最终在秦国得到了恶名，是有缘故的呀！

注释　1 天资:天赋,天性。　2 迹:考查,探询。　浮说:浮华不实之言。质:实质,真心实意。　3 因:依靠,凭借。　师:听从,遵从。　发明:发现证明。　4《开塞》《耕战》书:现存《商君书》中有《农战》《开塞》等篇。　5 有以:有来由,有根由。

史记卷六十九

苏秦列传第九

原文

苏秦者,东周[1]雒阳人也。东事师于齐,而习之于鬼谷先生[2]。

出游数岁,大困[3]而归。兄弟嫂妹妻妾窃皆笑之,[4]曰:"周人之俗,治产业,力工商,逐什二以为务。[5]今子释本而事口舌,困,不亦宜乎![6]"

译文

苏秦是东周雒阳人。曾经到东方的齐国求师,向鬼谷先生学习。

苏秦外出游历了好几年,特别不得意,只好回到家里。兄弟、嫂子、姐妹、妻妾都暗地里讥笑他,说:"周人的习俗,向来是靠做生意,全身心地从事工商,以谋取十分之二的利润。如今你放弃最根本的事情却去卖弄口舌,以致窘迫不堪,不也是应该吗?"

注释 1 东周:此指由西周分裂出来的小国。公元前 367 年在今河南巩义建都,公元前 249 年被秦所灭。 雒阳:在今河南洛阳东南。

2 鬼谷先生:相传战国时期楚国人,姓王。因隐居于鬼谷(在今河南登封东),又号称鬼谷子,长于养性持身和纵横捭阖之术。世有《鬼谷子》一书,旧题为鬼谷子撰,实系后人伪托。 3 困:窘迫,不如意。 4 窃:私下。 笑:讥笑,讽刺。 5 逐什二:追逐十分之二的利润。 务:致力于。

6 本：根本。　口舌：指游说。

苏秦闻之而惭，自伤[1]，乃闭室不出，出其书遍观之。曰："夫士业已屈首受书，而不能以取尊荣，虽多亦奚以为！[2]"于是得周书《阴符》[3]，伏而读之。期年，以出揣摩，[4]曰："此可以说当世之君矣。"求说周显王[5]。显王左右素习知苏秦，皆少之，弗信。[6]

苏秦听到这些议论很惭愧，暗自悲伤，便杜门闭户不外出，找出自己所有的藏书，全都通读了一遍。他说："一个读书人既然已经埋头从师就学，但不能靠它取得荣华富贵，即使书读得再多，又有什么用呢？"这时他找出了一本周书《阴符》，伏案研读。一年以后，终于从中悟出了心得，他说："用它可以游说当代的国君了。"他想去游说周显王。周显王左右的大臣认识苏秦，都瞧不起他，不信任他。

注释　1 伤：悲伤。　2 业已：已经。　屈首：埋头。　3《阴符》：古兵家书名。今传本《阴符经》，旧题黄帝撰，有太公吕望及鬼谷子等六人之注。据《战国策》所载，此《阴符》约是《太公阴符》。　4 期年：满了一年。　揣摩：精心探索，以求领悟其中的义旨。　5 周显王：姬扁。公元前 368—前 321 年在位。　6 素：向来。　少：轻视，瞧不起。

乃西至秦。秦孝公[1]卒。说惠王[2]曰："秦四塞之国，被山带渭，东有关河，西有汉中，南有巴蜀，北有代

于是苏秦西行到了秦国。秦孝公已经死了。他便游说秦惠文王说："秦国是一个四面据有天险的国家，为群山所环抱，渭水横流全境，东有函谷关、龙门关及黄河，西有汉中郡，南有巴、蜀两郡，北有代郡和马邑，这真是一个地势险要，物

马，此天府也。[3]以秦士民之众，兵法之教，可以吞天下，称帝而治。”

秦王曰：“毛羽未成，不可以高蜚[4]；文理未明[5]，不可以并兼。”方诛商鞅，疾辩士[6]，弗用。

乃东之赵。赵肃侯[7]令其弟成为相，号奉阳君。奉阳君弗说[8]之。

产丰富的国家。凭着秦国众多的士兵和百姓，以及兵法的普及，足可以吞并天下，建立帝业而统治四方。”

秦惠文王说：“鸟的羽毛不丰满，不可以凌空高飞；国家还没有完全治理，不可以兼并天下。”当时，秦国刚刚诛杀了商鞅，憎恨说客，因而没有任用苏秦。

于是苏秦又往东到了赵国。赵肃侯任用他的弟弟公子成做了相国，号称奉阳君。奉阳君不喜欢苏秦。

注释 1 秦孝公：秦国国君，姓嬴，名渠梁，公元前361—前338年在位。任用商鞅变法，秦国始强。 2 惠王：秦惠文王嬴驷，公元前337—前311年在位。 3 塞：边境上的险要地方。 被山：为群山所环抱。 带渭：渭水横流过境。带，围绕。 关：古关口，如函谷关（位于今河南灵宝东北）、龙门关（在河南洛阳南）、蒲津关（今陕西大荔县东）等。 河：即黄河。 汉中：郡名，即今陕西秦岭以南地区，治所南郑，今汉中。 巴：郡名，治所在今重庆嘉陵江北岸。 蜀：郡名，治所在今四川成都。 代：郡名，治所代，在今河北蔚县东北。 马：即马邑，在今山西朔州。 天府：行势险固、物产丰富的地方。 4 蜚：通“飞”。 5 文理未明：花纹与条理还不明显。此指管理国家的各项政治条件还不成熟。 6 疾：厌恶，憎恨。 辩士：指游说的人。 7 赵肃侯：赵国国君，名语，公元前349—前326年在位。 8 说(yuè)：通“悦”，喜欢。

去游燕，岁余而后得见。说燕文侯[1]曰：

“燕东有朝鲜、辽东，北有林胡、楼烦，西有云中、九原，南有嘑沱、易水，地方二千余里，带甲数十万，车六百乘，骑六千匹，粟支数年。[2]南有碣石、雁门之饶，北有枣栗之利，民虽不佃作[3]而足于枣栗矣。此所谓天府者也。

苏秦离开了赵国来到燕国游说，一年多以后才得到燕文侯召见。他劝燕文侯说：

“燕国东面有朝鲜、辽东，北面有林胡、楼烦，西面有云中、九原，南面有滹沱河和易水，国土面积纵横两千多里，披甲的士兵几十万，战车六百乘，战马六千匹，粮食消耗可维持几年。南面有碣石山、雁门地区的富饶物产，北面有枣子和栗子的收益，百姓即使不耕作田地，仅靠枣子和栗子的收入也足够富裕了。这就是人们说的天然府库。

注释　1 燕文侯：燕国国君，公元前 361—前 333 年在位。　2 朝鲜：今朝鲜半岛。　辽东：郡名，战国时燕置，治所襄平，在今辽宁辽阳，辖境相当于辽宁省大凌河以东。　林胡：古部族名，当时活动于今山西朔州北至内蒙古鄂尔多斯一带。　楼烦：古部族名，活动于今山西北部内蒙古以南地区。　云中：郡名，战国赵武灵王置，辖境相当于今内蒙古自治区土默特右旗以东，大青山以南，卓资山以西，黄河南岸及长城以北。　九原：战国时赵邑，秦置县，治所在今内蒙古包头西。　嘑(hū)沱：河名，即滹沱河，在河北西部，源出山西五台山东北。　易水：水名，在今河北西部，源出易县境内。　带甲：即披甲，此泛指武装士兵。甲，古代军士穿的用皮做的护身衣。　乘(shèng)：古代一车四马的战车。　3 佃作：耕作。

"夫安乐无事，不见覆军杀将[1]，无过燕者。大王知其所以然乎？夫燕之所以不犯寇被甲兵者，以赵之为蔽其南也。[2]秦赵五战，秦再胜而赵三胜，秦赵相毙[3]，而王以全燕制其后，此燕之所以不犯寇也。且夫秦之攻燕也，逾云中、九原，过代、上谷，弥地数千里，虽得燕城，秦计固不能守也。[4]秦之不能害燕亦明矣。今赵之攻燕也，发号出令，不至十日而数十万之军军于东垣[5]矣。渡嘑沱，涉易水，不至四五日而距国都矣。故曰秦之攻燕也，战于千里之外；赵之攻燕也，战于百里之内。夫不忧百里之患而重千里之外，计无过于此者。是故愿大王与赵从亲[6]，天下为一，则燕国必无患矣。"

"如今国泰民安没有战争，看不见军队覆灭和将领被杀的事情，没有哪一个国家能比得上燕国。大王知道为什么会这样吗？燕国之所以不被别国侵犯，没有战争，是因为赵国做了燕国南面屏障的缘故。秦国与赵国共进行了五次战争，秦国两次获胜，赵国三次获胜，秦赵双方互相残杀，都受到损害，而大王凭借完整不缺的燕国从背后牵制着它们，这就是燕国不受侵犯的原因。况且秦国攻打燕国时，要穿越云中、九原，经过代郡和上谷郡，穿行几千里，即使得到燕国的一些城池，秦国也会估计到根本无法镇守。由此秦国不能加害于燕国的道理也就很明显了。如今赵国要来攻打燕国，号令一出，不到十天，就会有几十万大军驻扎在东垣这个地方。渡过滹沱河、易水，不过四五天，便可抵达燕国的都城了。所以说秦国攻打燕国，要在千里之外作战；赵国攻打燕国，只在百里之内作战。不忧虑百里之内的祸患而重视千里之外的威胁，没有比这更严重的失误了。因此希望大王与赵国合纵相亲，天下联合成一体，那么燕国就肯定没有忧患了。"

注释 1 不见覆军杀将：没有见到军队被消灭，将领被斩杀，此意指没有战事发生。 2 不犯寇：不为寇所犯，即不被别国侵略。 蔽其南：指赵国为燕国的南部屏障。蔽，遮掩，屏障。 3 相毙：指秦、赵互相杀伤，互相削弱。 4 上谷：郡名，燕国置。计：考虑，计算。 5 东垣：古县名，赵国东邑，治所在今河北石家庄东。 6 从亲：合纵相亲，互为支援。从，通“纵”。

文侯曰：“子言则可，然吾国小，西迫[1]强赵，南近齐，齐、赵强国也。子必欲合从以安燕，寡人请以国从。[2]”

于是资苏秦车马金帛以至赵。而奉阳君已死，即因说赵肃侯曰：“天下卿相人臣及布衣之士，皆高贤君之行义，皆愿奉教陈忠于前之日久矣。[3]虽然，奉阳君妒而君不任事，是以宾客游士莫敢自尽于前者。今奉阳君捐馆舍[4]，君乃今复与士民相亲也，臣故敢进其愚虑。

燕文侯说：“您说的有道理，不过我们国家弱小，西面靠近强大的赵国，南面与齐国为邻，齐、赵都是强国。您如果一定要用合纵的办法来使燕国安全，我愿举国相随。”

于是燕文侯资助苏秦车马和金银布帛，让他出使到赵国。当时奉阳君已经死了，苏秦趁机劝赵肃侯说：“天下的卿相大臣和贫寒的士人，都仰慕您这位贤明的国君施行道义，早就想接受您的教诲，并在您面前进献忠言。但是，奉阳君嫉妒您而您又不理国事，因此宾客和游说之士没有人敢在您面前尽献忠言。如今奉阳君去世了，您又可以跟士人百姓重新亲近起来，所以我才敢冒昧地进上我的愚见。

注释 1 迫：靠近，此意为接壤。 2 寡人：古王侯自谦之词。 以国从:以国相从。 3 布衣之士:贫寒的士人。 高:崇尚。 奉教:尊奉教诲。 陈忠:进献忠言。 4 捐馆舍:人死了而不忍直接说他死,只说他抛弃了住所。捐,抛弃。馆舍,指人的住所。

“窃为君计者,莫若安民无事,且无庸[1]有事于民也。安民之本,在于择交,择交而得则民安,择交而不得则民终身不安。请言外患:齐秦为两敌而民不得安,倚秦攻齐而民不得安,倚齐攻秦而民不得安。故夫谋人之主,伐人之国,常苦出辞断绝人之交也。愿君慎勿出于口。请别白黑[2],所以异阴阳而已矣。君诚能听臣,燕必致旃裘狗马之地,齐必致鱼盐之海,楚必致橘柚之园,韩、魏、中山皆可使致汤沐之奉,而贵戚父兄皆可以受封侯。[3]夫割地包

“我私下为您考虑,没有比使人民安定,国家无事,而且不让人民卷进战争当中去更重要的了。安定人民的根本,在于选择邦交,邦交选择得当,人民就会安定;邦交选择不得当,人民就终身不得安宁。请让我说说赵国的外患:假如齐、秦两国成为赵国的敌国,那么赵国人民就不能安定;如果依仗秦国去攻打齐国,那么百姓不会得到安宁;如果依仗齐国去攻打秦国,那么百姓也不会得到安宁。因此图谋别国的君主,攻伐别人的国家,经常苦于放出言辞和人家断绝邦交。希望您慎重,不要把断绝邦交的话说出口来。赵国的利与害,就在于合纵还是连横;政策选择不同,利害也不同。您果真能听从我的计谋,燕国一定会向赵国奉献出产毛毡、皮衣、狗马之地,齐国一定会向赵国贡献出产鱼盐之海,楚国一定会向赵国进贡出产橘柚之果园,韩、魏、中山等国也都可以向您进献供给沐浴之需的邑地,而您的尊贵亲戚和父兄都可以接受封侯了。得到他国割让的土地,收受他国贡

利,五伯之所以覆军禽将而求也;封侯贵戚,汤、武之所以放弑而争也。[4]今君高拱[5]而两有之,此臣之所以为君愿也。

奉的物品,这是五霸消灭他国军队、活捉他国将领而追求的目标;授封侯爵,显贵亲戚,是商汤放逐夏桀、周武王杀死殷纣所要争夺的目标。现在您只需安坐不动,这两者都可兼而有之,这就是我替您所期望的结局。

注释 1 无庸:即毋庸,无须,不必。 2 别白黑:分清白黑两种颜色,意指利害分明。 3 旃(zhān):通"毡",一种毛织品。 裘:皮衣。 汤沐:指汤沐邑,赐给封君供汤沐之用的邑地。汤,热水,用以浴身。沐,洗头发。 奉:供给,供养。 4 包利:指收受他国贡奉的物品。 放弑:此指商汤放逐了夏桀,周武王杀了殷纣。放,放逐。弑,杀君。 5 高拱:两手高高举起,比喻安坐不动。

"今大王与秦,则秦必弱韩、魏;与齐,则齐必弱楚、魏。魏弱则割河外,韩弱则效宜阳。[1]宜阳效则上郡绝[2],河外割则道不通,楚弱则无援。此三策者,不可不孰计也。

"夫秦下轵道,则南阳危;[3]劫[4]韩包周,则赵氏自操兵;据卫取卷[5],则齐必入朝秦。

"现在如果大王和秦国亲善,那么秦国一定会削弱韩国、魏国;如果和齐国亲善,那么齐国一定会削弱楚国和魏国。魏国一削弱就会割让黄河以南的土地,韩国一削弱就会奉献出宜阳。宜阳一献出,那么和上郡的联系就会被切断,黄河以南的土地一割让,那么道路就不通,楚国一削弱,赵国就不会得到外援。这三条策略,不能不深思啊。

"如果秦国攻取了轵道,那么韩国的南阳就危险了;如果秦军劫夺了韩国,包围了周都雒阳,那么赵国必须拿起武器来自卫;如果秦国占据卫国,夺取了卷

秦欲已得乎山东,则必举兵而向赵矣。[6]秦甲渡河逾漳,据番吾,则兵必战于邯郸之下矣。[7]此臣之所为君患也。

城,那么齐国一定会进入秦国去朝拜了。秦国想得到崤山以东的各国,那么一定会发兵向赵国进攻了。秦军渡过黄河,越过漳水,占据番吾,那么秦、赵两国军队就一定会在邯郸城下交锋了。这是我替您所忧虑的。

注释

1 河外:古地区名,春秋战国时以今河南境内的黄河以北为河内,黄河以南则为河外。 效:奉献,意同"割地"。 宜阳:韩郡名,在今陕西韩城。 2 上郡:战国魏文侯置,秦代治所在肤施(今榆林东南),辖境相当于今陕西北部及内蒙古乌审旗等地。 绝:横穿,此意为截断。 3 轵道:道路名。在今河南济源北至东境。 南阳:在今河南温县以西的黄河北岸地区,时属韩。 4 劫:威逼,劫夺。 5 卷:魏邑名,在今河南原阳县西。 6 山东:古地区名。战国、秦汉时代,通称崤山或华山以东为"山东",与当时"关东"含义相同,一般专指黄河流域,有时也泛指战国时秦以外的六国领土。 向:针对,朝着,此意指进攻赵国。 7 河:黄河。 漳:漳河,源出山西东南部,流经今河北南部边境再向东北汇入黄河。 番(pó)吾:赵地名,即今河北磁县境,为秦、赵争胜之地。

"当今之时,山东之建国莫强于赵。赵地方二千余里,带甲数十万,车千乘,骑万匹,粟支数年。西有常山,南有河漳,东有清河,北有燕国。[1]燕固弱国,不足畏也。秦

"当今之时,崤山以东所建立的国家没有一个比赵国更强大的了。赵国领土纵横二千多里,士兵几十万人,战车千辆,战马万匹,粮食可维持好几年。西面有常山,南面有黄河和漳水,东面有清河,北面有燕国。燕国原本是个弱国,不值得害怕。天下能使秦国害怕的国家中没

之所害于天下者莫如赵，然而秦不敢举兵伐赵者，何也？畏韩、魏之议其后也。然则韩、魏，赵之南蔽也。秦之攻韩、魏也，无有名山大川之限，稍蚕食之，傅国都而止。[2]韩、魏不能支秦，必入臣于秦。秦无韩、魏之规，则祸必中于赵矣。[3]此臣之所为君患也。

有哪一个比得上赵国的，但是秦国不敢发兵攻打赵国，是为什么呢？就是因为害怕韩国和魏国在后面暗算它。这样的话，那么韩国、魏国就是赵国南部的屏障。秦国进攻韩国和魏国，没有高山大川形成的障碍，可以逐渐地蚕食，直到逼近他们的国都为止。如果韩国和魏国抵挡不了秦国的进攻，就会向秦国屈服称臣。秦国没有了韩国和魏国的制约，那么战争的灾祸必然要降落到赵国身上了。这是我替您所忧虑的。

注释　1 常山：本名恒山，汉避文帝刘恒讳而改。在今河北曲阳西北。　清河：古河名，战国时介于齐、赵之间，源出今河南林州北，东北向流入黄河。2 稍：慢慢，渐渐地。　傅：通“附”，逼近。　3 规：制约，钳制。　中(zhòng)：降临。

“臣闻尧无三夫之分，舜无咫尺之地，以有天下；[1]禹[2]无百人之聚，以王诸侯；汤武[3]之士不过三千，车不过三百乘，卒不过三万，立为天子：诚得其道也。是故明主外料其敌之强弱，内度其

“我听说尧帝没有三百亩的领土，舜帝没有尺寸的土地，但他们都拥有了天下；夏禹没有百人聚居的村落，却能在诸侯中称王；商汤、周武王的勇士不超过三千人，战车不超过三百乘，步兵不超过三万人，但他们却登基做了天子：他们确实掌握了取胜的策略。所以贤明的君主对外能估计出敌人的强弱，对内能揣度出自

士卒贤不肖，不待两军相当而胜败存亡之机固已形于胸中矣，岂揜于众人之言而以冥冥决事哉！[4]

己士兵才能的高低，不用等两军交战，而决定胜负的关键因素早已了然于胸了，怎么可能会被众人的言论所蒙蔽，而糊里糊涂地决定国家大事呢？

注释 1 尧：传说中我国原始时代部落联盟领袖。陶唐氏，名放勋，简称"唐尧"。三夫之分：即三百亩的领土。古代以田百亩为一夫。 舜：传说中我国原始时代部落联盟领袖。姚姓，有虞氏，名重华。史称"虞舜"。 咫(zhǐ)尺：比喻面积很小。咫，古代长度单位，合周制八寸，相当于今六寸二分二厘。 2 禹：传说中我国原始时代末期的部落联盟领袖，又称"大禹"。因治水有功，被舜推举为继承人。 3 汤：即商汤，原商族部落领袖，后建立商王朝。 武：即周武王，名姬发，攻克商都，建立西周王朝。 4 料：估计，料想。 度(duó)：揣度，推测。 揜(yǎn)：遮蔽。 冥冥：糊里糊涂。

"臣窃以天下之地图案之，诸侯之地五倍于秦，料度诸侯之卒十倍于秦，六国为一，并力西乡而攻秦，秦必破矣。[1]今西面而事之，见臣于秦。夫破人之与破于人也，臣人之与臣于人也，岂可同日而论哉！

"夫衡人[2]者，皆欲

"我考察天下的地理形势后估算，诸侯国的土地是秦国的五倍，诸侯国的士兵是秦国的十倍，六国团结一致，合力向西去攻打秦国，秦国一定会破灭。可现在您却向西侍奉秦国，对秦国称臣。打败别人和被别人打败，使别人向自己称臣和自己向别人称臣，这两种事情难道可以同日而语吗？

"主张连横的说客辩士，都想割让诸侯的土地给予秦国。如果秦国

割诸侯之地以予秦。秦成,则高台榭,美宫室,听竽瑟之音,前有楼阙轩辕,后有长姣美人,国被秦患而不与其忧。[3]是故夫衡人日夜务以秦权恐愒[4]诸侯以求割地,故愿大王孰计之也。

的霸业得以实现,他们就会高筑楼台亭阁,装饰宫殿屋宇,倾听竽瑟之乐,前面有楼台、宫阙、华丽的坐车,后面有苗条俊秀的美女,各国即使遭到秦国的蹂躏,他们也不会为此而分担忧愁。所以那些主张连横的人,夜以继日地用秦国的权势来恐吓各国,企图达到割让诸侯国土地的目的,因此我希望大王要认真地思考这个问题。

注释 **1** 案:考究。 料度(duó):估计,估算。 西乡:即西向,乡,通"向"。 **2** 衡人:指主张连横的说客辩士。 **3** 秦成:秦国霸业完成。 台榭(xiè):古时积土为丘叫台,建在台上的室叫榭。 楼阙:古代宫殿、祠庙、陵墓前面的高建筑物,通常左右各一,建成高台,台上建楼观。因左右台观间有空缺,所以叫阙。 轩辕:华丽的车。 长姣:修长漂亮。 被:遭受。 **4** 恐愒(hè):恐吓,威胁。

"臣闻明主绝疑去谗,屏流言之迹,塞朋党之门,故尊主广地强兵之计臣得陈忠于前矣。[1]故窃为大王计,莫如一韩、魏、齐、楚、燕、赵以从亲,以畔[2]秦。令天下之将相会于洹水之上,

"我听说贤明的君主善于决断疑难,摈弃谗言,堵塞流言传播的渠道,杜绝朋党结私的门路,所以提出使君主得到尊崇、领土得到扩大、军队得到加强的计策的我,才能在您面前尽忠陈述自己的谋略。我私下替大王考虑,不如与韩、魏、齐、楚、燕、赵六国合纵亲善,以反叛秦国。号令天下的将相共同在洹水边会盟,交换人质,宰杀白马来盟誓,订立盟约说:'如果秦攻打楚国,齐国和魏国分别派遣精锐

通质，刳白马而盟，要约曰[3]：'秦攻楚，齐、魏各出锐师以佐之，韩绝其粮道，赵涉河漳，燕守常山之北。秦攻韩魏，则楚绝其后，齐出锐师而佐之，赵涉河漳，燕守云中。秦攻齐，则楚绝其后，韩守城皋，魏塞其道，赵涉河漳、博关，燕出锐师以佐之。[4]秦攻燕，则赵守常山，楚军武关，齐涉勃海，韩、魏皆出锐师以佐之。[5]秦攻赵，则韩军宜阳，楚军武关，魏军河外，齐涉清河，燕出锐师以佐之。诸侯有不如约者，以五国之兵共伐之。'六国从亲以宾秦，则秦甲必不敢出于函谷以害山东矣。[6]如此，则霸王之业成矣。"

赵王曰："寡人年少，立国日浅，未尝得闻社稷之长计也。[7]今上客有意存天下，安诸侯，寡人敬以

的部队援助楚国，韩军就断绝秦国运输粮食的道路，赵军渡过黄河和漳河，燕军就守备常山的北部。如果秦国攻打韩国、魏国，那么楚军断绝秦军的后路，齐国派遣精锐部队援助韩国和魏国，赵军渡过黄河、漳水，燕军把守云中。如果秦国攻打齐国，那么楚军断绝秦军的后路，韩军固守城皋，魏军堵塞秦军的通道，赵军渡过黄河、漳水和博关，燕国派遣精锐的部队来援助齐国。如果秦国攻打燕国，那么赵军把守常山，楚军驻扎在武关，齐军便渡过渤海，韩、魏两国都派出精锐的部队援助燕国。如果秦国攻打赵国，那么韩军则驻扎于宜阳，楚军驻扎武关，魏军驻扎河外，齐军渡过清河，燕国就派出精锐之师援助赵国。假如诸侯国中有不遵守盟约的，便用五国的军队共同讨伐它。'六国合纵亲善共同对抗秦国，那么秦甲一定不敢越过函谷关来危害崤山以东的六国了。如果这样，那么霸主的事业就会成功了。"

赵肃侯说："我年纪轻，登上王位的日子也不长，还不曾听到过为国家做长远打算的计谋。现在您有

国从。”乃饰车百乘，黄金千溢，白璧百双，锦绣千纯，以约诸侯。[8]

心保全天下，使诸侯安定，我愿意举国相随。”于是赵肃侯准备了一百辆漂亮的车子，黄金千镒，白璧一百对，锦绣一千匹，让苏秦去和诸侯各国相约合纵。

注释 1 绝疑去谗：决断疑难，摈弃谗言。去，摈弃。 屏：堵塞。 迹：渠道。 朋党：为私利而互相勾结的小团体。 2 畔：通“叛”。 3 洹水：清河之上游。在今河南北境。 通：交换。 质：即人质。春秋时两国交往，各派世子或宗室子弟留居对方，作为履行某种义务或遵守约定的一种保证手段。 刳(kū)：剖开并挖空。此意为宰割。 白马：古代祭祀盟誓时所用的牺牲。 要约：订立盟约。 4 城皋：又作“成皋”，即成皋关，在今河南荥阳汜水镇境。 博关：古关名，在今山东茌平县西北。 5 武关：古关名，旧址在今陕西丹凤县东南。 勃海：此指沧州。 6 宾秦：与秦国断绝交往而对抗。宾，通“摈”，排斥，对抗。 函谷：关名。在今河南省灵宝东北。因山谷深险，地貌如“函”（匣子）而得名。此道为秦通往东方的必经之路。 山东：指秦以东的六个国家。 7 立国日浅：登上王位的日子不长。 未尝：没有，不曾。 长计：长远的计谋。 8 饰车：装饰漂亮的车。 溢：通“镒”。古代的重量单位，二十两为一镒。一说二十四两为一镒。 纯(tún)：本指布帛的幅度。此意为一束或一匹。

是时周天子致文武之胙[1]于秦惠王。惠王使犀首攻魏，禽将龙贾，取魏之雕阴，且欲东兵。[2]苏秦恐秦兵之至赵也[3]，乃激怒张仪，入之于秦。

这时，周天子把祭祀周文王和周武王的祭肉赏赐给了秦惠王。秦惠王派公孙衍攻打魏国，擒获了魏国的将领龙贾，占领了魏国的雕阴，并打算继续向东进军。苏秦担心秦军打到赵国来，就设计故意激怒张仪，让他到了秦国。

于是说韩宣王[4]曰：

于是苏秦到韩国游说韩宣王说：

注释 1 致文武之胙(zuò):周天子将祭祀周文王、周武王的肉送给秦惠王,意思是表示与秦国亲近。致,送。胙,古代祭祀用的肉,祭后一般分送给参与祭祀的人。 2 犀首:本魏国武官名。此指魏国阴晋人公孙衍,时公孙衍官秦,为大良造(爵位名)。 禽:通"擒"。 雕阴:邑名,在今陕西甘泉县南。按:魏秦雕阴之战,《史记·六国年表》《秦记》《魏世家》的记载,系年互有出入,实际是苏秦约纵之后的事,这里误叙在前。 东兵:向东进军。 3 张仪:魏人,苏秦的同门,主张连横。 4 韩宣王:韩国国君,公元前332—前312年在位。《史记志疑》以为此篇当在韩昭侯之二十五年(前338),宣王元年合纵已经瓦解了。

"韩北有巩洛、成皋之固,西有宜阳、商阪之塞,东有宛、穰、洧水,南有陉山,[1]地方九百余里,带甲数十万,天下之强弓劲弩皆从韩出。谿子、少府时力、距来者,皆射六百步之外。[2]韩卒超足而射,百发不暇止,远者括蔽洞胸,近者镝弇心。[3]韩卒之剑戟皆出于冥山、棠溪、墨阳、合赙、邓师、宛冯、龙渊、太阿[4],皆陆断牛马,水截鹄雁,当敌则斩。

"韩国的北面有巩洛和成皋这样坚固的天险,西面有宜阳、商阪那样的要塞,东面有宛邑、穰邑、洧水,南面有陉山,国土纵横九百多里,穿戴胄甲的士卒几十万人,天下的强弓劲弩都产自韩国。谿子弩和少府制造的时力、距来等弓弩,都能射到六百步以外。韩国士卒双足腾举发射弓弩时,能连续发射一百多次而不停息,远矢能洞穿敌人的胸部,近矢能穿透敌人的心房。韩国士卒用的剑戟都是冥山、棠溪、墨阳、合赙、邓师、宛冯、龙渊、太阿等地出产的,这些名剑在陆地可砍杀牛马,在水面能截击天鹅和大雁,战斗时可斩杀敌人。坚固的甲盾、铁制的战衣、皮制的臂衣、全套的盾,无不具备。凭着韩国士兵的勇敢,身披坚固

坚甲、铁幕、革抉、咙芮,无不毕具。[5]以韩卒之勇,被坚甲,跖[6]劲弩,带利剑,一人当百,不足言也。夫以韩之劲与大王之贤,乃西面事秦,交臂而服[7],羞社稷而为天下笑,无大于此者矣。是故愿大王孰计之。

的铠甲,脚蹬强劲的弓弩,手执锋利的刀剑,用一个人抵挡一百人,是不在话下的。所以凭着韩国的强大和大王的贤明,却要向西侍奉秦国,拱手屈服像罪犯一样,使国家蒙受耻辱,以致被天下的人嘲笑,没有比这个更丢人的了。因此希望大王仔细地考虑这个问题。

注释

1 巩洛:韩邑名。在今河南巩义。"洛"字原无,据景祐本、耿本、绍兴本等加。 商阪:又名商山。在今陕西商洛商州区东南。 宛:楚邑名。在今河南南阳。 穰(ráng):韩邑名。在今河南邓州。 洧(wěi)水:水名。即今河南双洎河。 陉(xíng)山:在今河南新郑西南。 2 谿子:当时居于南方的一个少数民族,以善制柘弩和竹弩而闻名,此指韩国仿制的谿子弩。 少府:韩国制造军器的机构。 时力、距来:少府制造的弩名。 3 超足:超腾举脚。古代的弩用脚踏并手扳来发射。 暇:间断。 括:当作"钴",箭镞锐似矛头。 蔽:疑为衍文。 洞胸:射穿胸部。 镝:箭镞。 弇(yǎn):深邃,深隐,此当穿透解。 心:心房。 4 冥山、棠溪、墨阳、合赙、邓师、宛冯、龙渊、太阿:皆韩国铸剑冶炼之处所。或以宝剑、剑师之名而名其地。 5 坚甲:坚硬的兵器。 铁幕:铁皮制的战衣。用以保护手臂和小腿。 革抉:皮制的臂衣,射时套在左臂上。 咙芮(fá ruì):盾和系盾的带子。 6 跖(zhí):踩,踏。 7 交臂:双手反接受缚。 服:穿罪犯的服装。 此句形容投降的屈辱像罪犯一样。

"大王事秦,秦必求宜阳、成皋。今兹效[1]之,明年又复求割地。与则无地以给之,不与则弃前功而受后祸。且大王之地有尽而秦之求无已,以有尽之地而逆无已之求,此所谓市怨结祸者也,不战而地已削矣。[2]臣闻鄙谚曰:'宁为鸡口,无为牛后。'[3]今西面交臂而臣事秦,何异于牛后乎?夫以大王之贤,挟强韩之兵,而有牛后之名,臣窃为大王羞之。"

于是韩王勃然作色,攘臂瞋目,[4]按剑仰天太息曰:"寡人虽不肖,必不能事秦。今主君诏以赵王之教,敬奉社稷以从。[5]"

"大王如果侍奉秦国,秦国必然要索取宜阳和成皋两邑。如果今年奉献给它,明年它又会再来要求割让土地。答应吧,没有那么多土地奉献;不给吧,那么会前功尽弃而遭受后患。况且大王的土地是有限的,而秦国的贪欲是无止境的,用有限的土地去迎合不断的勒索,这叫作买来怨恨,结下祸根,不用交战而土地已经被吞没了。我听民间的谚语说:'宁做鸡的嘴,不做牛的肛门。'现在,如果您面朝西方,双手反缚向秦国称臣,这跟做牛的肛门有什么区别呢?凭着大王的贤明,又拥有强大的军队,却落了个牛肛门的丑名,我私下里真替大王感到羞耻啊。"

这时,韩王突然改变了脸色,捋起了臂袖,气愤地瞪着眼睛,手按着宝剑,仰天长叹说:"我虽然不才,也不能去侍奉秦国。今天承蒙您将赵王的高见转告我,我愿意举国相随。"

注释 1 今兹:今年。 效:献出。 2 逆:迎着,与"送"相对。 市:买。 3 鄙:通俗,民间。 谚:谚语。 宁为鸡口,无为牛后:意思是宁可做鸡的嘴,不要做牛的肛门。 4 勃然作色:突然改变了脸色。 瞋(chēn)目:

发怒时睁大眼睛。 5 主君：春秋时对大夫的尊称，此指苏秦。 赵王之教：因苏秦从赵国来到韩国，故韩王称苏秦的说教为赵王的教诲。

又说魏襄王[1]曰：

“大王之地，南有鸿沟、陈、汝南、许、郾、昆阳、召陵、舞阳、新都、新郪，东有淮、颍、煮枣、无胥，西有长城之界，北有河外、卷、衍、酸枣，地方千里。地名虽小，然而田舍庐庑之数，曾无所刍牧。[2]人民之众，车马之多，日夜行不绝，輷輷殷殷[3]，若有三军之众。臣窃量大王之国不下楚。然衡人怵[4]王交强虎狼之秦以侵天下，卒有秦患，不顾其祸。夫挟强秦之势以内劫其主，罪无过此者。魏，天下之强国也；王，天下之贤王也。今乃有意西面而事秦，称东藩，筑帝宫，受冠带，祠春秋，臣窃为大王耻之。[5]

苏秦又游说魏襄王说：

“大王的国土，南面有鸿沟、陈县、汝南、许邑、郾邑、昆阳、召陵、舞阳、新都、新郪，东面有淮河、颍河、煮枣、无胥，西面有长城为界，北面有河外、卷邑、衍地、酸枣，土地绵延一千多里。国土虽然不大，但是农田房屋、馆舍台榭却密集得连割草放牧的地方也没有了。人口、车马众多，往来日夜络绎不绝，声音轰轰隆隆，犹如有三军兵马奔行之气势。我私下估量大王的国家实力不在楚国之下。但是那些主张连衡的人却想引诱您伙同像虎狼一样暴虐的秦国来侵吞天下，而当您遭受秦国的攻击时，他们不会顾及您的灾难。依仗强大秦国的势力，从内部胁迫自己的国君，罪过没有比这个更严重的了。魏国，是天下的强国；您，是天下的贤明国王。如今您竟有意面向西方去侍奉秦国，自称为秦国的东方藩属，为它建筑宫殿，接受它的服饰制度，在春秋时节向秦国纳贡助祭，我私下为您这样的行为感到羞耻啊。

注释　1 魏襄王:魏国国君,名嗣,公元前318—前296年在位。 2 舍、庐:舍、庐皆指宾客之房。 庑(wú):高堂下周围的廊房、厢房。 数(cù):稠密。 曾:副词,译为"连……都……"。 刍(chú):割草。此句的意思是形容人口十分密集,连割草放牧的地方也没有。 3 輷輷(hōng hōng)殷殷:象声词,形容众多车马行进时发出的声响。 4 衡人:主张连衡之人。 怵(chù):引诱,诱惑。 5 东藩:做秦国东方的藩属。因魏国在秦国的东方,所以说"东藩"。 筑帝宫:替秦国建筑宫殿,以备秦王巡狩时居住。 受冠带:接受秦国的封爵,用它的服饰制度。 祠春秋:春秋贡献,遵行秦国的祭祀制度。 以上均为描写事秦后的不堪遭遇。

"臣闻越王句践战敝卒三千人,禽夫差于干遂;[1]武王卒三千人,革车三百乘,制纣于牧野[2]:岂其士卒众哉,诚能奋[3]其威也。今窃闻大王之卒,武士二十万,苍头二十万,奋击二十万,厮徒十万,车六百乘,骑五千匹。[4]此其过越王句践、武王远矣,今乃听于群臣之说而欲臣事秦。夫事秦必割地以效实[5],故兵未用而国已亏

"我听说越王句践指挥三千名疲惫的士兵作战,在干遂擒获了夫差;周武王率领士兵三千人,皮革之车三百辆,在牧野降服了商纣:难道他们取胜靠的是士兵众多吗?实在是由于他们极大地发挥了自己的威力。我私下听说大王的军队,有最精锐的士兵二十万人,苍头军二十万人,冲锋陷阵的士兵二十万人,后勤士卒十万人,战车六百乘,战马五千匹。这样您的军事力量远远地超过了越王句践和周武王,现在您却听信群臣的话打算向秦国称臣并且侍奉它。如果侍奉秦国必定要割让土地来表示诚心,这样还没有动用武力国家就已经亏损了。因此群臣中凡是主张侍奉秦国的人都是奸

矣。凡群臣之言事秦者，皆奸人，非忠臣也。夫为人臣，割其主之地以求外交，偷取一时之功而不顾其后，破公家而成私门，外挟强秦之势以内劫其主，以求割地，愿大王孰察之。

佞之人，而不是忠臣。作为君王的臣子，以割让自己国君的土地来谋取外交上的和睦，只图眼前苟安而不顾及后果，是破坏国家的利益而成全私利的做法，他们借助外部强大秦国的势力，从内部胁逼自己的国君，为的就是达到割让土地的目的，希望大王能仔细地审视这一点。

注释 1 敝卒：疲惫的士兵。 禽：通"擒"。 干遂：地名，在苏州万安山附近，山之别阜曰隧山。 2 牧野：古地名，位于商末都城朝歌之郊，在今河南淇县西南。 3 奋：发扬。 4 武士：中选后国家给予田宅的精锐兵。 苍头：用青巾裹头以为识别的兵。 奋击：击力作战、冲锋陷阵的兵。 厮徒：养马等的杂役兵。 5 效实：表示诚心。

"《周书》[1]曰：'绵绵不绝，蔓蔓柰何？豪氂不伐，将用斧柯。[2]'前虑不定，后有大患，将柰之何？大王诚能听臣，六国从亲，专心并力壹意，则必无强秦之患。故敝邑赵王使臣效[3]愚计，奉明约，在大王之诏诏之。"

魏王曰："寡人不肖，未尝得闻明教。今主君

"《周书》说：'藤蔓细细不绝，蔓延起来对它又能怎么办呢？刚刚萌芽的小树如果不被伐掉，将来就得用斧头来砍伐做斧柄干。'所以事前考虑不周密成熟，以后将有大患，那时对它能怎么办？大王如果真能听从我的建议，使六国合纵亲善，齐心合力，那么一定不会遭受强秦的侵略。所以赵王派我来转达我们不高明的策略，敬奉上明确的公约，全赖大王下令来实现它。"

魏王说："我不成大器，不曾有机

以赵王之诏诏之，敬以国从。”

会听到您这样高明的指教。如今您以赵王的指示来开导我，我愿意举国相随。”

注释 1《周书》：指《逸周书》。 2 语出《周书·和寤解》，为周武王的话。 绵绵：软弱，薄弱，此指细细的藤蔓。 蔓蔓：蔓延。 豪氂(lí)：一毫一厘，形容极少的数量。豪，通“毫”。氂，通“厘(釐)”。 斧柯：斧柄。 3 效：进呈，献出。

因东说齐宣王曰[1]：“齐南有泰山，东有琅邪[2]，西有清河，北有勃海，此所谓四塞之国也。齐地方二千余里，带甲数十万，粟如丘山。三军之良，五家之兵，进如锋矢，战如雷霆，解如风雨。[3]即有军役，未尝倍泰山，绝清河，涉勃海也。[4]临菑[5]之中七万户，臣窃度之，不下户三男子，三七二十一万，不待发于远县，而临菑之卒固已二十一万矣。临菑甚富而实，其民无不吹竽鼓瑟，弹琴击筑，斗鸡

苏秦又向东游说齐宣王说：

“齐国南面有泰山，东面有琅邪山，西边有清河，北面有勃海，这就是所说的四面都据有天险的国家。齐国国土纵横二千多里，装备齐全的士卒几十万人，粮食多得堆积如山。精良的三军士兵和地方武装，进攻时像利箭一样迅疾，战斗时犹如雷霆一般猛烈，撤退时像风雨一样无影无踪。即使发生军事行动，也不曾征调过泰山以南的军队，渡过清河、沧州，去动用这两个地区的兵力。临菑城有七万户人家，我私下估计，每户不少于三个男子，三七二十一万人，不用调遣远县的士兵，仅临菑的士兵就已经有二十一万人了。临菑极为富饶和充实，而且人民没有不喜欢吹竽、鼓瑟、弹琴、击筑、斗鸡、走狗、博棋、踢球等活动的。临菑的街道上，车辆拥挤，车轮

走狗，六博蹋鞠者。[6]临菑之涂，车毂击，人肩摩，连衽成帷，举袂成幕，挥汗成雨，家殷人足，志高气扬。[7]夫以大王之贤与齐之强，天下莫能当。今乃西面而事秦，臣窃为大王羞之。

互相碰撞，人们肩挨着肩行走，相互磨擦，衣襟可连成帷帐，举起衣袖能连成布幕，挥汗落地就如下雨一样，家家殷实，人人富足，志向高远，士气昂扬。凭着大王的贤明和齐国的强大，天下没有一个国家能够抵挡。如今却要向西去侍奉秦国，我私下替大王感到羞耻啊。

注释 1 因：接着。 齐宣王：齐国国君，齐威王之子，名辟强，约公元前319—前301年在位。 2 琅邪(yá)：山名，在山东青岛胶南区南境，面临黄海。 3 五家之兵：一说为燕、赵、韩、魏、齐五国。一说为管仲创立的征集兵士的基层组织，即每五家为一轨，一家出丁一人，五人为一伍，由轨长统率。当从后说。 锋矢：锋刃和疾发的矢。形容士兵勇往直前，有进无退。 雷霆：疾雷。比喻战斗中显示出的威力。 解如风雨：撤退时犹如风雨般迅速。解，撤退。 4 倍泰山：指征调泰山以南的军队。 绝：横渡。 勃海：指沧州。 5 临菑：齐国都城，在今山东淄博市东北。 6 鼓：弹奏。 瑟：古代一种弦乐器，有二十五根弦。 击：敲打。 筑(zhù)：古代一种和筝相近的乐器，有十三根弦，弦下设柱。演奏时，左手执弦的一端，右手执竹片击弦发音。 六博：本作“六薄”，或作“陆博”，古代一种赌输赢的游戏。棋子共十二枚，黑白各六，局分十二道。博时先掷采，后依采点行棋，以得筹多者为胜。 蹋鞠(tà jū)：即“蹴鞠”，古代的一种足球运动，也是练武的一种方式。蹋，踢。鞠，古代的一种用革制成的皮球。 7 涂：通“途”，街道。 车毂(gǔ)击：车多拥挤而使车轮相互碰撞。毂，车轮中心的圆木，周围与车辐的一端相接，中有圆空，可以插轴。 衽(rèn)：衣襟。 帷：围在四周但无顶子的布帐。 举：挥甩。 袂(mèi)：衣袖。幕：帐篷的顶布。

“且夫韩、魏之所以重畏[1]秦者，为与秦接境壤界也。兵出而相当[2]，不出十日而战胜存亡之机决矣。韩、魏战而胜秦，则兵半折，四境不守；战而不胜，则国已危，亡随其后。是故韩、魏之所以重与秦战，而轻为之臣也。今秦之攻齐则不然。倍韩、魏之地，过卫阳晋之道，径乎亢父之险，车不得方轨，骑不得比行，百人守险，千人不敢过也。[3]秦虽欲深入，则狼顾[4]，恐韩、魏之议其后也。是故恫疑虚喝[5]，骄矜而不敢进，则秦之不能害齐亦明矣。

“夫不深料秦之无柰齐何，而欲西面而事之，是群臣之计过也。今无臣事秦之名而有强国之实，臣是故愿大王少留意

“况且韩国、魏国之所以十分畏惧秦国，是因为它们的国家与秦国的边境接壤，国界相连。一旦出兵交战，不超过十天，战争胜负、生死存亡就可以确定。如果韩、魏两国战胜秦国，那么自己的兵力也要损失一半，四边的国境就不能防守；如果打了败仗，那么国家就会危险，灭亡就会接踵而来。这就是韩国、魏国之所以把和秦国作战看得很重，而把向秦国称臣看得很轻的原因。现在如果秦国攻打齐国，那情况就不是这样了。秦国背靠韩、魏的国土，要穿过卫国阳晋的通道，取道亢父那样狭隘险要的地带，车不能并驾，马不能齐驱，如果用一百人守卫要塞，即使一千个敌人也不能通过。秦国想要深入到齐国境内，则要狼顾四周，恐怕韩、魏两国从背后暗算它。因此它恐惧疑虑，虚张声势，虽然骄横自恃，却不敢前进，那么秦国不能危害齐国也是很明显的了。

“不深思秦国对齐国无任何办法的现状，却要想向西去服侍秦国，这是群臣计谋的失误。目前齐国还没有向秦国称臣的名声，却有强国的实力，因此我希望大王稍稍考虑一下，

计之。"

齐王曰:"寡人不敏,僻远守海,穷道东境之国也,未尝得闻余教。[6]今足下以赵王诏诏之,敬以国从。"

以便决定计策。"

齐王说:"我是个笨拙的人,我国位于偏僻遥远的海岸,是最东边的国家,未曾有机会聆听到点滴的教诲。如今您用赵王的指示来开导我,我愿意举国相随。"

注释 1 重畏:极端畏惧。 2 相当:相对,此指交战。 3 倍:通"背",背靠。 阳晋:邑名,在今山东郓城县西。 径:小道,引申为取道,经过。 亢父(gāng fǔ):邑名,在今山东济宁南。 方轨:意为两车不能并行。方,并排。轨,车两轮间的距离。 比行:马不能齐头并进。 4 狼顾:据说狼的性格狡怯,走时常回头观看。此比喻秦国在侵略别国时有许多顾虑。 5 恫(dòng)疑:恐惧。 虚喝(hè):虚作威吓。喝,恐吓威胁。 6 不敏:不聪明,笨拙。 余教:点滴的教诲。余,剩下。

乃西南说楚威王[1]曰:"楚,天下之强国也;王,天下之贤王也。西有黔中、巫郡,东有夏州、海阳,南有洞庭、苍梧,北有陉塞、郇阳,地方五千余里,带甲百万,车千乘,骑万匹,粟支十年。此霸王之资也。夫以楚之强与王之贤,天下莫能当也。今乃欲西面而事秦,则诸侯

于是苏秦又前往西南游说楚威王说:

"楚国,是天下的强国;大王,是天下的贤明君王。楚国西面有黔中、巫郡,东面有夏州、海阳,南面有洞庭、苍梧,北面有陉塞山、郇阳,国土纵横五千多里,士卒百万人,战车千辆,战马万匹,粮食能维持十年。这是称霸为王的资本。凭着楚国的强盛和大王的贤明,天下没有哪一个国家能够与之匹敌。如今楚国却想向西服侍秦国,那么各

莫不西面而朝于章台[2]之下矣。

诸侯国都将向西到章台下面去朝拜秦国。

“秦之所害莫如楚，楚强则秦弱，秦强则楚弱，其势不两立。故为大王计，莫如从亲以孤秦。大王不从亲，秦必起两军，一军出武关，一军下黔中，则鄢郢动矣。[3]

“秦国最害怕的国家就是楚国了，楚国强盛则秦国就弱小，秦国强大则楚国就弱小，这种局势决定两国不能并存。所以我替大王考虑，不如合纵来孤立秦国。如果大王不合纵，秦国必然要出动两支军队，一支军队从武关出动，另一支军队直下黔中，那么楚国就会处于危险之中。

“臣闻治之其未乱也，为之其未有也。患至而后忧之，则无及已。故愿大王蚤[4]孰计之。

“我听说，治理国家当在它还没有发生混乱以前，谋事当在事情还没有出现以前。如果祸患来临后才考虑，就来不及了。所以希望大王能尽早仔细考虑这个问题。

注释　1 楚威王：楚国国君，名商，楚宣王之子，公元前339—前329年在位。　2 章台：战国秦渭南离宫之名，秦王常在此召见其他诸侯国的使者，故以此象征秦国。　3 武关：在今陕西丹凤县东南。　鄢郢：即指楚国都城。在今湖北宜城东南。郢，春秋时楚文王定都于此，在今湖北江陵县北。　动：动摇。　5 蚤：通“早”。

“大王诚能听臣，臣请令山东之国奉四时之献，以承大王之明诏，委社稷，奉宗庙，练士厉兵，在大王之所用之。[1]

“如果大王果真能够听从我的意见，就请让我号召崤山以东各国奉献四季的礼品，来接受大王的英明诏令，让它们把国家托付于您，把政权奉交给您，训练士兵，整修武器，任凭大王

大王诚能用臣之愚计，则韩、魏、齐、燕、赵、卫之妙音美人必充后宫，燕、代橐驼良马必实外厩。[2]故从合则楚王，衡成则秦帝。[3]今释霸王之业，而有事人之名，臣窃为大王不取也。

“夫秦，虎狼之国也，有吞天下之心。秦，天下之仇雠[4]也。衡人皆欲割诸侯之地以事秦，此所谓养仇而奉雠者也。夫为人臣，割其主之地以外交强虎狼之秦，以侵天下，卒有秦患，不顾其祸。夫外挟强秦之威以内劫其主，以求割地，大逆不忠，无过此者。故从亲则诸侯割地以事楚，衡合则楚割地以事秦，此两策者相去远矣，二者大王何居焉？故敝邑赵王使臣效愚计，奉明约，在大王诏之。”

来使用它们。如果大王果真能够采纳我愚昧的建议，那么韩、魏、齐、燕、赵、卫等各国动听的音乐和美丽的女人，一定会充满您的后宫，燕国和代地的骆驼、良马，也一定会充实您的畜厩。所以合纵，楚国就能称王，如果连衡，秦国就能称帝。如今放弃成王的霸业，而蒙受服侍他人的恶名，我私下以为这种做法是不可取的。

“秦国是如狼似虎一样的国家，有吞并天下的野心。秦国是天下的仇敌。主张连衡的人都想割让各国的土地来服侍秦国，这叫作供养仇敌和侍奉仇人。作为人君的臣子，割让主人的土地，对外结交像虎狼一样的强秦，来侵害天下，这样做终将遭受到秦国的祸患，无法顾及灾难的降临。借助外部强秦的威势来对内胁迫自己的国君，以此求得割让土地，是一种严重的叛逆不忠行为，罪行没有比它更严重的了。所以，合纵使各国割地服侍楚国，连衡使楚国割地去服侍秦国，这两种策略的得失相差甚远，两者当中，您选择哪一种呢？所以赵王派我来传达我们的不高明的策略，奉上明确的公约，关键在于大王下诏令行动了。”

注释 1 奉宗庙:进献宗庙。这里比喻将国家政权交出去。 厉兵:磨砺兵器。厉,"砺"的本字。兵,兵器。 2 橐(tuó)驼:骆驼。 廏:同"厩",马棚。此泛指牲畜棚。 3 从合:合纵。从,通"纵",合纵。 王:成就王业。 衡成:连横。衡,通"横",连横。 帝:成就帝业。 4 雠(chóu):敌人,仇人,与"仇"同意。

楚王曰:"寡人之国西与秦接境,秦有举巴蜀[1]并汉中之心。秦,虎狼之国,不可亲也。而韩、魏迫于秦患,不可与深谋,与深谋恐反人[2]以入于秦,故谋未发而国已危矣。寡人自料[3]以楚当秦,不见胜也;内与群臣谋,不足恃也。寡人卧不安席,食不甘味,心摇摇然如县旌而无所终薄。[4]今主君欲一天下,收诸侯,存危国,寡人谨奉社稷以从。"

于是六国从合而并力焉。苏秦为从约长,并相六国。[5]

楚王说:"我国西面与秦国边境接壤,秦国怀有攻取巴、蜀和吞并汉中的野心。秦国是像虎狼一样凶狠的国家,不能和它亲近。而韩国、魏国又迫于秦国的威胁,不能和他们深入谋划,如果与他们深入谋划,恐怕有人会背叛而归附秦国,把消息透露给秦国,以致计谋还没有实施而国家早已危险了。我自己估计以楚国来抵挡秦国,恐怕不能取胜;在朝内与群臣谋划,也不足依赖。为此我睡不安席,食不甘味,心像悬挂的旗子一样摇晃不定,始终没有地方着落。现在您想要统一天下,合并诸侯,保存危亡的国家,我愿举国相随。"

于是,六国都同意实行合纵计划,同心协力。苏秦做了合纵联盟的盟长,并且担任六国的相国。

注释 1 巴:古国名,在今重庆北部。 蜀:古国名,在今四川中部。

战国后期两国均被秦吞并,改设为郡。 2 反人:背叛的人。此句意为:恐怕那里有背叛的人,把消息透露给秦国。 3 自料:自己估计。 4 县:同“悬”。此处是说心像悬挂的旗子一样摇晃不定。 薄:附着,依附。 5 从约长:合纵联盟的首领。 并相(xiàng)六国:并且担任六国的相国。相,任相国。

北报赵王,乃行过雒阳,车骑辎重,诸侯各发使送之甚众,疑于王者。[1]周显王闻之恐惧,除道,使人郊劳。[2]苏秦之昆弟妻嫂侧目不敢仰视,俯伏侍取食。苏秦笑谓其嫂曰:“何前倨而后恭也?[3]”嫂委蛇蒲服[4],以面掩地而谢曰:“见季子[5]位高金多也。”苏秦喟然[6]叹曰:“此一人之身,富贵则亲戚畏惧之,贫贱则轻易之,况众人乎!且使我有雒阳负郭[7]田二顷,吾岂能佩六国相印乎?”于是散千金以赐宗族朋友。

苏秦北上报告赵王,途中要经过雒阳,随行的有许多诸侯各国派人赠送给他的车马和衣物行李,他出行的排场仿佛和诸侯王一样。周显王听到这种情况感到害怕,便清扫苏秦所经过的道路,派使者到郊外慰劳他。苏秦的兄弟、妻子和嫂子,斜视不敢抬头看他,都俯伏在地上侍候他用饭。苏秦笑着对嫂子说:“为什么你先前那么傲慢,而现在这么谦恭呢?”嫂子曲折向前脸贴着地面谢罪说:“因为我现在看到小叔地位高贵,财物很多。”苏秦长叹一声说:“同样是我这一个人,富贵的时候即使是亲戚也会敬畏我,贫贱的时候则会轻视我,何况是一般人呢?再说假如我当初在雒阳城郊有两顷良田,今日我还能佩上六国的相印吗?”于是,苏秦散发千金,赐给宗族的亲戚和朋友。

注释 1 辎(zī)重:外出时所带的衣物行李。 疑(nǐ):通“拟”,比拟。

2 除道：整洁所经行的道路。 郊劳：到郊外迎接、慰劳。为古代一种待宾礼节。 3 倨(jù)：傲慢。 恭：恭敬，谦虚有礼。 4 委蛇(wēi yí)：同“逶迤”。斜行，曲折前行。 蒲服：即匍匐(pú fú)，伏在地上爬行。 5 季子：一说，苏秦字“季子”；一说，即小叔子，嫂子称呼夫弟为小叔子。 6 喟(kuì)然：叹息声。 7 负：背倚，靠着。 郭：外城。

初，苏秦之燕，贷人百钱为资，及得富贵，以百金偿之。遍报诸所尝见德者。其从者有一人独未得报，乃前自言。苏秦曰：“我非忘子。子之与我至燕，再三欲去我易水之上。[1]方是时，我困，故望子深，是以后子。[2]子今亦得矣。”

苏秦既约六国从亲，归赵，赵肃侯封为武安君，乃投从约书于秦。秦兵不敢窥函谷关十五年[3]。

当初，苏秦到燕国去的时候，曾向人借过一百钱作为路费，等到取得富贵后，用一百金来偿还他。苏秦一一报答了曾经对他有恩德的人。然而他的随从中却独有一个人没有得到报答，于是他自己上前申说。苏秦说：“我并非忘记了您。您和我到达燕国的时候，在易水边上屡次要离我而去。当时我正处危困之中，因此对您的这种行为极为怨恨，所以把您放在最后。现在您也可以得到赏赐了。”

苏秦约定六国合纵之后，回到赵国，赵肃侯封他做了武安君，苏秦把六国合纵的盟书送到了秦国。从此秦军十五年不敢窥探函谷关。

注释

1 去：离开。 易水：在今河北西部，为大清河上游支流。 2 望：埋怨，责怪。 后子：把您排在后面。 3 秦兵不敢窥函谷关十五年：苏秦开始说服燕王从约，至齐、魏伐赵而从约解，前后才三年，此处言十五年，疑为误记。

其后秦使犀首欺齐、魏，与共伐赵，欲败从约。齐、魏伐赵，赵王让[1]苏秦。苏秦恐，请使燕，必报齐。苏秦去赵而从约皆解。

从那时以后，秦国派公孙衍欺骗齐国、魏国，和它们一起攻打赵国，意图破坏合纵盟约。齐、魏两国攻打赵国，赵王便责怪苏秦。苏秦害怕，请求出使燕国，说一定要报复齐国。苏秦离开赵国，合纵盟约便瓦解了。

秦惠王[2]以其女为燕太子妇。是岁，文侯卒，太子立，是为燕易王。[3]易王初立，齐宣王因燕丧伐燕，取十城。易王谓苏秦曰："往日先生至燕，而先王资先生见赵，遂约六国从。今齐先伐赵，次至燕，以先生之故为天下笑，先生能为燕得侵地[4]乎？"苏秦大惭[5]，曰："请为王取之。"

秦惠王把他的女儿嫁给燕国的太子做妻子。这一年，燕文侯死了，太子继位，这就是燕易王。易王刚刚继位，齐宣王便趁燕国有丧事攻打燕国，夺取了十座城邑。易王对苏秦说："从前先生到燕国来的时候，先王资助先生会见赵王，于是约定六国合纵。而现在齐国首先攻打赵国，接着侵伐燕国，因为先生的缘故，赵、燕两国才被天下人取笑，先生能为燕国收复被侵占的土地吗？"苏秦听了十分惭愧，说："请让我替大王把失地收回来。"

注释 1 让：责怪，责备。 2 秦惠王：秦国国君，名驷，公元前337—前311年在位。 3 是岁：公元前332年。 文侯：即燕文公。 燕易王：燕国国君，公元前332—前321年在位。 4 侵地：被侵占的土地。 5 大惭：十分惭愧。

苏秦见齐王，再拜，俯而庆，仰而吊。[1]齐王曰："是何庆吊相随之速也？"苏秦曰："臣闻饥人所以饥而不食乌喙者，为其愈充腹而与饿死同患也。[2]今燕虽弱小，即秦王之少婿也。大王利其十城而长与强秦为仇。今使弱燕为雁行而强秦蔽其后，以招天下之精兵，是食乌喙之类也。[3]"齐王愀然[4]变色曰："然则柰何？"苏秦曰："臣闻古之善制事者，转祸为福，因败为功。大王诚能听臣计，即归燕之十城。燕无故而得十城，必喜；秦王知以己之故而归燕之十城，亦必喜。此所谓弃仇雠而得石交[5]者也。夫燕、秦俱事齐，则大王号令天下，莫敢不听。是王以虚辞[6]附秦，以十城

苏秦会见齐王，跪地拜了两次，然后俯首向齐王表示庆贺，抬头表示哀悼。齐宣王说："为什么庆贺后面紧跟着哀悼，转化得这么快呢？"苏秦说："我听说饥饿的人宁可饿着也不吃乌喙这种有毒植物，是因为用它充饥，其结果和饿死一样有害。现在燕国虽然弱小，但燕王是秦王的小女婿。大王贪图十个城的便宜，却长期与强大的秦国成为仇敌。如今让弱小的燕国作为领头雁冲锋在前，而强大的秦国在它后面作掩护，再召集天下精锐的军队，其结果跟吃乌喙充饥是一回事呀。"齐王听了，脸色变得十分严肃，说："那该怎么办？"苏秦说："我听说古时候善于办事的人，能够因祸为福，因败为功。大王果真能够听从我的计谋，就归还燕国的十座城邑。燕国无缘无故得到十座城邑，一定很高兴；秦王知道您是因为他的缘故而归还燕国的城邑，也一定很喜欢。这就叫作抛弃仇敌并变成了交谊像磐石一样坚固的朋友。如果燕国和秦国都来服侍齐国，那么大王对天下发号施令，就没有人敢不听从您了。如此大王既用空洞的言辞向秦国表示了归附，又用十座城邑换得了

取天下，此霸王之业也。”王曰：“善。”于是乃归燕之十城。

天下，这可是称霸为王的大业呀。”齐王说：“好。”于是齐国就将侵占的十座城邑归还给了燕国。

注释 1 再拜：古代跪拜之礼。先后拜两次，表示礼节隆重。 吊：哀悼。2 乌喙(huì)：药名，又名“乌头”“附于”，一种有毒的植物。 愈：越发，更加。 3 雁行(háng)：雁在群飞时，必有一只领先，其后排列成行，称之“雁行”。此比喻燕国像领头雁一样打头阵。 蔽：遮挡。意为后盾。4 愀(qiǎo)然：容色改变的样子。 5 石交：交谊像石头一样坚固。6 虚辞：空洞、没有实际内容的言辞。

人有毁[1]苏秦者曰：“左右卖国反覆之臣也，将作乱。”苏秦恐得罪，归[2]，而燕王不复官也。苏秦见燕王曰：“臣，东周之鄙人也，无有分寸之功，而王亲拜之于庙而礼之于廷。今臣为王却[3]齐之兵而攻得十城，宜以益亲。今来而王不官臣者，人必有以不信伤臣于王者。[4]臣之不信，王之福也。臣闻忠信者，所以自为也；进取者，所以为人也。且臣之说齐王，曾非欺

有诋毁苏秦的人说：“他是个左右摇摆、叛卖国家、反复无常的人，将会作乱。”苏秦害怕得罪燕王，便回到了燕国，但燕王却不恢复他的官职。苏秦拜见燕王说：“我本是东周一个卑下的人，没有分寸的功劳，而您亲自在宗庙授我以官职，又在朝廷上以礼相待。如今我替您退却了齐军，并收复了十座城邑，您理当更加亲近我。现在我回到燕国，而您不再让我做官，一定是有人以不忠诚的罪名在您面前中伤我。我的不忠诚，正是您的福气。我听说忠诚笃实的人，全是为了自己；上进求索的人，正是为了别人。况且我游说齐王时也未曾

之也。臣弃老母于东周，固去自为而行进取也。今有孝如曾参，廉如伯夷，信如尾生。[5]得此三人者以事大王，何若？”王曰：“足矣。”苏秦曰：“孝如曾参，义不离其亲一宿于外，王又安能使之步行千里而事弱燕之危王哉？廉如伯夷，义不为孤竹君之嗣[6]，不肯为武王臣，不受封侯而饿死首阳山下。有廉如此，王又安能使之步行千里而行进取于齐哉？信如尾生，与女子期于梁下，女子不来，水至不去，抱柱而死。有信如此，王又安能使之步行千里却齐之强兵哉？臣所谓以忠信得罪于上者也。”燕王曰：“若[7]不忠信耳，岂有以忠信而得罪者乎？”苏秦曰：“不然。臣闻客有远为吏而其妻私[8]于人者，其夫将来，

欺骗他。我把老母弃置在东周，原意就是要抛弃个人的打算，而从事上进求索的活动。如今有孝顺像曾参、正直像伯夷、忠诚像尾生的人。用这三个人来侍奉您，怎么样？”燕王说：“那就足够了。”苏秦说：“孝顺如同曾参，坚持孝道，而不肯离开他的父母在外面住一宿的人，您又怎么能让他步行千里来侍奉弱小的燕国和危困的君王呢？正直如同伯夷，坚持正义不愿做孤竹君的继承人，不肯做周武王的臣子，不接受封侯的赏赐却饿死在首阳山下。正直到如此程度，大王又怎么能让他步行千里到齐国去要回土地呢？忠诚如同尾生，跟一个女子约好在桥下相会，但女子没有赴约，尾生一直等到大水来了也不肯离去，结果抱着桥柱被水淹死了。忠诚到如此程度，大王又怎能让他步行千里去退却齐国的强大军队呢？这些就是我说的因忠诚笃实而得罪于君王的人。”燕王说：“你不忠诚笃实也就罢了，难道还有因忠诚笃实而得罪君王的人吗？”苏秦说：“不是这样。我听说有个在外地做官的人，他的妻子与别人私通，她的丈夫快要回来了，与

其私者忧之，妻曰‘勿忧，吾已作药酒待之矣’。居三日[9]，其夫果至，妻使妾举药酒进之。妾欲言酒之有药，则恐其逐主母也；欲勿言乎，则恐其杀主父也。于是乎详僵[10]而弃酒。主父大怒，笞[11]之五十。故妾一僵而覆酒，上存主父，下存主母，然而不免于笞，恶[12]在乎忠信之无罪也夫？臣之过，不幸而类是乎！”燕王曰：“先生复就故官。”益厚遇之。

她私通的人十分忧虑，妻子说：‘不要害怕，我已备好了毒酒等着他了。’过了三天，她的丈夫果然回来了，妻子让婢妾端着毒酒给丈夫喝。婢妾想说酒中有毒，但又害怕男主人将女主人驱逐；想不说吧，又害怕女主人毒死了男主人。于是她假装晕倒，酒泼在了地上。男主人十分生气，用荆条鞭打了她五十下。因此婢妾假装晕倒而泼了酒，对上保全了男主人的性命，对下保全了女主人的地位，但是她仍免不了被鞭笞，怎么能说忠诚笃实就不会获罪呢？我的过失，其不幸就类似这个故事里的婢妾啊！”燕王说：“先生再担任原来的官职吧。”以后，燕王更加厚待苏秦。

注释 **1** 毁：中伤，诽谤。 **2** 归：回国。 **3** 却：退却。 **4** 不官：不授予官职。官，动词。 不信：不诚实，不忠诚。 伤：中伤，说坏话。 **5** 曾参(shēn)：春秋时儒者，以孝著称。曾作《孝经》，述《大学》。 廉：正直。 伯夷：商末孤竹君长子。 尾生：古代传说中坚守信约的人。 **6** 嗣：继承人。 **7** 若：你。 **8** 私：私通。 **9** 居三日：过了三天。居，过了，表示时间移动。 **10** 详：通“佯”，假装。 僵：向后倒下。 **11** 笞(chī)：用竹板、荆条抽打。 **12** 恶(wū)：怎么。

易王母，文侯夫人也，与苏秦私通。燕王知

燕易王的母亲是燕文侯的夫人，和苏秦私通。燕王知道这件事后，反

之，而事之加厚。苏秦恐诛，乃说燕王曰：“臣居燕不能使燕重[1]，而在齐则燕必重。”燕王曰：“唯先生之所为。”于是苏秦详为得罪于燕而亡走齐，齐宣王以为客卿。[2]

齐宣王卒，湣王即位，说湣王厚葬以明孝，高宫室大苑囿以明得意，欲破敝齐而为燕。[3]燕易王卒，燕哙[4]立为王。其后齐大夫多与苏秦争宠者，而使人刺苏秦，不死，殊而走。[5]齐王使人求贼，不得。苏秦且死，乃谓齐王曰：“臣即死，车裂臣以徇于市，曰‘苏秦为燕作乱于齐’，如此则臣之贼必得矣。[6]”于是如其言，而杀苏秦者果自出[7]，齐王因而诛之。燕闻之，曰：“甚矣，齐之为苏生报仇也！”

而更加优待苏秦。苏秦恐怕被杀，于是劝易王说：“我留在燕国不能提高燕国的地位，如果我在齐国，那么燕国的地位一定会得到提高。”燕王说：“随便先生怎么做都行。”于是，苏秦假装在燕国有罪而逃跑到齐国，齐宣王任用他做客卿。

齐宣王死后，湣王就国君之位，苏秦游说湣王，要他隆重地安葬齐宣王来表示孝顺，同时高筑宫室，扩大苑囿来表示得志，其实苏秦的目的是想使齐国衰弱，从而有利于燕国。燕易王死后，燕哙继位做了君王。此后许多齐国大夫与苏秦争夺宠，有的派人刺杀苏秦，苏秦受了重伤，还没死时，凶手便逃跑了。齐王派人搜捕凶手，没有找到。苏秦将要死了，对齐王说：“我如果死了，请在街市上将我五马分尸来示众，并且宣称‘苏秦为了燕国的利益在齐国作乱’，这样就一定会抓获谋杀我的凶手。”于是齐王按照苏秦的话来办，谋杀苏秦的凶手果然露面了，齐王因而把他杀了。燕国听到这个消息，说：“太过分了！齐国是这样替苏先生报仇的！”

注释 1 重:提高地位。 2 详:通“佯”,假装。 亡走:逃跑。 客卿:别国人在本国做官,其位为卿,待以客礼,故称“客卿”。 3 湣(mǐn)王:齐国国君,姓田,名地,公元前300—前284年在位。 高:增高。 破敝:衰弱,损伤。 4 燕哙(kuài):燕国国君,公元前320—前312年在位。 5 殊:肢体断裂。此意是受了重伤。 走:逃跑。 6 车裂:古代一种残酷的死刑。俗称“五马分尸”。即将人头和四肢分别拴在五辆马车上,马车同时朝不同方向分驰,将肢体撕裂。 徇:示众。 市:街市。 贼:刺客。 7 自出:自我暴露。

苏秦既死,其事大泄[1]。齐后闻之,乃恨怒燕。燕甚恐。苏秦之弟曰代,代弟苏厉,见兄遂[2],亦皆学。及苏秦死,代乃求见燕王,欲袭故事[3]。曰:“臣,东周之鄙人也。窃闻大王义甚高,鄙人不敏,释锄耨[4]而干大王。至于邯郸,所见者绌[5]于所闻于东周,臣窃负其志。及至燕廷,观王之群臣下吏,王,天下之明王也。”

苏秦死后,他所做的替燕国削弱齐国的事情被泄露出来。齐国后来听到了,对燕国十分恼怒。燕国很害怕。苏秦的弟弟叫苏代,苏代的弟弟叫苏厉,他们俩见哥哥得志,也都向苏秦学习。等到苏秦死了,苏代便请求拜见燕王,想继承苏秦游说合纵的旧业。他说:“我是东周一个鄙俗的人。我私下听说大王道义非常高尚,尽管我不太聪敏,但也愿意放弃耕作来求见大王。我到达邯郸时,看到的情况和在东周听到的有所不同,我私下以为恐怕要辜负了自己的志向了。等来到燕国的朝廷,看到大王的群臣和下属官吏才明白,您是天下最贤明的君王。”

注释 1 泄:暴露,泄露。 2 遂:得意,得志。 3 袭故事:继承游说合纵的旧业。 4 释：放弃。 锄耨(chú nòu)：翻土、锄草的农具，此代指农业。 5 绌(chù)：不如。

燕王曰："子所谓明王者何如也？"对曰："臣闻明王务闻其过，不欲闻其善，臣请谒王之过。[1]夫齐、赵者，燕之仇雠也；楚、魏者，燕之援国[2]也。今王奉仇雠以伐援国，非所以利燕也。王自虑之，此则计过，无以闻者，非忠臣也。"王曰："夫齐者固寡人之仇，所欲伐也，直患国敝力不足也。[3]子能以燕伐齐，则寡人举国委子。[4]"对曰："凡天下战国七，燕处弱焉。独战则不能，有所附则无不重[5]。南附楚，楚重；西附秦，秦重；中附韩、魏，韩、魏重。且苟所附之国重，此必使王重矣。

燕王说："您所说的贤明的君王是怎么样的呢？"苏代回答说："我听说贤明的君王务必要能听到自己的过失，不想只听到对自己的赞誉，请允许我告诉您的过失吧。齐国和赵国是燕国的仇敌；楚国和魏国是燕国的后援国家。现在大王拥护仇敌去攻打后援国家，这是不利于燕国的举措。大王自己考虑，这是策略上的失误，不把这种错误告诉您，就不是忠臣。"燕王说："齐国本来就是我的仇敌，是我想讨伐的国家，只不过担心我国疲惫，力量不足。如果您能够带领燕国讨伐齐国，那么我愿意将整个国家委托给您。"苏代回答说："天下互相攻伐的国家有七个，燕国处于较为弱小的地位。单独作战不可能取胜，如果依附于某国，则能提高燕国的声望。往南依附楚国，楚国国力就会得到扩充；往西依附秦国，秦国国势就会得到增强；中部依附韩国和魏国，那么韩国和魏国的国力也会得到补充。如果所依附的国家力量增强了，这就必然也会使您的声望得到增强。如今齐国的君王年事已高，而且很固执自信。他向

今夫齐，长主而自用也。[6]南攻楚五年，畜聚竭[7]；西困秦三年，士卒罢敝；[8]北与燕人战，覆三军，得二将。然而以其余兵南面举五千乘之大宋，而包十二诸侯。[9]此其君欲得，其民力竭，恶足取乎！且臣闻之，数战则民劳，久师[10]则兵敝矣。"

南攻打楚国长达五年之久，积蓄的财富基本消耗殆尽；在西面被秦国困扰长达三年，军队疲惫不堪；在北方与燕国人交战，几乎全军覆没，仅俘虏了燕国的两名将领。然后用他剩余的士兵还想向南攻克拥有五千辆战车的强大宋国，兼并十二个小诸侯国。齐国君王虽想实现自己的欲望，可百姓的物力却已耗尽了，有什么可取之处呢？况且我听说，不停地作战会使百姓劳累，连续用兵会使士兵疲惫。"

注释 1 务:务必，一定。 过:过失。 谒(yè):陈述，告诉。 2 援国:相互援助国。 3 直:只是，不过。 患:担心。 敝:疲惫。 4 举:全。 委:托付。 5 重:增强声威。 6 长主:年事高的君主。 自用:固执，自负。 7 畜(xù)聚竭:积蓄殆尽。畜，积蓄，积储的财物。 8 困:使动用法，被围困。 罢(pí)敝:疲惫。罢，通"疲"。 9 举:大败。 大宋:强大的宋国。 包:包括，兼容。 十二诸侯:指当时分布于泗水流域的邹、鲁等小国。 10 久师:连续用兵，长期用兵。

燕王曰:"吾闻齐有清济、浊河可以为固，长城、巨防足以为塞，诚有之乎？[1]"对曰:"天时不与[2]，虽有清济、浊河，恶足以为固！民力罢敝，虽

燕王说:"我听说齐国有清济、浊河可以固守，长城和巨防足以为要塞，果真有吗？"苏代回答说:"上天不给它有利时机，虽然有清济、浊河，怎么能够固守！百姓精力疲惫不堪，即使有长城、巨防，怎么能够成为要塞！况且从前济西一带不征

有长城、巨防,恶足以为塞!且异日济西不师,所以备赵也;[3]河北[4]不师,所以备燕也。今济西河北尽已役矣,封内[5]敝矣。夫骄君必好利,而亡国之臣必贪于财。王诚能无羞从子母弟以为质,[6]宝珠玉帛以事左右,彼将有德燕而轻亡宋,则齐可亡已。”燕王曰:“吾终以子受命于天矣。”燕乃使一子质于齐。而苏厉因燕质子而求见齐王。齐王怨苏秦,欲囚苏厉。燕质子为谢,已遂委质为齐臣。[7]

兵,目的是为了防备赵国;黄河北部不征兵,目的是为了防备燕国。如今济西、黄河北部都已经征兵了,整个国家极为凋敝。而且,骄横的君主必然会好利,亡国的臣子一定会贪财。您果真能够不羞于将自己的侄儿、弟弟作为人质,并用珠宝、玉帛去讨好齐王的左右臣子,齐国将会感激燕国而轻率地出兵去灭亡宋国,这样一来,齐国就可以灭掉了。”燕王说:“我终于靠您得以承受上天的旨意了。”于是,燕王便派他的一个儿子到齐国去充当人质。而苏厉则通过燕国人质的关系求见了齐王。齐王怨恨苏秦,想要囚禁苏厉。在齐国做人质的燕国公子替他向齐王谢罪,随后苏厉就委身做了齐国的臣子。

注释 1 清济:山东古济水自巨野泽以下又称之清水,故此段水域称之清济。 浊河:水名,今名北洋河。源出山东青州西。 巨防:巨大的防御工事。 2 不与:指不给予有利时机。 3 异日:从前。 不师:不役,即免除当地百姓的兵役。 4 河北:今山东、河北两省交界处。 5 封内:封地,此意为全境。 6 从子:侄子。 母弟:同母所生的弟弟。 质:人质。 7 谢:道歉。 已:随后。 委质:臣下向君主献礼,表示献身。

燕相子之与苏代婚，而欲得燕权，乃使苏代侍质子于齐。齐使代报燕，燕王哙问曰："齐王其霸乎？"曰："不能。"曰："何也？"曰："不信其臣。"于是燕王专任子之，已而让位，燕大乱。齐伐燕，杀王哙、子之。燕立昭王[1]，而苏代、苏厉遂不敢入燕，皆终归齐，齐善待之。

燕国的相国子之和苏代结为姻亲，他想夺取燕国的政权，就派苏代到齐国去服侍做人质的燕国公子。齐国派苏代回复燕国，燕王哙问道："齐王可以称霸了吧？"苏代回答说："不能。"燕王又问："为什么？"苏代回答说："齐王还不相信他的臣子。"于是，燕王就专一重用子之，不久又把君位让给了他，燕国因此大乱。齐国出兵攻打燕国，杀了燕王哙和子之。燕国拥立昭王，而苏代、苏厉从此不敢进入燕国，最后都归顺了齐国，齐国友好地对待他们。

注释 1 昭王：燕国国君，名平，公元前311—前279年在位。

苏代过魏，魏为燕执[1]代。齐使人谓魏王曰："齐请以宋地封泾阳君[2]，秦必不受。秦非不利有齐而得宋地也，不信齐王与苏子[3]也。今齐魏不和如此其甚，则齐不欺秦。秦信齐，齐秦合，泾阳君有宋地，非

苏代经过魏国时，魏国替燕国逮捕了他。齐国派人对魏王说："假如齐国请求把宋国的土地封给秦国的泾阳君，秦国一定不会接受。秦国并不是不想得到齐国的奉承再占有宋国这种好处，而是因为不相信齐王和苏代。现在齐、魏两国不和已到了如此严重的程度，那么齐国就一定不会欺骗秦国。秦国信任齐国，齐国和秦国就会联合起来，泾阳君得到了宋国的土地，

魏之利也。故王不如东苏子,秦必疑齐而不信苏子矣。齐秦不合,天下无变,伐齐之形成矣。”于是出苏代。代之宋,宋善待之。

这不是对魏国有利的事情。所以您不如让苏代往东回到齐国,秦国一定会怀疑齐国并且不相信苏代了。齐国与秦国不合作,天下的局势不会发生变化,讨伐齐国的形势就形成了。”于是,魏国释放了苏代。苏代前往宋国,宋国十分友好地对待他。

注释 1 执:逮捕。 2 泾阳君:秦昭王弟,名悝。封于泾阳(今陕西泾阳县境),故称。 3 苏子:即苏代。“子”意为“先生”,是对苏代的尊称。

齐伐宋,宋急,苏代乃遗[1]燕昭王书曰:

夫列在万乘而寄质于齐[2],名卑而权轻;奉万乘助齐伐宋,民劳而实费;夫破宋,残楚淮北,肥大[3]齐,仇强而国害:此三者皆国之大败[4]也。然且王行之者,将以取信于齐也。齐加[5]不信于王,而忌燕愈甚,是王之计过矣。夫以宋加之淮北,强万乘之国也,而

齐国攻打宋国,宋国危急,于是苏代写给燕昭王一封信说:

燕国虽然是万乘之国,却有人质寄居在齐国,以致名声卑下而且权势轻微;如果动用万辆战车的军队去援助齐国攻打宋国,就会使百姓劳累并且财物耗费;如果攻克了宋国,还会伤害楚国的淮河以北地区,也就壮大了齐国的力量,帮助仇敌强大而本国受害:这三种情况对于自己的国家来说都是很大的失策。然而大王这样做,是想借此取得齐国的信任。结果是齐国却更加不相信您,而且对燕国的忌恨越来越深,这是您计谋上的失误。假如把宋国和楚国的淮北地区合在一起,够得上是一个万乘大国了,如果齐国吞并了它,这就等于让

齐并之,是益一齐[6]也。北夷方七百里,加之以鲁、卫,强万乘之国也,而齐并之,是益二齐也。夫一齐之强,燕犹狼顾而不能支,今以三齐临燕,其祸必大矣。

齐国增长了一倍的国力。北夷纵横七百里,加上鲁国、卫国,也够得上是一个强大的万乘之国了,如果齐国再吞并了它们,这就等于让齐国增长了两倍的国力。面对一个强大的齐国,燕国尚且还有许多顾虑,不能应付,现在用三个齐国的力量来威逼燕国,那燕国的灾祸一定会很大。

虽然,智者举事,因祸为福,转败为功。齐紫,败素也,而贾十倍;[7]越王句践栖于会稽,复残[8]强吴而霸天下:此皆因祸为福,转败为功者也。

虽然这样,但明智的人善于因祸为福,变失败为成功。齐俗喜好紫色,本来是用劣等的白绢染成的,但它的价格却可以提高十倍;越王句践曾在会稽山上栖身,反而最终打败了强大的吴国而称霸天下:这都是因祸为福,变失败为成功的例子。

注释 1 遗(wèi):致送,给予。 2 寄质于齐:指此前燕国派出国君之子到齐国充当人质一事。 3 肥大:壮大。 4 败:失策,失利。 5 加:更,越。 6 益一齐:增加一个齐国,即使齐国的力量增大一倍。 7 齐紫:当时齐国风俗喜欢紫色,商人用污损了的素帛,染成紫色,卖到齐国,可以得到十倍的利润。此比喻改变局面,转败为胜。 败素:劣等的白绢。 贾十倍:高价出卖,得到十倍的利润。 8 残:打败。

今王若欲因祸为福,转败为功,则莫若挑霸齐而尊之,使使盟于周室,焚秦符,[1]曰:"其大上计[2],破

现在您假若要把灾祸变为吉祥,把失败转换为成功,就不如诱使齐国称霸并且尊崇它,让它派使者到周室去缔结盟约,焚烧秦国的

秦;其次,必长宾之[3]。"秦挟宾以待破,秦王必患之。秦五世伐诸侯,今为齐下,秦王之志苟得穷齐,不惮以国为功。[4]然则王何不使辩士以此言说秦王曰:"燕、赵破宋肥齐,尊之为之下者,燕、赵非利之也。燕、赵不利而势为之者,以不信秦王也。然则王何不使可信者接收燕、赵,令泾阳君、高陵君[5]先于燕、赵?秦有变,因以为质,则燕、赵信秦。秦为西帝,燕为北帝,赵为中帝,立三帝以令于天下。韩、魏不听则秦伐之,齐不听则燕、赵伐之,天下孰敢不听?天下服听,因驱韩、魏以伐齐,曰'必反[6]宋地,归楚淮北'。反宋地,归楚淮北,燕、赵之所利也;并立三帝,燕、赵之所愿也。

符信,并声称说:"最好的计划是打败秦国;其次是永远排斥它。"秦国遭受排斥,并且面临着被打败的危险,秦王必定忧虑这种情况。秦国五代连续攻伐别的诸侯国,如今它却屈居在齐国的名下,所以秦王的意愿是如果能削弱齐国,那怕动用全国的力量也在所不惜。既然如此,那么您何不派遣辩士用下面这些话游说秦王:"燕国和赵国如果打败了宋国,就会有利于齐国;推崇齐国,作为它的下属,燕国、赵国不认为这样做是有利的。但燕、赵两国虽然认为不能得到利益却执意还要去做,原因是不相信秦王。既然这样,那么您何不派遣可信赖的人去拉拢燕国和赵国,并让泾阳君、高陵君先到燕国和赵国去呢?假如秦国背信,就拿他们二人做人质,这样燕国、赵国就信任秦国了。如此一来,秦国在西面称帝,燕国在北方称帝,赵国在中间称帝,树起三个帝王来号令天下。如果韩、魏两国不听从号令,那么秦国就讨伐它们;齐国不听从,那么燕国、赵国去讨伐它,这样天下还有谁敢不听从号令呢?天下顺服听命了,就乘机驱使韩国、魏国去攻打齐国,警告它说:'必须交出宋国的

夫实得所利，尊得所愿，燕、赵弃齐如脱蹝[7]矣。今不收燕、赵，齐霸必成。诸侯赞齐而王不从，是国伐也；[8]诸侯赞齐而王从之，是名卑也。今收燕、赵，国安而名尊；不收燕、赵，国危而名卑。夫去尊安而取危卑，智者不为也。"秦王闻若说，必若刺心然。[9]则王何不使辩士以此若言说秦？秦必取，齐必伐矣。

夫取秦，厚交也；伐齐，正利也。尊厚交，务正利，圣王之事也。

燕昭王善其书，曰："先人尝有德苏氏，子之之乱而苏氏去燕。燕欲报仇于

土地，归还楚国的淮北地区'。交出了宋国的土地，归还了楚国的淮北地区，这是燕国、赵国认为对它们有利的事；并立三帝，也是燕国、赵国所愿意的。如此燕国、赵国得到了实际的利益，愿望得到了尊重，那么它们抛弃齐国，就像脱掉草鞋一样容易。如今您不接收燕国和赵国，齐国霸业一定会成。各国诸侯都拥护齐国而唯独您不服从，秦国就会遭到各诸侯国的攻伐；如果各诸侯都拥护齐国而大王也愿意服从，就会使您的名声降低。如今，拉拢燕国和赵国，可使国家安全，使名望提高；如果不拉拢燕国和赵国，那么会使国家遭受危难，而且名望会降低。抛弃名尊国安的策略，而去择取国危名卑的措施，聪明的人是不会这样做的。"秦王听到这些话，一定会像剑刺中了心脏一样痛苦。那么您为什么不派说客用这番话去游说秦王呢？秦王听了这番话一定会采纳，齐国必定会遭到讨伐。

取信于秦，是很有利的外交活动；讨伐齐国，可谋取正当的利益。奉行有利的外交政策，谋求正当的利益，这是圣明君主所做的事啊！

燕昭王很欣赏苏代这封信，说："先王曾经对苏家有恩德，子之叛乱时，苏家兄弟不得已离开了燕国。燕国想向齐国报

齐,非苏氏莫可。”乃召苏代,复善待之,与谋伐齐。竟破齐,湣王出走。

仇,没有苏家兄弟的帮助是不行的。”于是,燕昭王召见苏代,重新友好地对待他,和他共同谋划讨伐齐国的事。齐国终于被打败了,齐湣王逃出了国都。

注释 1 挑霸齐:引诱齐国称霸。挑,引诱,挑逗。 周室:周王室。 焚秦符:烧掉秦国符信,意思是与秦国断交。符,指两国间信使往来的符验。
2 大上计:最好的主意。 3 长宾之:永远摈弃它。宾,通“摈”。之,秦国。
4 秦五世:指献公、孝公、惠文王、武王、昭襄王。 穷:削弱。 惮(dàn):畏惧,害怕。 以国为功:动用全国的力量来达到目的。功,功效。
5 高陵君:秦昭王同母王弟,名显。封于高陵(今陕西西安高陵区),故称。
6 反:归还,交出。 7 脱蹝(xǐ):像脱掉草鞋一样容易。蹝,草鞋。
8 赞:拥护。 国伐:国家受到攻伐。 9 若说:这样的话。若,这样。 若刺心然:就像刺中心脏一样。

久之,秦召燕王,燕王欲往,苏代约[1]燕王曰:

“楚得枳而国亡,齐得宋而国亡,齐、楚不得以有枳[2]、宋而事秦者,何也?则有功者,秦之深仇也。秦取天下,非行义也,暴也。秦之行暴,正告[3]天下。

“告楚曰:‘蜀地之甲,

过了很久,秦国邀请燕王到秦国去,燕王准备前往,苏代劝阻燕王说:

“楚国因取得了枳邑而国家危亡,齐国因取得了宋国而国家破败,齐国、楚国不能因为有了枳邑和宋国就去服侍秦国,这是为什么呢?是因为凡取得成功的国家便是秦国的大敌。秦国夺取天下,不是靠推行仁义,而是靠施行暴力。秦国施行暴力,往往是公开告诉天下的。

乘船浮于汶，乘夏水而下江，五日而至郢。[4]汉中之甲，乘船出于巴，乘夏水而下汉，四日而至五渚。[5]寡人积甲宛东下随，智者不及谋，勇士不及怒，寡人如射隼矣。[6]王乃欲待天下之攻函谷，不亦远乎！'楚王为是故，十七年事秦。

"秦国曾警告楚国说：'蜀地的军队，乘船行驶于岷江，然后趁夏季的水势直下长江，五天就能到达郢都。汉中的军队乘船从巴江出发，趁着夏季的水势直下汉江，四天之后便可以到达江中五渚。我在宛东集结军队，然后直下随邑，这样，聪明的人来不及谋划，勇敢的人来不及愤怒，而我却像射鹰一样迅速发起攻击了。您想等待天下的国家来攻打函谷关，不是太遥远了吗？'因为这个缘故，楚王侍奉了秦国十七年。

注释 1 约：阻止。 2 枳(zhǐ)：邑名，在今重庆涪陵区。 3 正告：公开宣告。《史记索隐》："正告谓显然而告天下也。" 4 汶(mín)：即岷江，在今四川中部，源出岷山羊膊岭，于宜宾处入长江，全长793公里。 夏水：指夏天江河水盛涨之时。 郢：楚国都城，在今湖北江陵西北。
5 汉中：郡名，公元前312年秦置，治所在今陕西汉中。 巴：地区名。在今重庆一带，上游与汉水相近。 汉：汉水。源出秦岭南麓陕西宁强县境内，东流经陕西南部和湖北北部，在今武汉入长江。 五渚：约泛指长江、汉水汇合处的湖泊。 6 宛：楚邑，在今河南南阳。 随：古国名，后被楚吞并。地在今湖北随州附近。 射隼(sǔn)：比喻秦军行动十分迅速。隼，鹰的一种，飞行极快。

"秦正告韩曰：'我起乎少曲，一日而断大行。[1]我起乎宜阳而触平阳，二

"秦国又严正警告韩国说：'我军从少曲发兵，一天就可切断太行山的交通。我军只要从宜阳发兵，然后攻击平阳，两天内韩国各地没有不动摇

日而莫不尽繇。[2]我离两周而触郑，五日而国举。[3]’韩氏以为然，故事秦。

“秦正告魏曰：‘我举安邑，塞女戟，韩氏太原卷。我下轵，道南阳、封、冀，包两周。乘夏水，浮轻舟，强弩在前，锬戈在后，决荥口，魏无大梁；决白马之口，魏无外黄、济阳；决宿胥之口，魏无虚、顿丘。陆攻则击河内，水攻则灭大梁。’魏氏以为然，故事秦。

的。我军穿过东周和西周，攻击南郑，只要五天，整个韩国就会被攻克。’韩国认为的确如此，所以侍奉秦国。

“秦国又严正警告魏国说：‘我军攻占安邑，围困女戟，韩国的太原就会被切断。我军直下轵邑，经过南阳、封邑、冀邑，就可以包抄东周和西周。然后趁着夏季的水势，驾着轻便的战船，以强劲的弓箭做先锋，锋利的戟戈做后盾，然后掘开荥泽河堤，魏国的大梁就会被淹没而不复存在；如果决开白马津的黄河口，魏国的外黄和济阳也会全部被淹没而不复存在；挖开宿胥河堤，魏国的虚邑和顿丘就会被大水冲得无影无踪。从陆地上进攻就可击破河内，从水上进攻就可以毁灭大梁。’魏国认为秦国说的有道理，所以侍奉秦国。

注释　1 少曲：地区名，在今河南济源东北。　大行：即太行山的通道，北通韩国的上党地区，在今山西晋城南。大，通“太”。　2 宜阳：韩邑名，在今河南宜阳县西。　触：接触，引伸为到达。　平阳：韩邑名，在今山西临汾西南。　繇(yáo)：通“摇”，摇动，震撼。　3 两周：即东周、西周。战国后期的两小诸侯国。　郑：亦名“南郑”，时为韩国都城，在今河南新郑。

“秦欲攻安邑，恐齐救之，则以宋委于齐。曰：‘宋王无道，为木人以写[1]寡人，射其面。寡人地绝兵远，不能攻也。王苟能破宋有之，寡人如自得之。’已得安邑，塞女戟，因以破宋为齐罪。

“秦欲攻韩，恐天下救之，则以齐委于天下。曰：‘齐王四与寡人约，四欺寡人，必率天下以攻寡人者三[2]。有齐无秦，有秦无齐，必伐之，必亡之。’已得宜阳、少曲，致蔺、离石，[3]因以破齐为天下罪。

“秦欲攻魏重楚[4]，则以南阳委于楚。曰：‘寡人固与韩且绝矣。残均陵，塞鄳阸，苟利于楚，寡人如自有之。[5]’魏弃与国[6]而合于秦，因以塞鄳阸为楚罪。

“秦国想攻打安邑，但害怕齐国援助它，就把宋国交付齐国，让它去攻打。秦国说：‘宋王不讲君道，仿照我的模样做了个木偶人，射它的脸。我国和宋国地域隔绝，军队远离，不能攻打它。您若能打败宋国并占有它，我会像自己占有了它一样满足。’后来秦国夺取了安邑，围困了女戟，反过来把攻破宋国作为齐国的罪过。

“秦国想攻打韩国，害怕天下各国援助它，就把齐国交付于天下诸侯去讨伐。秦国说：‘齐王曾经四次和我订立同盟，四次欺骗我，又多次坚决地率领天下各国来攻打我。只要有齐国存在就没有秦国，有秦国就没有齐国，大家一定要共同攻伐它，消灭它。’随后秦国夺得了宜阳、少曲，占领了蔺邑、离石，反而把攻破齐国作为天下各国的罪过。

“秦国想攻打魏国，便先尊重楚国，就把南阳交付给楚国。秦国说：‘我本来就要跟韩国绝交了。如果楚国能摧毁韩国的均陵，围困鄳阸，对楚国有利的话，我就像自己占有了它一样。’后来魏国背弃了盟国而和秦国联合，秦国反而把围困鄳阸作为楚国的罪过。

注释 1 写:仿制,仿照。 2 三:指多次。 3 致蔺:得到蔺邑。蔺,在今山西离石县西。 离石:邑名,即今离石县。 4 重楚:尊重楚国。害怕楚国援助魏国。 5 均陵:韩邑名,在今湖北丹江口均县镇关门岩附近。 鄳陒(méng ài):古关隘名,即今河南省信阳西南。 6 与国:结盟的国家。

"兵困于林中,重燕、赵,以胶东委于燕,以济西委于赵。[1]已得讲于魏,至公子延,因犀首属行而攻赵。[2]

"兵伤于谯石,而遇败于阳马,而重魏,则以叶、蔡委于魏。[3]已得讲于赵,则劫魏。魏不为割。困则使太后弟穰侯为和,嬴则兼欺舅与母。[4]

"适[5]燕者曰'以胶东',适赵者曰'以济西',适魏者曰'以叶、蔡',适楚者曰'以塞鄳陒',适齐者曰'以宋'。此必令言如循环,用兵

"秦国的军队在韩国的林中地区遭到围困,为了拉拢燕国和赵国,秦国把胶东交付给燕国,把济西交付给赵国。随后秦国和魏国妥协了,并把公子延作为人质,又利用魏将公孙衍连续率领军队去攻打赵国。

"秦兵在赵国的谯石受到挫折,接着又在阳马遭受失败,于是秦国厚交魏国,就把叶邑和上蔡舍弃给魏国。后来秦国和赵国妥协了,便又胁迫魏国。魏国不肯割让土地。当秦国受困时,秦王便派太后的弟弟穰侯跟魏国讲和,等到胜利时,秦王连自己的舅舅和母亲也都欺骗。

"秦国指责燕国时说'因为它攻打了胶东',指责赵国时说'因为它攻打了济西',指责魏国时说'因为它攻打了叶邑、上蔡',指责楚国时说'因为它围困了鄳陒',指责齐国时说'因为它攻打了宋国'。像这样谴责各国,一定会有无穷尽的借口,用兵作战犹如杀死小虫子

如刺蜚,母不能制,舅不能约。[6]

一样随便,即使太后也不能制止,穰侯也无力约束。

注释 1 林中:韩邑名,即林邑,又名林乡,在今河南新郑东。 胶东:地区名。即今山东胶东半岛。 2 讲:妥协,订立和约。 至:通“质”,做人质。 公子延:即魏国公子,名延。 因:利用。 犀首:即公孙衍。 属:连续。 行(háng):军队。 3 谯石、阳马:均为赵国地名,今址不详。此处《战国策》作“兵伤于离石,遇败于马陵”。马陵,在今山东莘县西南。一说在今河南范县西南。具体地址还须考证。 叶(shè):楚邑名,在今河南叶县西南。 蔡:上蔡,在今河南上蔡县西南。 4 太后:即宣太后,秦昭王的母亲。 穰侯:名魏冉,秦昭王的舅舅。 赢:通“赢”,胜利。 舅与母:指穰侯与宣太后。 5 適(zhé):通“谪”,谴责,指责。 6 循环:圆环。此比喻秦国的借口一个接一个,像圆环一样循环无穷。刺蜚(fěi):比喻像杀死小虫子般随意。刺,杀死。蜚,一种有害的小虫子。

“龙贾之战,岸门之战,封陵之战,高商之战,赵庄之战,秦之所杀三晋之民数百万,今其生者皆死秦之孤也。[1]西河之外,上雒之地,三川晋国之祸,三晋之半,秦祸如此其大也。[2]而燕、赵之秦者,皆以争事秦说其主,此臣之所大患也。”

“龙贾战役、岸门战役、封陵战役、高商战役、赵庄战役,秦国杀死的三晋百姓合起来总共约数百万,现在这三个国家那些还活着的人都是和秦国交战中被杀死者的遗孤。西河以外、上雒、三川,这三个地方实在是晋国的灾祸地区,秦军几乎侵扰了三晋国土的一半,秦国制造的灾祸竟是如此严重啊。但燕、赵两国到秦国去的游士,却争着用侍奉秦国的政策来劝说自己的君主,这是我感到最忧患的事啊。”

燕昭王不行。苏代复重于燕。

燕昭王没有到秦国去。苏代再次被燕国重用。

燕使约诸侯从亲如苏秦时，或从或不，而天下由此宗苏氏之从约。[3]代、厉皆以寿死，名显诸侯。

燕昭王派苏代邀约各诸侯国联合抗秦，情形像苏秦活着的时候一样，各诸侯国，有的加入联盟，有的不加入联盟，但天下的人都推崇苏氏兄弟所倡导的合纵盟约。最后苏代和苏厉都享尽天年，在各诸侯国声名显赫。

注释

1 龙贾之战：公元前330年，秦军在雕阴大败魏军，擒魏将龙贾。　岸门之战：公元前314年，秦败韩于岸门（今河南许昌北），韩太子被迫入秦为质。　封陵之战：公元前303年，秦败魏军于封陵（今山西永济西南）。　高商之战：此战不见于史书。　赵庄之战：公元前313年，秦败赵师于河西（今山西、陕西两省之间黄河南段之西），虏赵将赵庄。　三晋：春秋末，晋国为韩、赵、魏三家所分，自立为国，故史称韩、魏、赵为三晋，有时又单指其中一国或两国。　死秦之孤：与秦国交战中被杀死者的孤儿。　**2** 上雒：地名，在今陕西洛南县东北。　三川：今河南省黄河以南地区，因黄河、洛河、伊河流经其间，故称此地带为“三川”。　**3** 不：否。　宗：尊崇。

太史公曰：苏秦兄弟三人，皆游说诸侯以显名，其术长于权变。而苏秦被反间以死，天下共笑之，讳学其术。[1]然世言苏秦多异，异时事有类之者皆附

太史公说：“苏秦兄弟三个人，都凭着游说诸侯而扬名天下，他们的学说在于擅长权谋变化。但苏秦却背负反间的罪名而被杀死，天下的人都嘲笑他，忌讳学习他的学说。然而世上流传的关于苏秦的事情有许多不同，不同时期的类似的事情

之苏秦。夫苏秦起闾阎[2]，连六国从亲，此其智有过人者。吾故列其行事，次其时序，毋令独蒙[3]恶声焉。

都附和到了他的身上。说起来苏秦出身于平民百姓，但能联合六国合纵，这就说明他的智慧有超过凡人的地方。所以我按照时间顺序，记述他的事迹，只是不想让他蒙受不好的名声。”

注释 1 反间：离间敌人内部的关系，使其落入自己的圈套。 讳：避忌。 2 闾阎：里巷的门。借指民间里巷。 3 蒙：蒙受。

史记卷七十

张仪列传第十

原文

张仪[1]者，魏人也。始尝与苏秦俱事鬼谷先生，学术，苏秦自以不及张仪。[2]

张仪已学[3]而游说诸侯。尝从楚相饮，已而楚相亡璧，门下意张仪，[4]曰："仪贫无行[5]，必此盗相君之璧。"共执张仪，掠笞数百，不服，醳之。[6]其妻曰："嘻[7]！子毋读书游说，安得此辱乎？"张仪谓其妻曰："视吾舌尚在不[8]？"其妻笑曰："舌在也。"仪曰："足矣。"

译文

张仪是魏国人。起初曾经和苏秦一起侍奉鬼谷先生，学习游说之术，苏秦认为自己的才学比不上张仪。

张仪学成之后便去游说诸侯。他曾经陪从楚国的相国饮酒，过了一会儿，楚相丢失了玉璧，门下的人怀疑是张仪偷的，便说："张仪贫穷，品行不端，一定是他偷了相国的玉璧。"于是他们一起拘捕了张仪，用荆条拷打他几百下，但张仪始终不承认，他们只好放了他。张仪的妻子说："唉！如果你不去读书游说，怎么会遭受这种耻辱呢？"张仪对妻子说："看看我的舌头还在不？"他的妻子笑着说："舌头还在。"张仪说："这就足够了。"

注释 1 张仪:?—前309年,魏国贵族后裔,战国时纵衡家。曾以连衡之策说服六国服从秦国,被秦封为武信君。后入魏为相,不久病死。 2 事:服侍,侍奉。 学术:学习游说之术。 3 已学:学业结束。 4 已而:不久。 亡璧:丢失了玉璧。亡,丢失。璧,玉器名,平圆形,正中有孔。为贵族朝聘、祭祀,丧葬时用的礼器,也作装饰品。 意:怀疑,认为。 5 无行:品行不好。行,品行。 6 掠笞:用荆条拷打。 醳(shì):通"释",释放。 7 嘻:悲恨的声音。 8 不(fǒu):同"否"。

苏秦已说赵王而得相约从亲,然恐秦之攻诸侯,败约后负,念莫可使用于秦者,乃使人微感张仪曰[1]:"子始与苏秦善,今秦已当路,[2]子何不往游,以求通子之愿?"张仪于是之赵,上谒[3]求见苏秦。苏秦乃诫门下人不为通,又使不得去者数日。[4]已而见之,坐之堂下,赐仆妾之食。因而数让之曰[5]:"以子之材能,乃自令困辱至此。吾宁不能言而富贵子?子不足收也。"谢[6]去之。张仪之来也,自以

那时,苏秦已经说服了赵王,并使诸侯互相订立合纵盟约,但他担心秦国抢先攻打诸侯,会破坏盟约而导致合纵失败,考虑到没有合适的人选出使秦国,就暗中派人劝导张仪说:"您原先和苏秦的关系很友好,现在苏秦手握大权,您何不前去结交他,以便实现您的愿望?"于是,张仪到了赵国,递上名帖请求拜见苏秦。苏秦叮嘱手下的人既不要给张仪引见,又让他几天之内不能离开。随后苏秦召见了张仪,让他坐在堂下,赐给他奴仆侍妾吃的粗食。借着这个机会又多次责备张仪说:"凭着您的才能,竟使自己穷困窘迫到这种地步。我难道不能说句话使您富贵吗?只是您不值得收留。"苏秦回绝了张仪,把他打发走了。张仪来的时候,自认为和苏秦是老朋友,求见他可以获得好处,谁知反而受

为故人，求益，反见辱，怒，念诸侯莫可事，独秦能苦赵，乃遂入秦。

到如此羞辱，十分生气，盘算诸侯国里没有一个可以侍奉的，只有秦国能使赵国窘困，于是就去了秦国。

注释 1 从(zòng)亲：除秦国以外的南北诸侯国互相支援，联合抗秦，通称为“合纵相亲”。从，通“纵”。 败约：盟约被破坏。 后负：最终失败。 念：考虑，惦念。 微感：暗中劝说。微，暗中，悄悄地。感，劝说，诱导。 2 秦：指苏秦。 当路：指担任重要职务，掌握很大的权力。 3 上谒(yè)：递交进见的名帖。谒，名帖，类似现代的名片。上写本人的姓名、籍贯、官爵和要说的主要事项。 4 诫：叮嘱，交待。 通：通报。 5 数(shuò)：多次。 让：责备。 6 谢：拒绝，推辞。

苏秦已而告其舍人曰：“张仪，天下贤士，吾殆[1]弗如也。今吾幸先用。而能用秦柄者，独张仪可耳。[2]然贫，无因以进。[3]吾恐其乐小利而不遂[4]，故召辱之，以激其意。子为我阴奉[5]之。”乃言赵王，发金币车马，使人微随张仪，与同宿舍，稍稍[6]近就之，奉以车马金钱，所欲用，为取给，而弗告。张仪遂得以见秦惠王[7]。

苏秦随后告诉他的门人说：“张仪是天下贤能的士人，我恐怕比不上他。如今我有幸先被赵王任用。而能掌握秦国大权的人，却只有张仪。然而张仪贫穷，没有什么机缘去进见秦王。我担心他贪图小利而误了成就大功业的机会，所以叫他来，对他侮辱一番，目的是激发他的志气。你替我暗中侍奉他。”苏秦就向赵王请求，拨给金钱和车马，派人暗中跟随张仪，和他一同投宿客栈，渐渐地接近他，然后把车马、金钱奉送给张仪，凡是张仪想要用的各种物资，都提供给他，但不告诉他是谁援助的。张仪终于有机会见到了秦惠王。秦惠王任用

惠王以为客卿[8],与谋伐诸侯。

他做客卿,跟他谋划攻打诸侯国的策略。

注释 1 殆:大概,恐怕。 2 用:掌握。 柄:指政权。 3 因:机缘,凭借。 进:进见。 4 遂:成就。 5 阴奉:暗中服侍。 6 稍稍:渐渐地,慢慢地。 7 秦惠王:即秦惠文王嬴驷,公元前337—前311年在位。 8 客卿:指古代在本国做官的外国人,以礼相待,故称之"客卿"。

苏秦之舍人乃辞去。张仪曰:"赖子得显[1],方且报德,何故去也?"舍人曰:"臣非知君,知君乃苏君。苏君忧秦伐赵败从约,以为非君莫能得秦柄,故感怒君,使臣阴奉给君资,尽苏君之计谋。今君已用,请归报。"张仪曰:"嗟乎,此在吾术中而不悟[2],吾不及苏君明矣!吾又新用,安能谋赵乎?为吾谢[3]苏君,苏君之时,仪何敢言。且苏君在,仪宁渠[4]能乎!"张仪既相秦,为

苏秦的门人准备告别张仪,离开秦国。张仪说:"全靠您的帮助我才得到显贵,我正要报答您的恩德,为何要离开我呢?"门人说:"我并不了解您,真正了解您的是苏先生。苏先生担忧秦国攻打赵国会破坏合纵盟约,他认为除了您以外没有谁能掌握秦国的大权,所以有意激怒您,派我暗中给您资助,这些都是苏先生的计谋。如今您已经得到秦王的重用,请您允许我回去报告苏先生。"张仪说:"唉呀,这些方法都在我学习的权术当中,但我却没有察觉到,可见我不如苏先生睿智啊!我又刚刚被任用,怎么能谋划攻打赵国呢?请代我向苏先生道谢,苏先生在世,我怎敢出主意进攻赵国。况且苏先生在位执掌大权,我难道还有什么能力和他作对吗?"张仪当了秦国的相国以后,写了一封声讨的文

文檄[5]告楚相曰:“始吾从若[6]饮,我不盗而璧,若笞我。若善守汝国,我顾且盗而城![7]”

书,警告楚国的相国说:“当初我陪从你饮酒,我不曾偷你的玉璧,你却鞭打我。你要好好守着你的国家,现在我反而要盗取你的城邑了!”

注释 1 显:显贵。此处指成为有地位和名望的人。 2 悟:悟解,明白。 3 谢:感谢,拜谢。 4 宁渠(jù):难道。渠,通“讵”,岂。 5 文檄(xí):古代用来征召、声讨的文书。 6 若:你。 7 顾:却,反而。 而:通“尔”,你的。

苴蜀[1]相攻击,各来告急于秦。秦惠王欲发兵以伐蜀,以为道险狭难至,而韩又来侵秦。秦惠王欲先伐韩,后伐蜀,恐不利,欲先伐蜀,恐韩袭秦之敝,犹豫未能决。司马错与张仪争论于惠王之前,司马错[2]欲伐蜀,张仪曰:“不如伐韩。”王曰:“请闻其说。”

苴国和蜀国互相攻击,他们分别到秦国告急。秦惠王打算发兵攻打蜀国,但认为通往蜀国的道路狭窄险恶,难以到达,同时韩国又来侵扰秦国。秦惠王打算先讨伐韩国,然后再去讨伐蜀国,但这样做又恐怕会有不利的地方,想要先讨伐蜀国,又担心韩国趁秦国疲惫之机来进行偷袭,他犹豫不能决断。司马错和张仪在秦惠王面前发生了争执,司马错主张先讨伐蜀国,而张仪却说:“不如先讨伐韩国。”秦王说:“让我来听听你们的说法。”

仪曰:“亲魏善楚,下兵三川,塞什谷之口,当屯留之道,魏绝南阳,楚

张仪说:“我们先亲近魏国,善待楚国,然后出兵直下三川,堵截什谷的路口,封锁屯留一带的羊肠阪

临南郑，秦攻新城、宜阳，以临二周之郊，诛周王之罪，侵楚、魏之地。周自知不能救，九鼎宝器必出。据九鼎，案图籍[3]，挟天子以令于天下，天下莫敢不听，此王业也。今夫蜀，西僻之国而戎翟之伦也，敝兵劳众不足以成名，得其地不足以为利。[4]臣闻争名者于朝，争利者于市。[5]今三川、周室，天下之朝市也，而王不争焉，顾争于戎翟，去王业远矣。”

道，接着请魏国断绝韩国南阳的交通，楚国兵临韩国的首都南郑，秦国去攻打韩国的新城和宜阳，以便逼近东周和西周的城郊，声讨周王的罪行，然后回头再攻取楚国和魏国的土地。周王自知不能挽救，就一定会献出九鼎及宝贵的器皿。我们占有了九鼎，掌握了地图户口，就可以挟制周天子来号令天下，那么天下就没有哪个国家敢不听从指挥了，这是称王的大业。如今的蜀国，是西部偏僻的小国，又是属于落后的戎狄之辈，疲惫军队劳苦民众不足以成就功名，即使占领了它的土地对秦国也没多大的实际利益。我听说，争夺名位的人应当到朝廷上去，赚取利润的人应当到市场上去。如今的三川、周室，就像天下的朝廷和市场，而您不去争夺它，反而去争夺戎狄地区，这就离称王的大业太远啊。”

注释　1 苴：蜀国分封的小国。地在今四川、陕西交界处，建都葭萌（今四川广元西南）。　蜀：古国名。地相当于今四川中西部，建都成都（今四川成都）。　2 司马错：秦国将领。秦灭蜀后，任蜀郡太守。　3 案图籍：掌握天下的地图和户籍。案，通“按”，掌握。　4 戎翟：古代中原地区的统治者对周边少数民族的蔑称。戎，西部各民族的统称。翟，通“狄”，为北部部族的通称。　伦：类，辈。　敝：疲惫。　5 朝：朝廷。　市：集市。

司马错曰："不然。臣闻之，欲富国者务广其地，欲强兵者务富其民，欲王者务博其德，三资者备而王随之矣。今王地小民贫，故臣愿先从事于易。夫蜀，西僻之国也，而戎翟之长也，有桀纣之乱。[1]以秦攻之，譬如使豺狼逐群羊。得其地足以广国，取其财足以富民，缮[2]兵不伤众而彼已服焉。拔一国而天下不以为暴，利尽西海而天下不以为贪，[3]是我一举而名实附也，而又有禁暴止乱之名。今攻韩，劫天子，恶名也，而未必利也，又有不义之名，而攻天下所不欲，危矣。臣请谒[4]其故：周，天下之宗室也；齐，韩之与国也。[5]周自知失九鼎，韩自知亡三川，将二

司马错说："不是这样。我听说过，想要使国家富裕，务必要使国土扩大，想要使军队强盛，务必要使百姓富足，想要成就王业的人，务必要使恩德广布，这三项条件具备了，称王的事业随之也就实现了。如今您的土地窄小，百姓贫穷，所以我建议先做一些比较容易的事。虽然蜀国是西部偏僻的国家，但它是戎狄部族的首领，国内存在着像夏桀和商纣统治时那样的危机。用秦国的力量去攻打它，犹如驱使豺狼追逐羊群一样容易。夺取了它的土地便足以扩充国土，获得了它的财富便可以使百姓富有，供给军队食粮而不损害民众，对方就已屈服了。攻取一个国家而天下的人不认为我们残暴；占尽了西边戎狄的物利而天下的人不认为我们贪婪，这样我们就能一举两得，既能得到名声和实利，同时还会博得禁止暴乱的称誉。现在如果攻打韩国，劫持周天子，是很坏的名声，而且未必会获得利益，又有着不义的名声，而去进攻天下各国所不乐意攻打的国家，那是很危险的。请让我再说明其中的原故：周，是天下诸侯的宗主国；齐国，是韩国的结盟国。周天子自知要丧失九鼎，韩国自知要沦陷三

国并力合谋，以因乎齐、赵而求解乎楚、魏，以鼎与楚，以地与魏，王弗能止也。此臣之所谓危也。不如伐蜀完[6]。”

惠王曰：“善，寡人请听子。”卒起兵伐蜀。十月，取之，遂定蜀，贬蜀王更号为侯，而使陈庄相蜀。蜀既属秦，秦以益强，富厚，轻诸侯。

川，这两个国家必将协力共谋，借助于齐国和赵国的力量，谋求和楚、魏二国先行和解，如果周天子将九鼎送给楚国，韩国将三川之地让给魏国，您是没有办法阻止的。这就是我所说的危险啊。所以攻打韩国不如攻打蜀国那样稳妥。”

秦惠王说：“有道理。我愿意听从你的建议。”秦国最终出师攻打蜀国。当年十月，占领蜀国，最后平定了它，又贬谪蜀王改封为诸侯，并派陈庄担任蜀国的宰相。蜀国归附秦国之后，秦国更加强盛、富裕，因而它更瞧不起其他诸侯国了。

注释 1 长(zhǎng)：首领。 桀纣之乱：桀，夏朝末代君主。纣，商朝末代君主。二人均因残酷剥削百姓、实施苛政而成为历史上有名的暴君。 2 缮：通“膳”，供给军队食粮。 3 拔：攻占。 西海：西方富饶的地方。 4 谒：陈述。 5 宗室：宗主国。 与国：结盟的国家。 6 完：此处指稳妥。

秦惠王十年，使公子华与张仪围蒲阳[1]，降之。仪因言秦复与魏，而使公子繇质[2]于魏。仪因说魏王曰：“秦王之遇魏甚厚，魏不可以无礼。”魏因入上郡、少梁，谢秦惠王。惠

秦惠王十年，派公子华与张仪围攻魏国的蒲阳，并降服了它。接着张仪说服秦惠王把蒲阳归还给魏国，并派遣公子繇到魏国做人质。张仪借机游说魏王说：“秦王对待魏国十分宽厚，魏国不可以不有所回报。”于是，魏国把上郡和少梁两地进献给秦国，来答谢秦惠王。为此，

王乃以张仪为相，更名少梁曰夏阳。

秦惠王任命张仪做了国相，并把少梁改名叫夏阳。

注释 1 蒲阳：魏邑名，在今山西隰县。 2 质：做人质。为了表示遵守盟约的诚意，春秋战国时，各国君主常互派自己的儿子到对方国家做人质，作为履行盟约的担保。

仪相秦四岁，立惠王为王[1]。居一岁，为秦将，取陕。[2]筑上郡塞。

张仪担任秦国国相的第四年，拥戴秦惠王称王。过了一年，他担任秦国的将军，攻取了陕邑。又在上郡建筑防塞。

其后二年，使与齐、楚之相会齧桑[3]。东还而免相，相魏以为秦，欲令魏先事秦而诸侯效之。魏王不肯听仪。秦王怒，伐取魏之曲沃、平周，[4]复阴厚张仪益甚。张仪惭，无以归报。留魏四岁而魏襄王卒，哀王立。张仪复说哀王，哀王不听。于是张仪阴令秦伐魏。魏与秦战，败。

过了二年，张仪被派出使并和齐国、楚国在齧桑会盟。他从东返国后，被免去了国相的职务，为秦国的利益到魏国去做了国相，想让魏国率先侍奉秦国，然后再让其他诸侯国效仿魏国。魏王不听从张仪的意见。秦王十分生气，派兵攻占了魏国的曲沃、平周，同时暗中给张仪的待遇更加优厚。张仪感到惭愧，因为他没有什么可以报答秦王的厚爱。在魏国逗留四年以后，魏襄王去世，魏哀王继位。张仪再次游说哀王侍奉秦国，哀王不听。于是张仪暗中指使秦国攻打魏国。魏国和秦国交战，魏国打了败仗。

明年，齐又来败魏于观津[5]。秦复欲攻魏，先败韩申差军，斩首八万，

第二年，齐国又在观津打败了魏国。秦国想再次攻伐魏国，为此先击

诸侯震恐。而张仪复说魏王曰：

“魏地方不至千里，卒不过三十万。地四平，诸侯四通辐凑，无名山大川之限。[6]从郑至梁二百余里，车驰人走，不待力而至。[7]梁南与楚境，西与韩境，北与赵境，东与齐境，卒戍四方，守亭鄣[8]者不下十万。梁之地势，固[9]战场也。梁南与[10]楚而不与齐，则齐攻其东；东与齐而不与赵，则赵攻其北；不合于韩，则韩攻其西；不亲于楚，则楚攻其南：此所谓四分五裂之道也。

败了韩国申差的军队，斩杀首级八万，诸侯国十分震惊和恐慌。张仪再次游说魏王说：

“魏国的土地纵横不到一千里，兵卒不超过三十万。地势四面平坦，诸侯像车轮的辐条一样很容易从四面集中到魏国来，魏国又没有高山大河的阻碍。从南郑到大梁只有二百多里，车辆行驶及人员奔跑，不费力气即可到达。魏国南面和楚国接境，西面和韩国接境，北面和赵国接境，东面和齐国接境，如果动用兵卒守卫四方，仅用来防守观察敌情堡垒的人就不少于十万。魏国的地理形势，本来就像个战场。假如魏国与南面的楚国交好而不与齐国和好，那么齐国会攻打魏国的东面；东面与齐国交好而不与赵国亲善，那么赵国会攻打魏国的北面；与韩国不和，那么韩国会攻打魏国的西面；与楚国不和，那么楚国会攻打魏国的南面：这就是人们所说的四分五裂的处境。

注释

1 立惠王为王：秦国君主在秦孝公前均称“公”，惠王初即位时亦称“君”，此时正式称“王”。 2 居：过了。 陕：魏邑名，在今河南三门峡西。 3 齧桑：魏地名，在今江苏沛县西南。 4 曲沃：魏地名，在今河南三门峡西南。 平周:魏地名,在今山西介休西。 5 观津:赵邑名,在今河北武邑县东南。 6 辐凑:也作“辐辏”,车辐集于毂上。此比喻魏国是各国往来的地方。 限:要塞,阻碍。 7 郑:即南郑。 梁:魏都城,即大梁。 8 亭鄣:在边疆用来观察敌情的建筑物。此指边防要塞。 9 固:本来,固然。 10 与:结交,亲附。

“且夫诸侯之为从者,将以安社稷尊主强兵显名也。今从者一天下,约为昆弟,刑白马以盟洹水之上,以相坚也。[1]而亲昆弟同父母,尚有争钱财,而欲恃[2]诈伪反覆苏秦之余谋,其不可成亦明矣。

“况且诸侯各国实行合纵的目的,是想国家安定,使国君地位稳固,军队强大而名扬天下。现在,主张合纵的人想一统天下,让各国诸侯相约为兄弟,他们在洹水边上斩杀白马,歃血结盟,以此相互表示坚决信守盟约。然而,即使同父母的亲兄弟,尚且有为了钱财而争斗的情形,却想凭借欺诈伪善反复无常的苏秦遗留下来的谋略,这种做法很明显不能取得成功。

“大王不事秦,秦下兵攻河外,据卷、衍、燕、酸枣,劫卫取阳晋,则赵不南,赵不南而梁不北,梁不北则从道绝,从道绝则大王之国欲毋危不可得也。秦折韩而攻梁,韩怯于秦,秦韩为一,梁之亡可立而须也。[3]此臣之所为大王患也。

“大王若不侍奉秦国,秦国就会发兵攻打河外,占据卷邑、衍邑、燕邑和酸枣,并胁迫卫国攻取阳晋,这样赵国就无法南下,赵国不能南下,而魏国也就不能北上,魏国不能北上,那么两国合纵援救的道路就被截断了,合纵援救的道路被截断那么大王的国家想避免危险也是不可能的了。秦国折服了韩国再攻打魏国,韩国屈于秦国的威势,秦国和韩国就会结为

"为大王计，莫如事秦。事秦则楚、韩必不敢动；无楚、韩之患，则大王高枕而卧，国必无忧矣。

一个整体，魏国的灭亡便须臾可待了。这是我替大王所感到忧患的。

"我替大王考虑，不如侍奉秦国。如果侍奉秦国，那么楚国和韩国一定不敢轻举妄动；没有楚国和韩国的祸患，那么大王就可以高枕而卧，国家也一定没有忧患了。

注释 1 昆弟：兄弟。 刑：宰杀。 洹水：即今河南安阳河。 2 恃：依仗，凭借。 3 折：折服。 立而须：快得只须站立起来的工夫，比喻时间短暂。须，等待。

"且夫秦之所欲弱者莫如楚，而能弱楚者莫如梁。楚虽有富大之名而实空虚；其卒虽多，然而轻走易北[1]，不能坚战。悉梁之兵南面而伐楚，胜之必矣。割楚而益梁，亏楚而适秦，嫁祸安国，此善事也。[2]大王不听臣，秦下甲士[3]而东伐，虽欲事秦，不可得矣。

"况且秦国想要削弱的国家中，没有哪个国家比得上楚国，而能使楚国削弱的国家，没有哪一个国家比得上魏国。楚国虽然有富饶强大的名声，但实际国力空虚；虽然它的军队人数众多，但却轻易败阵逃跑，不能坚持作战。如果动用魏国的全部兵力往南去攻伐楚国，取得胜利是必定的了。分割楚国的土地就会有益于魏国，损害楚国的利益来归服秦国，转嫁灾祸而使国家平安，这是好事啊。假如大王不听从我的建议，等到秦国发兵从东面攻打魏国时，魏国再想侍奉秦国也是不可能的了。

注释 1 轻走易北：容易击败，逃跑。北，打了败仗往回跑。 2 亏：损害。 适：归顺，讨好。 3 甲士：披甲持械的士兵。此泛指秦军。

"且夫从人多奋辞而少可信，说一诸侯而成封侯，是故天下之游谈士莫不日夜扼腕瞋目切齿以言从之便，以说人主。[1]人主贤其辩而牵其说，岂得无眩哉？[2]

"臣闻之，积羽沈舟，群轻折轴，众口铄金，积毁销骨，故愿大王审定计议，且赐骸骨辟魏。[3]"

哀王于是乃倍[4]从约而因仪请成于秦。张仪归，复相秦。三岁而魏复背秦为从。秦攻魏，取曲沃。明年，魏复事秦。

"况且主张合纵的人，大多只是言辞激昂却很少可以信赖，他们只想游说一个诸侯国就得到封侯，因此天下的说客没有一个不日夜扼着手腕，瞪大眼睛，咬紧牙齿，信誓旦旦地游说合纵的好处，以便来取悦君王。君王欣赏他们的善辩之术，附带着也会牵就他们的主张，怎么能不被迷惑呢？

"我听说，羽毛虽轻，但堆聚起来能使船只沉没；装载很多轻便的东西，也能压断车轴；如果众人异口同声，可使金熔解；众人的毁谤，可以毁灭一个人，所以希望大王审慎地确定治国大计，并允许我辞官离开魏国。"

魏哀王于是就背弃合纵，并通过张仪向秦国请求讲和。张仪回到秦国，重新做了相国。过了三年，魏国又背叛了秦国，与其他国家合纵联盟。秦国攻打魏国，夺取了曲沃。第二年，魏国再次侍奉秦国。

注释 1 奋辞：言辞激昂。 扼腕：用力掐住手腕。 瞋目切齿：瞪大眼睛，咬紧牙齿。 以上皆为慷慨激动的表情。 从之便：合纵的益处。从，通"纵"。 说：取悦。说，通"悦"。 2 贤其辩：欣赏他们的巧言雄辩。贤，赞赏，欣赏。 牵：连带，附带。 眩：迷惑，迷乱。 3 沈：同"沉"，沉没。 折轴：压断车轴。 众口铄（shuò）金：比喻舆论的力量大。铄金，销熔金属。 销骨：熔化骨头。比喻毁谤可置人于死地。 赐骸骨：把这副老骨头给我，意为乞身引退。　辟：通“避”，离开。　4 倍：通“背”，背弃。

秦欲伐齐，齐楚从亲，于是张仪往相楚。楚怀王闻张仪来，虚上舍而自馆之。[1]曰：“此僻陋之国，子何以教之？”仪说楚王曰：“大王诚能听臣，闭关绝约于齐，臣请献商於之地六百里，使秦女得为大王箕帚之妾，秦楚娶妇嫁女，长为兄弟之国。[2]此北弱齐而西益秦也，计无便此者。”

秦国想要攻打齐国，但是齐、楚两国合纵，于是张仪前往楚国出任相国。楚怀王听说张仪来了，特意空出上等宾馆并亲自安排他的住宿。楚怀王说：“这里是个偏僻落后的国家，您用什么来指教我呢？”张仪游说楚怀王说：“大王果真能听从我的意见，和齐国断绝来往，废除盟约，我则请求秦王献出商於一带的六百里土地，并派遣秦国的女子做大王的侍妾，秦国和楚国彼此嫁女娶妇，长久成为兄弟般的国家。这样在北面可以削弱齐国，而在西面可以使秦国获得益处，实在没有比它更好的计谋了。”

注释　1 楚怀王：楚国国君，名槐，公元前 328—前 299 年在位，客死于秦。　虚上舍：腾出上等宾馆。　自馆：亲自安排住宿。　2 闭关：关闭边关，指两国断绝往来。　绝约：废除盟约。　箕帚之妾：嫁女谦辞。箕帚，指做清扫卫生等一类事。

楚王大说而许之。群臣皆贺，陈轸独吊[1]之。楚王怒曰：“寡人不兴师发兵得六百里地，群臣皆贺，子

楚怀王非常高兴，就答应了。大臣们纷纷向楚怀王表示祝贺，唯独陈轸对此表示忧虑。楚怀王生气地说：“我用不着兴师动众就能得到六百里土地，大臣们都表示祝贺，

独吊，何也？”陈轸对曰：“不然。以臣观之，商於之地不可得而齐秦合，齐秦合则患必至矣。”楚王曰：“有说乎？”陈轸对曰：“夫秦之所以重楚者，以其有齐也。今闭关绝约于齐，则楚孤。秦奚贪夫孤国，而与之商於之地六百里？[2]张仪至秦，必负[3]王，是北绝齐交，西生患于秦也，而两国之兵必俱至。善为王计者，不若阴合而阳绝[4]于齐，使人随张仪。苟与吾地，绝齐未晚也；不与吾地，阴合谋计也。”楚王曰：“愿陈子闭口毋复言，以待寡人得地。”乃以相印授张仪，厚赂[5]之。于是遂闭关绝约于齐，使一将军随张仪。

唯独你表示忧虑，为什么呢？”陈轸回答说：“不是这样。依我看来，商於一带的土地，楚国根本得不到，而齐国和秦国倒会联合起来，如果齐、秦两国联盟，那么祸害就肯定会降临楚国。”楚怀王说：“有什么说法吗？”陈轸回答说：“秦国之所以重视楚国，是因为楚国与齐国结盟。如果楚国和齐国断绝来往，废除盟约，那么楚国就会孤立无援。秦国为什么还要讨好一个孤立无援的楚国，送给我们商於六百里土地呢？张仪回到秦国，一定会背叛大王，这样，北面断绝了和齐国的交往，西面又招来了秦国的祸害，齐、秦两国军队必然会同时进攻楚国。我替您想到一个妥善的方法，不如暗中与齐国联合，而表面上断绝往来，派人跟随张仪到秦国。如果秦国给了我们土地，再与齐国断交也不迟；如果不给土地，仍继续施行暗中联合齐国的计谋。”楚怀王说：“希望陈先生闭嘴不要再说了，你等着我获得土地。”楚怀王将楚国的相印授给张仪，并赠送给他丰厚的财物。于是就掩闭城关，废除和齐国的盟约，又派一名将军跟随张仪去到秦国。

注释　1 吊：忧虑。　2 奚：为什么。　贪：追求，讨好。　孤国：指孤立无援的楚国。 3 负:亏负,不守信用。 4 阴合而阳绝:意为暗中继续合作,表面断绝关系。阴,暗中。阳,表面。 5 赂:赠送。

张仪至秦,详失绥堕车,不朝三月。[1]楚王闻之,曰:“仪以寡人绝齐未甚邪?”乃使勇士至宋,借宋之符,北骂齐王。齐王大怒,折节而下秦。[2]秦齐之交合,张仪乃朝,谓楚使者曰:“臣有奉邑[3]六里,愿以献大王左右。”楚使者曰:“臣受令于王,以商於之地六百里,不闻六里。”还报楚王,楚王大怒,发兵而攻秦。陈轸曰:“轸可发口言乎?攻之不如割地反以赂秦,与之并兵而攻齐,是我出地于秦,取偿于齐也,王国尚可存。”楚王不听,卒发兵而使将军屈匄[4]击秦。秦齐共攻楚,斩首八万,杀屈匄,遂取丹阳、

张仪回到秦国,假装登车时没有拉住绳索,坠落车下受了伤,就三个月没有上朝。楚怀王听说了这件事,说:“张仪大概认为我和齐国绝交还不彻底吧?”于是他派遣勇士到宋国,借用宋国的符节,往北到齐国辱骂齐王。齐王非常愤怒,情愿委屈自己,退让一步,向秦国表示屈服。秦国和齐国联合以后,张仪才上朝,他对楚国的使者说:“我有六里受封的土地,情愿把它献给楚王。”楚国的使者说:“我受楚王的命令,来接受商於一带的六百里土地,没听说是六里土地。”使者回国报告楚怀王,楚怀王大怒,要出兵攻打秦国。陈轸说:“我现在可以开口说话吗?与其攻打秦国,不如反过来割让土地贿赂秦国,跟它联合共同攻打齐国,这样等于我国先送给秦国土地,然后再从齐国得到补偿,如此您的国家还可以保存下去。”楚怀王没有听从陈轸的建议,最终出动军队,并派将军屈匄去进攻秦国。秦、齐两国联合攻打楚国,杀死楚军八万将士,并杀了屈匄,夺取了丹阳、汉中

汉中之地。楚又复益发兵而袭秦，至蓝田，大战，楚大败，于是楚割两城以与秦平。[5]

一带的土地。楚国又重新增兵袭击秦国，到达了蓝田，和秦军展开大战，楚军大败，于是楚国割让两座城邑来与秦国议和。

注释 1 详：通“佯”，假装。 绥：车上的绳索，登车时作拉手用。 2 折节：屈己下人。 下秦：向秦国表示屈服。 3 奉邑：受封的土地。 4 匄：“丐”的异体字。 5 蓝田：县名，在今陕西蓝田县西。 平：媾和。

秦要楚欲得黔中地，欲以武关外易之。[1]楚王曰：“不愿易地，愿得张仪而献黔中地。”秦王欲遣之，口弗忍言。张仪乃请行。惠王曰：“彼楚王怒子之负以商於之地，是且甘心[2]于子。”张仪曰：“秦强楚弱，臣善靳尚[3]，尚得事楚夫人郑袖，袖所言皆从。且臣奉王之节使楚，楚何敢加诛？假令诛臣而为秦得黔中之地，臣之上愿[4]。”遂使楚。楚怀王至则囚张仪，将杀之。靳尚谓郑袖曰：“子亦知子之贱[5]于王乎？”

秦国要挟楚国，企图得到黔中地区，并准备用武关以外的土地交换它。楚怀王说：“我不愿交换土地，情愿得到张仪，来换取黔中一带的土地。”秦王想把张仪送到楚国去，但又不忍开口。张仪竟自己请求前往。秦惠王说：“那楚王怨恨你背弃献商於之地的诺言，他会置你于死地而后快。”张仪说：“秦国强大，楚国衰弱，我和楚国大夫靳尚的交情很好，靳尚能够亲近楚王夫人郑袖，郑袖所说的话，楚王都听从。况且我奉您的符节出使楚国，楚国哪敢加害于我？假如楚王杀了我，能替秦国取得黔中地区，这是我最大的心愿。”于是张仪出使楚国。张仪到了楚国，楚怀王就囚禁了他，并准备杀掉他。靳尚对郑袖说：“您知道您将要被楚王所轻视吗？”郑袖说：“为什么呢？”靳尚说：

郑袖曰："何也？"靳尚曰："秦王甚爱张仪而不欲出之，今将以上庸之地六县赂楚，以美人聘楚，以宫中善歌讴者为媵。[6]楚王重地尊秦，秦女必贵而夫人斥[7]矣。不若为言而出之。"于是郑袖日夜言怀王曰："人臣各为其主用。今地未入秦，秦使张仪来，至重王。王未有礼而杀张仪，秦必大怒攻楚。妾请子母俱迁江南，毋为秦所鱼肉[8]也。"怀王后悔，赦张仪，厚礼之如故。

"秦王特别宠爱张仪，一定要救他出去，如今准备用上庸地区的六个县来贿赂楚国，把秦国的漂亮女子嫁到楚国，并把王宫中能歌善舞的女子做随嫁的侍女。如果楚王看重土地并且尊重秦国的话，日后秦国的女子必定会得到宠爱，而夫人就会遭到鄙弃。不如您替张仪说情救他出狱。"于是，郑袖昼夜劝说楚怀王道："臣子各为自己的君主效劳。现在土地还没交给秦国，秦国就派张仪来了，这是极度重视您的表现。您非但没有回礼，反而要杀掉张仪，秦国一定会大为恼怒而进攻楚国。我请您允许我们母子都迁移到江南居住，以免日后被秦国当作鱼肉来宰割。"楚怀王后悔了，赦免了张仪，并同以前一样敬重他。

注释　1 要(yāo)：要挟。　黔中：郡名，战国时楚置，后入秦。辖境相当于今湖南沅水和澧水流域、湖北清江流域、四川黔江流域和贵州东北部分地区。　武关：关隘名，在今陕西丹凤县东南。　2 甘心：快意。　3 靳尚：楚怀王侍从之臣，大夫。　4 上愿：最高的愿望。　5 贱：轻视，看不起。　6 不：《史记索隐》以为当作"必"，当是。　聘：旧时以礼物订婚。　媵(yìng)：陪嫁的侍女。　7 斥：排斥，鄙弃。　8 鱼肉：像鱼肉一样任人宰割。

张仪既出，未去，闻苏秦死，乃说楚王曰：

“秦地半天下，兵敌四国，被险带河，四塞以为固。[1]虎贲之士百余万，车千乘，骑万匹，积粟如丘山。[2]法令既明，士卒安难乐死，主明以严，将智以武，虽无出甲，席卷常山[3]之险，必折天下之脊，天下有后服者先亡。且夫为从者，无以异于驱群羊而攻猛虎，虎之与羊不格[4]明矣。今王不与猛虎而与群羊，臣窃以为大王之计过也。[5]

张仪被释放后，还没有离开楚国，听到了苏秦去世的消息，便游说楚怀王说：

“秦国的领地占了天下的一半，兵力可以阻挡四方邻国的进攻，背靠天险，又有黄河围绕着，四周均有要塞可以坚守。拥有一百多万最勇猛的兵卒，战车一千辆，战马一万匹，粮食多得堆积如山。法令严明，士兵安于危难并勇于牺牲，君主英明、威严，将帅聪颖、威武，即使不出兵，凭着它的声望，也会席卷险峻的常山，必定折断天下的脊梁，天下各国有迟来顺服秦国的一定会先被灭亡。而且，主张合纵与秦国争斗的行为，无异于驱赶群羊去进攻猛虎，羊群不能与猛虎匹敌是很明显的。如今您不亲善猛虎却去亲善群羊，我私下认为大王的计谋是错误的。

注释 1 被：背靠，凭借。 带：围绕。 2 虎贲(bēn)：最勇猛的士卒。 乘(shèng)：古代四匹马拉的一辆车为一乘。 骑(jì)：古代一人一马为一骑。 3 常山：本为恒山，此因避汉文帝刘恒名讳而改。 4 格：匹敌，抵挡。 5 与：亲善，亲附。 过：过错，失误。

“凡天下强国，非秦而楚，非楚而秦，两国交争，其势不两立。大王不

“当今天下的强国，不是秦国就是楚国，不是楚国就是秦国，两国相争，形势发展必定不可能让两国同时

与秦，秦下甲据宜阳，韩之上地不通。[1]下河东，取成皋，韩必入臣，梁则从风而动。[2]秦攻楚之西，韩、梁攻其北，社稷安得毋危？

“且夫从者聚群弱而攻至强，不料敌而轻战，国贫而数举兵，危亡之术也。臣闻之，兵不如者勿与挑战，粟不如者勿与持久。夫从人饰辩虚辞，高主之节，言其利不言其害，卒有秦祸，无及为已。[3]是故愿大王之孰计之。

存在。大王如果不亲附秦国，秦国就会发兵占据宜阳，那么韩国上党郡一带的交通就不能畅通。再出兵河东，夺取成皋，韩国一定会向秦国臣服，魏国也会随风动摇。秦国进攻楚国的西部，韩、魏两国进攻楚国的北部，楚国怎么能没有危险呢？

“再说主张合纵的人，是纠集一群弱小的国家去攻打最强大的国家，不充分估量敌人的实力而轻易发动战争，国家贫穷又频繁交战，这是招致国家危亡的做法。我听说过，兵力不如对方的时候就不要挑起战争，粮食不如敌人多的时候就不要和它持久作战。那些主张合纵的人，专门粉饰言辞，空发议论，吹嘘君主的所谓高风亮节，只说合纵的好处，却不说其危害的一面，而突然招来秦国的兵祸，就往往来不及应付。因此，我希望大王能仔细地考虑。

注释　1 宜阳：韩邑名，在今河南宜阳县西。　上地：指上党郡，在今山西长治一带。　2 河东：地区名，相当于今山西西南部黄河东岸。　成皋：邑名，在今河南荥阳汜水镇西。　梁：即魏国。以下同。　3 饰辩虚辞：粉饰言辞，空发议论。　高主之节：抬高君主的节行。高，用作动词。　卒：同“猝”，突然。

“秦西有巴蜀，大船积粟，起于汶山[1]，浮江已下，至楚三千余里。舫船载卒，一舫载五十人与三月之食，下水而浮，一日行三百余里，里数虽多，然而不费牛马之力，不至十日而距扞关。[2]扞关惊，则从境以东尽城守矣，黔中、巫郡非王之有。[3]秦举甲出武关，南面而伐，则北地[4]绝。秦兵之攻楚也，危难在三月之内，而楚待诸侯之救，在半岁之外，此其势不相及也。夫待弱国之救，忘强秦之祸，此臣所以为大王患也。

“秦国西面拥有巴、蜀二郡，用相并的两船装载粮食，从岷山出发，沿长江而下，到达楚国有三千多里。两船相并可装载五十人和三个月的粮食，顺流漂浮而下，一天可行驶三百多里，里程虽远，但不需要花费牛马的力气，用不了十天就可到达扞关。扞关一受到惊扰，那么边境以东地区都要据城防守了，最后，黔中和巫郡就不再是您的了。秦国发兵出武关，向南面进攻，那么楚国北部就会被隔绝。秦军攻打楚国，三个月以内可以给楚国造成危难，而楚国要等待诸侯国的救援，却在半年以后，由此从形势上看肯定是来不及的。企图等待弱国的救援，而忘记强秦随时造成的祸患，这正是我替大王所担忧的。

注释　1 汶(mín)山：即岷山，在今四川北部。　2 舫(fǎng)船：两船相并。　扞(hàn)关：即江关，在今重庆奉节县东。　3 城守：据城防守。　巫郡：秦设郡名，治所在今重庆巫山县。　4 北地：楚国北部地区。

“大王尝与吴人战，五战而三胜，阵卒尽矣；偏守新城，存民苦矣。[1]

“大王曾经和吴国人打过仗，虽然五次战争中取得了三次胜利，但临阵的士卒却几乎损失殆尽了；到处守卫

臣闻功大者易危，而民敝者怨上。夫守易危之功而逆[2]强秦之心，臣窃为大王危之。

新夺取的城邑，那些留存的老百姓实在是太辛苦了。我听说，功业太大，容易产生危险；百姓疲惫，容易怨恨他们的君主。守着容易产生危险的功业而背逆强秦的心愿，我私下替大王感到危险啊。

“且夫秦之所以不出兵函谷[3]十五年以攻齐、赵者，阴谋有合天下之心。楚尝与秦构难，战于汉中，楚人不胜，列侯执珪[4]死者七十余人，遂亡汉中。楚王大怒，兴兵袭秦，战于蓝田。此所谓两虎相搏者也。夫秦楚相敝，而韩魏以全制其后，计无危于此者矣。愿大王孰计之。

“秦国之所以十五年不出兵函谷关去攻打齐国和赵国，是因为它暗中有一举吞并天下的雄心。楚国曾经和秦国发生冲突，在汉中交战，结果楚国没有取胜，有列侯和执珪爵位的人死了七十多位，最终还丧失了汉中一带。楚王非常恼怒，又发兵偷袭秦国，大战于蓝田。这就是所谓两虎相斗的情形。秦国和楚国互相撕杀，双方都会疲惫不堪，这时韩国和魏国若以全力从背后给予打击，没有比它更失策的计谋了。希望大王仔细地考虑这个问题。

注释 1 新城：新夺取的城邑，不详所在。 存民：留存着的百姓。 2 逆：抵触，违背。 3 函谷：关名，在今河南灵宝东。 4 列侯：爵位名，本称“彻侯”，为秦国二十等爵位中的最高一级，因避汉武帝刘彻讳改称为“列侯”或“通侯”。 执珪：楚国的最高爵位名称，此泛指高官大臣。

“秦下甲攻卫阳晋，必大关天下之匈。[1]大王悉起兵以攻宋，不至数月而宋可

“秦国发兵攻打卫国的阳晋，必定会卡住天下的胸膛。大王如果出动全部军队攻打宋国，用不了

举，举宋而东指，则泗上十二诸侯尽王之有也。[2]

“凡天下而以信约从亲相坚者苏秦，封武安君[3]，相燕，即阴与燕王谋伐破齐而分其地；乃详有罪出走入齐，齐王因受而相之；居二年而觉，齐王大怒，车裂[4]苏秦于市。夫以一诈伪之苏秦，而欲经营天下，混一[5]诸侯，其不可成亦明矣。

几个月宋国就可以全部占领，全部攻占宋国之后再继续东进，那么泗水边上的诸侯国就都归您所有了。

“凡是天下用盟约合纵的诸侯，使他们亲善并互相坚守的人就是苏秦，他受封为武安君，做了燕国的相国，就暗中和燕王谋划，企图攻破齐国并瓜分它的土地；于是苏秦假装得罪燕王，从燕国逃跑到齐国，齐王因而收留了他，并让他做了相国；过了两年苏秦的阴谋被察觉，齐王极其愤怒，在集市上把苏秦五马分尸了。以一个欺诈虚伪的苏秦，却想要经营整个天下，使诸侯联合统一，他的策略很明显不可能成功。

注释　1 卫：战国时为小国，隶属魏，已贬号为君，独有濮阳（在今河南濮阳南）地带。　阳晋：邑名，在今山东郓城县西。距卫较近。　关：卡住。　匈：同“胸”，胸膛。　2 东指：向东进攻。　泗上十二诸侯：泗水边上的宋、鲁、邹等小诸侯国。泗水，在今山东中部。十二，为虚数。　3 武安君：因封邑在武安，故称。武安，在今河北武安西南。　4 车裂：俗称“五马分尸”，为古代的一种酷刑。　5 混一：统一。

“今秦与楚接境壤界，固形亲之国也。大王诚能听臣，臣请使秦太子入质于楚，楚太子入质于

“如今秦国和楚国边界相接，两国在地理上本来就是亲近的国家。大王果真能听从我的建议，我将请求让秦国的太子到楚国做人质，也请楚国的太子到秦国做人质，并请求用秦王

秦,请以秦女为大王箕帚之妾,效万室之都以为汤沐之邑,[1]长为昆弟之国,终身无相攻伐。臣以为计无便于此者。”

于是楚王已得张仪而重[2]出黔中地与秦,欲许之。屈原[3]曰:“前大王见欺于张仪,张仪至,臣以为大王烹[4]之;今纵弗忍杀之,又听其邪说,不可。”怀王曰:“许仪而得黔中,美利也。后而倍[5]之,不可。”故卒许张仪,与秦亲。

的女儿做侍候大王的姬妾,再献上拥有一万户人口的都城作为大王的汤沐邑,秦、楚两国长久地结为兄弟,终身不互相攻伐。我以为没有比这更好的策略了。”

这时,楚王虽然已经得到张仪,但又不情愿把黔中的土地送给秦国,便想应允张仪的建议。屈原说:“从前大王被张仪欺骗过,这次张仪来了,我以为大王会烹杀了他;如今放了他,不忍心杀死他,却又听信他的邪说,千万不能这样做。”怀王说:“答应了张仪,就等于再次收复了黔中,这是有利的事。答应了再背弃,是不行的。”所以最终答应了张仪,跟秦国交好。

注释 1 效:献出。 汤沐之邑:古代赐给诸侯,以供其住宿和斋沐等费用的地邑。 2 重:困难,不情愿。 3 屈原:约公元前340—前278年,战国楚人,政治家、诗人。 4 烹:古代用鼎镬煮杀人的一种酷刑。 5 倍:通“背”,背弃。

张仪去楚,因遂之韩,说韩王曰:

“韩地险恶山居,五谷所生,非菽而麦,民之食大抵菽饭藿羹。[1]一岁

张仪离开楚国,趁机前往韩国,游说韩王说:

“韩国地处险恶之山区,粮食作物不是豆类就是小麦,百姓吃的食物,大都是菽豆饭、豆叶汤。一年歉

不收，民不餍糟糠[2]。地不过九百里，无二岁之食。料大王之卒，悉之不过三十万，而厮徒负养[3]在其中矣。除守徼亭鄣塞，见卒不过二十万而已矣。[4]秦带甲百余万，车千乘，骑万匹，虎贲之士跿跔科头贯颐奋戟者，至不可胜计。[5]秦马之良，戎兵之众，探前趹后蹄间三寻腾者，不可胜数。[6]山东之士被甲蒙胄以会战，秦人捐甲徒裼以趋敌，左挈人头，右挟生虏。[7]夫秦卒与山东之卒，犹孟贲之与怯夫；以重力相压，犹乌获之与婴儿。[8]夫战孟贲、乌获之士以攻不服之弱国，无异垂千钧[9]之重于鸟卵之上，必无幸矣。

收，百姓连糟糠都吃不饱。领土不到九百里，连储藏了两年的粮食都没有。估算大王的士卒，全部加起来不超过三十万，其中还包括勤杂兵、搬运兵等。除去守卫边疆堡垒要塞的士卒外，现有的士卒不过二十万罢了。而秦国有武装士卒一百多万，战车一千辆，骑兵一万，那些勇猛的战士飞速前进，不带头盔，双手护着脸颊，带着武器，奋勇杀敌的人，多得无法计算。而且秦国的战马优良，骑士众多，战马向前一跃，后蹄一蹬，刹时腾空而起，一跃能达两丈多远的马数也数不清。山东六国的战士披着铠衣，带着头盔去作战，而秦国的战士则抛弃甲衣，赤膊上阵，光着脚追逐敌人，他们左手提着敌人的首级，右手挟着生擒的俘虏。秦国的士兵与六国的士兵相比较，犹如用孟贲这样的大力士去对付胆小鬼；他们以千钧之力相压，就好像乌获对待婴儿一样。用孟贲、乌获这样的勇士作战，来攻打不服顺的弱国，简直和把千斤重量垂悬在鸟卵上没有两样，必然不会有幸免于难的了。

注释 1 五谷：五种谷物。通常指稻、黍、稷、麦、豆，此泛指粮食作物。 非菽而麦:菽(shū),豆类的总称。此句《战国策·韩策一》作"非麦而豆",与下文"民之食大抵菽饭藿羹"相连,似更为恰当。 藿羹:豆叶汤。 2 餍(yàn):饱。 糟糠:酒渣、糠皮等粗劣食物。 3 厮徒:勤杂兵。 负养:搬运夫。 4 徼(jiào)亭:边境上用于观察敌情的亭子。 鄣塞:边境险要的地方。 见:同"现",现成的,现有的。 5 虎贲之士:最勇敢的战士。 跿跔:(tú jū):跳跃。 科头:光着头,指不带头盔。 贯:护着。 颐:面颊。 奋戟:奋不顾身作战的人。 6 探前趹(jué)后:马奔腾时前蹄跃起,后蹄腾空的姿势。趹,马疾奔貌。 寻:古代七尺或八尺为一寻。 7 被:通"披"。 胄(zhòu):头盔。 捐:丢弃。 徒:赤脚。 裼(xī):袒开上衣,露出上身。 左挈(qiè):左手提着。 8 孟贲:战国时卫国的大力士。 乌获:秦武王时的大力士。 9 垂:垂悬。 千钧:钧,古代重量单位,一钧为三十斤。千钧,形容很重。

"夫群臣诸侯不料地之寡,而听从人之甘言好辞,比周以相饰也,皆奋曰'听吾计可以强霸天下'。[1]夫不顾社稷之长利而听须臾之说,诖误[2]人主,无过此者。

"大王不事秦,秦下甲据宜阳,断韩之上地,东取成皋、荥阳,则鸿台之宫、桑林之苑非王之有也。夫塞成皋,绝上

"各大臣和诸侯王们不估量本国土地的寡少,却轻信主张合纵者的甜言蜜语,他们彼此勾结,相互掩饰,都振振有词地说'听从我的计策可以在天下称霸'。不顾虑国家的长远利益,而听信一时之说,连累了人主,没有比这更严重的错误了。

"假如大王不侍奉秦国,秦国就会发兵占据宜阳,隔断韩国的上地,接着东进夺取成皋、荥阳,那么在鸿台的宫殿、桑林的苑囿就不会再为大王所拥有了。再说,成皋被堵塞,上地被隔断,那么大王的国土就会被分割了。因此,先侍奉秦国就会使韩国安全,不侍奉

地，则王之国分矣。先事秦则安，不事秦则危。夫造祸而求其福报，计浅而怨深，逆秦而顺楚，虽欲毋亡，不可得也。

“故为大王计，莫如为秦[3]。秦之所欲莫如弱楚，而能弱楚者莫如韩。非以韩能强于楚也，其地势然也。今王西面而事秦以攻楚，秦王必喜。夫攻楚以利其地，转祸而说秦，计无便[4]于此者。”

秦国就会使韩国危险。那种制造了灾祸却想得到好报，计谋浅陋又结下深怨，违背秦国而顺从楚国的做法，即使不想亡国也是不可能的了。

“所以替大王着想，不如帮助秦国。秦国所希望的无非是削弱楚国，而能够削弱楚国的莫过于韩国。这不是因为韩国比楚国更强大，而是韩国的地理位置造成的。如今您向西侍奉秦国来攻打楚国，秦王一定会高兴。攻打楚国，从它的土地上获取利益，这样既转嫁了灾祸，又取悦了秦国，实在是没有比它更合适的计谋了。”

注释　1 甘言好辞：甜言蜜语。　比周以相饰：彼此勾结，相互掩饰。　2 诖(guà)误：贻误。此指连累。诖，欺骗。　3 莫如为秦：不如帮助秦国。为，帮助。　4 时韩国国君为韩襄王，襄王名仓，公元前 311—前 296 年在位。　5 便：合适，有利于。

韩王听仪计。张仪归报，秦惠王封仪五邑，号曰武信君。使张仪东说齐湣王[1]曰：

“天下强国无过齐者，大臣父兄殷众富[2]乐。

韩王听信了张仪的计策。张仪返回向秦王汇报，秦惠王赏赐他五座城邑，封其为武信君。又派张仪往东游说齐湣王说：

“天下最强大的国家，没有能超过齐国的了，朝中大臣以及父兄众多，而且富足安乐。但是替大王谋划

然而为大王计者，皆为一时之说，不顾百世之利。从人说大王者，必曰‘齐西有强赵，南有韩与梁。齐，负[3]海之国也，地广民众，兵强士勇，虽有百秦，将无柰齐何’。大王贤其说而不计其实。夫从人朋党比周[4]，莫不以从为可。臣闻之，齐与鲁三战而鲁三胜，国以危，亡随其后，虽有战胜之名，而有亡国之实。是何也？齐大而鲁小也。今秦之与齐也，犹齐之与鲁也。秦、赵战于河漳[5]之上，再战而赵再胜秦；战于番吾[6]之下，再战又胜秦。四战之后，赵之亡卒数十万，邯郸仅存，虽有战胜之名而国已破矣。是何也？秦强而赵弱。

的人，都是为了暂时的安定，而不考虑长远的利益。主张合纵的人游说大王时一定说：‘齐国西边有强大的赵国，南面有韩国和魏国。齐国是靠海的国家，土地广阔，人民众多，军队强大，士兵勇敢，即使有一百个秦国，对齐国也无可奈何’。大王赞赏这种说法，但没有考虑它的实际情形。那些主张合纵的人结成一伙，互相勾结，没有谁不认为合纵是可行的。我听说过，齐国跟鲁国三次交战而鲁国三次取胜，但鲁国却衰危，灭亡接踵而至，虽有战胜之名，得到的却是灭亡的现实。这是为什么呢？那是因为齐国大而鲁国小啊。如今，秦国与齐国比较，正像齐国和鲁国一样。秦国和赵国在黄河、漳河边上交战，两次交战，赵国两次都战胜了秦国；接着秦、赵两国又在番吾交战，两次交战，赵国又打了胜仗。经过四次战役以后，赵国死亡的士兵有几十万，最后仅保存了国都邯郸，虽然有战胜的名声，但是国家已经残破了。这是为什么呢？因为秦国强大而赵国弱小。

注释 1 齐湣王：齐国国君，公元前 300—前 284 年在位。“湣”字亦作“闵”。曾与秦昭王并称“东帝”“西帝”。后齐都被燕军攻破，出走至莒，不久被楚将淖齿所杀。 2 殷众：众多。 3 负：背靠着。 4 朋党：同类的人为了个人的目的而互相勾结。 比周：密切连结，集结在一起。
5 河：黄河。 漳：漳河，在今河北南部边境，折向东北入古黄河。
6 番(pó)吾：赵邑名，在今河北磁县境。

“今秦、楚嫁女娶妇，为昆弟之国。韩献宜阳；梁效河外[1]；赵入朝渑池，割河间以事秦。[2]大王不事秦，秦驱韩梁攻齐之南地，悉赵兵渡清河，指博关，临菑、即墨非王之有也。国一日见攻，虽欲事秦，不可得也。是故愿大王孰计之也。”

齐王曰：“齐僻陋隐居东海之上，未尝闻社稷之长利也。”乃许张仪。

“现在秦、楚两国相约嫁女娶妇，结成了兄弟之邦。韩国奉献出宜阳；魏国敬献出河外；赵王到渑池去朝拜秦王，割让河间来侍奉秦国。如果大王不侍奉秦国，秦国驱使韩、魏两国攻打齐国的南部，赵国的军队悉数尽出渡过清河，直指博关，如此，临淄、即墨就不是大王的了。国家一旦被攻击，即使想侍奉秦国，也不可能了。所以希望大王仔细考虑这个问题。”

齐王说：“齐国偏僻落后而隐居东海之滨，从来就不曾听到过关于国家长远利益的高见。”于是齐王听取了张仪的建议。

注释 1 效：献出。 河外：此指曲沃(今山西闻喜县东北)、平周(今山西介休西)等地。 2 渑池：韩邑名，在今河南渑池县西。 河间：赵邑名，在今河北献县东南。此盖指沱水与黄河、漳河之间的地区。

张仪去，西说赵王曰：

“敝邑秦王使使臣效愚计于大王。大王收率天下以宾秦，秦兵不敢出函谷关十五年。[1]大王之威行于山东，敝邑恐惧慑伏，缮甲厉兵，饰车骑，习驰射，力田积粟，守四封之内，愁居慑处，不敢动摇，唯大王有意督过之也。[2]

“今以大王之力，举巴蜀，并汉中，包两周，迁九鼎，守白马之津[3]。秦虽僻远，然而心忿含怒之日久矣。今秦有敝甲凋兵，军于渑池，愿渡河逾漳，据番吾，会邯郸之下，愿以甲子合战，以正殷纣之事，敬使使臣先闻左右。[4]

张仪离开齐国，往西游说赵王说：

“敝国秦王派我做使臣向大王奉献不高明的意见。大王领导天下各国抵制秦国，使得秦军有十五年不敢走出函谷关。大王的权威传遍崤山之东各国，敝国恐惧畏服，只得修造武器装备，整顿兵车坐骑，练习骑马射箭，努力耕种，积存粮食，守卫四周疆界，忧愁畏惧，不敢轻举妄动，惟恐大王有意挑出毛病来责备我们。

“如今，凭借着大王之力，秦国攻占了巴、蜀，兼并了汉中，夺取了西周和东周，迁走了九鼎，守卫着白马渡口。秦国虽然地处偏远，但内心积愤已经很久了。如今秦国有残兵败将，驻扎在渑池，准备渡过黄河，跨越漳水，占领番吾，与贵国军队在邯郸城下相遇，希望在甲子日会战，来仿效周武王伐商纣的故事，因此秦王特派我作为使者先来敬告大王。

注释　1 收率：领导，统率。　宾：通“摈”，排斥。　2 慑伏：亦作“慑服”，因畏惧而服从。　缮甲：整治甲胄。　厉兵：磨砺武器。厉，“砺”的本字，磨砺。　饰：通“饬”，整治，整饬。　愁居：忧愁地生活。　慑处：畏惧地自处。 督过：督责过失。 **3** 白马之津：即白马津黄河渡口名，在今河南滑县东北。 **4** 敝甲：破旧的武器。 凋兵：凋败的士兵。 甲子：用干支记日的日期。相传周武王进攻纣王，灭商之时恰为甲子之日。 合战：交战，会战。 正殷纣之事：效仿周灭商纣之事。正，模仿。

“凡大王之所信为从者恃苏秦。苏秦荧惑[1]诸侯，以是为非，以非为是，欲反齐国，而自令车裂于市。夫天下之不可一亦明矣。今楚与秦为昆弟之国，而韩、梁称为东藩之臣[2]，齐献鱼盐之地，此断赵之右臂也。夫断右臂而与人斗，失其党而孤居，求欲毋危，岂可得乎？

“今秦发三将军：其一军塞午道[3]，告齐使兴师渡清河，军于邯郸之东；一军军成皋，驱韩梁军于河外[4]；一军军于渑池。约四国为一以攻赵，赵服，必四分其地。是故不敢匿意隐情，先以闻于

“举凡大王所信赖的主张合纵的人都是依仗着苏秦。苏秦眩惑各国诸侯，把对的当作错的，把错的当作对的，他想暗中颠覆齐国，结果自己却在集市上被五马分尸。天下各国无法联合统一，是很明显的事。如今，楚国和秦国结成兄弟之邦，而韩国和魏国都称为护卫秦国的东方藩属之臣，齐国献出盛产鱼盐的土地，这就等于斩断了赵国的右臂。右臂折断了还要与人争斗，失去了同伙而孤独自居，要想使国家不危险，难道能办得到吗？

“现在，假如秦国派出三位将军统帅军队：其中一军阻塞午道，并通知齐国让它出动军队渡过清河，驻扎到邯郸的东面；另一支秦军进驻成皋，驱使韩、魏两国的军队驻扎在河外；另一军驻扎在渑池。秦国相约四国合力为一进攻赵国，赵国灭亡后，必定由四国瓜分它的土地。所以，我不敢隐瞒这些真实意图，先把它传达

左右。臣窃为大王计，莫如与秦王遇于渑池，面相见而口相结，请案兵无攻。[5] 愿大王之定计。”

给大王。我私下替大王考虑，不如跟秦王在渑池会晤，当面交谈，请求秦国停止用兵，不要进攻。希望大王拿定主意。”

注释 1 荧惑：迷惑，眩惑。 2 东藩之臣：东方藩国的臣子。藩国，分封或臣服的国家。 3 午道：纵横交错的大路。在赵国东面，齐国西面。 4 河外：此指黄河东南岸，即今河南郑州至滑县一带地区。 5 口相结：互相交谈。 案兵：止兵不动。案，通“按”。

赵王曰：“先王之时，奉阳君专权擅势，蔽欺先王，独擅绾事，寡人居属师傅，不与国谋计。[1] 先王弃群臣，寡人年幼，奉祀之日新，[2] 心固窃疑焉，以为一从不事秦，非国之长利也。乃且愿变心易虑，割地谢前过以事秦。方将约车趋行，适闻使者之明诏。[3]” 赵王许张仪，张仪乃去。

赵王说：“先王的时候，奉阳君垄断专权，蒙蔽和欺骗先王，独断处理一切政务，而我还在从师学习，不参与谋划国家大事。先王离开人世时，我年纪还小，继承君位的日子不长，心里本来就存有疑虑，认为合纵而不侍奉秦国，不符合国家的长远利益。于是准备改变主意，割让土地，承认以前的过错来侍奉秦国。我正要套车马，准备迅速出发的时候，恰好听到了您的英明教诲。”赵王接受了张仪的建议，张仪就离开了赵国。

注释 1 奉阳君：即赵成。赵肃侯在位时任相国，号奉阳君。 绾(wǎn)事：控扼大事。 师傅：老师的通称。 2 弃群臣：抛弃群臣。古代帝王死亡的委婉说法。 奉祀:主持祭祀,此借指登上王位。 日新:时间不长。 3 约车:套车。 趋行:迅速奔行。 诏:教诲。

北之燕,说燕昭王[1]曰:

“大王之所亲莫如赵。昔赵襄子尝以其姊为代王妻,欲并代,约与代王遇于句注之塞。[2]乃令工人作为金斗,长其尾,令可以击人。[3]与代王饮,阴告厨人曰:‘即酒酣乐,进热啜[4],反斗以击之。’于是酒酣乐,进热啜,厨人进斟[5],因反斗以击代王,杀之,王脑涂地。其姊闻之,因摩笄以自刺,故至今有摩笄之山。[6]代王之亡,天下莫不闻。

张仪往北到了燕国,游说燕昭王说:

“大王所亲近的国家莫过于赵国。从前赵襄子曾把他的姐姐嫁给代王做妻子,想吞并代国,跟代王约定在句注山会晤。他命令工匠事先制造铜勺,加长匙柄,让它可以把人击死。赵襄子跟代王饮酒时,暗中告诉厨子说:‘酒喝到酣畅欢乐时,你就送上热汤,然后趁机反转勺柄将他打死。’就在代王饮酒酣畅欢乐的时候,厨子进献热汤,并送上汤汁,趁机反转勺柄袭击了代王,把他打死了,代王的脑浆流在地上。赵襄子的姐姐听到这件事,随即磨快簪子自杀了,所以直到今天还有摩笄山的名称。代王的惨死,天下没有人不知道的。

注释 1 燕昭王:燕国国君,名平,一名职,公元前311—前279年在位。曾改革政治,招徕人才,联合五国攻破齐国,他在位时是燕国最强盛的时期。 2 赵襄子:赵无恤,春秋末晋国大夫。 代:国名,地在今河北蔚县东北。公元前475年被赵襄子灭亡。 句(gōu)注:山名,在今山西代县西北,为古代的军事要塞。 3 工人:工匠。 金斗(dǒu):铜制的方勺,用来舀汤、舀酒。 长其尾:加长它的斗柄。 4 热啜(chuò):趁热喝的肉汁。啜,喝。 5 斟:羹勺。亦指羹汁。 6 摩:通“磨”。 笄(jī):古代妇女挽起头发用的簪子。 摩笄之山:在河北张家口宣化区东南。

“夫赵王之狼戾[1]无亲,大王之所明见,且以赵王为可亲乎?赵兴兵攻燕,再围燕都而劫大王,大王割十城以谢。今赵王已入朝渑池,效河间以事秦。今大王不事秦,秦下甲云中、九原,驱赵而攻燕,则易水、长城非大王之有也。

“赵王的凶狠暴戾、六亲不认,是大王看得最清楚的事,还能认为赵王是可亲近的吗?赵国曾发兵攻打燕国,两次围攻燕都威逼大王,逼得大王割让十座城邑来谢罪。如今,赵王已经在渑池朝见秦王,献出河间而侍奉秦国。假如大王现在不侍奉秦国,秦国出兵云中、九原,驱使赵国进攻燕国,那么易水、长城就不再属大王所有了。

“且今时赵之于秦犹郡县也,不敢妄举师以攻伐。今王事秦,秦王必喜,赵不敢妄动,是西有强秦之援,而南无齐、赵之患,是故愿大王孰计之。”

“况且,如今的赵国对于秦国来说如同郡县一般,绝不敢随便出兵攻打别的国家。如果大王侍奉秦国,秦王一定很高兴,赵国更不敢轻举妄动,这样燕国西面有强大秦国的援助,南面没有齐、赵两国的祸患,所以,我希望大王仔细考虑这个问题。”

注释 1 狼戾:原作“很戾”。指乖张暴戾。

燕王曰:“寡人蛮夷僻处,虽大男子,裁[1]如婴儿,言不足以采正计。

燕王说:“我如同蛮夷一样身处偏僻之地,这里的人们虽然有男子汉的身材,却如同婴儿一样幼稚,他们的

今上客幸教之，请西面而事秦，献恒山之尾五城。”燕王听仪。仪归报，未至咸阳而秦惠王卒，武王[2]立。武王自为太子时不说张仪，及即位，群臣多谗张仪曰：“无信，左右卖国以取容[3]。秦必复用之，恐为天下笑。”诸侯闻张仪有郤武王，皆畔衡，复合从。[4]

言论没有正确的可以选择。今天幸蒙贵客指点，我愿意向西侍奉秦国，并献出恒山脚下的五座城邑。”燕王听从了张仪的建议。张仪回国去报告秦王，还没到达咸阳，秦惠王便去世了，武王继位。秦武王做太子时就不喜欢张仪，即位之后，很多大臣都诽谤张仪说：“张仪不讲信用，反复不定，出卖国家利益，以取得国君的善待。如果秦国再任用他，恐怕会被天下的人所讥笑。”各国的诸侯听说张仪和秦武王之间有嫌隙，都背叛了连横之盟，又恢复了合纵外交。

注释　1 裁：通“才”，仅仅。　2 武王：秦国国君，名荡，公元前310—前307年在位。好勇力，后因举鼎断腿而死。　3 取容：获取国君的善待、恩宠。　4 有郤(xì)：有嫌隙，不合。　畔：通“叛”，背叛。　衡：通“横”，即连横。

秦武王元年，群臣日夜恶张仪未已，而齐让又至。[1]张仪惧诛，乃因谓秦武王曰：“仪有愚计，愿效之。”王曰：“奈何？”对曰：“为秦社稷计者，东方有大变，然后王可以多割得地也。今闻齐王甚憎

秦武王元年，大臣们日夜不停地诋毁张仪，同时齐国也派使者到秦国来责难张仪。张仪惧怕被杀，于是趁机对秦武王说：“我有个笨拙的计策，愿把它奉献出来。”秦武王说：“什么计策？”张仪回答说：“替秦国社稷考虑，必须使东方各国发生动乱，然后您才可以多得土地。现在听说齐王非常憎恨我，我所在的国家，他一定

仪，仪之所在，必兴师伐之。故仪愿乞其不肖[2]之身之梁，齐必兴师而伐梁。梁齐之兵连于城下而不能相去，王以其间伐韩，入三川，出兵函谷而毋伐，以临周，祭器[3]必出。挟天子，按图籍，此王业也。”秦王以为然，乃具革车[4]三十乘，入仪之梁。

会出兵攻打。所以我希望让我这个不成器的人到魏国去，齐国一定会出兵攻打魏国。当魏国和齐国的军队在城下交战，双方相持难解难分时，您利用这个间隙攻打韩国，进入三川地区，从函谷关出兵，但不发动进攻，以便直接威逼周室，周朝的祭器一定会奉献出来。您就能够挟持天子，掌握地图和户籍，这是成就帝王的大业啊。”秦王认为张仪说得对，就准备了三十辆兵车，把张仪送到魏国。

注释　1 恶(wù)：诋毁，中伤。　让：责备，责怪。　2 不肖：没有本事，没出息。为张仪的自谦之词。　3 祭器：古代王侯祭祀祖先时所陈列的文物和用青铜器制作的礼器。多象征着这个国家的政权。　4 革车：兵车。

齐果兴师伐之。梁哀王[1]恐。张仪曰：“王勿患也，请令罢[2]齐兵。”乃使其舍人冯喜之楚，借使之齐，谓齐王曰：“王甚憎张仪；虽然，亦厚矣王之托仪于秦也！”齐王曰：“寡人憎仪，仪之所在，必兴师伐之，何以托仪？”对曰：“是乃王之托仪也。夫仪之出

齐国果然出兵攻打魏国。魏哀王害怕。张仪说：“您不要忧虑，请让我来使齐国罢兵。”张仪就派遣他的家臣冯喜到楚国去，借用楚国使者的身份出使齐国，对齐王说：“您非常憎恨张仪；尽管如此，您却使秦国更器重张仪！”齐王说：“我十分憎恨张仪，张仪寄身在哪里，我一定发兵攻打到哪里，怎么说是我使他更受器重呢？”冯喜回答说：“这就是您使张仪更受器重的做法啊。张

也，固与秦王约曰：‘为王计者，东方有大变，然后王可以多割得地。今齐王甚憎仪，仪之所在，必兴师伐之。故仪愿乞其不肖之身之梁，齐必兴师伐之。齐、梁之兵连于城下而不能相去，王以其间伐韩，入三川，出兵函谷而无伐，以临周，祭器必出。挟天子，案图籍，此王业也。’秦王以为然，故具革车三十乘而入之梁也。今仪入梁，王果伐之，是王内罢国而外伐与国，广邻敌以内自临，而信仪于秦王也。此臣之所谓‘托仪’也。”齐王曰：“善。”乃使解[3]兵。

张仪相魏一岁，卒于魏也。

仪从秦国出来时，本来就和秦王约定说：‘替大王考虑，东方各国有大变乱，然后您才可以多割得土地。如今齐王非常憎恨我，一定会发兵进攻我所在的地方。所以请让我这个不成器的人到魏国去，齐国一定会出兵讨伐它。齐、魏两国的军队在城下交战，双方相持而不能离开时，大王利用这个间隙进攻韩国，进入三川地区，从函谷关出兵但不发动进攻，以便进逼周室，周朝的祭器一定会奉献出来。您就能够挟持天子，掌握地图和户籍，这是成就帝王的大业啊。’秦王认为很对，所以准备了三十辆兵车把张仪送到魏国。如今，张仪到了魏国，您果然进攻它，这是您对内使国家疲惫而对外讨伐友邦，广泛树立邻国为敌来使自己在内部面临着灾祸，却让张仪得到秦王的信任的做法啊。这就是我所说的‘使秦国更器重张仪’呀。”齐王说：“你说得对。”于是撤回了军队。

张仪在魏国担任了一年相国，最后死在魏国。

注释　1 梁哀王：当作“魏襄王”。魏襄王，魏国国君，名嗣，公元前318—前296年在位。　2 罢：停止。　3 解：解除，撤回。

陈轸者，游说之士。与张仪俱事秦惠王，皆贵重，争宠。张仪恶陈轸于秦王曰："轸重币轻[1]使秦楚之间，将为国交也。今楚不加善于秦而善轸者，轸自为厚而为王薄也。[2]且轸欲去秦而之楚，王胡不听乎？"王谓陈轸曰："吾闻子欲去秦之楚，有之乎？"轸曰："然。"王曰："仪之言果信矣。"轸曰："非独仪知之也，行道之士尽知之矣。昔子胥忠于其君而天下争以为臣，曾参孝于其亲而天下愿以为子。[3]故卖仆妾不出闾巷而售者，良仆妾也；出妇嫁于乡曲者，良妇也。[4]今轸不忠其君，楚亦何以轸为忠乎？忠且见弃，轸不之楚何归乎？"王以其言为然，遂善待之。

陈轸也是个游说的策士。他和张仪一道共同侍奉秦惠王，二人都被重用，因而常常互相争宠。张仪在秦惠王面前诋毁陈轸说："陈轸用丰厚的礼物频繁地往来于秦、楚两国中间，本来应该为国家办理好外交。如今，楚国却未曾对秦国更加友好，反而对陈轸十分友好，可见陈轸为自己打算得多，而为您考虑得少。况且，陈轸想要离开秦国到楚国去，您为何不让他离开呢？"秦惠王对陈轸说："我听说你想离开秦国到楚国去，有这回事吗？"陈轸回答说："有。"秦惠王说："张仪说的话果然是可信的。"陈轸说："不仅张仪知道这件事，而且过路的行人都知道这件事。从前伍子胥忠于他的国君，因此天下的君主都争着要他做臣子，曾参孝顺他的父母，天下的父母都愿意要他做儿子。所以不出里巷就能卖掉的奴仆、侍妾是好奴仆、好侍妾；被遗弃的妇女能嫁给本乡人的是好媳妇。如今陈轸要是不忠于他的国君，楚国又凭什么认为陈轸是忠诚的呢？忠于国君还要被摈弃，我不到楚国，又去哪里呢？"秦惠王认为陈轸说的话有道理，于是便友好地对待他。

注释 1 重币：丰厚的礼物。币，原指用作礼物的玉、马、皮和帛等物，此泛指为礼物。 轻：快速，频繁。 2 厚：多。 薄：少。 3 子胥：即伍子胥，春秋时楚国大夫。 曾参(shēn)：春秋时鲁国人，孔子学生，以孝著称。 4 闾巷：街巷。 出妇：被丈夫遗弃的妇女。 乡曲：乡里。

居秦期年[1]，秦惠王终相张仪，而陈轸奔楚。楚未之重也，而使陈轸使于秦。过梁，欲见犀首。犀首谢弗见。轸曰："吾为事来，公不见轸，轸将行，不得待异日[2]。"犀首见之。陈轸曰："公何好饮也？"犀首曰："无事也。"曰："吾请令公厌事[3]可乎？"曰："奈何？"曰："田需[4]约诸侯从亲，楚王疑之，未信也。公谓于王曰：'臣与燕、赵之王有故，数使人来，曰无事何不相见，愿谒行于王。'王虽许公，公请毋多车，以车三十乘，可陈[5]之于庭，明言之燕、赵。"燕、赵客闻之，驰车告其王，使人迎犀首。楚王闻

陈轸在秦国呆了一年，秦惠王最终让张仪担任了相国，陈轸便投奔了楚国。楚国没有重用他，派他作为使者出使秦国。陈轸经过魏国，想会见犀首。犀首谢绝不见。陈轸说："我有事而来，您不见我，我要走了，等不到明天。"犀首接见了他。陈轸说："您为什么喜欢饮酒？"犀首说："因为无事可做。"陈轸说："请让我使您的事多起来，可以吗？"犀首说："怎么啦？"陈轸说："田需准备邀集诸侯合纵，楚王怀疑，不相信他。您对魏王说：'我和燕王、赵王有故情，他们多次派人来说如果没有事情何不来见见面，我希望您去拜见大王。'魏王即使允许您去，您也不要多准备车辆，把三十辆车陈列在庭院里，并且公开说要到燕国或赵国去。"燕国、赵国的出使人员听到了这件事，驱车飞奔告诉他们的君王，派人迎接犀首。楚王听到这件事后十分愤怒，说："田需和我相约，但犀

之大怒，曰："田需与寡人约，而犀首之燕、赵，是欺我也。"怒而不听其事。齐闻犀首之北，使人以事委焉。犀首遂行，三国相事皆断于犀首。轸遂至秦。

首却前往燕国和赵国，这简直是在欺骗我。"楚王发怒，不再听从合纵的事。齐国听说犀首到北方去，便派人把国家大事委托给他。犀首便去齐国了，此后，齐、燕、赵国相的政事都由犀首决断处理。陈轸于是回到了秦国。

注释 1 期(jī)年：一整年。 2 异日：他日，第二天。 3 厌事：此指多做事。厌，通"餍"，饱。 4 田需：魏国国相。 5 陈：陈列，摆出。

韩、魏相攻，期年不解。秦惠王欲救[1]之，问于左右。左右或曰救之便[2]，或曰勿救便，惠王未能为之决。陈轸适[3]至秦，惠王曰："子去寡人之楚，亦思寡人不？"陈轸对曰："王闻夫越人庄舄乎？[4]"王曰："不闻。"曰："越人庄舄仕楚执珪，有顷而病。[5]楚王曰：'舄故越之鄙细人[6]也，今仕楚执珪，贵富矣，亦思越不？'中谢[7]对曰：'凡人之思故[8]，

韩、魏两国正在交战，整整一年不能和解。秦惠王想要阻止，询问左右大臣的意见。左右大臣有的人说阻止有利，有的人说不阻止有利，惠王不能决断。陈轸恰好到了秦国，惠王说："您离开我到了楚国，还想念我吗？"陈轸回答说："大王听说过越国人庄舄吗？"惠王说："没有听说。"陈轸说："越人庄舄在楚国任执珪爵位的官，不久病了。楚王说：'庄舄原来是越国乡间地位低下的人，如今担任楚国的执珪，富贵了也还思念越国吗？'侍从官回答说：'大凡人们思念故乡，都是在他生病的时候。假如他思念越国，呻吟时就会操越国的腔调；假如他不思念越国，那么呻吟的声音

在其病也。彼思越则越声，不思越则楚声。'使人往听之，犹尚越声也。今臣虽弃逐之楚，岂能无秦声哉！"惠王曰："善。今韩、魏相攻，期年不解，或谓寡人救之便，或曰勿救便，寡人不能决，愿子为子主[9]计之余，为寡人计之。"陈轸对曰："亦尝有以夫卞庄子刺虎闻于王者乎？庄子欲刺虎，馆竖子[10]止之，曰：'两虎方且食牛，食甘必争，争则必斗，斗则大者伤，小者死，从伤而刺之，一举必有双虎之名。'卞庄子以为然，立须之。有顷，两虎果斗，大者伤，小者死。庄子从伤者而刺之，一举果有双虎之功。今韩魏相攻，期年不解，是必大国伤，小国亡。从伤而伐之，一举必有两实。此犹庄子刺

便是楚国的口音。'楚王派人前去偷听，庄舄仍然操的是越国的乡音。如今，我虽然被遗弃而到了楚国，难道说话就没有秦国的口音吗？"惠王说："很好。现在韩、魏两国交战，整整一年没有和解，有人说我前往制止比较好，有人说不制止为好，我不能做出决断，希望先生在为您的君主出谋划策之余，也能为我出个主意。"陈轸回答说："曾经也有人把卞庄子刺虎的故事告诉大王了吧？卞庄子想刺杀老虎，旅馆的伙计制止他说：'那两只老虎正在吃牛，吃到兴头正浓时必然要互相争抢，一争抢必然要相斗，争斗的结果是大虎会受伤，小虎被咬死，趁大虎受伤的时候去刺杀它，一下定会赢得杀死两只老虎的名声。'卞庄子认为他说得对，站着等着它们。过了一会，两虎果然争斗起来，大虎受伤，小虎被咬死。卞庄子趁势把那只受伤的老虎刺死了，一举果然取得了杀死两只老虎的功劳。如今，韩、魏两国互相交战，整整一年没有和解，这样势必是大国遭受损伤，而小国濒临危亡的结局。趁大国遭受损伤时出兵讨伐它，必然有一举两得的实利。这个道理就像卞庄子刺虎

虎之类也。臣主与王何异也？”惠王曰：“善。”卒弗救。大国果伤，小国亡，秦兴兵而伐，大克[11]之。此陈轸之计也。

的事情一样。您看，我为您服务，与为我的国君服务，有什么不同呢？”惠王说：“太好了。”最终决定不去制止它们。果然大国受到损伤，小国濒临灭亡，秦国趁机出兵攻伐，打了大胜仗。这就是陈轸的计谋。

注释 **1** 救：此指阻止、制止。 **2** 便：有利。 **3** 适：恰好。 **4** 越：国名。建都会稽。公元前306年被楚国所灭。 庄舄(xì)：战国时越国人，也称“越舄”。 **5** 仕：做官。 执珪：爵位名。战国时楚国设置，为楚的最高爵位，有上中下三等。 有顷：不久。 **6** 鄙细人：居住在郊野、地位低下的人。 **7** 中谢：侍从官。 **8** 故：故乡。 **9** 子主：指楚怀王自己。 **10** 馆竖子：旅馆的伙计。 **11** 克：制胜。

犀首者，魏之阴晋[1]人也，名衍，姓公孙氏。与张仪不善。

张仪为秦之魏，魏王相张仪。犀首弗利，故令人谓韩公叔[2]曰：“张仪已合秦魏矣，其言曰‘魏攻南阳，秦攻三川’。魏王所以贵张子者，欲得韩地也。且韩之南阳已举矣，子何不少委焉以为衍功，则秦魏之交可错[3]矣。然

犀首是魏国阴晋人，名叫衍，姓公孙。和张仪关系不好。

张仪为秦国的利益到了魏国，魏王让他担任相国。犀首感到这对自己不利，于是派人对韩公叔说：“张仪已经使秦、魏两国联合了，并主张说‘魏国进攻南阳，秦国进攻三川’。魏王之所以厚待张仪，是想得到韩国的土地。而现在韩国的南阳已经被占领了，您为什么不稍微把一些政事委托给我，以此让我到魏王面前表表功，如果这样做，秦国和魏国的交往便可以中断了。然而魏国也一定会

则魏必图秦而弃仪，收韩而相衍。”公叔以为便，因委之犀首以为功。果相魏。张仪去。

图谋秦国而抛弃张仪，收买韩国而让我做相国。”公叔认为这样做有利，因而把一些政事委托给犀首，让他去献功。犀首果然做了魏国的相国。张仪被迫离开了魏国。

注释 1 阴晋：邑名，在今陕西华阴东。 2 韩公叔：韩国太子公叔伯婴。 3 错：停止，中断。

义渠君[1]朝于魏。犀首闻张仪复相秦，害[2]之。犀首乃谓义渠君曰：“道远不得复过，请谒事情。[3]”曰：“中国无事，秦得烧掇焚杅君之国；[4]有事，秦将轻使重币事君之国。[5]”其后五国[6]伐秦。会[7]陈轸谓秦王曰：“义渠君者，蛮夷之贤君也，不如赂之以抚其志。”秦王曰：“善。”乃以文绣千纯，妇女百人遗义渠君。[8]义渠君致群臣而谋曰：“此公孙衍所谓邪？”乃起兵袭秦，大败秦人李伯之下。

义渠族的首领到魏国朝见。犀首听说张仪再次做了秦国的相国，很嫉妒他。犀首于是对义渠族的首领说：“贵国道路遥远，您日后很难再有机会来访问，请让我告诉您一件事。”他接着说：“中原各国不进攻秦国，秦国便会烧杀控制您的国家；如果各国一齐进攻秦国，秦国就会立即派遣使者带着丰厚的礼物来讨好您的国家。”此后，楚、魏、齐、韩、赵五国进攻秦国。恰好陈轸对秦王说：“义渠族的首领是蛮夷各国中贤明的君主，不如赠送财物来稳住他的心。”秦王说：“好。”便把一千匹锦绣和一百名美女送给义渠族首领。义渠族首领召集大臣们商议说：“这就是以前公孙衍所说的情况吗？”于是，发兵袭击秦国，在李伯城下将秦军打得大败。

张仪已卒之后，犀首入相秦。尝佩五国之相印，为约长。

张仪去世以后，犀首到秦国做相国。他曾经佩带五国的相印，成为五国盟约的约长。

注释 1 义渠君：义渠族的首领。义渠，部族名，西戎族的一支，分布于今陕西和甘肃一带。公元前270年被秦国吞并。 2 害：嫉妒。 3 过：访问，探望。 谒(yè)：告诉。 4 中国：中原地区各国（即关东六国）。 无事：指中原各国不攻打秦国。 烧掇(duō)：焚烧而侵略。 5 有事：指各国攻打秦国。 轻：快速。 6 五国：指楚、魏、齐、韩、赵五国，公元前318年此五国共同攻秦。 7 会：恰好，正好。 8 文绣：有彩色花纹的丝织品。 纯(tún)：布帛一段为一纯。 遗(wèi)：赠送，给予。

太史公曰：三晋多权变之士，夫言从衡强秦者大抵皆三晋之人也。[1] 夫张仪之行事甚于苏秦，然世恶苏秦者，以其先死，而仪振暴其短以扶其说，成其衡道。[2] 要之，此两人真倾危之士哉！[3]

太史公说：韩、赵、魏三国有很多善于权谋机变的策士，那些主张合纵、连衡，促使秦国强大的，大抵都是三晋的人。张仪的所作所为比苏秦更坏，然而世上的人却更厌恶苏秦，是因为他先死了，使张仪有机会能够揭露苏秦的短处，以佐助自己的主张，最终使天下形成他所主张的连横格局。总而言之，这两个人都是险诈的策士啊！

注释 1 三晋：赵、韩、魏三国，均由原来的晋国所分立，故又称“三晋”。 权变：善于权谋机变。 2 甚：超过，胜过。 振暴(pù)：揭露。暴，“曝”的古字。 扶：佐助，扶持。 3 要之：总之。 倾危：险诈。

史记卷七十一

樗里子甘茂列传第十一

原文

樗里子者，名疾，秦惠王之弟也，与惠王异母。[1]母，韩女[2]也。樗里子滑稽[3]多智，秦人号曰“智囊”。

秦惠王八年，爵樗里子右更，使将而伐曲沃，尽出其人，取其城，地入秦。[4]秦惠王二十五年，使樗里子为将伐赵，虏赵将军庄豹，拔蔺[5]。明年，助魏章攻楚，败楚将屈丐，取汉中地。[6]秦封樗里子，号为严君[7]。

译文

樗里子，名疾，是秦惠王的弟弟，他与惠王同父异母。他的母亲是韩国的女子。樗里子能言善辩，足智多谋，秦国人称他“智囊”。

秦惠王八年，惠王赐给樗里子右更的爵位，并派他带兵攻伐曲沃，他把那里的人全部强制迁走，夺取了曲沃城池，从此曲沃之地归属于秦国。秦惠王二十五年，惠王又派樗里子统兵攻打赵国，俘虏了赵国将军庄豹，占领了蔺邑。第二年，樗里子协助魏章攻打楚国，打败了楚国将领屈匄，夺取了汉中一带。秦国封樗里子为严君。

注释　1 樗(chū)里子：前？—前300年。秦国大臣。因居于樗里(一作楮里，在今陕西西安市西北)，故称。子，古代对男子的尊称。　秦惠王：秦国国君，即秦惠文王，名驷，公元前337—前311年在位。　**2** 韩女：韩国的女子。　**3** 滑(gǔ)稽：古代一种盛酒的器具，腹大如壶，能不断地往外流酒。此比喻为能言善辩，语言流畅。　**4** 秦惠王八年：公元前330年。　右更：爵位名。秦国爵位二十级中由低往上的第十四级。　尽出其人：驱逐了城里的所有人。　**5** 蔺：赵邑名，在今山西吕梁市离石区西。
6 魏章：秦国将领。　屈丐：亦作“屈匄”。此役发生于公元前312年，屈匄与秦军战于丹阳(今河南淅川县北)，大败被俘，楚因此失去汉中。
7 严君：封号，即严邑的君主。严，秦邑名。《史记索引》以为是“严道”，在今四川荥经县。

秦惠王卒，太子武王立，逐张仪、魏章，而以樗里子、甘茂为左右丞相。[1]秦使甘茂攻韩，拔宜阳[2]。使樗里子以车百乘入周。周以卒迎之，意甚敬。[3]楚王怒，让周，以其重秦客。[4]游腾为周说楚王曰：“知伯之伐仇犹，遗之广车，因随之以兵，仇犹遂亡。[5]何则？无备故也。齐桓公伐蔡[6]，号曰诛楚，其实袭蔡。今秦，虎狼之国，使樗里子以车

秦惠王去世，太子武王继位，驱逐了张仪和魏章，然后任用樗里子、甘茂做左、右丞相。秦国派甘茂攻打韩国，夺取了宜阳。派樗里子率领百辆战车进入周都。周王派士兵迎接他，态度十分恭敬。楚王很生气，责备周王，认为他太重视秦国的来客。游腾替周王劝说楚王道：“知伯讨伐仇犹的时候，先送给它大车，然后趁机派兵跟随在后面，结果仇犹灭亡了。为什么会这样呢？是因为没有防备的缘故。齐桓公攻打蔡国时，扬言要讨伐楚国，实际上是打算偷袭蔡国。如今的秦国，是像虎狼一样的国家，派樗里子带领百辆战车进入周朝，周王以仇犹、蔡国的事例作为借

百乘入周,周以仇犹、蔡观焉,故使长戟居前,强弩在后,名曰卫疾,而实囚之。[7]且夫周岂能无忧其社稷哉?恐一旦亡国以忧[8]大王。"楚王乃悦。

鉴,因此把扛着长戟的士卒安置在前面,把挽着强弓的士兵布置在后面,名义上是护卫樗里子,实际上是囚禁他。况且,周王难道能不担心自己国家的安全吗?我们也是担心万一国家出了事,会使大王忧虑。"楚王听了,这才高兴起来。

注释 1 武王:秦武王,秦国国君,名荡,公元前310—前307年在位。喜斗力,与力士孟说比赛举鼎,断膑而死。 张仪:魏国贵族的后代,著名游说家,倡连横之策。详见《张仪列传》。 2 宜阳:韩邑名,在今河南宜阳县西。 3 周:此指东周王延。 卒:士兵。 4 楚王:即楚怀王,熊槐,公元前328—前299年在位。 让:责备,责怪。 5 知(zhì)伯:晋国大将荀瑶。 遗之广车:《战国策》《韩非子》作"遗之大钟,载以广车"。相传知伯进攻仇犹国时,因道路险阻,不易进军,便铸造了一口大钟,用大车装载送给仇犹国。仇犹国为此特地修筑了一条宽路迎接。结果,知伯的军队便沿着这条路进军,一举灭亡了仇犹国。广车,轴长的大车。
6 蔡:古国名,公元前十一世纪周分封的诸侯国。地在今河南省中部,建都上蔡(今河南上蔡县)。公元前447年被楚所灭。详见《管蔡世家》。
7 戟(jǐ):古代兵器。是戈与矛的合体,呈十字形。戈可勾杀,矛可刺杀,是一种较为先进的武器。 弩(nǔ):用机关发射的弓。其构造由机身(郭)、钩弦(牙)、瞄准器(望山)、扳机(悬刀)等组成。发射时,扣扳悬刀,牙即下缩,其所钩住的弦即弹出,将箭发射出去。最远射程可达今二百六十米左右。戟、弩在此处代指使用的士兵。 忧:忧虑,此处为使动用法。

秦武王卒,昭王[1]立,樗里子又益尊重。

秦武王去世,昭王继位,樗里子更加受到尊敬。

昭王元年，樗里子将伐蒲[2]。蒲守恐，请胡衍[3]。胡衍为蒲谓樗里子曰："公之攻蒲，为秦乎？为魏乎？为魏则善矣，为秦则不为赖[4]矣。夫卫之所以为卫者，以蒲也。今伐蒲入于魏，卫必折[5]而从之。魏亡西河[6]之外而无以取者，兵弱也。今并卫于魏，魏必强。魏强之日，西河之外必危矣。且秦王将观公之事，害秦而利魏，王必罪公。"樗里子曰："柰何？"胡衍曰："公释蒲勿攻，臣试为公入言之，以德[7]卫君。"樗里子曰："善。"胡衍入蒲，谓其守曰："樗里子知蒲之病[8]矣，其言曰必拔蒲。衍能令释蒲勿攻。"蒲守恐，因再拜曰："愿以请。"因效[9]金

昭王元年，樗里子领兵进攻蒲邑。蒲邑的长官恐惧，向胡衍请教。胡衍替蒲邑的长官对樗里子说："您攻打蒲邑，是为了秦国呢？还是为了魏国呢？如果是为了魏国，那还不错；如果是为了秦国，就没什么好处了。卫国之所以能作为一个国家存在，全靠着蒲邑作为屏障。如今您要攻打蒲邑，蒲邑就会投靠魏国，卫国也一定会屈服而归属于魏国。魏国丧失西河以外的土地而没有办法收回的原因，是因为它的兵力太弱。现在假如卫国并于魏国，魏国一定会强大起来。魏国强大起来的时候，西河以外的地方一定就危险了。况且秦王会观察您的行事，如果此举损害秦国而有利于魏国，秦王一定会加罪于您。"樗里子说："那该怎么办？"胡衍说："您放过蒲邑不要进攻它，我试着到蒲邑替您说这件事，以便让卫君知道您给予他的恩德。"樗里子说："好吧。"胡衍进入蒲邑，对蒲邑的长官说："樗里子已经知道蒲邑的弱点了，他说一定要夺取蒲邑。但我能使他放过蒲邑不来进攻。"蒲邑的长官害怕，向胡衍再次下拜说："无论如何请您帮忙。"因而拿出黄金三百斤给胡衍，说："如果秦国撤军，请允许我向卫

三百斤，曰："秦兵苟退，请必言子于卫君，使子为南面[10]。"故胡衍受金于蒲以自贵于卫。于是遂解蒲而去。还击皮氏[11]，皮氏未降，又去。

国的国君述说您的功劳，让您得到最高的奖赏。"所以胡衍接受了蒲邑的黄金，于是他在卫国享有很高的名望。就这样，樗里子放弃了蒲邑，撤军而去。他回师时攻打了皮氏城，皮氏城没有投降，他只好又调兵离开了。

注释 1 昭王：秦国国君，名稷，秦武王异母弟。"昭"为死后的谥号。公元前306—前251年在位。 2 蒲：卫邑名，在今河南长垣县。《史记正义》："蒲是卫国之鄣卫。" 3 胡衍：卫国大臣。 4 赖：利。 5 折：屈服。 6 西河：在今山西、陕西间黄河两岸。 7 德：此为动词，意为施德，施恩。 8 病：弊病，毛病。 9 效：奉献。 10 南面：古代以坐北面南为尊位。如帝王之位即为南面。此借指给予胡衍最高的奖赏和名望。 11 皮氏：魏邑名，在今山西河津西。

昭王七年，樗里子卒，葬于渭南[1]章台之东。曰："后百岁，是当有天子之宫夹我墓。"樗里子疾室在于昭王庙西渭南阴乡[2]樗里，故俗谓之樗里子。至汉兴，长乐宫在其东，未央宫在其西，武库正直其墓。[3]秦人谚曰："力则任鄙[4]，智则樗里。"

秦昭王七年，樗里子去世，安葬在渭水南章台的东面。他临终前说："一百年之后，这里会有天子的宫殿把我的坟墓夹在中间。"樗里子的住宅在昭王庙西边的渭水南阴乡樗里，所以世人称他为"樗里子"。到了汉朝建立以后，长乐宫建在他坟墓的东面，未央宫建在他坟墓的西面，储藏军械的府库正对着他的坟墓。秦国人有句俗话说："力气最大的是任鄙，智慧最高的是樗里。"

注释

1 渭南:渭河以南。 2 阴乡:乡名。 3 长乐宫:西汉主要宫殿之一,故址在今陕西西安西北郊汉长安故城东南隅。始建于公元前 202 年,周围二十里,是汉初皇帝视朝的地方,惠帝后改为太后居地。 未央宫:西汉主要皇宫之一,旧址在今陕西西安西北长安故城西南隅。建于公元前 200 年,周围二十八里。西汉末被毁。 武库:储藏器物的仓库,是未央宫的一部分。 正直:正对着。 4 任鄙:秦武王时的力士,曾任汉中郡守。

甘茂者,下蔡[1]人也。事下蔡史举先生,学百家之说。[2]因[3]张仪、樗里子而求见秦惠王。王见而说之,使将,而佐魏章略定汉中地。[4]

惠王卒,武王立。张仪、魏章去,东之魏。蜀侯煇、相壮反,秦使甘茂定蜀。[5]还,而以甘茂为左丞相,以樗里子为右丞相。

甘茂是下蔡人。他曾师从下蔡的史举先生,学习各家的学说。他通过张仪、樗里子的介绍得以拜见秦惠王。秦惠王很喜欢他,让他做将领,协助魏章夺取了汉中地区。

秦惠王去世,武王继位。张仪和魏章都离开了秦国,东行去了魏国。蜀侯嬴煇和宰相陈壮叛变,秦国派甘茂平定蜀国。班师之后,秦国任用甘茂做左丞相,任用樗里子做右丞相。

注释 1 下蔡:都邑名,在今安徽凤台县。 2 事:侍奉。 史举:人名。 百家:不定数词,指各种学说。 3 因:通过。 4 说(yuè):通“悦”,喜欢。 略定:夺取,平定。 5 蜀侯煇:秦公子嬴煇,时为秦国蜀郡侯。 相壮:蜀郡相陈壮。

秦武王三年，谓甘茂曰："寡人欲容车通三川，以窥周室，而寡人死不朽矣。"[1]甘茂曰："请之魏，约以伐韩，而令向寿辅行。"甘茂至，谓向寿曰："子归，言之于王曰'魏听臣矣，然愿王勿伐'。事成，尽以为子功。"向寿归，以告王，王迎甘茂于息壤[2]。甘茂至，王问其故。对曰："宜阳，大县也，上党、南阳积之久矣。[3]名曰县，其实郡也[4]。今王倍数险[5]，行千里攻之，难。昔曾参之处费，鲁人有与曾参同姓名者杀人，人告其母曰'曾参杀人'，其母织自若也。[6]顷之[7]，一人又告之曰'曾参杀人'，其母尚织自若也。顷又一人告之曰'曾参杀人'，其母投杼下机，

秦武王三年，武王对甘茂说："我想乘坐载运死者衣冠、画像的丧车通往三川，到周室去看看，那样，即使我死去也就没有遗憾了。"甘茂说："请允许我到魏国去，相约一起攻打韩国，并让向寿陪我一同前往。"甘茂到了魏国，对向寿说："您回去，把情况报告给武王说'魏国已听从我的意见了，但希望您不要讨伐韩国'。事情成功了，把它全都算作您的功劳。"向寿回国后，把甘茂的话转告给武王，武王到息壤迎接甘茂。甘茂一到，武王问他不攻打韩国的缘故。甘茂回答说："宜阳是一个大县，上党和南阳储备财富已经很久了。名义上叫作县，实际上是郡。现在您让我离开多处险要的地方，行进千里去进攻它，很难成功。从前曾参住在费邑的时候，鲁国有一个和曾参同姓同名的杀了人，别人告诉曾参的母亲说'曾参杀人了'，曾参的母亲正在织布，听到这件事，神情镇定自如。过了一会儿，另一个人也告诉她说'曾参杀人了'，曾参的母亲还是若无其事地织布。过了一会儿，又有一个人告诉她说'曾参杀人了'，他的母亲扔掉梭子，走下织机，翻墙逃跑了。有曾参那样的贤德，有母亲对儿子的

逾墙而走。[8] 夫以曾参之贤与其母信之也，三人疑之，其母惧焉。今臣之贤不若曾参，王之信臣又不如曾参之母信曾参也，疑臣者非特[9] 三人，臣恐大王之投杼也。

信任，结果三个人的谣言，竟使他的母亲也害怕了。如今我的贤能不如曾参，您信任我又不如曾参的母亲那样信任曾参，而使您怀疑我的人恐怕还不只三个，所以我担心大王中途也会像曾母扔掉梭子一样对我产生怀疑。

注释 **1** 秦武王三年：即公元前308年。 寡人：少德之人。古代天子、诸侯对臣下的自称。 容车：送葬时载运死者衣冠、画像的车。 死不朽矣：死了尸体也不会腐烂。此意为死了也不遗憾。 **2** 息壤：秦邑名，地址不详。 **3** 南阳：地区名，相当于今河南西南部一带。战国时楚、韩两国各占一部分，为楚南阳、韩南阳，此为韩南阳。 积：指财富的积蓄。 **4** 其实郡也：此指宜阳、上党名义上叫县，实际上具有郡的规模和实力。 **5** 倍：通“背”，离开。 数险：许多险要的地方。指函谷关、崤关等。 **6** 曾参(shēn)：春秋时鲁国人，孔子学生，以孝著称。 处：居住。 自若：像原来的样子。形容临事镇定。 **7** 顷之：片刻，过了一会儿。 **8** 投：扔掉。 杼(zhù)：织布机上的梭子。 逾：翻过。 **9** 特：只，仅。

“始张仪西并巴蜀之地，北开西河之外，南取上庸，天下不以多张子[1] 而以贤先王。魏文侯令乐羊将而攻中山，三年而拔之。[2] 乐羊返而论功，文侯示之谤书

“当初，张仪向西吞并了巴蜀地区，向北开拓了西河以外的地方，朝南夺取了上庸之地，天下的人都不因此称赞张先生，却认为先王英明。魏文侯让乐羊统兵攻打中山国，用了三年才成功。乐羊回国谈论自己的功劳，魏文侯把一箱子诽谤乐羊的文书给他看。乐羊拱手叩头说：‘这不是我的功

一箧。[3]乐羊再拜稽首[4]曰：'此非臣之功也，主君之力也。'今臣，羁旅[5]之臣也。樗里子、公孙奭二人者挟韩而议之，王必听之，是王欺魏王而臣受公仲侈之怨也。[6]"王曰："寡人不听也，请与子盟。"卒[7]使丞相甘茂将兵伐宜阳。五月而不拔，樗里子、公孙奭果争之。武王召甘茂，欲罢兵。甘茂曰："息壤在彼[8]。"王曰："有之。"因大悉[9]起兵，使甘茂击之。斩首六万，遂拔宜阳。韩襄王使公仲侈入谢，与秦平。[10]

劳，完全是主上之力。'如今，我是旅居在外的人。樗里子与公孙奭两人一定会依仗自己有攻下韩国的实力来反对我带兵，您必定会听信他们，这样一来，您就会欺骗魏王，而我则要受到公仲侈的怨恨呢。"秦武王说："我不会听从他们的话，就让我与你立约为誓。"秦武王最终决定让甘茂率兵攻打宜阳。过了五个月，宜阳没有攻打下来，樗里子、公孙奭果然反对这件事。武王召甘茂回国，想罢兵不攻了。甘茂说："息壤达成的约定还在那儿。"秦武王说：'是的，有这回事。"于是便大规模地出动秦国军队，让甘茂进击宜阳。甘茂斩杀敌人六万，最终夺取了宜阳。韩襄王派公仲侈到秦国请罪，同秦国议和。

注释　1 多：称赞。　张子：即张仪。　2 魏文侯：魏国的建立者，名斯，公元前 445—前 396 年在位。　乐羊：战国时魏国大将。　3 谤书：诽谤别人的书信。　箧(qiè)：小箱子。　4 再拜：先后拜两次，表示礼节隆重。　稽(qǐ)首：古代的一种礼节。即拱手跪下至地，叩头至地。
5 羁(jī)旅：寄居在外。　6 公孙奭：即公孙衍。　挟韩：指依仗进攻韩国的实力。　议：讨论，此意为反对。　公仲侈：韩相国。　7 卒：终于。
8 息壤在彼：息壤就在那儿啊。意在提醒秦武王要遵守协定。　9 大悉：大量，全部。　10 谢：请罪。　平：媾和。

武王竟[1]至周，而卒于周。其弟立，为昭王。王母宣太后[2]，楚女也。楚怀王[3]怨前秦败楚于丹阳而韩不救，乃以兵围韩雍氏。韩使公仲侈告急于秦。秦昭王新立，太后楚人，不肯救。公仲因[4]甘茂，茂为韩言于秦昭王曰："公仲方有得秦救，故敢捍[5]楚也。今雍氏围，秦师不下殽，公仲且仰首而不朝，公叔且以国南合于楚。[6]楚、韩为一，魏氏不敢不听，然则伐秦之形成矣。不识坐而待伐孰与[7]伐人之利？"秦王曰："善。"乃下师于殽以救韩。楚兵去。

秦武王终于到了周室，结果却死在那里。他的弟弟继位，这便是昭王。昭王的母亲宣太后是楚国女子。楚怀王怨恨从前秦国在丹阳打败楚国的时候韩国不来援救，于是出兵包围了韩国的雍氏城。韩国派公仲侈向秦国告急。秦昭王刚刚继位，太后又是楚国人，不肯前去援救。公仲侈把这件事托付给甘茂，甘茂替韩国向秦昭王进言说："公仲侈正是因为有可能得到秦国的援助，才敢于抵御楚国。现在雍氏城被围困，如果秦军不出殽山解救，公仲侈就会蔑视秦国而不来朝见，韩国的太子公叔就会叫韩国往南去联合楚国。楚、韩两国结为一体，魏国就不敢不听从它们，如此一来，它们共同进攻秦国的局面就形成了。不知道是坐着等待别人进攻，或是主动进攻别人，哪一种更为有利呢？"秦昭王说："好。"于是便让秦军从殽山出发去援救韩国。楚军随即撤离了。

注释　**1** 竟：终于。　**2** 宣太后：公元前？—前265年，秦昭王之母，又称"芈八子"，楚国贵族出身。昭王年幼即位，由她掌握政权。　**3** 楚怀王：楚国国君，公元前328—前299年在位。　**4** 因：托付。　**5** 捍：抵御。

6 殽(yáo):山名,在今河南西北部。 仰首:亦即“昂首”,意指蔑视,瞧不起。 朝:朝见。按照礼节,诸侯、臣子见天子、国君时要俯首。此说“仰首”,意为秦国不援救韩国,就会遭到公仲侈的蔑视而不来进朝。 公叔:韩国太子公叔伯婴。 7 孰与:固定词组,表示比较。

秦使向寿平[1]宜阳,而使樗里子、甘茂伐魏皮氏。向寿者,宣太后外族[2]也,而与昭王少相长,故任用。向寿如楚,楚闻秦之贵向寿,而厚事向寿。[3]向寿为秦守宜阳,将以伐韩。韩公仲使苏代[4]谓向寿曰:“禽困覆车[5]。公破韩,辱公仲,公仲收国复事秦,自以为必可以封。今公与楚解口地,封小令尹[6]以杜阳。秦楚合,复攻韩,韩必亡。韩亡,公仲且躬率其私徒以阏于秦。[7]愿公孰[8]虑之也。”

秦国派向寿平定宜阳,派樗里子、甘茂攻打魏国的皮氏。向寿是宣太后娘家的亲戚,和秦昭王从小一起长大,所以受到任用。向寿到了楚国,楚国听说秦国重用向寿,因而用隆重的礼节款待他。向寿替秦国镇守宜阳,并打算率兵攻打韩国。韩国的公仲侈派苏代对向寿说:“禽兽在危困的时候也能颠覆猎人的车辆。您打败了韩国,羞辱了公仲侈,公仲侈还可以整顿韩国重新侍奉秦国,他自认为一定能得到秦国的封赏。现在您把解口这个地方送给楚国,把杜阳封给小令尹。秦国和楚国联合,再次进攻韩国,韩国一定会灭亡。韩国灭亡了,公仲侈就会亲自率领他的私家武装来对抗秦国。希望您仔细考虑这个问题。”

注释 1 平:安抚,平定。甘茂已夺取了宜阳,故另派向寿前去安抚。2 外族:外家之族,即宣太后娘家的人。 3 如:到达。 贵:重用。4 苏代:东周洛阳人,苏秦之弟,时为说客。详见《苏秦列传》。 5 禽困覆车：禽兽遭围困，情势急迫时，尚能将捕猎人的车抵翻。此比喻不能逼急韩国，否则它将投靠楚国。 6 小令尹：春秋战国时，楚国最高官职叫"令尹"，掌管军政大权，相当于相国。小令尹，其职不详。 7 躬：亲自。 徒：指私家武装。 阏(è)：阻塞，此处引申为对抗。 8 孰：同"熟"，仔细，周密。

向寿曰："吾合秦楚非以当韩也，子为寿谒之公仲，曰秦韩之交可合也。[1]"苏代对曰："愿有谒于公。人曰贵其所以贵者贵，王之爱习公[2]也，不如公孙奭；其智能公也[3]，不如甘茂。今二人者皆不得亲[4]于秦事，而公独与王主断于国者何？彼有以失之也。[5]公孙奭党[6]于韩，而甘茂党于魏，故王不信也。今秦楚争强而公党于楚，是与公孙奭、甘茂同道也，公何以异之？人皆言楚之善变也，而公必亡之，是自为责也。[7]公不如与王谋其变也，善韩以备楚，如此则无患矣。韩氏

向寿说："我让秦国和楚国联合并不是针对韩国，您替我拜见公仲侈，说秦国和韩国的盟约是可以建立的。"苏代回答说："请允许我跟您谈个问题。人们说能够重视自己受尊重的原因就会一直得到尊重，您受到秦王的宠爱和亲近，赶不上公孙奭；您的智慧和才能，也不如甘茂。然而，现在这两个人都不能亲身参与秦国的大事，唯独您能和秦王主持和决断国事，这是为什么呢？是因为他们有过失的缘故。公孙奭偏袒韩国，而甘茂偏袒魏国，因此秦王不信任他们。如今秦国和楚国争强，而您却偏袒楚国，这和公孙奭、甘茂走的是同一条道，您跟他们有什么不同呢？人们都说楚国是善于改变外交政策的国家，而您却认为没有这回事，这是自讨苦吃。您不如跟秦王筹划对付楚国的反复多变的策略，跟韩国亲善来防备楚国，这样就

必先以国从公孙奭而后委[8]国于甘茂。韩,公之仇也。今公言善韩以备楚,是外举不辟[9]仇也。”

没有祸患了。韩王必先把国家归附给公孙奭,然后把政权再委托给甘茂。韩国,是您的仇敌。现在您提议与韩国亲善来防备楚国,这叫作举荐外盟而不避仇敌。”

注释 1 当:针对。 谒(yè):拜见,进见。 2 爱习:宠爱,亲近。 3 其智能公也:公的智能和才略。公,指向寿。 4 亲:指亲身参加决断。 5 彼:他们,指公孙奭、甘茂。 以:缘由。 6 党:偏袒。 7 亡:通“无”,没有。 自为责:自讨苦吃。责,责罚。 8 委:托付。 9 辟:通“避”,回避。

向寿曰:“然,吾甚欲韩合。”对曰:“甘茂许公仲以武遂,反[1]宜阳之民,今公徒收之,甚难。”向寿曰:“然则柰何?武遂终不可得也?”对曰:“公奚不以秦为韩求颍川[2]于楚?此韩之寄地[3]也。公求而得之,是令行于楚而以其地德韩也。公求而不得,是韩楚之怨不解而交走[4]秦也。秦楚争强,而公徐过楚以收韩,此利于秦。[5]”向寿曰:“柰何?”

向寿说:“对,我很想与韩国合作。”苏代说:“甘茂曾许诺公仲侈把武遂交给韩国,让宜阳的人民返回家园,现在您只是想着将它收回,这很难办。”向寿说:“那该怎么办?武遂终究不可能得到吗?”苏代说:“您何不以秦国的名义替韩国向楚国索取颍川呢?颍川本是韩国的地盘。如果您能索取到,这是您的命令在楚国得到了实行,而且还会使韩国感受您的恩德。若您索取不到,这样韩国和楚国的怨恨也不能化解,他们会争着去和秦国友善。秦国和楚国争强时,您稍微责备楚国以拉拢韩国,这样就对秦国有利了。”向寿说:“这怎么办?”苏代回答说:“这是一件好事。

对曰："此善事也。甘茂欲以魏取齐，公孙奭欲以韩取齐。今公取宜阳以为功，收楚、韩以安之，而诛齐魏之罪，是以公孙奭、甘茂无事也。[6]"

甘茂想借重于魏国攻打齐国，公孙奭想要借重于韩国攻打齐国。现在您有夺取宜阳的功绩，笼络韩国和楚国，并安抚他们，进而讨伐齐、魏两国的罪过，这样，公孙奭和甘茂就无所作为了。"

注释

1 反：同"返"，返回。 2 颍川：地区名，因颍水而得名。在今河南中部。 3 寄地：寄居、依附之地。颍川原为韩国领地，时被楚国占领，故称"寄地"。 4 交走：交相奔走。 5 徐：慢慢地。 过：责备。 收：拉拢。 6 诛：讨伐。 无事：无事可做。指公孙奭、甘茂不能再联合韩、魏攻打秦国。

甘茂竟[1]言秦昭王，以武遂复归之韩。向寿、公孙奭争[2]之，不能得。向寿、公孙奭由此怨，谗甘茂，茂惧，辍[3]伐魏蒲阪，亡去。樗里子与魏讲[4]，罢兵。

甘茂果真向秦昭王进言，要求把武遂归还韩国。向寿和公孙奭都反对这件事，但没有达到目的。向寿、公孙奭由此怨恨甘茂，在秦昭王那里诽谤他，甘茂恐惧，停止进攻魏国的蒲阪，逃离了秦国。樗里子与魏国缔结和约，罢兵回国。

注释 1 竟：果真，竟然。 2 争：抗议，此处引申为反对。 3 辍：停止。 4 讲：媾和，和解。

甘茂之亡秦奔齐，逢苏代。代为齐使于秦。甘

甘茂从秦国逃离投奔齐国时，遇到了苏代。苏代正准备为齐国出

茂曰："臣得罪于秦，惧而遁逃，无所容迹[1]。臣闻贫人女与富人女会绩[2]，贫人女曰：'我无以买烛，而子之烛光幸有余，子可分我余光，无损子明而得一斯便[3]焉。'今臣困而君方使秦而当路[4]矣。茂之妻子在焉，愿君以余光振[5]之。"苏代许诺。

使秦国。甘茂说："我得罪了秦国，畏罪而逃，无处容身。我听说有穷人家的女儿和富家的女儿一同纺线，穷人的女儿说：'我没有钱买蜡烛，而您蜡烛的光亮幸好有富余，请分给我一点多余的亮光，在不损害您照明的情况下，我也能得到一点方便。'如今我处境窘困，而您正要出使秦国并掌握大权。我的妻儿子女还在秦国，希望您用多余的亮光来接济他们。"苏代答应了。

注释 1 容迹：容身。 2 会绩：一同绩麻。绩，把麻搓成绳或线。 3 一斯便：一点方便。斯，指示代词，指余光。 4 当路：拥有权力。 5 振：周济，拯救。

遂致使于秦。已[1]，因说秦王曰："甘茂，非常士[2]也。其居于秦，累世重矣[3]。自殽塞及至鬼谷，其地形险易[4]皆明知之。彼以齐约韩魏反以图秦，非秦之利也。"秦王曰："然则奈何？"苏代曰："王不若重其贽[5]，厚其禄以迎之，使彼来则置之鬼谷，终身勿出。"秦

苏代出使到了秦国。完成了使命，趁机游说秦昭王说："甘茂不是一个平凡的士人。他留居秦国的时候，连续几朝都受到重用。从殽关要塞到鬼谷，那儿的地理形势和险阻平坦等情况，他非常清楚。如果他借重齐国，联合韩国、魏国，反过来算计秦国的话，是不符合秦国利益的。"秦昭王说："既然这样，那怎么办呢？"苏代说："大王不如送厚礼给他，提高他的俸禄，迎接他回

王曰："善。"即赐之上卿[6]，以相印迎之于齐。甘茂不往。苏代谓齐湣王[7]曰："夫甘茂，贤人也。今秦赐之上卿，以相印迎之。甘茂德王之赐，好为王臣，故辞而不往。[8]今王何以礼之？"齐王曰："善。"即位之上卿而处之[9]。秦因复甘茂之家以市于齐。[10]

来，假使他肯回来，就把他囚禁在鬼谷，终身不让他离开。"秦昭王说："很好。"便赐给甘茂上卿的官衔，并叫人带着相印到齐国迎接他。甘茂不肯到秦国去。苏代对齐湣王说："甘茂是一个贤能的人。现在秦国赐给他上卿的官衔，并带着相印前来迎接他。甘茂感激您的恩赐，喜欢做您的臣子，所以推辞不肯前往。如今您准备用什么样的礼节来款待他呢？"齐王说："好。"于是也任命甘茂为上卿，以此来挽留他。秦国又免除了甘茂全家的赋税和徭役，同齐国竞相争夺甘茂。

注释　1 已：事情办完。　2 常士：一般的士人。　3 累世重矣：连续几代得到过重用。甘茂先后于秦惠王、秦武王、秦昭王在位时担任过将军、丞相等重职，故有此说。　4 易：平坦之处。　5 贽(zhì)：古代初次拜见尊长时所送的礼物。一般重者为玉帛，轻者为禽鸟。　6 上卿：春秋战国时期的高级大臣。　7 齐湣王：齐国国君，公元前300—前284年在位。湣，亦作"闵"。　8 德王之赐：感激大王的恩赐。德，此处用作动词。　好(hào)：喜欢。　9 处之：挽留他。　10 复：免除赋税和徭役。　市于齐：与齐国竞相收买。市，收买。此意为秦国除了赐予甘茂上卿职外，又以免除他家赋税的优厚条件，跟齐国竞相收买甘茂。

齐使甘茂于楚，楚怀王新与秦合婚而欢。而秦闻甘茂在楚，使人谓楚王曰：

齐国派甘茂出使楚国，这时楚怀王刚和秦国通婚，两国关系友好。秦国听说甘茂到了楚国，便派

"愿送甘茂于秦。"楚王问于范蜎[1]曰:"寡人欲置相于秦,孰可[2]?"对曰:"臣不足以识之。"楚王曰:"寡人欲相甘茂[3],可乎?"对曰:"不可。夫史举,下蔡之监门[4]也,大不为事君,小不为家室,以苟贱不廉闻于世,甘茂事之顺焉。故惠王之明,武王之察,张仪之辩,而甘茂事之,取十官而无罪。茂诚贤者也,然不可相于秦。夫秦之有贤相,非楚国之利也。且王前尝用召滑于越,而内行章义之难,越国乱,故楚南塞厉门而郡江东。[5]计[6]王之功所以能如此者,越国乱而楚治也。今王知用诸越而忘用诸秦,臣以王为巨过[7]矣。然则王若欲置相于秦,则莫若

人对楚怀王说:"希望能把甘茂遣送到秦国来。"楚怀王询问范蜎说:"我想在秦国安置一个丞相,谁最合适?"范蜎回答说:"我没有能力辨识这样的人。"楚怀王说:"我想让甘茂去做丞相,可以吗?"范蜎说:"不行。史举是下蔡的看门人,从大的方面来说,他侍奉不了国君,从小的方面言之,他治理不了家室,他以苟且、卑贱和不廉洁传闻于世,而甘茂却能顺从地服侍他。以秦惠王那样贤明的国君,秦武王那样洞察的君主,张仪那样的辩士,甘茂服侍他们,谋取了十个官职而没有一点过失。甘茂实在是一个贤能的人,但千万不能让他在秦国任丞相。秦国有了贤能的丞相,是不符合楚国利益的。从前,您曾让召滑在越国得到任用,召滑暗中实行章义的阴谋,结果越国大乱,所以楚国能够在南面使厉门变成要塞,将江东兼并成郡县。我揣测大王的功绩之所以这样伟大,是因为越国混乱而楚国安定。现在您只知道把这种行之有效的方法用在越国,却忽略了这次是在秦国运用这种策略,我认为这是您的重大失误。然而如果您想在秦国安置一个丞相的话,那么没有比向寿更合适的了。向寿对于秦王

向寿者可。夫向寿之于秦王，亲也，少与之同衣，长与之同车，以听事[8]。王必相向寿于秦，则楚国之利也。”于是使使[9]请秦相向寿于秦。秦卒相向寿。而甘茂竟不得复入秦，卒于魏。

甘茂有孙曰甘罗。

来说是亲戚，从小和秦王共穿一件衣服，长大了同乘一辆车子，秦王任用他掌管政权。您如果让向寿在秦国做了丞相，那么就对楚国有利了。”于是楚王派遣使者向秦王请求让向寿做丞相。秦王最终任用向寿做了丞相。而甘茂始终没有再返回秦国，最后死在了魏国。

甘茂有个孙子叫甘罗。

注释 1 范蜎(xuān)：楚国人。 2 孰可：谁可以。孰，疑问代词。 3 相甘茂：让甘茂做丞相。相，名词，用作使动词。 4 监门：看门的人。 5 召(shào)滑：人名。 内行章义之难：暗中执行章义的阴谋。内行，暗中执行。章义，人名。 塞：使成为要塞。 郡：使成为楚郡。 6 计：揣测，算计。 7 巨过：重大过失。 8 听事：听取别人的意见处理政事，实为掌管政权。 9 使使(shǐ shǐ)：派遣使臣。前一个“使”字为动词，派遣。后一个“使”字为名词，使臣。

甘罗者，甘茂孙也。茂既死后，甘罗年十二，事秦相文信侯吕不韦[1]。

秦始皇帝使刚成君蔡泽于燕，三年而燕王喜使太子丹入质于秦。[2]秦使张唐往相燕[3]，欲与燕共伐赵以广河间之地。张唐谓

甘罗是甘茂的孙子。甘茂死去的时候，甘罗十二岁，侍奉秦国的丞相文信侯吕不韦。

秦始皇帝让刚成君蔡泽出使燕国，三年后燕王喜派太子丹到秦国做人质。秦国让张唐去燕国做相国，想跟燕国共同攻打赵国，来开拓河间之地。张唐对文信侯说：“我曾经替秦昭王攻打过赵国，为此

文信侯曰："臣尝为秦昭王伐赵，赵怨臣，曰：'得唐者与百里之地。'今之燕必经赵，臣不可以行。"文信侯不快，未有以强[4]也。甘罗曰："君侯何不快之甚也？"文信侯曰："吾令刚成君蔡泽事燕三年，燕太子丹已入质矣，吾自请张卿相燕而不肯行。"甘罗曰："臣请行之。"文信侯叱曰："去！我身自请之而不肯，女[5]焉能行之？"甘罗曰："大项橐[6]生七岁为孔子师。今臣生十二岁于兹矣，君其试臣，何遽叱乎？"于是甘罗见张卿曰："卿之功孰与武安君[7]？"卿曰："武安君南挫强楚，北威燕、赵，战胜攻取，破城堕[8]邑，不知其数，臣之功不如也。"甘罗曰："应侯[9]之用于秦也，孰与文信侯专？"张卿曰："应侯

赵国怨恨我，说：'凡活捉张唐的人，奖赏他方圆一百里的土地。'如果我去燕国，必定要经过赵国，所以我不能去。"文信侯不高兴，但没有办法强迫他去。甘罗说："君侯您为什么这样不高兴呢？"文信侯说："我派遣刚成君蔡泽到燕国服侍三年了，燕国的太子丹也已经到秦国做了人质，现在我亲自要求张唐去担任燕的相国，他却不肯就职。"甘罗说："请让我去说服他前行。"文信侯叱责道："走开！我亲自请他都不肯去，你怎么能够让他启行？"甘罗说："从前，尊敬的项橐长到七岁时就当了孔子的老师。我现在已经十二岁了，您不妨让我试试，何必急着叱责我呢？"于是甘罗去见张唐说："先生的功劳跟武安君相比谁的大？"张唐回答说："武安君在南方挫败了强大的楚国，在北方威慑了燕国和赵国，战必胜，攻必取，夺取的城堡，荡平的都邑，多得不计其数，我的功劳不如他。"甘罗说："应侯在秦国被任用时，跟文信侯相比，哪一个更专断？"张唐说："应侯不如文信侯专断。"甘罗说："先生真的认为应侯不如文信侯更专断吗？"张唐说："真

不如文信侯专。”甘罗曰：“卿明知其不如文信侯专与？”曰：“知之。”甘罗曰：“应侯欲攻赵，武安君难之，去咸阳七里而立死于杜邮。[10] 今文信侯自请卿相燕而不肯行，臣不知卿所死处矣。”张唐曰：“请因孺子[11] 行。”令装治行。

的知道。”甘罗说：“应侯想攻打赵国，武安君让他为难，结果武安君离开咸阳才七里，就死在了杜邮。现在文信侯亲自请您去任燕的相国，而您却不肯去，我不知道您将死在哪里了。”张唐说：“冲着你这话，我一定动身。”于是，张唐命令手下准备行装。

注释 1 吕不韦：？—公元前 235 年，卫国濮阳人（今河南濮阳西南）。秦庄襄王时，任他为相，封“文信侯”。 2 蔡泽：燕国人，多智善辩。战国末入秦继范雎为相。封为成刚君。 燕王喜：战国时燕国的最后一位国君，姓姬，名喜，公元前 254—前 222 年在位。 太子丹：战国末燕王喜的太子，名丹。曾入秦为人质，后逃归。公元前 227 年，曾派荆柯入秦刺秦王政。 质：人质。春秋战国时，诸侯国为了保证盟约的履行，常互派君主的亲属或大臣到对方国家做人质。 3 相燕：担任燕国的相国。 4 强（qiǎng）：强迫，勉强。 5 女：通“汝”，你。 6 大项橐：尊敬的项橐。大，对有关事务和人的敬辞，如“大札”“大作”等。 7 武安君：即白起，又叫公孙起，秦国著名军事家。秦昭王时，曾因功被封为武安君。 8 堕（huī）：通“隳”，毁坏，荡平。 9 应侯：即范雎，魏国人。秦昭王时任相国，封于应（今河南鲁山县东西南），号“应侯”。 10 难之：为难他。之，代词，指应侯。 立：马上。 11 孺子：小孩，文中代指甘罗。

行有日[1]，甘罗谓文信侯曰：“借臣车五乘，请为张唐先报赵。”文

张唐启程的日子确定了，甘罗对文信侯说：“借给我五辆车子，让我先替张唐通报赵国。”文信侯进宫对秦

信侯乃入言之于始皇曰："昔甘茂[2]之孙甘罗，年少耳，然名家之子孙，诸侯皆闻之。今者张唐欲称疾不肯行，甘罗说而行之。今愿先报赵，请许遣之[3]。"始皇召见，使甘罗于赵。赵襄王郊迎[4]甘罗。甘罗说赵王曰："王闻燕太子丹入质秦欤？"曰："闻之。"曰："闻张唐相燕欤？"曰："闻之。""燕太子丹入秦者，燕不欺秦也。张唐相燕者，秦不欺燕也。燕、秦不相欺者，伐赵，危矣。燕、秦不相欺，无异故[5]，欲攻赵而广河间。王不如赍[6]臣五城以广河间，请归燕太子，与强赵攻弱燕。"赵王立自割五城以广河间。秦归燕太子。赵攻燕，得上谷[7]三十城，令秦有十一。

始皇说："昔日的甘茂有个孙子甘罗，虽然年纪轻轻，但因他是名家的子孙，各国诸侯都知道他。如今张唐借口生病不肯去燕国，甘罗说服了他。现在甘罗请求先行替他通报赵国，请您允许派他去。"秦始皇召见了甘罗，派他到赵国去。赵襄王在城郊迎接甘罗。甘罗劝告赵王说："您听说燕太子丹到秦国做人质了吗？"赵王说："听说了。"甘罗又说："听说张唐要做燕相国的事了吗？"赵王说："听说了。"甘罗说："燕国的太子姬丹到秦国来，是为了表明燕国不欺骗秦国。张唐去做燕国的相国，是表明秦国不欺骗燕国。燕国和秦国不相欺骗的目的，是为了讨伐赵国，赵国现在太危险了。燕国和秦国互相不欺骗没有其他缘故，仅想攻打赵国，以此扩大河间的地盘。所以您不如送给我五座城邑，来扩大秦国在河间的土地，我请求秦国让燕太子回国，然后和强大的赵国共同攻打弱小的燕国。"赵王立刻割让了五座城邑，扩大了秦国在河间的地盘。秦国让燕太子回国。赵国攻打燕国，夺取了上谷地区的三十座城邑，然后把其中的十一座转让给秦国。

甘罗还报秦，乃封甘罗以为上卿，复以始甘茂田宅赐之。

甘罗回国报告秦王，秦王就封赏甘罗做了上卿，又将当初甘茂的田宅赏赐给了他。

注释

1 行有日：起身的日期确定了。 **2** 昔甘茂：从前那个甘茂。 **3** 许遣之：同意派遣他去。 **4** 赵襄王：即赵国国君悼襄王，名偃，公元前244—前236年在位。 郊迎：在城郊迎接。表示尊重。 **5** 无异故：没有其他原因。 **6** 赍(jī)：以物送人。 **7** 上谷：郡名，战国时燕置。秦治所在沮阳（今河北怀来县东南）。辖境相当于今河北张家口、小五台山以东，赤城县、北京延庆区以西，及内长城和北京昌平区以北地区。

太史公曰：樗里子以骨肉重，固其理，而秦人称其智，故颇采焉。[1]甘茂起下蔡闾阎，显名诸侯，重强齐、楚。[2]甘罗年少，然出一奇计，声称后世。虽非笃行[3]之君子，然亦战国之策士也。方秦之强时，天下尤趋[4]谋诈哉！

太史公说：樗里子因和秦王有血缘关系而得到重用，这本是合乎常理的事，但秦国人称赞他聪明，所以我对他的事迹多做了些记载。甘茂是出身于下蔡的平民，后来扬名于诸侯，得到了强大的齐国和楚国的重视。甘罗年纪轻轻，但因想出一条妙计，使得声名流传后世。他们虽然算不上是敦厚有德的君子，但也称得上是战国时代的策谋之士。正值秦国强盛之时，天下的人更为注重玩弄权谋和诈术啊！

注释 **1** 骨肉：指血缘关系。 重：得到重用。 颇：较多。 采：记载。 **2** 闾阎：里巷的门。此借指出身贫寒。 重：重视，推重。 **3** 笃行：行为忠诚笃厚。 **4** 趋：趋向，注重。

史记卷七十二

穰侯列传第十二

原文

穰侯魏冉者，秦昭王母宣太后弟也。[1]其先楚人，姓芈氏[2]。

秦武王[3]卒，无子，立其弟，为昭王。昭王母故号为芈八子，及昭王即位，芈八子号为宣太后。宣太后非武王母，武王母号曰惠文后，先武王死。宣太后二弟：其异父长弟曰穰侯，姓魏氏，名冉；同父弟曰芈戎，为华阳君[4]。而昭王同母弟曰高陵君、泾阳君。[5]而魏冉最贤，自惠王、武王时任职用事。武王卒，

译文

穰侯魏冉是秦昭王的母亲宣太后的弟弟。他的祖先是楚国人，姓芈。

秦武王去世的时候，没有儿子，所以由他的弟弟继位，称为昭王。昭王的母亲过去称作“芈八子”，等到昭王即位，芈八子号称“宣太后”。宣太后不是武王的母亲，秦武王的母亲称为“惠文后”，先于武王而死。宣太后有两个弟弟：她的同母异父的大弟弟叫穰侯，姓魏，名冉；同父异母的弟弟叫芈戎，就是华阳君。而昭王的同母弟弟，一个叫高陵君，另一个叫泾阳君。魏冉最为贤能，从惠王和武王时起就担任官职，处理政事。武王去世，几个弟弟争夺王位，只因为有魏冉的势力才能让

诸弟争立,唯魏冉力为能立昭王。昭王即位,以冉为将军,卫咸阳[6]。诛季君之乱,而逐武王后出之魏,昭王诸兄弟不善者皆灭之,威振秦国。[7]昭王少,宣太后自治,任魏冉为政。

昭王继位。昭王即位以后,任命魏冉为将军,保卫咸阳。魏冉平定了季氏的叛乱,并把武王的王后驱逐到魏国,又把昭王兄弟中行为不良的人都给消灭了,他的威势震动秦国。当时昭王年幼,宣太后亲自掌握政权,任用魏冉管理国事。

注释 1 穰(rǎng)侯:因封邑而得名。穰,封邑名,在今河南邓州。 秦昭王:秦国国君,名稷,公元前306—前251年在位。 宣太后:?—公元前265年。楚国贵族出身,又称"芈八子"。秦昭王年幼即位,她掌握政权,号"宣太后"。 2 芈(mǐ)氏:楚国王族祖先的姓。 3 秦武王:秦国国君,名荡,公元前310—前307年在位。因与力士孟说竞相举鼎,折膑而死。 4 华阳君:因封邑而得名。华阳,在今陕西商洛境内。 5 高陵君:因封邑名而称。高陵,即今陕西西安高陵区。 泾阳君:因封邑名而称。泾阳,在今陕西泾阳县西北。 6 咸阳:秦国都城,在今陕西咸阳东北。 7 诛:平叛,剪除。 季君:即公子壮,秦武王弟。秦昭王二年,壮与大臣及其他公子谋争王位,被魏冉斩杀。 威振:威势震动。振,通"震"。

昭王七年[1],樗里子死,而使泾阳君质于齐。赵人楼缓来相秦[2],赵不利,乃使仇液之秦,请以魏冉为秦相。仇液将行,

昭王七年,樗里子死了,秦国派泾阳君到齐国做人质。赵国人楼缓来到秦国做相,赵国人感到对他们不利,于是派使者仇液到秦国去,请求让魏冉做秦国的丞相。仇液将要动身时,他的门客宋公对仇液说:

其客[3]宋公谓液曰:"秦不听公,楼缓必怨公。公不若谓楼缓曰'请为公毋急秦[4]'。秦王见赵请相魏冉之不急,且不听公。公言而事不成,以德楼子[5];事成,魏冉故德[6]公矣。"于是仇液从之。而秦果免楼缓而魏冉相秦。欲诛吕礼,礼出奔齐。

"如果秦国不听从您的建议,楼缓必定会怨恨您。您不如先对楼缓说'我会替您着想,不急着向秦国提出建议'。秦王看到赵国不急着要求让魏冉做丞相,将不会听从您的建议。如果您说了之后事情不成功,那么楼缓会感激您;如果事情成功了,魏冉必定会因此而感激您。"于是仇液听从了他的建议。秦国果然免除了楼缓而任命魏冉做了秦国的丞相。秦国想杀掉吕礼,吕礼出逃到了齐国。

注释 1 昭王七年:即公元前300年。 2 相秦:担任秦的相国。 3 客:门客。 4 请为公毋急秦:从您的利益考虑,我不会急着向秦国提出让魏冉做相的建议。 5 德楼子:施德于楼缓。 6 故:副词,必定,一定。 德:感谢。

昭王十四年,魏冉举白起,使代向寿将而攻韩、魏,败之伊阙,斩首二十四万,虏魏将公孙喜。[1]明年,又取楚之宛、叶。[2]魏冉谢病免相,以客卿寿烛为相。[3]其明年,烛免,复相冉,乃封魏冉于穰,复益封陶,号曰穰

昭王十四年,魏冉推荐白起,让他取代向寿率兵攻打韩国和魏国,白起在伊阙打败了它们,杀敌二十四万人,俘虏了魏国的将军公孙喜。第二年,又攻取了楚国的宛邑和叶邑。魏冉称病要求免去丞相职务,并举荐客卿寿烛做丞相。第二年,寿烛被免职,秦国再次任用魏冉做丞相,并把穰邑封给魏冉,又加封了陶邑,称号叫"穰侯"。

侯。[4]

穰侯封四岁，为秦将攻魏。魏献河东[5]方四百里。拔魏之河内[6]，取城大小六十余。

穰侯受封的第四年，担任秦国的将军攻打魏国。魏国献出河东纵横四百里的土地。又攻下了魏国的河内，夺取了大小六十多座城邑。

注释 1 举:举荐。 白起:秦国著名将领。 向寿:秦将。 伊阙:山名，又名龙门山，因两山相对如阙门，伊水流经其间，故名。在今河南洛阳市南。 2 宛(yuān)、叶(shè):楚邑名。宛，在今河南南阳市。叶，在今河南叶县南。 3 谢病:推托有病。 客卿:在本国做官的外国人。 4 复:又，再次。 益:增加。 5 河东:地区名，战国时相当于今山西西南部黄河东岸地区。 6 河内:地区名，春秋战国时以河南黄河以北地区为河内，黄河以南地区为河外。

昭王十九年，秦称西帝，齐称东帝。[1]月余，吕礼来，而齐、秦各复归帝为王。魏冉复相秦，六岁而免。免二岁，复相秦。四岁，而使白起拔楚之郢[2]，秦置南郡。乃封白起为武安君。白起者，穰侯之所任举也，相善[3]。于是穰侯之富，富于王室。

昭王十九年，秦王号称"西帝"，齐王号称"东帝"。一个多月以后，吕礼来到秦国，齐王和秦王各自又取消帝号，仍旧称王。魏冉再次担任秦国的丞相，六年后被免职。免职两年后，又做丞相。四年后，派白起攻克了楚国的郢都，秦国把它设为南郡。事后就封白起为武安君。白起是魏冉推荐而被重用的，他们关系很好。当时，穰侯的财富，超过了秦国的王室。

注释 1 西帝、东帝:公元前288年，魏冉入齐，约齐王称帝。因秦国位于西方,故秦昭王称为“西帝”,齐国位于东方,故齐湣王称为“东帝”。不久,双方各自取消帝号。 2 郢:都邑名,在今湖北江陵县东北。春秋时楚文王曾定都于此。 3 相善:相互友善。

昭王三十二年,穰侯为相国,将兵攻魏,走芒卯,入北宅,遂围大梁。[1]梁大夫须贾说穰侯曰:“臣闻魏之长吏[2]谓魏王曰:‘昔梁惠王[3]伐赵,战胜三梁,拔邯郸;赵氏不割,而邯郸复归。齐人攻卫,拔故国,杀子良;[4]卫人不割,而故地复反。卫、赵之所以国全兵劲而地不并于诸侯者,以其能忍难而重出地也。[5]宋、中山数伐割地,而国随以亡。臣以为卫、赵可法,而宋、中山可为戒也。[6]

昭王三十二年,穰侯任相国,率领军队攻打魏国,赶跑了芒卯,进入北宅,接着围攻大梁。魏国大夫须贾游说穰侯说:“我听说魏国的一位长吏对魏王说:‘从前梁惠王讨伐赵国,在三梁打了胜仗,占领了邯郸;但赵国仍不肯割让土地,结果邯郸又被赵国收复了。齐国人进攻卫国,占领了旧都,杀死了子良;卫国也不肯割让土地,结果原来的国土也收复了。卫国和赵国之所以能保全国家,军队精锐,国土不被诸侯所吞并的原因,就在于它们能忍受患难而且不轻易割让土地。宋国、中山国每次遭到进攻就割让土地,结果国家也随之灭亡了。我以为卫国和赵国的做法值得效仿,而宋国和中山国的教训值得借鉴。

注释 1 昭王三十二年:即公元前275年。 走:赶跑。 芒卯:魏将。 2 长(zhǎng)吏:地位较高的官吏。 3 梁惠王:魏国国君,即魏惠王,公元前369—前319年在位。 4 故国:旧都,此指卫之楚丘。 子良:卫国人。 5 兵劲(jìng):军队精锐。劲,坚强有力。 忍难(nàn):忍受灾难。 重:不轻易。 出:割让。 6 法:效仿,学习。 戒:借鉴。

“秦,贪戾之国也,而毋亲。蚕食魏氏,又尽晋国,战胜暴子,割八县,地未毕入,兵复出矣。[1]夫秦何厌[2]之有哉!今又走芒卯,入北宅,此非敢攻梁也,且劫[3]王以求多割地。王必勿听也。今王背楚、赵而讲秦,楚、赵怒而去王,与王争事秦,秦必受之。[4]秦挟楚、赵之兵以复攻梁,则国求无亡,不可得也。愿王之必无讲也。王若欲讲,少割而有质;不然,必见欺[5]。’此臣之所闻于魏也,愿君王之以是虑事也。

“秦国是个贪婪、暴戾的国家,从不讲究情谊。蚕食魏国,又占尽了晋国的故土,打败韩国暴子后,割取韩国八个县,土地还未全部接收,军队又出动了。秦国贪婪的欲望哪里有满足的时候!现在又赶走了芒卯,进入了北宅,这并不是秦国敢进攻魏国的都城,是想胁迫您割让更多的土地。您千万不能听从它。现在假如您背叛楚国和赵国而与秦国讲和,楚、赵两国就会发怒因而抛弃您,跟您争着侍奉秦国,秦国必定会接收它们。如果秦国胁迫楚国、赵国的军队来攻打魏国,那么魏国想求得不灭亡也是不可能的了。希望您一定不要与秦国讲和。如果您一定要讲和,也要少割地并且有秦国的人质作保证;否则,必定会被秦国所欺骗。’这是我从魏国听到的,希望您根据这些话来考虑事情。

注释 1 尽:占尽。 暴子:即韩将暴鸢(yuān)。秦攻魏都大梁,韩将暴鸢救魏,被秦军打败。 地:指割让的土地。 毕:全。 2 厌:满足。 3 劫:逼迫,威胁。 4 背:背弃。 讲:议和。 去:离开。此引申为“抛弃”。 事:侍奉。 5 见欺:被欺骗。

"《周书》曰'惟命不于常',此言幸之不可数也。[1]夫战胜暴子,割八县,此非兵力之精也,又非计之工也,天幸为多矣。[2]今又走芒卯,入北宅,以攻大梁,是以天幸自为常也,智者不然。臣闻魏氏悉其百县胜甲以上戍大梁,臣以为不下三十万。[3]以三十万之众守梁七仞[4]之城,臣以为汤、武复生,不易攻也。夫轻背楚、赵之兵,陵七仞之城,[5]战三十万之众,而志必举之,臣以为自天地始分以至于今,未尝有者也。攻而不拔,秦兵必罢,陶邑必亡,则前功必弃矣。

"《周书》说:'天命不是固定不变的',这句话的意思是说上天给予的幸运不可能总是降临。秦国打败暴鸢,割取了八个县,这并不是因为秦国的兵力精锐,也不是因为计谋高明,而是上天赐予的幸运起了主要的作用。现在又赶跑了芒卯,进入了北宅,从而进攻魏国大梁,这是把上天赐予的幸运视为常规,明智的人是不会这样的。我听说魏国动用了上百个县的全部精锐部队来守卫大梁,我估算不少于三十万人。用三十万人守卫大梁七仞高的城墙,我以为即使商汤和周武王再生,也是不容易攻下的。而且您轻率地背弃楚、赵两军,独自登上七仞高的城墙,和三十万大军交战,并且志在必得,我认为自盘古开天辟地以来,还未曾有过这样的事。进攻而不能占据它,秦国必定要撤兵,您的封地陶邑必定会丧失,那么您以前的功劳都要化为乌有了。

注释 **1**《周书》:指《逸周书》。今本存七十一篇,其中有不少是后人补充的。 惟命不于常:天命不是固定不变的。命,天命。常,永久的,固定的。 幸:幸运,此指外界恩赐的力量。 数(shuò):屡次,频繁。 **2** 计:计谋。 工:巧妙,细致。 **3** 悉:全部。 胜甲:精悍的士兵。

4 仞(rèn):古代长度单位,以七尺或八尺为一仞。 5 轻背:轻率地背弃。 陵:登上。

"今魏氏方疑[1],可以少割收也。愿君逮楚、赵之兵未至于梁,亟以少割收魏。[2]魏方疑而得以少割为利,必欲之,则君得所欲矣。楚、赵怒于魏之先己也,必争事秦,从[3]以此散,而君后择焉。且君之得地岂必以兵哉!割晋国,秦兵不攻,而魏必效[4]绛、安邑。又为陶开两道,几尽故宋,卫必效单父。[5]秦兵可全,而君制之,何索[6]而不得,何为而不成!愿君熟虑之而无行危[7]。"穰侯曰:"善。"乃罢梁围。

"现在魏国正在犹豫不决,可以用割取少量土地的方式收服它。希望您能趁楚国和赵国的军队还未到达魏国的时候,赶快用割取少量土地的方式收服魏国。魏国正在犹豫不决,就会认为割让少量的土地对它有利,一定想这样做,那么您的愿望也会得到满足了。楚、赵两国对魏国赶在他们前面讨好秦国的行为,肯定会恼怒,这样它们必定会争先来侍奉秦国,由此合纵联盟瓦解,而您随后可以做出新的选择。况且您想得到土地,难道一定要使用武力吗?割取了晋国的故地,秦军不来进攻,魏国一定会奉献出绛、安两邑。又能替陶邑开辟两条道路,将要完全占有已亡宋国的旧地,卫国一定会献出单父。秦国的军队可以保全,您又控制着它,如此,您有什么想要而不能得到呢?有什么作为不能成功呢?希望您仔细地考虑这件事,而不要冒险行事。"穰侯说:"好。"于是他下令停止了对魏国的围攻。

注释 1 疑:犹豫不决。此指是战是降未拿定主意。 2 逮:及。 亟(jí):急,快速。 3 从(zòng):通"纵",合纵联盟。 4 效:献出。 5 两道:

一说为河西、河东两道；一说为北道（绛、安邑）、南道（宋、单父）。 几(jī)尽：将会完全得到。 故宋：指原有宋国的土地。 **6** 索：要求。 **7** 无行危：不要冒险行动。危，危险。

明年，魏背秦，与齐从亲[1]。秦使穰侯伐魏，斩首四万，走魏将暴鸢，得魏三县。穰侯益封。

第二年，魏国背叛了秦国，和齐国合纵。秦国派穰侯讨伐魏国，杀敌四万人，赶跑了魏国的将领暴鸢，夺取了魏国三个县。因此，穰侯又得到封赏。

明年，穰侯与白起、客卿胡阳复攻赵、韩、魏，破芒卯于华阳[2]下，斩首十万，取魏之卷、蔡阳、长社，赵氏观津。且与赵观津，益赵以兵，伐齐。齐襄王惧，使苏代为齐阴遗穰侯书曰[3]："臣闻往来者言曰'秦将益赵甲四万以伐齐'，臣窃必之敝邑之王曰：'秦王明而熟于计，穰侯智而习于事，必不益赵甲四万以伐齐。[4]'是何也？夫三晋之相与也，秦之深仇也。[5]百相背也，百相欺也，不为不信，不为无行。[6]

又过了一年，穰侯和白起及客卿胡阳再一次进攻赵国、韩国、魏国。在华阳城下打败了芒卯，斩杀敌人十万人，占领了魏国的卷邑、蔡阳、长社和赵国的观津。后来又把观津还给赵国，增派兵力给赵国，让它进攻齐国。齐襄王害怕，派苏代替齐国暗中送信给穰侯说："我听往来的人说：'秦国准备增援赵国四万士兵来进攻齐国'，我私下一定会对我国的君主说：'秦王聪明且精于计谋，穰侯明智而善于处事，肯定不会增援赵国四万军队来讨伐齐国。'这是为什么呢？因为赵、韩、魏三国相互友好，是秦国所厌恶的事。它们无数次背叛秦国，欺骗秦国，却不将其看作是不诚实，不守道义。

注释 1 从亲:合纵亲善。 2 华阳:韩邑名,今河南新郑北。此年魏、赵联合攻韩华阳,秦穰侯等前来救援。 3 齐襄王:齐国国君,公元前283—前265年在位。 阴遗(wèi):暗中送书信。遗,送,致。 4 熟:精通,熟悉。 习:熟练,精习。 5 三晋:即赵、魏、韩三国。因它们均由晋国分立而出,故称。有时也可单指其中的一国或两国。 相与:此指互相友好的国家。 6 背:背弃。 行:德行,道义。

"今破齐以肥赵[1]。赵,秦之深仇,不利于秦。此一也。秦之谋者,必曰:'破齐,弊[2]晋、楚,而后制晋、楚之胜。'夫齐,罢国也,以天下攻齐,如以千钧之弩决溃痈也,必死,安能弊晋、楚?[3]此二也。秦少出兵,则晋、楚不信也;多出兵,则晋、楚为制于秦。齐恐,不走秦,必走[4]晋、楚。此三也。秦割齐以啖晋、楚,晋、楚案之以兵,秦反受敌。[5]此四也。是晋、楚以秦谋齐,以齐谋秦也,何晋、楚之智而秦、齐之愚?此五也。故得安邑以善事之,

"如今打败齐国,就会增加赵国的实力。赵国是秦国的敌人,这样做不利于秦国。这是第一点。秦国的谋士肯定还会说:'打败齐国,使赵、魏、韩三国与楚国疲惫,这样会形成战胜三晋与楚国的优势条件。'齐国是个疲弱的国家,动用天下诸侯的力量进攻齐国,就好比是用千钧的弩箭去射破一个溃烂了的毒疮,齐国必定会灭亡,但这怎么能削弱三晋、楚国呢?这是第二点。攻打齐国时,秦国少出兵,那么三晋、楚国就会不相信秦国;如果多出兵,三晋、楚国就会担心被秦国所控制。齐国惧怕,它没有投靠秦国,肯定会投靠三晋和楚国。这是第三点。秦国割了齐国的土地,来利诱三晋、楚国,三晋、楚国若与秦国兵戎相见,秦国反而会腹背受敌。这是第四点。这样就是让三晋、楚国利用秦国的力量来算计齐国,然后再

亦必无患矣。秦有安邑,韩氏必无上党矣。取天下之肠胃[6],与出兵而惧其不反也,孰利?臣故曰秦王明而熟于计,穰侯智而习于事,必不益赵甲四万以伐齐矣。”于是穰侯不行,引兵而归。

用齐国来算计秦国,为什么三晋、楚国就这样聪明,而秦国和齐国就这样愚蠢呢?这是第五点。所以目前把得到的安邑管理好,也就肯定没有祸患了。秦国占有了安邑,韩国必定就会没有上党了。取得天下的枢纽之地和出兵又怕回不来相比,哪个更有利?所以,我说秦王贤明且精于计谋,穰侯明智且善于治事,肯定不会增援赵国四万士兵来进攻齐国。”就这样,穰侯不再前进,率领军队回去了。

注释 1 肥赵:使赵国增加实力。肥,富饶,富裕。此引申为增加。 2 弊:使……疲惫。 3 罢(pí)国:疲困的国家。罢,通“疲”。 千钧:古代一钧,相当于现在的三十斤。此处形容箭发射的力量极大。 弩:用机关发射的弓。 决:打开缺口。此引申为射箭。 溃痈:溃烂了的毒疮。痈,同“痈”。 4 走:逃跑。此处引申为投靠,亲近。 5 啖(dàn):吃。此处引申为引诱,利诱。 案:通“按”,控制。 6 肠胃:比喻占领天下的枢纽之地。

昭王三十六年,相国穰侯言客卿灶,欲伐齐取刚、寿,以广其陶邑。[1]于是魏人范睢自谓张禄先生,讥穰侯之伐齐,乃越三晋以攻齐也,以此时奸说秦昭王。[2]秦昭王于是用范睢。范睢言

昭王三十六年,相国穰侯与姓灶的客卿商议,想攻打齐国,夺取刚邑和寿邑,以此扩大他的陶邑。这时,魏国人范睢自称张禄先生,嘲讽穰侯攻打齐国,是越过韩、赵、魏三国而远征齐国,并趁此机会请求游说秦昭王。于是秦昭王起用范睢。范睢说宣太后专

宣太后专制，穰侯擅权于诸侯，泾阳君、高陵君之属太侈，富于王室。于是秦昭王悟，乃免相国，令泾阳之属皆出关[3]，就封邑。穰侯出关，辎车千乘有余。[4]

制，穰侯擅权于诸侯，泾阳君、高陵君等人生活过于奢侈，比王室还富有。于是秦昭王醒悟了，就免去了穰侯的相国职务，命令泾阳君等人迁出关内，到各自的封邑去。穰侯出关时，仅辎车就有一千多辆。

穰侯卒于陶，而因葬焉。秦复收陶为郡。

穰侯在陶邑去世，并安葬在那里。秦国重新收回陶邑，改设为郡。

注释 1 刚、寿：齐邑名。刚，在山东宁阳县东北。寿，在山东东平县西南。 2 范睢：魏国人。入秦后，改名张禄，多次游说秦昭王。 奸说(gān shuì)：请求游说。奸，通“干”，求取。 3 关：此指函谷关。旧址在今河南灵宝东北。 4 辎车：一种带有帏盖的车。 乘(shèng)：用四匹马拉的一辆车。

太史公曰：穰侯，昭王亲舅也。而秦所以东益地，弱诸侯，尝称帝于天下，天下皆西乡稽首者，穰侯之功也。[1]及其贵极富溢，一夫开说，身折势夺而以忧死，况于羁旅之臣乎？[2]

太史公说：穰侯是秦昭王的亲舅舅。秦国之所以能增加东方的领土，削弱诸侯，并曾在天下称帝，各国诸侯均面向西对秦国俯首听命，均是因为穰侯的功绩。等到他极其显贵和过于富有的时候，一个人的进言，竟然使他身受挫折，权势被剥夺，以致忧郁而死，更何况那些寄居在异国的客卿呢？

注释 **1** 弱诸侯:使诸侯衰弱。 尝称帝:指秦昭王十九年称西帝事。 西乡稽首:朝西面行跪拜礼。乡,通“向”。稽首,古代一种跪拜礼,叩头至地。此比喻天下的诸侯都臣服于秦国。 **2** 一夫:指范雎。 开说:开导说明,此指进言。 羁(jī)旅:寄居在外的人。此指在秦国做官的客卿。

史记卷七十三

白起王翦列传第十三

原文

白起者，郿[1]人也。善用兵，事秦昭王。

昭王十三年，而白起为左庶长[2]，将而击韩之新城。是岁，穰侯相秦，举任鄙以为汉中守。[3]其明年，白起为左更，攻韩、魏于伊阙，斩首二十四万，又虏其将公孙喜，拔五城。[4]起迁为国尉。[5]涉河取韩安邑以东，到乾河[6]。明年，白起为大良造[7]。攻魏，拔之，取城小大六十一。明年，起与客卿[8]错攻垣城，拔之。后五年，白起攻赵，

译文

白起是郿县人。他善于用兵，侍奉秦昭王。

昭王十三年，白起担任左庶长，带兵进攻韩国的新城。这一年，穰侯做了秦国的丞相，推荐任鄙做了汉中的太守。第二年，白起担任左更，在伊阙进攻韩国和魏国，斩敌二十四万人，又俘虏了魏国的将领公孙喜，夺取了五座城邑。白起被提升做了国尉。他渡过黄河，夺取了韩国的安邑以东至乾河一带的土地。次年，他担任大良造。进攻魏国并战胜了它，夺取了大小城邑六十一座。又过了一年，白起和名叫错的客卿一起进攻垣城，并攻克了它。五年后，白起进攻赵国，攻克了光狼城。七年后，白起进攻楚国，

拔光狼城[9]。后七年，白起攻楚，拔鄢、邓[10]五城。其明年，攻楚，拔郢[11]，烧夷陵，遂东至竟陵。楚王亡去郢，东走徙陈。[12]秦以郢为南郡。白起迁为武安君。武安君因取楚，定巫、黔中郡[13]。昭王三十四年，白起攻魏，拔华阳，走芒卯，而虏三晋将，斩首十三万。[14]与赵将贾偃战，沈[15]其卒二万人于河中。昭王四十三年，白起攻韩陉城，拔五城[16]，斩首五万。四十四年，白起攻南阳太行道，绝之。[17]

又攻克了鄢、邓等五座城邑。次年，白起再次进攻楚国，攻克郢都，焚毁了夷陵，接着向东到了竟陵。楚王被迫离开郢都向东逃亡，把都邑迁移到陈邑。秦国把郢城改设为南郡。白起被封为武安君。武安君趁势攻取楚国，平定了巫郡、黔中郡。昭王三十四年，白起进攻魏国，夺取了华阳邑，赶走了魏将芒卯，又俘虏了魏国的三员大将，斩敌十三万人。和赵国将领贾偃交战，把贾偃二万多士卒溺死在黄河里。昭王四十三年，白起进攻韩国的陉城，夺取了五座城邑，斩敌五万人。四十四年，白起进攻南阳太行道，截断了那里的交通。

注释 1 郿(méi)：秦邑名，在今陕西眉县东。 2 左庶长：秦官爵名，为二十等爵的第十级。 3 穰侯：即魏冉，秦昭王舅父。宣太后执政时，多次担任秦的相国。封于穰(今河南邓州东南)，号“穰侯”。 任鄙：秦国有名的力士。 守：一郡的最高行政长官。 4 左更：官爵名，秦爵二十等中的第十二级。 伊阙：山名，在今河南洛阳西南。伊水流经其间，形成阙口，故名。 公孙喜：人名，魏国将领。 拔：攻克，占领。 5 迁：提升职位。 国尉：秦国武官之长。 6 乾(gān)河：又名教水，旧址在今山西垣曲县东。 7 大良造：官爵名，掌管军政大权。秦制二十等爵的第十六级，又称“大上造”。 8 客卿：在本国做官的外国人。 9 光狼城:邑名,在今山西高平市西。 10 邓:邑名,在今湖北襄樊市北。一说在今河南邓州市。 11 郢:春秋战国时楚国屡次被迫迁都,凡迁都所至当时都称为"郢",故"郢"之地点有多处。 12 楚王:即楚顷襄王。 亡:逃跑。 郢:此指"鄢郢"。 13 黔中郡:辖境相当于今湖北、重庆、贵州的交界处。 14 走:赶跑,打败。 芒卯:齐国人,此时任魏相。 三晋:因赵、韩、魏三国均由原先的晋国分立,故习惯上将三个国家统称为三晋。或单指其中的一个国家。此指魏国。 15 沈:没入水中淹死。沈,同"沉"。 16 陉城:邑名,在今山西侯马东北。 17 太行道:通往太行山的通道。 绝:断绝。

四十五年,伐韩之野王[1]。野王降秦,上党[2]道绝。其守冯亭与民谋曰:"郑道[3]已绝,韩必不可得为民。秦兵日进,韩不能应[4],不如以上党归赵。赵若受我,秦怒,必攻赵。赵被兵[5],必亲韩。韩赵为一,则可以当秦。[6]"因使人报赵[7]。赵孝成王与平阳君、平原君计之。[8]平阳君曰:"不如勿受。受之,祸大于所得。"平原君曰:"无故得一郡,受之便。"赵受之,因封冯亭为

四十五年,白起进攻韩国的野王。野王投降秦国,韩国通往上党郡的通道被截断了。上党郡守冯亭和百姓商议说:"上党通往南郑的道路被截断了,韩国一定不会把我们当作它的臣民了。秦国的军队日益逼近,韩国不能援救我们,不如把上党郡归附于赵国。如果赵国接受了我们,秦国一定会发怒,肯定会进攻赵国。赵国遭到秦军的攻击,必定要和韩国亲近。韩、赵两国联合为一体,就可以抵挡秦国了。"于是冯亭派人通报赵国。赵孝成王跟平阳君、平原君商议这件事。平阳君说:"不如不接受它。如果接受了,带来的祸害比所得的好处要大很多。"平原君说:"平白无故得到一个郡,还是接受好。"赵国接

华阳君[9]。

四十六年，秦攻韩缑氏[10]、蔺，拔之。

受了上党郡，因而封冯亭为华阳君。

四十六年，秦国进攻韩国的缑氏邑和蔺邑，并夺取了它们。

注释 1 野王：邑名，在今河南沁阳。 2 上党：韩郡名，在今山西长治一带。 3 郑道：上党通往南郑的道路。郑，即南郑，在今河南新郑。 4 应：接应，救援。 5 被兵：遭受秦军的攻击。 6 为一：团结一致。 当：抵御。 7 报赵：通报赵国。 8 赵孝成王：赵国国君，赵惠文王之子，名丹。公元前265—前245年在位。 平阳君：姓赵，名豹。赵惠文王的同母弟。因封于平阳（今河北磁县东南）故称。 平原君：姓赵，名胜。赵惠文王弟，封于东武（今山东武城县西北），号称“平原君”。曾任赵相，有食客数千。 9 华阳君：因封于华阳而得名。华阳，赵地名，在今河北曲阳县西北。 10 缑(gōu)氏：邑名，在今河南偃师东南。

四十七年，秦使左庶长王龁攻韩，取上党。上党民走赵。赵军长平，以按据上党民。[1]四月，龁因攻赵。赵使廉颇将。赵军士卒犯秦斥兵，秦斥兵斩赵裨将茄。[2]六月，陷赵军，取二鄣四尉。[3]七月，赵军筑垒壁[4]而守之。秦又攻其垒，取二尉，败其阵，夺西垒壁。[5]廉

四十七年，秦国派左庶长王龁进攻韩国，夺取了上党。上党的百姓逃到赵国。赵军驻扎在长平，来安抚逃到那儿的上党百姓。四月，王龁进攻赵国。赵国派廉颇带兵抵御秦国。赵军的士卒碰上了秦国的侦察兵，秦国的侦察兵杀死了赵军名叫茄的副将。六月，秦军突破赵军的防线，占领了两座城堡，杀死赵军四个尉官。七月间，赵军构筑壁垒来防御秦军。秦军又进攻赵军营垒，杀死了两个尉官，摧毁了赵军阵地，夺取了西边的

颇坚壁[6]以待秦,秦数挑战,赵兵不出。赵王数以为让。[7]

壁垒。廉颇加固壁垒,防御秦军进攻,秦军多次挑战,赵军就是不出垒迎战。赵王因此多次责备廉颇。

注释 1 军:驻扎。按据:安抚。2 斥兵:侦察兵。裨将:副将。茄:人名。3 鄣:同"障",要塞,壁垒。尉:武官名,位在将军之下。4 垒壁:军营周围所筑的堡寨。5 败:摧毁。阵:军队作战时布置的阵势。6 坚壁:加固壁垒。7 数:多次。让:责备。

而秦相应侯又使人行千金于赵为反间[1],曰:"秦之所恶,独畏马服子赵括将耳,廉颇易与,且降矣。[2]"赵王既怒廉颇军多失亡,军数败,又反坚壁不敢战,而又闻秦反间之言,因使赵括代廉颇将以击秦。秦闻马服子将,乃阴使武安君白起为上将军,而王龁为尉裨将,令军中有敢泄武安君将者斩。[3]赵括至,则出兵击秦军。秦军详败而走,张二奇兵以劫之。[4]赵军逐胜,追造秦

秦国的丞相应侯派人携带千金到赵国施行反间计,公开说:"秦国最担心的,是让马服君的儿子赵括做将领,廉颇容易对付,他马上就要投降了。"赵王本就对廉颇率领的军队伤亡很多,军队屡战屡败,却又反而固守在壁垒里不敢迎战而心怀不满,又听到秦国反间的言论,便派赵括去替换廉颇率领军队来抗击秦军。秦国听到赵括做了赵军的将领,就暗中派武安君白起担任上将军,王龁做都尉副将,并下令军中有敢泄漏武安君担任主将这个消息的就杀头。赵括到军营后,就下令出兵攻击秦军。秦军佯装战败逃跑,另外埋伏了两支奇兵进逼赵军。赵军乘胜追击,一直追到秦军的壁垒下。秦军的壁垒坚固,赵军攻不进去,这时,一支二万五千人的秦

壁。[5]壁坚拒不得入,而秦奇兵二万五千人绝赵军后,又一军五千骑绝赵壁间,赵军分而为二,粮道绝。而秦出轻兵[6]击之。赵战不利,因筑壁坚守,以待救至。秦王闻赵食道绝,王自之河内,赐民爵各一级,发年十五以上悉诣长平,遮绝赵救及粮食。[7]

军奇兵截断了赵军的后路,另一支五千人的骑兵横穿在赵军之间,赵军被分为二股,粮路也断绝了。接着,秦军出动轻装部队反击赵军。赵军迎战失利,于是修筑壁垒固守,等待援军到来。秦王听说赵军的粮道断绝,亲自赶到河内,赏赐百姓爵位各一级,征调十五岁以上的壮丁前往长平,阻截赵国的援军和粮食。

注释 1 反间:用计谋离间敌人。 2 恶(wù):讨厌。此引申为担忧,害怕。 马服子:即赵奢的儿子赵括。马服,指赵国名将赵奢,因封于马服山(今河北邯郸西北),故称。 易与:容易对付。 3 阴使:暗中派遣。 上将军:武官名,其位高于将军。此意为最高军事统帅。 尉裨将:武官名,大约是上将军的副手。 4 详:通“佯”,假装。 走:逃跑。 张:布置,安排。 奇兵:精悍的快速部队。 劫:进逼。 5 逐胜:乘胜追击。 造:抵达。 6 轻兵:轻装部队。 7 之:到。 赐民爵各一级:战国时,秦制定二十等爵位。此为鼓励百姓作战,故赐民一级爵位。 悉:全部。 诣(yì):抵达。 遮绝:阻截。

至九月,赵卒不得食四十六日,皆内阴相杀[1]食。来攻秦垒,欲出[2]。为四队,四五复之[3],不能出。其将军赵括出锐卒自

到了九月,赵军士兵已断粮四十六天,士兵们暗中相互残杀吃人肉。赵军进攻秦军壁垒,企图突围。他们分成四队,反复冲击了四五次,仍然不能出逃。赵军将领赵括率领精锐士卒,亲自上阵搏

搏战，秦军射杀赵括。括军败，卒四十万人降武安君。武安君计曰："前秦已拔上党，上党民不乐为秦而归赵。赵卒反覆[4]，非尽杀之，恐为乱。"乃挟诈而尽坑杀之，遗[5]其小者二百四十人归赵。前后斩首虏四十五万人。赵人大震。

斗，秦军射死了赵括。赵括的军队战败了，四十万士卒向武安君投降。武安君心中盘算道："以前秦军攻占了上党郡，上党郡的百姓不愿意归顺秦国而逃奔到了赵国。赵国的士卒反复无常，不把他们杀尽，恐怕会作乱。"于是采取欺诈的手段把他们都活埋了，仅把未成年的二百四十人留下来送回了赵国。赵军先后被斩首和俘虏的共达四十五万人。赵国人极为震恐。

注释 **1** 阴：暗中。 相杀：互相残杀。 **2** 欲出：想突围而出。 **3** 四五复之：反复冲击了四五次。之，代词，此指突围。 **4** 反覆：变化无常。 **5** 遗：剩下，遗留。

四十八年十月，秦复定上党郡。秦分军为二：王龁攻皮牢[1]，拔之；司马梗定太原[2]。韩、赵恐，使苏代厚币说秦相应侯曰[3]："武安君禽[4]马服子乎？"曰："然。"又曰："即围邯郸[5]乎？"曰："然。""赵亡则秦王王矣，武安君为三公。[6]武安君所为秦战胜攻取者七十余

四十八年十月，秦国再次平定了上党郡。秦军分为两支：王龁进攻皮牢，夺取了它；司马梗平定了太原。韩国和赵国恐惧，派苏代带着厚礼游说秦国的丞相应侯说："武安君擒杀了马服君的儿子吗？"应侯说："是的。"苏代说："秦国又要围攻邯郸吗？"应侯说："是的。"苏代说："赵国灭亡了，那么秦王就可以称帝了，武安君就会位列三公。武安君替秦国攻下和占领了

城，南定鄢、郢、汉中，北禽赵括之军，虽周、召、吕望之功不益于此矣。[7] 今赵亡，秦王王，则武安君必为三公，君能为之下乎？虽无欲为之下，固不得已矣。秦尝攻韩，围邢丘[8]，困上党，上党之民皆反为赵，天下不乐为秦民之日久矣。今亡赵，北地入燕，东地入齐，南地入韩、魏，则君之所得民亡[9]几何人。故不如因而割之，无以为武安君功也。"于是应侯言于秦王曰："秦兵劳，请许韩、赵之割地以和，且休士卒。"王听之，割韩垣雍[10]、赵六城以和。正月，皆罢兵。武安君闻之，由是与应侯有隙[11]。

七十多座城邑，在南面平定了鄢邑、郢都和汉中，在北面俘虏了赵括的军队，即使是周公、召公、吕望的功绩也不会比这更多了。如今赵国灭亡了，秦王一称帝，武安君肯定会位列三公，您愿意位居于他之下吗？虽然不愿意位居他之下，可这已成为事实，也是没有办法的了。秦国曾进攻韩国，包围了邢丘，围困上党，上党的百姓都转而归服赵国，这说明天下的人早就不愿意做秦国的臣民了。如今灭亡了赵国，北面的百姓归入燕国，东面的百姓归入齐国，南面的百姓归入韩国和魏国，那么您所得到的百姓就没有什么人了。所以不如趁势割取韩国和赵国的土地，不要让武安君再建立更多的功勋。"于是，应侯向秦王建议说："秦军已经很疲劳了，请您允许韩国、赵国割地求和，暂且让士卒得以休整。"秦王听从了应侯的建议，割取了韩国的垣雍城和赵国的六个城后，与韩国、赵国讲和了。正月间，交战各方都收兵。武安君听到这是应侯的建议，从此跟应侯有了矛盾。

注释　1 皮牢：韩邑名，在今山西翼城县东。　2 太原：地区名，相当于今山西句注山和霍山之间的地区。　3 厚币：重礼。古代帛、璧、革、贝、金均称“币”。后泛指礼物。　应侯：即范雎，魏国人。秦昭王四十一年任秦相，因封于应（今河南鲁山县东），号“应侯”。　4 禽：通“擒”，捉拿。5 邯郸：赵国都城，在今河北邯郸。　6 秦王：秦昭王。　王（wàng）：称王于天下。　三公：实指为辅佐国君掌管军政大权的长官。　7 周：指周公姬旦，周武王之弟。因封地在周（今陕西岐山县），史称“周公”。召（shào）：即召公奭（shì）。因封地在召（今陕西岐山县西南），故称“召公”或“召伯”。曾辅佐武王灭商，成王时任太保。　吕望：姜姓，吕氏，名尚，号“太公望”。西周初年任太师。因辅佐周武王灭商有功，封于齐。　益：超过。　8 邢丘：邑名，在今河南温县东。　9 亡（wú）：通“无”，没有。10 垣雍：邑名，在河南原阳县西南。　11 隙：嫌隙，仇怨。

其九月，秦复发兵，使五大夫[1]王陵攻赵邯郸。是时武安君病，不任行[2]。四十九年正月，陵攻邯郸，少利[3]，秦益发兵佐陵。陵兵亡五校[4]。武安君病愈，秦王欲使武安君代陵将。武安君言曰：“邯郸实未易攻也。且诸侯救日至[5]，彼诸侯怨秦之日久矣。今秦虽破长平军，而秦卒死者过半，国内空。远绝[6]河山而争人国都，赵应其内，诸侯攻其外，破秦军必矣。

这年九月，秦国再次出兵，派五大夫王陵进攻赵国的邯郸。这时武安君正生病，身体支持不住，不能随军出征。四十九年正月，王陵向邯郸发起进攻，战绩不佳，秦国加派军队支援王陵。王陵又损失了五个校的兵马。武安君的病痊愈后，秦昭王想派武安君取代王陵担任将领。武安君说：“邯郸实在是不容易攻取的都城。况且各诸侯国的救兵眼见一天天赶来，这些诸侯怨恨秦国已经很久了。如今秦国虽然消灭了长平的赵军，但是秦国的士兵也死亡过半，国内空虚。跋山涉水去争夺人家的国都，赵军在里面接应，各国诸侯在外面进攻，秦军被打败是必

不可。”秦王自命[7],不行;乃使应侯请之,武安君终辞不肯行,遂称病。

然的。不能这样做。”秦昭王亲自命令武安君前往,武安君不肯前行;于是秦王让应侯去请他,武安君仍坚持不肯出发,随后又佯装生病。

注释 1 五大夫:秦爵位名,相当于二十等爵的第九级。 2 不任行:不能随行。 3 少利:收获不大。文中指战绩不佳。 4 五校:校,古代军队编制单位。汉武帝时设八校,即中垒、屯骑、步兵、越骑、长水、胡骑、射声、虎贲。每校兵数少者七百人,多者千二百人。 5 日至:天天都有赶到的。日,一天天。 6 绝:横渡。 7 自命:亲自命令。

秦王使王龁代陵将,八九月围邯郸,不能拔。楚使春申君及魏公子将兵数十万攻秦军,秦军多失亡。[1]武安君言曰:“秦不听臣计,今如何矣!”秦王闻之,怒,强起武安君,武安君遂称病笃。[2]应侯请之,不起。于是免武安君为士伍[3],迁之阴密。武安君病,未能行。居三月,诸侯攻秦军急,秦军数却,使者日至。[4]秦王乃使人遣[5]白起,不得留咸阳中。

秦昭王改派王龁取代王陵为将,八九月间围攻邯郸,没有攻下来。楚国派春申君同魏公子信陵君带兵几十万人攻打秦军,秦军伤亡很大。武安君说:“秦国不听从我的建议,现在怎么样!”秦昭王听到这些话,非常生气,强令武安君赴任,武安君就借口病情严重。应侯去请他,他仍不肯就职。于是秦昭王免除了武安君的爵位,把他贬为士兵,让他移居到阴密。武安君因为病重,没有立即动身。过了三个月,诸侯国军队对秦军的进攻紧急,秦军多次退却,送信的使者天天都有。秦昭王派人驱逐白起,不让他留在咸阳城中。

注释 1 春申君:即黄歇,战国时楚国贵族。楚考烈王时,受封于吴(今江苏苏州市),号"春申君"。 魏公子:即信陵君。 2 强(qiǎng)起:强迫就职。 病笃:病重。 3 士伍:士兵。 4 居三月:过了三个月。居,表示时间的停留。 数却:多次败退。 5 遣:驱逐,遣送。

武安君既行,出咸阳西门十里,至杜邮[1]。秦昭王与应侯群臣议曰:"白起之迁,其意尚怏怏不服,有余言。[2]"秦王乃使使者赐之剑自裁[3]。武安君引剑将自刭[4],曰:"我何罪于天而至此哉?"良久,曰:"我固当死。长平之战,赵卒降者数十万人,我诈而尽坑之,是足以死。"遂自杀。武安君之死也,以秦昭王五十年十一月。死而非其罪,秦人怜之,乡邑皆祭祀焉。

武安君动身刚出咸阳城西门十里,到了杜邮。秦昭王跟应侯及大臣们商议说:"白起迁居的时候,他的神情还是因为不满而闷闷不乐,很不服气,有怨言。"于是,秦昭王派使者赐给他一把剑让他自杀。武安君拔剑自刎前说:"我什么地方得罪了苍天,而落得了这个下场呢?"过了好一会儿,他又说:"我确实该死。长平之战,赵军投降的几十万士兵,都被我用欺诈的手段给活埋了,这一点就足够叫我死了。"随后他自杀了。武安君死于秦昭王五十年十一月。他的死不是由于他的罪责,所以秦国人怜悯他,城乡的人都祭祀他。

注释 1 杜邮:亭名,在今陕西咸阳东北。 2 怏怏:因不平或不满而闷闷不乐。 余言:多余的话。此引申为怨言。 3 自裁:自杀。 4 引剑将自刭:把剑架到脖子上将要自杀。刭,割脖子。

王翦者，频阳[1]东乡人也。少而好兵，事秦始皇。[2]始皇十一年，翦将攻赵阏与[3]，破之，拔九城。十八年，翦将攻赵。岁余，遂拔赵，赵王[4]降，尽定赵地为郡。明年，燕使荆轲为贼[5]于秦，秦王使王翦攻燕。燕王喜走[6]辽东，翦遂定燕蓟而还。秦使翦子王贲击荆[7]，荆兵败。还击魏，魏王[8]降，遂定魏地。

王翦是频阳东乡人。年轻的时候就喜欢军事，侍奉秦始皇。始皇十一年，王翦率兵攻打赵国的阏与，攻克了它，又拔取了九座城邑。十八年，王翦率兵进攻赵国。一年多后，就战胜了赵国，赵王投降，赵地全被平定，改设为郡。第二年，燕国派荆轲到秦国谋杀秦王，秦王派王翦进攻燕国。燕王喜逃到辽东，王翦便平定了燕国的蓟都凯旋回师。秦国派王翦的儿子王贲进攻楚国，楚国兵败。王贲又掉转头进攻魏国，魏王投降，于是平定了魏地。

注释　**1** 频阳：秦县名，在今陕西富平县东北。　**2** 好兵：喜爱军事。　秦始皇：即嬴政，公元前246—前210年在位。秦王朝的建立者。　**3** 阏(yù)与：邑名，在今山西和顺县西北。　**4** 赵王：即赵王迁，公元前235—前228年在位。　**5** 贼：刺客。　**6** 燕王：姬姓，名喜，公元前254—前222年在位。　走：逃跑。　**7** 荆：楚国的别称。楚始建国于荆山(今湖北西部)一带，故别称为“荆”。一说秦国因避秦庄襄王嬴子楚名讳，故称“楚”为“荆”。又周人敌视楚国，称之为“荆蛮”。　**8** 魏王：即魏假，公元前227—前225年在位。

秦始皇既灭三晋，走燕王，而数破荆师。秦将李信者，年少壮勇，尝以

秦始皇已经灭掉了赵、魏、韩三国，赶跑了燕王，还屡次打败楚国的军队。秦国将领李信，年轻气盛，很

兵数千逐燕太子丹至于衍水[1]中,卒破得丹,始皇以为贤勇。于是始皇问李信:“吾欲攻取荆,于将军度[2]用几何人而足?”李信曰:“不过用二十万人。”始皇问王翦,王翦曰:“非六十万人不可。”始皇曰:“王将军老矣,何怯也!李将军果势壮勇,其言是也。”遂使李信及蒙恬将二十万南伐荆。王翦言不用,因谢病[3],归老于频阳。李信攻平与[4],蒙恬攻寝,大破荆军。信又攻鄢郢,破之,于是引兵而西,与蒙恬会[5]城父。荆人因随之,三日三夜不顿舍,大破李信军,入两壁,杀七都尉,秦军走。[6]

勇敢,曾率领几千士兵追击燕国的太子丹,一直追到衍水上,最后打败燕军,捉到了姬丹,秦始皇认为他贤能勇敢。当时秦始皇问李信说:“我想夺取楚国,你估计用多少人才够?”李信说:“不超过二十万人。”秦始皇又问王翦,王翦说:“非六十万人不行。”秦始皇说:“王将军老了,为什么这样胆怯!李将军果真勇敢,他的话是对的。”于是派李信和蒙恬率领二十万大军南下攻打楚国。王翦的话没有被采纳,于是便声称有病,告老回到频阳。李信进攻平与,蒙恬进攻寝邑,把楚军打得大败。李信又进攻鄢郢,攻破了它,接着率领军队向西,与蒙恬在城父会师。楚军趁势尾随秦军,三天三夜没有休息,把李信率领的军队打得大败,攻入秦军两个营垒,杀死七个都尉,秦军败逃。

注释 1 衍水:即今太子河。在辽宁中部。 2 度(duó):估计。 3 谢病:托病辞官。 4 平与:楚邑名,在今河南平舆县北。 5 会:会合。 6 顿舍:停息,住宿。 都尉:武官名,职务略低于将军。

始皇闻之，大怒，自驰如[1]频阳，见谢王翦曰："寡人以不用将军计，李信果辱秦军[2]。今闻荆兵日进而西，将军虽病，独忍弃寡人乎！"王翦谢曰："老臣罢病悖乱，唯大王更择贤将。[3]"始皇谢曰："已矣[4]，将军勿复言！"王翦曰："大王必不得已用臣，非六十万人不可。"始皇曰："为听将军计耳。"于是王翦将兵六十万人，始皇自送至灞上[5]。王翦行，请美田宅园池甚众。始皇曰："将军行矣，何忧贫乎？"王翦曰："为大王将，有功终不得封侯，故及大王之向臣，臣亦及时以请园池为子孙业耳。[6]"始皇大笑。王翦既至关，使使还请善田者五辈。[7]或曰："将军之乞贷[8]，亦已甚矣。"王翦曰："不然。夫秦王怚[9]

秦始皇听到这个消息，极为愤怒，亲自乘车飞驰到频阳，见到王翦，当面向他道歉说："由于我没有采纳将军的建议，才使得李信让秦军蒙受耻辱。现在听说楚军一天天向西逼近，将军虽然有病，但能忍心扔下我不管吗！"王翦推辞说："老臣身体疲病，脑子糊涂，希望大王另选良将。"秦始皇又道歉说："就这么定了，将军不要再推辞了！"王翦说："大王如果不得已要用我，非六十万人不可。"秦始皇说："一切听从将军的。"于是，王翦带兵六十万出发，秦始皇亲自送他到灞上。王翦临行前，请求秦始皇赐给他许多好田地、好住宅、好园林和池苑。秦始皇说："将军尽管上路好了，何必还担心贫穷呢？"王翦说："替大王带兵，即使有功劳，终究也难得到封侯的奖赏，所以趁着大王需要我的时候，我也就趁机请求赐予园林、池苑，作为子孙的产业罢了。"秦始皇听了哈哈大笑。王翦到了函谷关口以后，又先后五次派使者向秦始皇请求赏赐良田。有人说："将军的请求，也太过分了吧。"王翦说："这话不对。秦王性情粗暴而且不信任人。如今，他

而不信人。今空秦国甲士而专委于我,我不多请田宅为子孙业以自坚,顾令秦王坐而疑我邪?[10]”

把全国军队都交给我统率,我不多次为子孙要田要房以巩固自己的地位,那岂不让秦王平白无故地怀疑我吗?”

注释 1 驰:乘车飞驰。 如:往,到达。 2 辱秦军:使秦军蒙受侮辱。指李信打了败仗。 3 罢(pí)病悖(bèi)乱:身体疲病,理智混乱。罢,通“疲”,疲乏。悖乱,混乱。 唯:意为表示希望。 4 已矣:好了,算了吧。秦始皇知道王翦所说为推托之词,不是真的有病。故这样说。 5 灞上:灞水岸边。灞水,在今陕西西安东。 6 封侯:秦国爵位分二十级,最高一级为彻侯,简称“侯”。 向臣:器重我。向,器重,需要。 7 关:指函谷关,在今河南灵宝市东北。因关在谷中,深险如函而得名。使使:派遣使者。前一个“使”字为动词,后一个“使”字为名词。 善田:肥沃的土地。 五辈:五次。辈,批,次。 8 乞贷:请求借贷。指王翦请赐田宅之事。 9 怚(cū):通“粗”,粗暴。 10 空:倾出所有。 甲士:军队。 专委于我:委派我独自掌管、统率。 自坚:使自己的地位得到巩固。即表明为秦国效力的决心,而不使秦王怀疑他。 顾:反而。 坐:白白地,无缘无故。

王翦果代李信击荆。荆闻王翦益军而来,乃悉国中兵以拒秦。王翦至,坚壁而守之,不肯战。荆兵数出挑战,终不出。王翦日休士洗沐,而善饮食抚循之,亲与士卒同食。[1]

王翦代替李信领军,与楚国交战。楚国听说王翦增加士卒前来,便动员了全国的兵力抵抗秦军。王翦一到,加固壁垒防守,不肯出战。楚军多次出兵挑战,秦军始终不出。王翦天天让士兵休息洗换,并用丰盛的伙食抚慰他们,亲自跟士卒一起进餐。过了很久,王翦派人探听

久之，王翦使人问军中戏乎。对曰："方投石超距[2]。"于是王翦曰："士卒可用矣。"

荆数挑战而秦不出，乃引而东。翦因举兵追之，令壮士击，大破荆军。至蕲南，杀其将军项燕[3]，荆兵遂败走。秦因乘胜略定[4]荆地城邑。岁余，虏荆王负刍[5]，竟平荆地为郡县。因南征百越之君。[6]而王翦子王贲，与李信破定燕、齐地。

秦始皇二十六年，尽并天下，王氏、蒙氏功为多，名施于后世。[7]

军中的士兵在玩游戏吗。回报说："正在练习扔石头和跳跃等活动。"王翦于是说："士兵可以使用了。"

楚军多次挑战，但秦军仍是不出，楚军便撤兵向东后退。王翦趁势出动军队追赶他们，命令精锐的部队奋勇拼杀，把楚军打得大败。秦军追至蕲县南面，杀死了楚军的将领项燕，楚军败逃。秦军乘胜夺取和平定了楚国的一些城邑。一年多以后，又俘虏了楚王熊负刍，最终平定了楚国全境，并将其改设为郡县。接着秦军又向南征伐百越的君长。王翦的儿子王贲和李信攻占和平定了燕国和齐国等地方。

秦始皇二十六年，秦国统一了天下，其中王氏和蒙氏建立的功劳最多，他们的声名流传于后世。

注释　1 日休士洗沐：每天让士兵休整洗换。沐，本指洗头发。　抚循：抚慰。　2 方：正在。　投石：投掷石头，此意约为练习投远或用机械发射石弹。超距：跳高、跳远等运动。　3 项燕：楚国将军，项羽叔父项梁的父亲。　4 略定：平定和攻占。　5 荆王负刍：即楚王负刍，公元前227—前223年在位。负刍被虏后楚亡。　6 因：接着。　百越：部族名。当时分布于长江中下游以南地区的零散部族，因部族众多故称"百越"。秦汉后，一部分与汉族融合，其余与今壮、傣、黎族有密切的渊源关系。　7 王氏：指王翦、王贲父子。　蒙氏：指蒙骜、蒙武、蒙恬祖孙三代。蒙骜，曾官至上卿，后为将，累伐韩、赵、魏有功。蒙武，蒙骜子，从王翦破楚，杀项燕，后攻楚，虏楚王。　施(yì)：流传。

秦二世之时，王翦及其子贲皆已死，而又灭蒙氏。[1] 陈胜之反秦，秦使王翦之孙王离击赵，围赵王及张耳钜鹿城。[2] 或曰："王离，秦之名将也。今将强秦之兵，攻新造之赵[3]，举之必矣。"客[4]曰："不然。夫为将三世者必败。必败者何也？以其所杀伐多矣，其后受其不祥[5]。今王离已三世将矣。"居无何，项羽救赵，击秦军，果虏王离，王离军遂降诸侯。[6]

秦二世的时候，王翦和他的儿子王贲都已经死了，秦二世又诛杀了蒙氏兄弟。陈胜起义反抗秦朝时，秦朝派王翦的孙子王离进击赵国，把赵王和张耳围困在钜鹿城。有人说："王离是秦朝的名将。现在率领强大的秦国军队，来进攻刚刚建立的赵国，必定能攻克它。"有的门客说："不对。世代做将军的，传到第三代肯定会失败。为什么必定会失败呢？因为他们的前辈杀戮太多了，他的后代便会遭受不祥之灾。如今王离已是第三代将军了。"过了不久，项羽援救赵国，攻打秦军，果真俘虏了王离，于是王离的军队便向诸侯的联军投降了。

注释　**1** 秦二世：秦始皇子，名胡亥，公元前210—前207年在位。　灭蒙氏：即蒙恬、蒙毅兄弟二人均被秦二世所杀。　**2** 陈胜之反秦：公元前209年，戍卒陈胜、吴广等因失期当斩，率同征者九百人在蕲县大泽乡（今安徽宿州东南）起义反秦。　赵王：即赵歇。反秦起义中被张耳、陈馀立为赵王。　张耳：大梁人（今河南开封）人。陈胜起义后，据赵地拥赵歇为王，自任丞相。后投奔项羽，封常山王，又改投刘邦，封赵王。　**3** 新造之赵：新成立的赵国。指赵歇、张耳建立的赵国。　**4** 客：门客。

5 不祥:不吉利。 6 居无何:过了不久。 项羽:秦末起义领袖。他推翻秦朝后,自立为“西楚霸王”,后被刘邦打败,自杀。 救赵:指公元前207年,项羽率军大破秦军,救赵王歇及张耳之役。 诸侯:指当时反秦的各路将领。

太史公曰:鄙语[1]云“尺有所短,寸有所长”。白起料敌合变[2],出奇无穷,声震天下,然不能救患于应侯。王翦为秦将,夷六国,当是时,翦为宿将,始皇师之,然不能辅秦建德,固其根本,偷合取容,以至坳身。[3]及孙王离为项羽所虏,不亦宜乎!彼各有所短也。

太史公说:俗话说“尺有尺的短处,寸有寸的长处”。白起分析敌情,随机应变,奇计层出,声威震动天下,但他却逃脱不了应侯对他的迫害。王翦担任秦国将领,平定六国,正当这个时候,王翦是身经百战的老将,秦始皇把他当作老师看待,但王翦却不能辅佐秦国建立德政,巩固它的根基,反而苟且迎合取悦人主,直到死去。待到他的孙子王离被项羽俘虏,这不也是很应该的事吗?因为他们各有各的短处啊。

注释 1 鄙语:民间俗语。 2 料敌合变:估料敌情随机应变。 3 夷:平定。 六国:即楚、韩、燕、赵、魏、齐六国。 宿将:战斗经验丰富的老将。宿,此指年老并久于战事。 偷合:苟且迎合。 取容:犹言“取悦”。此意即取悦人主。 坳(mò)身:去世。坳,同“殁”,死。

史记卷七十四

孟子荀卿列传第十四

原文

太史公曰：余读孟子书，至梁惠王问“何以利吾国”，未尝不废书而叹也。[1]曰：嗟乎，利诚[2]乱之始也！夫子罕言利者，常防其原也。[3]故曰“放于利而行，多怨”[4]。自天子至于庶人，好利之弊[5]何以异哉！

译文

太史公说：我读《孟子》，到梁惠王问“怎么才对我的国家有利”时，没有一次不放下书来感叹地说：哎，利确实是祸乱的开始呀！孔夫子很少谈论利，就是要防止祸乱之源。所以他说“凡事依据个人的利益去做，就会产生很多的怨恨”。从天子到普通百姓，好利的弊病有什么不一样吗？

注释 1 孟子书：即《孟子》，儒家经典之一。 废：停下，放下。 2 诚：确实。 3 夫子：指孔子。 原：源泉，即本文所指引发社会混乱的根源、导火线。 4 放于利而行，多怨：放，通“仿”，仿照，依据。 5 弊：毛病，弊病。

孟轲，驺人也。[1]受业子思之门人。[2]道[3]既通，游事齐宣王，宣王不能用。适梁，梁惠王不果所言，则见以为迂远而阔于事情。[4]当是之时，秦用商君，富国强兵；楚、魏用吴起，战胜弱敌；齐威王、宣王用孙子、田忌之徒，而诸侯东面朝齐。天下方务于合从连衡，以攻伐为贤，而孟轲乃述唐、虞、三代之德，是以所如者不合。[5]退而与万章之徒序《诗》《书》[6]，述仲尼之意，作《孟子》七篇。其后有驺子之属[7]。

孟轲是邹国人。曾跟着子思的弟子学习。儒术通达以后，他去游说齐宣王，宣王没有任用他。到梁国，梁惠王不听从他的主张，认为他的思想迂腐空洞不能处理实际问题。正当这个时候，秦国任用商鞅，富国强兵；楚国、魏国任用吴起，以战取胜削弱敌国；齐威王、宣王任用孙膑、田忌一班人，使诸侯各国面向东来朝见齐国。天下正致力于实施合纵连横策略，把战争当作最佳手段，但孟轲却称述唐尧、虞舜、三代的德政，因此他所到之处不受当权者待见。于是孟子就回到家，同万章等学生一起编次《诗经》《尚书》，阐发仲尼的学术思想，写了《孟子》七篇。在孟轲以后有驺子等学者。

注释 1 孟轲(kē)：即孟子，字舆，儒家学说的继承者。 驺(zōu)：通"邹"。古代小国名，在今山东邹城一带。 2 受业：从师学习。 子思：鲁国人，孔丘之孙，孔鲤之子，名孔伋(jí)，字子思，战国初期思想家。 门人：学生，弟子。 3 道：指儒术。 4 果：实现。即表面赞成，实际上不加以兑现。 迂远：迂阔，与实际距离太远。 5 方：正，正在。 务：致力于，追求。 从：通"纵"。 衡：通"横"。 所如者：所到的国家，所游说的国家。如，到，往。 6 万章：孟子的学生。 序：编次，整理。
7 驺子之属：邹子等一批人。

齐有三驺子。其前驺忌,以鼓琴干威王,[1]因及国政,封为成侯而受相印,先孟子。

其次驺衍[2],后孟子。驺衍睹有国者益淫侈不能尚德,若《大雅》整之于身、施及黎庶矣。[3]乃深观阴阳消息而作怪迂之变,《终始》《大圣》之篇十余万言。[4]其语闳大不经,必先验小物,推而大之,至于无垠。[5]先序今以上至黄帝,学者所共术,大並世盛衰,因载其禨祥度制,推而远之,至天地未生,窈冥不可考而原也。[6]先列中国名山大川,通谷禽兽,水土所殖,物类所珍,因而推之,及海外[7]人之所不能睹。称引天地剖判以来,五德转移,治各有宜,而符应若兹。[8]以为儒者所谓中

齐国有三位驺子。最早的一位是驺忌,他借着会弹琴的才能求见齐威王,因而参与了国家政事,被封为成侯,并做了宰相,生于孟子前。

其次是驺衍,生在孟子后面。驺衍目睹君主们越来越淫逸奢侈而不能崇尚德政,像《大雅》要求的那样注意自己的言行,从而推广到百姓中去。所以他就留意观察阴阳的消长,提出了一种怪诞的理论,并写了有十多万字的《终始》《大圣》等篇章。书中的议论宏大宽广不合常规,必定先从一些小事物上进行验证,然后加以推广,以至无边无际。先叙述当今,然后往前追寻到黄帝时代,学者们共同记述的事情,大体上依据世事的盛衰,借以记述吉凶祸福的法则,推而广之,谈论到天地还没有产生的时候,而去追寻它微妙莫测不可考究的本源。先序列出中原各国的名山大川,深谷中的飞禽走兽,水中、地面所养殖的,各种物类中所珍贵的,从而加以推广,一直说到海外人们所不能目睹的地方。称述从天地分开以来,金、木、水、火、土五德的不断转换,各个朝代治事都有它恰当的措施,符应也是这样的。他认为儒家所说的中

国[9]者，于天下乃八十一分居其一分耳。中国名曰赤县神州[10]。赤县神州内自有九州，禹之序九州是也，不得为州数[11]。中国外如赤县神州者九，乃所谓九州也。于是有裨海环之，人民禽兽莫能相通者，如一区中者，乃为一州。[12]如此者九，乃有大瀛海[13]环其外，天地之际焉。其术皆此类也。然要其归，必止乎仁义节俭、君臣上下、六亲之施，始也滥耳。[14]王公大人初见其术，惧然顾化[15]，其后不能行之。

国，在整个天下只不过占八十一分中的一分罢了。中国名称叫赤县神州。赤县神州里面有九州，这就是夏禹所划分的九州，但不能计算为赤县神州这样的州数。中国之外像赤县神州这样的地区共有九个，这才是所谓的九州。在这些地带是有小海环抱着的，人类禽兽是不能互相联通的，像一个独立特定的区域，这才是一个州数。像这样的州总共有九个，然后有大海在它外面包围着，大海就是天地相交的地方。邹衍的学术就是这一类内容。然而总括它的要旨，必定落在仁义节俭、君臣上下和六亲间已经实行的主张上，不过他开始的述说也是太泛滥无边罢了。王公大人们刚开始接触到他的学术，感到惊异，想要尝试一下，但过后还是不能实行。

注释　1 驺忌：齐国大臣。　鼓：演奏。　干：求，求见。2 驺衍：齐国人，阴阳家的主要代表人物。　3 有国者：指君王。　尚：崇尚。　若：像……一样。《大雅》：《诗经》三大部分之一，主要反映了西周王朝的兴废情况。句中是指《大雅》所体现的精神和经验。　整：整饰，体现。　身：自身，自己的言行。　施：施行，推行。　黎庶：民众。　4 消息：灭亡和生长。　怪迂之变：怪诞曲折的变化。《终始》《大圣》：驺衍之著作名。　5 闳(hóng)大：宏大宽广。　不经：不合常规。　无垠(yín)：没有边际。　6 术：通“述”，记述。 並(bàng):通“傍”,依随。 机祥度制:吉凶祸福的法则。 窈冥:深远,微妙。 7 海外:中国本土以外的边远地区。 8 天地剖判:天地分开。古人认为宇宙原是混沌一团,后经阴阳推移运动,阳气轻清上升为天,阴气重浊下沉为地。剖,分开。判,分开。 五德转移:金、木、水、火、土五行周转变化。阴阳家认为五行相生相克,终而复始。 符应:上天显示的与人事相应的征兆。 9 中国:当时以中原为中心的九州中国。10 赤县神州:中国之别称,亦称“赤县”或“神州”。 11 州数:赤县神州这样的州数。 12 裨(pí)海:小海。裨,小。 一区中:特定的区域中。13 大瀛海:大海,和“裨海”相对。 14 要:本指主要的,此为动词,即总结,归纳。 归:归宿,要旨。 施:推行。 滥:泛滥,扩展。 15 惧然:受到触动、震动的样子。 顾化:想要实行。

是以驺子重于齐。适梁,惠王郊迎,执宾主之礼。适赵,平原君侧行撇席[1]。如燕,昭王拥彗先驱,请列弟子之座而受业,筑碣石宫,身亲往师之。[2]作《主运》。其游诸侯见尊礼如此,岂与仲尼菜色陈蔡,孟轲困于齐梁同乎哉![3]故武王以仁义伐纣而王,伯夷饿不食周粟;卫灵公问陈,而孔子

因此驺衍曾在齐国受到尊重。后来他到了梁国,梁惠王在郊外迎接他,把他当作贵宾接待。后来他到了赵国,平原君在旁侧着身子陪行,亲自替他拂拭坐席。他到了燕国,燕昭王拿着扫帚清扫道路为他做先导,请求做他的学生,跟他学习,并修筑了碣石宫,亲自前往拜他做老师。他写了《主运》。他周游诸侯各国都受到这样的尊宠,这和仲尼周游在陈国、蔡国时忍饥挨饿,孟轲在齐国、梁国受到困迫能同日而语吗?所以周武王倡导仁义,讨伐殷纣而在天下称王,伯夷宁肯饿肚子也不吃周朝的粮食;卫灵公向孔子询问军事谋略,孔子不予回答;梁惠王图谋进攻赵国,

不答;[4] 梁惠王谋欲攻赵,孟轲称大王去邠[5]。此岂有意阿[6]世俗苟合而已哉!持方枘欲内圜凿,其能入乎?[7] 或曰,伊尹负鼎而勉汤以王,百里奚饭牛车下而缪公用霸,作先合,然后引之大道。[8] 驺衍其言虽不轨,傥亦有牛鼎之意乎?[9]

孟轲称赞周之太王离开邠地。这些难道是有意迎合世俗希求苟合而已吗?拿着方形榫头想装进圆形榫眼里,哪能装得进去呢?有人说,伊尹背着鼎去求见商汤,结果辅佐他称王,百里奚用到牛车前喂牲口的办法接近秦穆公,后来使秦穆公称霸,他们都是首先设法接近,然后把被游说的人引入正道。驺衍的言论虽然不合常规,或许也有喂牛、背鼎这样的用意吧?

注释 1 平原君:战国四公子之一,名赵胜,号平原君。侧行:侧着身子走路,以表示尊敬对方。 撇席:拂拭坐席。撇,拂。 2 昭王:燕昭王,燕国国君,公元前311—前279年在位。 拥彗(huì):拿着扫帚清扫道路。彗,扫帚。 先驱:在前开路。 碣石宫:燕国宫名,燕昭王所筑,专门用以招贤纳士,旧址在今北京西。 3 仲尼菜色陈蔡:指孔子周游陈、蔡时受到围困,忍饥挨饿。菜色,人饥饿时显出的黄绿面色。 孟轲困于齐梁:指孟轲在齐、梁时曾大受冷遇。 4 卫灵公:卫国国君,公元前534—前493年在位。 陈:“阵”的古字,作战的阵势,即指军事谋略。 不答:避而不谈。 5 大(tài)王去邠(bīn):指周太王古公亶父离开邠地一事。 6 阿(ē):迎合。 7 方枘(ruì):方形的榫(sǔn)头。枘,榫子,榫头。 内:同“纳”,放入。圜(yuán):同“圆”。 凿(zào,今读 záo):榫眼。 8 伊尹:商朝大臣,传说他出身奴隶,后助汤攻灭夏桀。 负鼎:背着鼎。传说伊尹负鼎以滋味说汤,而受到汤的赞赏和提拔。 饭:喂牲畜。 用:因。 作先合:首先在思想上做到情投意合,没法接近。 9 不轨:不同常规。 傥(tǎng):也许,或许。 牛鼎:前句“饭牛”“负鼎”的合称。意即虽无名,也许因此而被赏识、启用。

自驺衍与齐之稷下先生，如淳于髡、慎到、环渊、接子、田骈、驺奭之徒，各著书言治乱之事，以干世主，岂可胜道哉！[1]

淳于髡，齐人也。博闻强记，学无所主。[2]其谏说，慕晏婴之为人也，然而承意观色为务。[3]客有见髡于梁惠王，惠王屏左右，独坐而再见之，终无言也。[4]惠王怪之，以让[5]客曰："子之称淳于先生，管、晏不及，及见寡人，寡人未有得也。岂寡人不足为言邪？[6]何故哉？"客以谓髡。髡曰："固也。吾前见王，王志在驱逐[7]；后复见王，王志在音声[8]：吾是以默然。"客具以报王，王大骇，曰："嗟乎，淳于先生诚圣人也！前淳于先生之

从邹衍到齐国稷下的淳于髡、慎到、环渊、接子、田骈、驺奭一班学者，各自撰写著作论述国家治乱之事，借以求得当世君主的赏识，这些怎么可以说得尽呢！

淳于髡是齐国人。他学识广博，记忆力强，其学术思想不专注于哪一家。他劝谏游说时，羡慕晏婴为人的刚正直言，然而他也会注意察言观色，以寻找时机。有客人把他引荐给梁惠王，惠王斥退左右侍从，独自坐着两次召见他，他始终不说话。惠王奇怪，责备这位客人说："您称赞淳于先生，说管仲、晏婴都赶不上他，等到他来见我，我没有得到一点儿收获。难道我不值得让他发表见解吗？这是什么原因呢？"客人把这些话告诉淳于髡。髡说："就是这样。我第一次去见王，王的心思放在车马驱逐上面；第二次去见王，王的心思在歌舞音乐上：我因此沉默不语。"客人将此禀报给梁惠王，惠王非常惊骇，说："哎呀，淳于先生真是一位圣人！前次淳于先生来，有人来进献好马，我没有来得及观

来，人有献善马者，寡人未及视，会[9]先生至。后先生之来，人有献讴[10]者，未及试，亦会先生来。寡人虽屏人，然私心在彼，有之。[11]”后淳于髡见，壹语[12]连三日三夜无倦。惠王欲以卿相位待之，髡因谢[13]去。于是送以安车驾驷，束帛加璧，黄金百镒。[14]终身不仕。

看，正好碰上先生到了。第二次他来，有人来进献歌舞女子，我没有来得及试听，也正好碰上他到了。我虽然斥退了侍从，然而心里想的是好马、歌女两件事，这是实情。”后来淳于髡见惠王，一连讲了三天三夜仍毫无倦意。惠王想任他为卿相，淳于髡借故推辞要离去。于是梁惠王送给他一辆四马拉着的安车，五匹帛和璧玉，还有百镒黄金。淳于髡终身没有做官。

注释 1 稷下先生：云集于齐国稷下的文学游说之士。稷下，一说为齐国都城临菑的一条街；一说为齐国都城一城门名；一说为齐之山名。齐威王、齐宣王曾在此建造学宫，招集天下之文人学士荟萃于此讲学议论。 淳于髡、慎到、环渊、接子、田骈、驺奭(shì)：均为当时稷下先生，生平事迹可见下文。 胜：尽，全部。 2 强记：记忆力强。 学无所主：学习、研究不专信奉某一学派。 3 晏婴：即晏子，春秋时齐相国。 承意观色：承奉心意，观察表情。 4 屏(bǐng)：排除，斥退。 再：第二次。 5 让：责怪。 6 足：值得。 邪：语气助词。 7 驱逐：指乘车骑马。 8 音声：歌舞音乐。 9 会：正巧，赶上。 10 讴：歌唱。此指歌舞女子。 11 私心：私下想的。 彼：指“献善马”“献讴”这两件事。 12 壹语：一谈论。 13 谢：辞退。 14 安车驾驷：用四匹马拉着的最安稳的车子。驷，四匹马。 束帛：古代五匹帛为一束。 璧：玉制的礼器。

慎到，赵人。田骈、接子，齐人。环渊，楚人。皆

慎到，赵国人。田骈、接子，齐国人。环渊，楚国人。他们都研究

学黄老道德之术，因发明序其指意。[1]故慎到著十二论，环渊著上下篇，而田骈、接子皆有所论焉。

黄帝、老子道德学说，阐述发挥黄老道德理论的主旨精神。慎到著述了十二篇论文，环渊著述了上下篇，田骈、接子也都有所论述。

驺奭者，齐诸驺子，亦颇采驺衍之术以纪文。[2]

驺奭是齐国诸多邹子中的一人，也采用了很多驺衍的学术思想，并将它记述成文。

于是齐王嘉之，自如淳于髡以下，皆命曰列大夫，为开第康庄之衢，高门大屋，尊宠之。[3]览[4]天下诸侯宾客，言齐能致天下贤士也。

于是齐王称许他们，从淳于髡以下的学者，都任命为列大夫，替他们在交通要道旁建造宅第，高门大屋，尊崇宠信他们。齐王招揽天下各诸侯国的宾客，表明齐国能够招纳天下的贤士。

注释　1 黄老道德之术：即指以老子《道德经》为精髓的道家学派。　发明：发挥阐明。　指意：意向，精神。　2 颇：很多。　纪文：记述成文。　3 自如：自从。　开第：修建宅院。　康庄之衢(qú)：四通八达之要道。衢，交通要道。　4 览：通“揽”，招揽。

荀卿[1]，赵人。年五十始来游学于齐。驺衍之术迂大而闳辩；奭也文具难施；[2]淳于髡久与处，时有得善言。故齐人颂曰：“谈天衍，雕龙奭，炙毂过髡。[3]”田骈之属皆已死。齐襄王时，而荀卿

荀卿是赵国人。五十岁的时候始来齐国游学。邹衍的学术迂阔夸大并多诡辩；邹奭的学说文理完备，但难于实施；淳于髡是在与他人长久相处时，别人时常能听到他的一些精辟的言论。所以齐国人称颂他们说：“善谈天地终始五德的是邹衍，修饰文词精雕细刻的是邹奭，智慧无穷善辨事理的是淳于髡。”当时田骈等一

最为老师。[4]齐尚修列大夫之缺，而荀卿三为祭酒焉。[5]齐人或谗荀卿，荀卿乃适楚，而春申君以为兰陵令。[6]春申君死而荀卿废，因家兰陵。[7]李斯尝为弟子，已而相秦。荀卿嫉浊世之政，亡国乱君相属，不遂大道而营于巫祝，信禨祥，鄙儒小拘，如庄周等又滑稽乱俗，于是推儒、墨、道德之行事兴坏，序列著数万言而卒。[8]因葬兰陵。

班学者都已死去。因此在齐襄王时荀卿就是资历最深的老师。齐国仍然在补充列大夫的空缺，而荀卿三度成了稷下学宫的主掌人。齐国有人毁谤荀卿，荀卿就到了楚国，春申君任用他做兰陵令。春申君死去后，荀卿被废免，因而就住在兰陵。李斯曾是他的弟子，随后当了秦国丞相。荀卿憎恨污浊的社会政治，国家灭亡君主昏乱的情形接连不断地出现，他们不奉行正确的主张，却迷惑于祈求鬼神赐福，相信吉凶兆应，鄙陋的儒生眼光狭小保守拘泥，像庄周等又狡猾善辩伤风败俗，于是推究儒家、墨家、道家的理论和实践的成败，编次著述了几万字的文章。他死后葬在兰陵。

注释　1 荀卿：即荀子，名况。汉时为避宣帝刘询之讳，亦称“孙卿”，战国时期思想家。 2 奭也文具难施：邹奭之学说文理完备，但难于实施。 3 谈天衍：谈论天地阴阳要数邹衍。　雕龙奭：文辞修养较高的要首推邹奭。雕龙，此指修饰文辞。　炙毂过(zhì gǔ huò)髡：淳于髡富于智慧，像烘烤盛润车油的器皿，难以穷尽。炙，烘烤。毂，车轮中心的圆木，周围与车轴的一端相接，中有圆孔，可以插轴。过，古代盛润滑车轴脂膏的器皿。　4 齐襄王：田法章，公元前283—前265年在位。　最为老师：资历最深的老师。　5 尚：还。　修：整治，补充。　缺：空缺。　祭酒：本指古代宴会时洒酒祭神的长者，后泛称年长或位尊者。　6 春申君：战国四公子之一，即楚国黄歇。　兰陵：古地名，当时楚国之一县，在今山东兰陵县。 7 废:罢官。 家:定居。 8 嫉:厌恶,憎恨。 属(zhǔ):接连。 遂:成就,遵循。 营:通"瞀",迷惑。 巫祝:古代从事通鬼神的迷信职业者。 鄙儒:鄙陋的儒生。 小拘:眼光狭小而保守拘泥。 庄周:即庄子。 滑稽(gǔ jī):本指盛酒用的革囊,肚大口小,倒起酒来似源源不断之状。后以此来指那些能言善辩,说话滔滔不绝之士。 推:推演,分析研究。 行事:实践效果。

而赵亦有公孙龙为坚白同异之辩,剧子之言;[1]魏有李悝,尽地力之教;[2]楚有尸子、长卢;[3]阿之吁子焉。[4]自如孟子至于吁子,世多有其书,故不论其传云。

盖墨翟,宋之大夫,善守御,为节用。[5]或曰并孔子时,或曰在其后。

在赵国也有位公孙龙善于进行"离坚白"和"合同异"的论辩,还有剧子也有著述;魏国有位李悝,提出鼓励耕作以便充分发挥土地潜力的主张;楚国有尸子、长卢;阿邑还有一位吁子。从孟子到吁子,在社会上易看到他们的著作,所以我不议论这些著作的内容了。

墨翟是宋国的大夫,擅长防守和抗御的战术,提倡节约用度。有人说他和孔子是同时代,又有人说他在孔子之后。

注释 1 公孙龙:战国后期名家代表人物。现存其著作《公孙龙子》五篇。 坚白同异之辩:关于"坚白""同异"两个问题的争论。 剧子:一说即处子,法家人物,著有《剧子》九篇。 2 李悝(kuī):一说即李克,战国初政治家,法家代表人物。 尽地力之教:李悝推行的经济政策,即充分发挥土地的潜力。 3 尸子:又称尸佼,战国时思想家,著有《尸子》。 长卢:生平不详。 4 阿(ē):地名,在今山东阳谷县东北。 吁(xū)子:生平不详。 5 墨翟(dí):即墨子,墨家学派的创始人,著作有《墨子》。 守御:守卫,防御。 节用:倡导节约用度。

史记卷七十五

孟尝君列传第十五

原文

孟尝君名文，姓田氏[1]。文之父曰靖郭君田婴。[2]田婴者，齐威王少子而齐宣王庶弟也。[3]田婴自威王时任职用事，与成侯邹忌及田忌将而救韩伐魏。[4]成侯与田忌争宠，成侯卖[5]田忌。田忌惧，袭齐之边邑[6]，不胜，亡走。会威王卒，宣王立，知成侯卖田忌，乃复召田忌以为将。[7]

译文

孟尝君姓田，名文。田文的父亲是靖郭君田婴。田婴是齐威王的小儿子，也是齐宣王的同父异母弟。田婴自齐威王在位时就掌管政事，曾跟成侯邹忌和田忌带兵援救韩国，攻伐魏国。成侯和田忌争夺齐王的宠幸，成侯出卖了田忌。田忌害怕，便偷袭齐国的边疆城邑，结果失败，于是就逃跑了。恰好齐威王去世，宣王继位，宣王知道成侯出卖了田忌，便又召回田忌，任命他做将军。

注释　1 姓田氏：姓是标志家族系统的符号。氏是古代贵族标志宗族系统的称号，是姓的支系。《通志·氏族略序》认为：三代之前，姓氏分而为二，男子称氏，女子称姓。贵者有氏，贱者无氏。秦汉以后，姓、氏混而为一,或言姓,或言氏,或兼言姓氏。顾炎武以为,姓氏之混,始自太史公。**2** 靖郭君:谥号。 田婴:齐威王少子,一说乃田氏别子。 **3** 齐威王:齐国国君田因齐,公元前356—前320年在位。 齐宣王:威王子,齐国国君田辟强,公元前319—前301年在位。 庶弟:同父异母弟。旧时妾生的儿女为庶出。 **4** 用事:掌管政事。 邹忌:齐国丞相,称成侯。 田忌:齐国将军,又称田期、田期思等。 将:统兵。 救韩伐魏:《史记志疑》:此指齐威王二十六年桂陵之役,是救赵非救韩也。且成侯不与田忌同将,《田完世家》甚明,当是田婴与田忌将而救赵伐魏耳,此误。 **5** 卖:出卖。**6** 边邑:边境城市。 **7** 会:恰逢。 复:再次。

宣王二年,田忌与孙膑、田婴俱伐魏,败之马陵,虏魏太子申而杀魏将庞涓。[1]宣王七年,田婴使[2]于韩、魏,韩、魏服于齐。婴与韩昭侯、魏惠王会齐宣王东阿南,盟而去。[3]明年,复与梁惠王会甄[4]。是岁,梁惠王卒。宣王九年,田婴相[5]齐。齐宣王与魏襄王会徐州而相王也,楚威王闻之,怒田婴。[6]明年,楚伐败齐师于徐州,而使人逐田婴。[7]田婴使张丑说[8]楚威王,威王乃止。田婴相齐

宣王二年,田忌跟孙膑、田婴共同讨伐魏国,在马陵打败了魏军,俘虏了魏国的太子申,杀死了魏国的将领庞涓。宣王七年,田婴出使到韩国和魏国,韩、魏两国归服于齐国。田婴陪同韩昭王、魏惠王在阿邑的南面会见了齐宣王,三方订立了盟约后就离开了。第二年,宣王与魏惠王在甄邑再次会面。这年,魏惠王去世。宣王九年,田婴做了齐国的丞相。齐宣王跟魏襄王在徐州会面,并互相承认对方称王,楚威王听到这件事以后,谴责田婴。第二年,楚军在徐州打败了齐军,并派人驱逐田婴。田婴派张丑游说楚威王,威王才罢休。田婴在齐国担任丞相十一年后,宣

十一年，宣王卒，湣王[9]即位。即位三年，而封田婴于薛[10]。

王去世，齐湣王即位。齐湣王即位三年，把薛地封赐给田婴。

注释

1 孙膑(bìn)：齐国杰出的军事家。曾与庞涓同学兵法于鬼谷子，著有《孙膑兵法》。 马陵：在今山东阳谷县西南。马陵之役，一说在齐威王十六年(前341年)。 庞涓：魏国将军。公元前342年，庞涓进攻韩国。次年齐军救韩，孙膑在马陵设伏，庞涓大败自杀。 2 使：出使。 3 韩昭侯：韩国国君，公元前362—前333年在位。 魏惠王：即梁惠王，魏国国君，名莹，公元前369—前319年在位。 东阿(ē)：即阿邑。在今山东阳谷县东北。一说此次会址在平阿(即今安徽怀远县西南)。 盟：缔约。 4 甄：齐国邑名，在今山东鄄城县北。 5 相(xiàng)：做丞相。 6 魏襄王：魏国国君，名嗣，公元前318—前296年在位。《史记志疑》："襄"当作"惠"。 徐州：此即徐(shū)州，齐邑名，在今山东滕州南。 相王：互相承认对方称王。按照当时的制度，只有周王可以称王，齐君称公，魏君只能称侯。 楚威王：楚国国君，名商，公元前339—329年在位。 怒：气愤，愤怒，谴责。 7 逐田婴：逐，驱逐。因田婴组织了齐、韩徐州会盟，并曾唆使越国进攻楚国。为此楚威王挟战胜之威，责令齐国放逐田婴。 8 说(shuì)：劝说。 9 湣王：齐国国君，名地，公元前300—前284年在位。 10 薛：齐邑名，在今山东滕州南。

初，田婴有子四十余人，其贱妾有子名文，文以五月五日生。[1]婴告其母曰："勿举[2]也。"其母窃举生之。[3]及长，其母

起初，田婴有四十多个儿子，其中一个卑贱小妾生的儿子叫田文，田文出生在五月五日。田婴告诉田文的母亲说："不要养育他。"但田文的母亲还是偷偷地养活了他。等到他长大了，田文的母亲才通过田文的兄

因[4]兄弟而见其子文于田婴。田婴怒其母曰:“吾令若去[5]此子,而敢生之,何也?”文顿首[6],因曰:“君所以不举五月子者,何故?”婴曰:“五月子者,长与户齐,将不利其父母。[7]”文曰:“人生受命于天乎?将[8]受命于户邪[9]?”婴默然。文曰:“必受命于天,君何忧焉?必受命于户,则可高[9]其户耳,谁能至者!”婴曰:“子休矣。”

弟把田文引见给田婴。田婴责备他的母亲说:“我让你抛弃这个孩子,而你竟敢让他活下来,这是为什么?”田文跪下磕头,接着问道:“您为什么不愿意养育五月五日出生的儿子呢?”田婴说:“五月出生的儿子,会长的跟门户一样高,将对他的父母不利。”田文说:“人的命运是由上天来安排呢?还是由门户来决定呢?”田婴默不作声。田文说:“如果命运由上天来安排,那么您何必忧虑?如果命运必定是由门户决定的,那么增加门户的高度就行了,谁能长到门户那么高呢!”田婴说:“你不要说了。”

注释 1 初:起初。 贱妾:地位卑贱的小老婆。 2 举:抚养,保育。 3 窃:偷偷地,暗中。 生之:使他活了下来。 4 因:经由,凭借。 5 若:代词,你。 去:离开,引申为抛弃。 6 顿首:头叩地而拜,为古代的九拜礼之一。 7 长:长高。 户:门楣。 不利其父母:古代人认为,五月五日出生的孩子,男害父,女害母。 8 将:抑或,还是。 9 高:使门户增高。

久之,文承间[1]问其父婴曰:“子之子为何?”曰:“为孙。”“孙之孙为何?”曰:“为玄孙。”“玄

过了很久,田文趁机问他的父亲田婴说:“儿子的儿子叫什么?”田婴说:“叫孙子。”田文又问:“孙子的孙子叫什么?”田婴说:“叫玄

孙之孙[2]为何？”曰：“不能知也。”文曰：“君用事相齐，至今三王矣，齐不加广而君私家富累万金，门下不见一贤者。[3]文闻将门必有将，相门必有相。今君后宫蹈绮縠而士不得裋褐，仆妾余粱肉而士不厌糟糠。[4]今君又尚厚积余藏，欲以遗所不知何人，而忘公家之事日损，文窃怪之。[5]”于是婴乃礼文，使主家待宾客。[6]宾客日进[7]，名声闻于诸侯。诸侯皆使人请薛公田婴以文为太子[8]，婴许之。婴卒，谥[9]为靖郭君。而文果代立于薛，是为孟尝君。

孙。”田文接着又问：“玄孙的孙子叫什么？”田婴说：“我不知道。”田文说：“您在齐国掌权做丞相，已历经三代君王了，齐国的土地没有扩展，而您家里的私有财富却累积到万金，门下也看不到一个有贤能的人。我听说过，将帅之家必定会产生将帅，宰相家门一定会出宰相。如今您的妻妾身着绫罗绸缎而士人却穿不上粗布的衣服，您的奴婢有吃不完的精粮鱼肉而士人却连粗劣的食物都吃不饱。现在您还在广储财富，想把它遗留给连自己都不知道的人，却忘了国家的事业一天天被损害，我私下感到很惊奇。”从这以后田婴开始器重田文，让他主持家事，接待宾客。宾客一天天增加，田文的名声也传到各诸侯国。各国都派人请求薛公田婴确立田文为太子，田婴答应了。田婴去世后，谥号为靖郭君。田文果真在薛地接替了田婴的位置，这就是孟尝君。

注释　1 承间(jiàn)：趁机会。间，机会，空隙。　2 玄孙之孙：《尔雅·释亲》称，玄孙下面还有来孙、昆孙、仍孙、云孙四代称谓。　3 广：扩展。　私家：大夫以下的家，与“公室”相对。　累：积累。　4 后宫：古代君主妻妾住的宫室，此借指姬妾。　蹈：踩，此引申为穿。　绮：有花纹的丝织品。 縠(hú):绉纱一类的丝织品。 裋(shù)褐(hè):粗陋的衣服。 余粱肉:余,剩下,吃不完。粱肉,精美的饭食。 不厌:吃不饱。厌,通"餍",吃饱。 糟糠:酒渣糠皮,此指粗劣的食品。 5 厚积:广储。 余藏:指多余财物的储藏。 公家:也称"公室",指诸侯国。 损:损害。 6 礼文:器重田文。礼,器重,重视。此为表示敬意的动词。 主家:主持家政。 待:接待。 7 日进:一天天增加。 8 太子:预定继承君主之位的儿子。此处指封君的继承人。 9 谥(shì):谥号。古代在人死后按其生前事迹评定的称号,一般帝王的谥号由礼官决定,臣子的谥号由朝廷赐予。

孟尝君在薛,招致诸侯宾客及亡人[1]有罪者,皆归孟尝君。孟尝君舍业厚遇之,以故倾天下之士。[2]食客数千人,无贵贱一与文等[3]。孟尝君待客坐语,而屏风后常有侍史,主记君所与客语,问亲戚居处。[4]客去,孟尝君已使使存问,献遗其亲戚[5]。孟尝君曾待客夜食,有一人蔽火光[6]。客怒,以饭不等,辍食辞去。[7]孟尝君起,自持其饭比之。客惭,自刭[8]。士以此多归孟尝君。孟尝

孟尝君在薛邑,招徕各国宾客以及有罪而逃亡的人,这些人都前来归附孟尝君。孟尝君不惜动用巨资善待他们,因此天下的士人都钦慕他。数千名门客,无论贵贱,在待遇上一律都与孟尝君相同。孟尝君接待客人坐着交谈时,屏风后面常有随从秘书,负责记录孟尝君与客人的谈话,每次孟尝君都要问明他们亲属的生活情况。客人告退时,孟尝君已经派使者去慰问,并赠送财物给他们的亲属了。孟尝君曾款待客人吃夜宵,有一人遮住了烛光。另一个客人生气了,以为饭菜不一样,中止了就餐,准备告辞离去。孟尝君起身,端着自己的饭菜和他的比较。客人十分惭愧,拔剑自杀。

君客无所择[9],皆善遇之。人人各自以为孟尝君亲已。

士人们因为这件事都来归附孟尝君。孟尝君对门客不加选择,一律善待他们。每个门客都认为孟尝君与自己十分亲近。

注释 1 亡人:逃亡的人。 2 舍业厚遇之:舍业,有两解。一说为宾客修建宅舍,建立家业;舍,读作 shè,修建馆舍。一说,不惜舍弃家业善待他们;舍,读作 shě,舍弃。厚遇,厚待,善待。 倾:倾慕。 3 无贵贱一与文等:无论贵贱,待遇上一律都与孟尝君相同。一,一律。等,相同。 4 语:交谈。 侍史:担任文书工作的侍从。 主记:负责记录。 问:问明。 亲戚:内外亲属,包括父母、兄弟、子女等。 居处:生活状况。 5 存问:慰问。 遗(wèi):赠送礼物。 6 蔽:遮住。 火光:烛光。 7 不等:不一样。 辍(chuò)食:中止了就餐。辍,停止。 8 自刭(jǐng):割脖自杀。 9 客无所择:对宾客不加选择。

秦昭王闻其贤,乃先使泾阳君为质于齐,以求见孟尝君。[1]孟尝君将入秦,宾客莫欲其行,谏[2],不听。苏代[3]谓曰:"今旦代从外来,见木禺人与土禺人相与语[4]。木禺人曰:'天雨,子将败矣。[5]'土禺人曰:'我生于土,败则归土。今天雨,流子而行,未知所止息也。[6]'今秦,虎狼之国也,而君欲往,如

秦昭王听说孟尝君贤明,于是先派泾阳君到齐国做人质,请求见到孟尝君。孟尝君打算去秦国,但宾客中没有一个人同意他去的,他们规劝他,他也不听。苏代对他说:"今天早上我从外边来,看见木偶人和土偶人一起交谈。木偶人说:'天一下雨,你一定会被毁的。'土偶人说:'我出生于泥土中,被毁了也回归泥土。如果天下雨,就会把你冲走,不知道你会停留在什么地方。'如今的秦国,好

有不得还,君得无为土禺人所笑乎?[7]”孟尝君乃止。

似虎狼一样的国家,而您却要前往,假如您不能返回,您能不被土偶人所讥笑吗?”孟尝君这才作罢。

注释

1 秦昭王:秦国国君嬴稷,公元前306—前251在位。 泾阳君:嬴市,秦昭王弟,封于泾阳(今陕西泾阳县境内)而得称。 质:人质。 2 谏:规劝。 3 苏代:东周洛阳(今河南洛阳)人,苏秦之弟,纵横家。
4 禺人:用木材和泥土制成的偶人。禺,通“偶”。 相与语:互相交谈。
5 雨(yù):下雨。 败:毁坏。 6 流:漂流,冲走。 止息:停留,休止。
7 为:被。 笑:讥笑。

齐湣王二十五年,复卒[1]使孟尝君入秦,昭王即以孟尝君为秦相。人或说秦昭王曰:“孟尝君贤,而又齐族[2]也,今相秦,必先齐而后秦,秦其危矣。”于是秦昭王乃止。囚孟尝君,谋欲杀之。孟尝君使人抵昭王幸姬求解。[3]幸姬曰:“妾愿得君狐白裘[4]。”此时孟尝君有一狐白裘,直千金[5],天下无双,入秦献之昭王,更无他裘。孟

齐湣王二十五年,齐国最终还是派孟尝君去秦国,秦昭王想任命孟尝君做秦国的丞相。有人劝秦昭王说:“孟尝君有才能,而且是齐国的王族,如果他做秦国的丞相,必定先为齐国打算,然后才为秦国打算,如此秦国就危险了。”秦昭王这才打消了念头。秦昭王囚禁了孟尝君,企图杀死他。孟尝君派人拜谒秦昭王的宠妾,请求她解救。宠妾说:“我想得到您的白狐皮裘衣。”孟尝君原先有一件白狐皮裘衣,价值千金,天下没有第二件,到秦国后献给了秦昭王,再没有另外的皮裘衣了。孟尝君发愁,问遍门客,谁也想不

尝君患之，遍问客，莫能对[6]。最下坐有能为狗盗者，[7]曰："臣能得狐白裘。"乃夜为狗，以入秦宫臧[8]中，取所献狐白裘至，以献秦王幸姬。幸姬为言昭王，昭王释孟尝君。

出对策。宾客中排在最末位有一个能模仿狗的动作偷东西的人，他说："我能够得到白狐皮裘衣。"于是，夜间他伪装成狗，悄悄溜入秦国的仓库，把献给秦王的白狐皮裘衣偷了回来，孟尝君把它献给秦昭王的宠妾。宠妾替孟尝君说情，秦昭王释放了孟尝君。

注释　1 卒：最终，终于。　2 齐族：齐国的王族。　3 抵：拜谒，冒昧求见。　幸姬：宠幸的妾。　解：解脱灾祸。　4 狐白裘：白狐皮衣。裘，毛皮衣。　5 直千金：价值千金。直，通"值"。　6 对：应答。此指提出办法、计策。　7 最下坐：排在最末的座次。　狗盗：伪装成狗进行偷盗。后泛指窃贼。　8 宫臧(zàng)：宫中储藏财物的仓库。臧，通"藏"，积贮，库藏。

孟尝君得出，即驰去，更封传[1]，变名姓以出关。夜半至函谷关[2]。秦昭王后悔出孟尝君，求之已去，即使人驰传逐之。[3]孟尝君至关，关法鸡鸣而出客，孟尝君恐追至，客之居下坐者有能为鸡鸣，而鸡齐鸣，遂发传出。[4]出如食顷，秦追果

孟尝君脱身后，立即驱车飞快离开，变更通行证，又改名换姓，闯过了几道关卡。他半夜时来到函谷关。秦昭王后悔释放孟尝君，去找他，他已经走了，秦昭王立即派人驱赶传车去追赶他。孟尝君到了函谷关口，但关防的法令规定，鸡鸣时才能让旅客出入，孟尝君担心追兵赶到，位居末座的门客中有能模仿鸡鸣的人，他一叫，许多鸡一齐啼叫起来，于是他出示通行证出了关。孟尝君出关后，刚过了一顿

至关，已后孟尝君出，乃还。[5] 始孟尝君列此二人于宾客，宾客尽羞之，及孟尝君有秦难，卒此二人拔之。[6] 自是之后，客皆服。

饭的工夫，秦国的追兵果然到了函谷关，但已落在了孟尝君的后面，只好返回。原先，孟尝君把这两个能模仿鸡鸣狗盗的人列在宾客中的时候，宾客们全都为与他俩同列感到羞耻，等到孟尝君在秦国遇到灾难时，最终靠这两个人才得救。从此以后，宾客们都佩服孟尝君。

注释　1 更(gēng)封传(zhuàn)：变更通行证。更，改动。封传，古代官府发出的出境或经过关卡的凭证。一般用木板制成，在上面书写姓名等项，再用木板封起来，加盖印章。　2 函谷关：旧址在今河南灵宝东北。是当时秦国通往东方各国的交通要道。　3 出：释放，放行。　驰传(zhuàn)：驱赶传车急行。传，驿站传达命令的马车。　4 关法：边卡的规定。　出客：放行旅客。　发传：出示通行证。　5 食顷：一顿饭的工夫。形容时间很短。　已后：已落在了后面。　6 羞：感到羞耻。　拔：从灾难中拯救出来。

孟尝君过赵，赵平原君客之。[1] 赵人闻孟尝君贤，出观之，皆笑曰："始以薛公为魁然也，今视之，乃眇小丈夫耳。[2]" 孟尝君闻之，怒。客与俱者下，斫击杀数百人，遂灭一县以去。[3]

孟尝君经过赵国，赵国的平原君用客礼接待他。赵国的人听说孟尝君贤能，出来观看他，见了后都笑着说："原以为薛公是个高大魁梧的人，现在见到他，只不过是个矮小的汉子而已。"孟尝君听了，非常愤怒。和他同行的门客都跳下车，连砍带打杀了几百人，最后毁了一个县才离开。

注释 1 平原君:即赵胜,赵武灵王子,曾三次担任赵国丞相。 客之:用客礼接待他。 2 魁然:高大魁梧的样子。 眇小:即“渺小”,矮个子。 丈夫:成年的男子。 3 俱:在一起,同行。 下:跳下车。 斫(zhuó):用刀砍。 击:用棒打。

齐湣王不自得[1],以其遣孟尝君。孟尝君至,则以为齐相,任政[2]。

齐湣王内心不安,因为是他派孟尝君到秦国去的。所以孟尝君回国后,便任命他做了齐国的丞相,主持政务。

孟尝君怨秦,将以齐为韩、魏攻楚,因与韩、魏攻秦,而借兵食于西周。[3]苏代为西周谓曰:“君以齐为韩、魏攻楚九年,取宛、叶以北以强韩、魏,今复攻秦以益之。[4]韩、魏南无楚忧,西无秦患,则齐危矣。韩、魏必轻齐畏秦,臣为君危之。君不如令敝邑深合[5]于秦,而君无攻,又无借兵食。君临函谷而无攻,令敝邑以君之情谓秦昭王曰‘薛公必不破秦以强韩、魏。其攻秦也,

孟尝君怨恨秦国,准备用齐国的力量帮助韩国和魏国攻打楚国,从而联合韩、魏两国攻打秦国,为此,他向西周王室借用军饷。苏代替西周王室向孟尝君说:“您动用齐国的力量帮助韩、魏两国攻打楚国已经九年了,夺取了宛邑、叶邑以北的地区,加强了韩国和魏国的实力,现在又要进攻秦国来使他们得到好处。如果韩、魏两国南面没有了楚国的威胁,西面没有了秦国的忧患,那么齐国就危险了。韩、魏两国必定会轻视齐国而畏惧秦国,我替您感到危险啊。您不如让西周和秦国深交,而您不进攻秦国,也不要向他们借军饷。您兵临函谷关但不要进攻,让西周把您的真实意图告诉秦昭王,说:‘薛公肯定不会打败秦国来加强韩、魏两国的实力。他进攻秦国的目的,是想让秦王命令楚王割让楚国东面的土

欲王之令楚王割东国以与齐，而秦出楚怀王以为和。[6]'君令敝邑以此惠秦，秦得无破而以东国自免也，秦必欲之。[7]楚王得出，必德[8]齐。齐得东国益强，而薛世世无患矣。秦不大弱，而处三晋之西，三晋必重齐。[9]"薛公曰："善。"因令韩、魏贺秦，使三国无攻，而不借兵食于西周矣。是时，楚怀王入秦，秦留之，故欲必出之。秦不果出楚怀王。

地给齐国，并请秦国释放楚怀王，从而使两国和解。'您让西周用这个办法使秦国得到好处，秦国能够不被攻击，并且因割让楚国东部的土地而使自己免于战火，秦国一定会同意。楚怀王得到释放，一定会感激齐国。齐国得到楚国东部的土地，国家会更加强大，而薛邑世世代代也就没有祸患了。秦国不会受到严重的削弱，并且位于韩、赵、魏三国的西边，韩、赵、魏三国必定要重视齐国。"薛公说："好。"便让韩国、魏国与秦国复交修好，使韩、魏、秦三国不再互相攻伐，齐国也不向西周借军粮了。当时，楚怀王到了秦国，秦国扣留了他，所以孟尝君想让秦国释放他。但秦国始终未能释放楚怀王。

注释　1 不自得：因做错了事而内疚。　2 任政：掌握政权。　3 为：帮助。　兵食：军饷。　西周：周考王于公元前440年分封的诸侯国，开国君主为周考王弟姬揭。建都河南（今河南洛阳西）。公元前256年被秦所灭。　4 宛（yuān）：楚邑名，在今河南南阳。　叶（shè）：楚邑名，在今河南叶县南。　益：利益，好处。　5 敝邑：对自己国家的谦称。　深合：深交。　6 东国：西周时，东夷族建立的国家。所居相当于今江苏泗洪县一带。春秋时被楚国打败，此时已归属楚国。　出：释放。　楚怀王：楚国国君熊槐，公元前328—前299年在位。前299年受骗到秦国被扣留，三年后死在秦国。　7 惠：得到好处。　无破：没有残破，即不受攻击。

8 德:感激。 9 三晋:即赵、韩、魏三国。因它们均由晋国分出,故称。此指韩、魏两国。 重:重视,看重。

孟尝君相齐,其舍人魏子为孟尝君收邑入,三反而不致一入。[1]孟尝君问之,对曰:"有贤者,窃假与[2]之,以故不致入。"孟尝君怒而退[3]魏子。居数年,人或毁孟尝君于齐湣王曰[4]:"孟尝君将为乱。"及田甲劫湣王,湣王意疑孟尝君,孟尝君乃奔。[5]魏子所与粟贤者闻之,乃上书言孟尝君不作乱,请以身为盟,遂自刭宫门以明孟尝君。[6]湣王乃惊,而踪迹验问[7],孟尝君果无反谋,乃复召孟尝君。孟尝君因谢病,归老于薛。[8]湣王许之。

孟尝君担任齐国的丞相,他的家臣魏子为他收缴封邑的租税,往返多次,都没有带回一点儿东西。孟尝君问他,他回答说:"有个贤德的人,我私下把租税借给了他,所以没能交给您。"孟尝君生气地辞退了魏子。过了几年,有人在齐湣王面前诋毁孟尝君说:"孟尝君将要作乱。"等到田甲劫持齐湣王的事发生后,齐湣王心中怀疑孟尝君,孟尝君只好外逃。魏子借给租税的那个贤德的人听说了这件事,便上书给齐湣王说孟尝君不会作乱,愿意以生命担保,于是在王宫门前自杀来证明孟尝君的清白。齐湣王大吃一惊,跟踪调查,孟尝君果然没有反叛的阴谋,便又召回孟尝君。孟尝君称病请求退休,告老回薛邑去。齐湣王答应了他。

注释 1 舍人:家臣。 邑入:封邑的税收。 三:不定量词,泛指多次。 反:同"返",往返。 致:求得。 2 窃:私自。 假:借贷。 与:给。 3 退:辞退。 4 居:过了。表示所经历的时间。 毁:诽谤,说坏话。 5 田甲:人名。 劫:用武力胁迫。 6 盟:盟誓。此引申为担保。 自

到:割脖自杀。 明:证明。 7 踪迹:脚印,引申为追寻踪迹。 验问:查问。 8 谢病:以患病为托辞,请求辞官或拒绝任职。 归:回到。

其后,秦亡将吕礼相齐,欲困苏代。[1]代乃谓孟尝君曰:“周最于齐,至厚也,而齐王逐之,而听亲弗相吕礼者,欲取秦也。[2]齐、秦合,则亲弗与吕礼重[3]矣。有用,齐、秦必轻君。[4]君不如急北兵,趋赵以和秦、魏,收周最以厚行,且反齐王之信,又禁天下之变。[5]齐无秦,则天下集齐,亲弗必走,则齐王孰与为其国也![6]”于是孟尝君从其计,而吕礼嫉害[7]于孟尝君。

后来,从秦国出逃的将领吕礼担任了齐国的丞相,他想为难苏代。于是苏代对孟尝君说:“周最对于齐国,非常忠厚,然而齐王却赶走了他,齐王听信亲弗,任用吕礼做丞相,目的是想取得秦国的信任。如果齐、秦两国联合了,那么亲弗和吕礼就会得到重用。他们二人被重用,齐国和秦国就会轻视您。您不如急速向北进军,促使赵国来与秦、魏两国和好,召回周最,显示自己行为的敦厚,并且还能挽回齐王的信誉,又能控制天下形势的变化。齐国不和秦国结为盟友,那么天下就会归服齐国,亲弗势必会逃走,那么齐王还会和谁一起来治理国家呢?”于是孟尝君听从了苏代的计谋,因而吕礼嫉妒并想加害孟尝君。

注释 1 吕礼:秦国将领。秦相魏冉曾想杀死他,因此出逃至齐国。 困:为难,使之窘迫。 2 周最:人名,周朝的策士。 至:最,极。 厚:忠诚。 亲弗:人名。 取:得到,取得。 3 重:重用,被重视。
4 有用:有所任用。指任用亲弗、吕礼。 轻:轻视,瞧不起。 5 急北兵:立即向北进军。北,北上。 趋:促使。 收:召回。 厚行:使行为显得敦厚。 反:挽回。 信:信用,信誉。 禁:控制。 变:政治格局的变化。此指齐、秦联合而亲弗、吕礼受重用的政治格局。 **6** 齐无秦:齐国不和秦国结为同盟。 集:集凑,归服。 走:逃跑。 孰与:跟谁。 为:治理。 **7** 嫉害:嫉妒并且想加害。

孟尝君惧,乃遗秦相穰侯魏冉书曰[1]:"吾闻秦欲以吕礼收[2]齐,齐,天下之强国也,子必轻矣。齐、秦相取以临三晋,吕礼必并相矣,是子通齐以重吕礼也。[3]若齐免于天下之兵,其仇子必深矣。[4]子不如劝秦王伐齐。齐破,吾请以所得封子。齐破,秦畏晋之强,秦必重子以取晋[5]。晋国敝[6]于齐而畏秦,晋必重子以取秦。是子破齐以为功,挟晋以为重;[7]是子破齐定封,秦、晋交[8]重子。若齐不破,吕礼复用,子必大穷[9]。"于是穰侯言于秦昭王伐齐,而吕礼亡。

孟尝君害怕了,于是给秦国的丞相穰侯魏冉写了一封信说:"我听说秦国想用吕礼来结交齐国,齐国是天下的强国,假如此事成功,您在秦国一定会被轻视。齐国和秦国相互联合去对付韩、赵、魏三国,吕礼一定会兼任两国的丞相,如此就等于您通过齐国来提高吕礼的地位。如果齐国避免了天下诸侯的进攻,齐国对您的仇怨必然会加深了。您不如劝说秦王讨伐齐国。齐国被打败,我请求把所得的土地封给您。齐国失败了,秦国就会担心魏国的强大,秦国一定会重用您来结交魏国。魏国因齐国的衰败而畏惧秦国,魏国必定会重用您来结交秦国。这样您靠打败齐国建立起自己的功业,又依仗魏国而得到尊贵;同时,您打败齐国必定得到封赏,秦、魏两国就都会器重您。假如齐国不被打败,吕礼再受到秦国的重用,您的处境一定会非常难堪。"于是,穰侯建议秦昭王讨伐齐国,因此吕礼就逃跑了。

注释 1 遗(wèi):致,送。 书:信件。 2 收:交接,联络。 3 相:联合。 临:对付。 并相:同时兼任秦、齐两国的丞相。 重:加重,提高。 4 兵:原为兵器,此借指战争。 仇:仇视。 5 取:交接,联络。 晋:此指魏国。 6 敝:败。 7 挟:依仗。 重:尊贵。 8 交:相互,共同。 9 穷:困厄,处境难堪。

后齐湣王灭宋[1],益骄,欲去孟尝君。孟尝君恐,乃如[2]魏。魏昭王[3]以为相,西合于秦、赵,与燕共伐破齐。齐湣王亡在莒[4],遂死焉。

后来齐湣王灭掉了宋国,更加骄横起来,打算除掉孟尝君。孟尝君害怕,于是到了魏国。魏昭王任用他做丞相,西面和秦、赵两国联合,又跟燕国一起打败了齐国。齐湣王逃到莒邑,最后就死在那里。

齐襄王立,而孟尝君中立于诸侯,无所属。[5]齐襄王新立,畏孟尝君,与连和,复亲薛公。文卒,谥为孟尝君。诸子争立,而齐魏共灭薛。孟尝绝嗣[6]无后也。

齐襄王即位,孟尝君在各诸侯中持中立态度,不归属于谁。齐襄王刚刚继位,畏惧孟尝君,便和他结好,重新亲近他。田文死后,谥号为孟尝君。他的儿子们争着要继承父亲的爵位,于是齐、魏两国共同灭掉了薛地。孟尝君没有了后代。

注释 1 宋:古国名,建国君主为商纣王的庶兄微子启。占有今河南东部和山东、江苏、安徽交界处,定都商丘(今河南商丘南)。公元前 286 年为齐国所灭。 2 如:到,达。 3 魏昭王:魏国国君,名遬(chì),公元前 295—前 277 年在位。 4 莒(jǔ):齐国邑名,在今山东莒县。 5 齐襄王:齐国国君,名法章,齐闵王子,公元前 283—前 265 年在位。 中立:在各诸侯争斗中持中立态度。 6 嗣:指爵邑的继承人。

初，冯驩闻孟尝君好客，蹑屩而见之。[1]孟尝君曰："先生远辱[2]，何以教文也？"冯驩曰："闻君好士，以贫身归[3]于君。"孟尝君置传舍十日，孟尝君问传舍长曰："客何所为？"[4]答曰："冯先生甚贫，犹有一剑耳，又蒯缑。[5]弹其剑而歌曰'长铗归来乎，食无鱼'。[6]"孟尝君迁之幸舍[7]，食有鱼矣。五日，又问传舍长。答曰："客复弹剑而歌曰'长铗归来乎，出无舆[8]'。"孟尝君迁之代舍[9]，出入乘舆车矣。五日，孟尝君复问传舍长。舍长答曰："先生又尝弹剑而歌曰'长铗归来乎，无以为家'。[10]"孟尝君不悦。

起初，冯驩听说孟尝君喜好宾客，便穿着草鞋来见他。孟尝君说："先生远道而来，准备用什么来指教我呢？"冯驩说："听说您喜好士人，我就来归附您了。"孟尝君安排他住在普通客舍里，十天后，孟尝君问传舍长说："客人做了些什么？"传舍长回答说："冯先生很贫穷，只有一把剑，还用草绳缠着剑柄。他弹着剑吟唱道'长剑啊，我还是回去吧，这里没有鱼吃'。"孟尝君让他搬到中等客舍，吃饭有鱼了。五天之后，孟尝君又问传舍长。传舍长说："客人又弹着剑唱道'长剑啊，我还是回去吧，这里我出入没有车子'。"孟尝君让他又搬到上等客房住，出入有车子了。过了五天，孟尝君又问传舍长。传舍长回答说："冯先生又常常弹着剑唱道'长剑啊，我还是回去吧，住在这里连养家的钱也没有'。"孟尝君听了不高兴。

注释　1 冯驩(huān)：又称作"冯谖(xuān)""冯煖"。　蹑屩(niè juē)：蹑，穿。屩，草鞋。 2 远辱：敬称他人从远方来。 3 归：投靠，托附。 4 置：安顿，安排。　传(zhuàn)舍：供宾客休息、住宿的地方。　传舍长：管理传舍的官吏。 5 犹有:只有。 蒯缑(kuǎi gōu):蒯,草名,茅一类,可以搓绳。缑,指缠在剑柄上的绳子。《史记集解》:“言其剑把无物可装,以小绳缠之也。”
6 歌:吟唱。 铗(jiá):剑或剑柄。 归:回去。 7 幸舍:中等客房的名称。
8 出无舆:出入没有车子。舆,车子。 9 代舍:上等客房的名称。
10 尝:副词,表频度,相当于“常”“经常”。 无以为家:没有东西养家。为,养。

居期年[1],冯驩无所言。孟尝君时相齐,封万户于薛。其食客三千人,邑入不足以奉客。[2]使人出钱于薛,岁余不入,贷钱者多不能与其息,客奉将不给。[3]孟尝君忧之,问左右[4]:“何人可使收债于薛者?”传舍长曰:“代舍客冯公形容状貌甚辩,长者,无他伎能,宜可令收债。[5]”孟尝君乃进冯驩而请之曰[6]:“宾客不知文不肖,幸临文者三千余人,邑入不足以奉宾客,故出息钱于薛。[7]薛岁不入,民颇不与其息。今客食恐不给,愿先生责[8]

过了一整年,冯驩没有说什么。孟尝君当时担任齐国的丞相,在薛地受封一万户。他的食客有三千人,封邑的收入不够供养食客。他派人到薛地放债,但一年没有什么收入,借债的人大多数都不能偿还利息,供养食客的费用眼看要出现问题。孟尝君忧虑这件事,问左右侍奉的人说:“可派哪个人到薛地去收回债款?”传舍长说:“住在上等客房的冯先生,从神态和容貌上看好像能说会道,年纪又大,没有别的技能,可以让他去收债。”孟尝君让冯驩进来并告诉他说:“宾客们不知道我田文不贤能,来到我门下的有三千多人,封邑的收入不足以供养宾客,所以在薛地发放了一些债款。薛邑的年成不好,百姓们大多不能偿还利息。如今宾客的给养恐怕不足,希望先生去向他们索取欠债。”冯驩说:“好之。"冯驩曰:"诺[9]。"辞行。

吧。"冯驩辞别孟尝君出发了。

注释 1 期年:一周年。 2 邑入:封邑的收入。 奉:供养。 3 出钱:发放高利贷。 岁余不入:一年没有收入。岁,农业收成。余,疑衍。 与:偿还。 奉:生活费用。 不给:不能供给。 4 左右:在身边侍奉的人。 5 形容:形体面容。 辩:能说会道。 伎:同"技",技能。 宜:适合。 6 进:召进。 请:告诉。 7 不肖:不贤能。自谦之辞。 幸临:光临。 息钱:放债的本钱。 8 责:索取。 9 诺:答应的声音。

至薛,召取孟尝君钱者皆会[1],得息钱十万。乃多酿酒,买肥牛,召诸取钱者,能与息者皆来,不能与息者亦来,皆持取钱之券书合之[2]。齐为会,日杀牛置酒。[3]酒酣,乃持券如前合之,能与息者,与为期[4];贫不能与息者,取其券而烧之。曰:"孟尝君所以贷钱者,为民之无者以为本业也;[5]所以求息者,为无以奉客也。今富给者以要期,贫穷者燔券书以捐之。[6]诸君强饮食[7]。有君如此,岂可

他一到薛地,就叫所有借了孟尝君债的人前来会集,收到利息钱十万。他又酿了许多酒,买了肥牛,通知所有借了孟尝君债的人,能偿还利息的来,不能偿还利息的也来,并带着借债的契约前来验证。大家到齐了举行集会,这天宰牛摆酒。当酒喝得酣畅时,他拿着契约到大家面前验证,能还利息的,便跟他们约定期限;贫穷不能还息的,就把他们的契约拿来烧掉。冯驩说:"孟尝君之所以放债,是想帮助没钱的百姓耕作治业;之所以索取利息,是因为自己无法供养宾客。现在跟富裕的人约定偿还的期限,对贫穷的人烧掉契约废除债务。各位先生请尽情畅饮吧。你们有这样好的主人,难道可以辜负他吗?"在座的人都

负[8]哉！”坐者皆起，再拜[9]。

起立，拜了两拜。

注释 1 会：集合。 2 券书：契据，此指借款的凭证。古代的券书分为左右两联，债权者执左联，债务人执右联，类似现代的合同。 合之：把左右契约合在一起验证。 3 齐为会：到齐了举行集会。 置酒：设酒宴。 4 与为期：跟他们约定还债的期限。 5 无者：贫穷的人。 本业：农业。古代称农业为本业，称手工业为末业。 6 要(yāo)期：约定期限。 燔(fán)：焚烧。 捐：废除，放弃。 7 强饮食：请尽情畅怀饮用吧。强，尽情。 8 负：辜负，背弃。 9 再拜：先后拜两次。为古代一种隆重的礼节。

孟尝君闻冯驩烧券书，怒而使使召驩。驩至，孟尝君曰：“文食客三千人，故贷钱于薛。文奉邑[1]少，而民尚多不以时与其息，客食恐不足，故请先生收责之。闻先生得钱，即以多具[2]牛酒而烧券书，何？”冯驩曰：“然。不多具牛酒即不能毕会[3]，无以知其有余不足。有余者，为要期。不足者，虽守而责之十年，息愈多，急，即以逃亡自捐之。[4]若急，终

孟尝君听说冯驩烧掉了契约，一气之下派人召回了冯驩。冯驩一到，孟尝君便说：“我田文有三千食客，所以才在薛地放债。我的食邑收入少，而且百姓还多不按时偿还利息，食客的供养恐怕不足，所以才请先生前去向他们收债。听说先生收到一些利钱后，备置了许多牛肉酒食，然后烧毁了契约，这是为什么？”冯驩说：“是这么回事。如果不备置许多牛肉酒食，他们就不会全来集会，我也就无法知道哪些人较为富裕，哪些人比较贫穷。富裕的，跟他们约定期限。贫穷的，即使坐守向他们追讨十年，也只能是债务越积越多，逼得紧了，他们会一逃

无以偿，上则为君好利不爱士民，下则有离上抵负之名，非所以厉士民彰君声也。[5] 焚无用虚债[6]之券，捐不可得之虚计，令薛民亲君而彰君之善声也，君有何疑焉！”孟尝君乃拊手而谢之。[7]

了事自我废弃债约。即使催得再紧，他们终究还是无法偿还，这种作法会使朝中的人认为您贪图财利而不爱护士人和百姓，薛邑的百姓则会负有背叛和抵抗人君的罪名，这不是勉励士人和百姓而使您获得名声的办法。烧掉无法获得利息的债券，废除不可能获得的空头收入，使薛地的百姓亲附您，使您获得好名声，您还有什么怀疑的呢？”孟尝君不安地搓着手，向他表示道歉。

注释 1 奉邑：也称“食邑”，是古代帝王、诸侯赏赐给官僚、大夫作为俸禄而世代继承的田邑，封者在封邑内享有统治权。 2 具：备置。 3 毕会：全来集会。毕，齐全。 4 急：逼紧了。 自捐：自我废弃。捐，废弃。 5 上：对，指齐湣王及朝中大臣。 为：认为。 下：薛邑的百姓。 抵负：触犯，背负。 厉：通“励”，劝勉，勉励。 彰：显扬。 声：名声，荣誉。 6 虚债：无法获得利息的债券。 虚计：空头收入。 善声：好名声。 7 拊(fǔ)手：搓着手。 谢：道歉，认错。

齐王惑于秦、楚之毁，以为孟尝君名高其主而擅齐国之权，遂废孟尝君。[1] 诸客见孟尝君废，皆去。冯驩曰：“借臣车一乘，可以入秦者，必令君重于国而奉邑益广，可乎？[2]”孟

齐王被秦、楚两国对孟尝君的毁谤所迷惑，认为孟尝君的名声超过了自己，并独揽着齐国的大权，于是罢免了孟尝君。众多门客见到孟尝君被罢免，都离开了他。冯驩说：“借给我一辆可以进入秦国的车子，我一定能使您在齐国受到重用，并且封邑还能扩大，行吗？”于是孟尝

尝君乃约车币而遣之。[3]冯骓乃西说秦王曰："天下之游士冯轼结靷[4]西入秦者，无不欲强秦而弱齐；冯轼结靷东入齐者，无不欲强齐而弱秦。此雄雌之国[5]也，势不两立为雄，雄者得天下矣。"

君准备了车子和礼物，派冯骓去秦国。冯骓向西到秦国游说秦王道："天下的说客，凡是驾着车马西行来到秦国的，没有一个不想加强秦国而削弱齐国；驾着车马东行到齐国的，没有一个不想加强齐国而削弱秦国。秦、齐两国不分雌雄，形势的发展不可能两者并列称雄，最终称雄的必然得天下。"

注释 **1** 惑：糊涂，令人不解。 毁：畜谤。指针对孟尝君的谣传。 高：超过，高于。 擅：专权。 废：罢免，贬黜。 **2** 一乘：古代称四马拉的一辆车为一乘。 奉邑：即食邑。奉，通"俸"。益广：再扩大。 **3** 约：准备。 币：古代用作礼物的丝织品，亦或指钱币，此泛指礼物。 **4** 冯(píng)：通"凭"，靠着。 轼：古代车箱前用作扶手的横木。 结：扎缚。 靷(yǐn)：牵引车前行的皮带。一端系在车轴上，一端系在马胸部的皮带上。 **5** 雄雌之国：比喻强弱相争，势不两立。雄为强，雌为弱。

秦王跽[1]而问之曰："何以使秦无为雌而可？[2]"冯骓曰："王亦知齐之废孟尝君乎？"秦王曰："闻之。"冯骓曰："使齐重于天下者，孟尝君也。今齐王以毁废[3]之，其心怨，必背齐；背齐入秦，则齐国之情，人事之诚，尽

秦王长跪着问他说："用什么方法可以使秦国不落到称雌的地步呢？"冯骓说："您知道齐国罢免孟尝君的事了吗？"秦王说："听说了。"冯骓说："能使齐国受到天下重视的是孟尝君。现在齐王黜退了他，他内心有怨恨，肯定会背叛齐国；如果他叛齐来到秦国，那么就会把齐国的实情，君臣关系的内

委之秦，齐地可得也，岂直为雄也！[4]君急使使载币阴迎[5]孟尝君，不可失时也。如有齐觉悟[6]，复用孟尝君，则雌雄之所在未可知也。”秦王大悦，乃遣车十乘黄金百镒[7]以迎孟尝君。

幕，都泄漏给秦国，如此秦国就可以取得齐国的领土，这难道仅是称雄吗？您赶快派人带着礼物偷偷地去迎接孟尝君，不要错过机会啊。如果齐王察觉了，重新起用孟尝君，那么雌雄属于谁就很难预料了。”秦昭王十分高兴，于是派出十辆车子载着百镒黄金去迎接孟尝君。

注释　1 跽(jì)：长跪。双膝着地，上身挺直。　2 何以使秦无为雌而可：此句为“何以使秦而可无为雌”的倒装句式。　3 毁废：黜退。　4 人事之诚：君臣关系的内幕。人事，君臣关系。诚，真实情况。　委：交代，告诉。　直：仅，只。　5 载币：带着礼物。　阴迎：秘密迎接。　6 有齐：齐国。有，语首助词，常放在朝代或国名前，无意义。　觉悟：觉醒悔悟。　7 镒：古代重量单位。一镒相当于现在的二十四两。一说二十两为一镒。

冯驩辞以先行，至齐，说齐王曰：“天下之游士冯轼结靷东入齐者，无不欲强齐而弱秦者；冯轼结靷西入秦者，无不欲强秦而弱齐者。夫秦齐，雄雌之国，秦强则齐弱矣，此势不两雄。今臣窃闻秦遣使车十乘载黄金百镒以迎孟尝君。孟尝君不西则已，西

冯驩辞别秦王先走了，到了齐国，游说齐王道：“天下的说客驾着车马东行来到齐国的，没有一个不想加强齐国而削弱秦国；驾着车马西行到秦国的，没有一个不想加强秦国而削弱齐国。秦、齐两国不分雌雄，秦国强盛了则齐国必然削弱，这样不可能两国都称雄。如今我私下听说秦国派了十辆车子载着百镒黄金前来迎接孟尝君。假如孟尝君不到秦国去则罢，如果去了一定会

入相秦则天下归之,秦为雄而齐为雌,雌则临淄、即墨危矣。[1]王何不先秦使之未到,复孟尝君,而益与之邑以谢之?[2]孟尝君必喜而受之。秦虽强国,岂可以请人相而迎之哉!折秦之谋,而绝其霸强之略。[3]”齐王曰:“善。”乃使人至境候秦使。秦使车适入齐境,使还驰告之,王召孟尝君而复其相位,而与其故邑之地,又益以千户。[4]秦之使者闻孟尝君复相齐,还车而去矣。

担任秦国的丞相,那么天下就会归属秦国,秦国成为强者而齐国就会变成弱者,齐国成为弱者,那么临淄、即墨必然会有危险了。您何不在秦国的使者到来之前,重新起用孟尝君,增加他的封邑,以此向他道歉?这样孟尝君肯定会高兴地接受。秦国虽然是个强国,难道可以随便把别人的丞相请去吗?只有挫败了秦国的阴谋,才能粉碎秦国称霸的计划。”齐王说:“好。”于是派人到齐国的边境等候秦国的使者。秦国使者的车马恰好刚驶入齐国境内,齐王的使者掉头回转飞快向齐王报告,齐王召回孟尝君,恢复他的相位,不仅归还他原有封邑的土地,还又给他增加一千户。秦国的使者听说孟尝君又重新担任了齐国的丞相,只好掉转车子离开了。

注释 1 西:西行。指到秦国去。 临淄:齐国都城,在今山东淄博东北。 即墨:齐国重要城邑,在今山东平度东南。 2 复:恢复官职。 益:多,增加。 3 折:挫败,粉碎。 绝:断绝、粉碎。 4 适:恰好。 故邑:原有的封邑。

自齐王毁废孟尝君,诸客皆去。后召而复之,冯驩迎之。未到,孟尝君太息叹

自从齐王听信谗言罢免孟尝君以后,众多宾客都离开了他。等到齐王又召回并恢复了孟尝君的

曰[1]:“文常好客,遇客无所敢失,食客三千有余人,先生所知也。[2]客见文一日废,皆背文而去,莫顾文者。[3]今赖先生得复其位,客亦有何面目复见文乎?如复见文者,必唾其面而大辱之。[4]”冯驩结辔下拜[5],孟尝君下车接之,曰:“先生为客谢乎?”冯驩曰:“非为客谢也,为君之言失。夫物有必至,事有固然,君知之乎?[6]”

相位,冯驩前去迎接他。他们还未赶到国都时,孟尝君长叹说:“我田文一向好客,对待宾客不敢有半点差错,食客达三千多人,这些先生是知道的。宾客一旦见到我田文被免职,都背弃我离开了,没有一个怜惜我的。如今依赖先生我重新恢复了职位,宾客又有什么脸面来见我呢?如果有来见我的,我一定往他脸上啐唾沫狠狠地侮辱他一番。”冯驩驻马下车跪拜,孟尝君下车扶起他,说:“先生是替宾客道歉吗?”冯驩说:“不是替宾客道歉,是因为您的话说错了。事物有必然的归宿,人情有本来的常规,您知道其中的道理吗?”

注释 1 未到:指未到齐国的都城。 太息:深深地叹息。 2 遇:对待。 失:过错。 3 一日:犹如“一旦”。 顾:怜惜。 4 唾:啐唾沫。 大辱:狠狠地侮辱。5 结辔(pèi)下拜:驻马下车跪拜。辔,驾驭牲畜的缰绳。6 至:归宿。 事:此指人情世态。 固:常规。

孟尝君曰:“愚不知所谓也。”曰:“生者必有死,物之必至也;富贵多士,贫贱寡友,事之固然也。君独不见夫趣市[1]者乎?明旦,侧肩争门而入;[2]日暮

孟尝君说:“我不知道您说的是什么。”冯驩说:“有生命的东西一定会死亡,这是事物的必然归宿;富贵的人有众多门客,贫贱的人很少有朋友,这也是人情世态的常规。您难道没有见过那些赶集的人吗?天刚蒙蒙亮,就侧着身子争

之后，过市朝者掉臂而不顾。[3] 非好朝而恶暮，所期物忘[4] 其中。今君失位，宾客皆去，不足以怨士而徒绝[5] 宾客之路。愿君遇客如故。”孟尝君再拜曰：“敬从命[6] 矣。闻先生之言，敢不奉教[7] 焉。”

着往市门里挤；日暮后，经过集市的人甩着胳膊连头也不回。他们不是喜欢早上而讨厌傍晚，是因为所期望得到的东西集市中已经没有了。虽然您失去职务，宾客都离开了，但也不值得您以此怨恨士人而拒绝宾客。希望您能像原先一样对待他们。”孟尝君向冯驩拜了两拜说：“我谨遵您的教诲。听了先生的这席话，我怎敢不接受指教呢？”

注释　1 趣(qū)：通“趋”，赶往。　市：集市。　2 明旦：天亮，早晨。　侧肩：偏斜着身子。　3 掉臂：甩着胳膊。　顾：回头看。　4 期物：所希望得到的东西。　忘：无，没有。　5 徒：副词，徒然，白白地。　绝：杜绝，摒弃。引申为拒绝。　6 从：遵从。　命：教诲。　7 奉教：接受其中的教益。

太史公曰：吾尝过薛，其俗闾里率多暴桀子弟，与邹、鲁殊。[1] 问其故[2]，曰：“孟尝君招致天下任侠，奸人入薛中盖六万余家矣。[3]”世之传孟尝君好客自喜[4]，名不虚矣。

太史公说：我曾经到过薛地，其乡里有许多蛮横粗暴的子弟，那儿的风俗与邹国和鲁国大不一样。询问其中的缘故，人们说：“孟尝君招徕天下的豪侠，奸邪的人乘机来到这里的大约有六万多人。”世人都说孟尝君好客，看来名不虚传呀。

注释　1 闾里：乡里，民间。　率：大抵。　暴桀：凶暴。　子弟：青少年。　邹：古国名。相传为颛顼后裔所建立，有今山东费、邹、滕、济宁、金乡等市县,建都于邾(今山东曲阜南),公元前614年邾文公迁都于绎,在今山东邹城东南纪王城。战国时被楚国所灭。 鲁:古国名。公元前十一世纪周分封的诸侯国,开国君主是周公旦之子伯禽,在今山东省的西南部,建都今山东省曲阜。公元前256年为楚国所灭。 殊:不一样。**2** 故:缘故。 **3** 任侠:古代以抑强扶弱为己任的人。 盖:大约,大概。**4** 自喜:对自己的成就感到满意。

史记卷七十六

平原君虞卿列传第十六

原文

平原君赵胜者，赵之诸公子也。[1] 诸子中胜最贤，喜宾客，宾客盖[2] 至者数千人。

平原君相赵惠文王及孝成王，三去相，三复位，封于东武城。[3] 平原君家楼临[4] 民家。民家有躄者，槃散行汲。[5] 平原君美人居楼上，临见，大笑之。

译文

平原君赵胜是赵国众多公子中的一位。在众多公子中赵胜最为贤能，他喜欢延揽宾客，先后依附他的宾客约有几千人。

平原君担任过赵惠文王和赵孝成王的丞相，一生曾三次离开丞相职位，又三次复职，被封于东武城。平原君家的楼房俯临老百姓的住所。其中一户百姓家有个跛者，常一瘸一拐地去打水。平原君有个侍妾住在楼上，向下看见了，大声地嘲笑他。

注释　1 平原君：赵胜的封号。因赵胜最早的封地在平原(今山东平原县西南)而得称。　诸公子：众公子。一般指王室的兄弟辈或子侄辈。赵胜是赵武灵王的儿子，赵惠文王的弟弟，故在公子之列。　2 盖：约略，差不多。　3 赵惠文王：赵国国君，公元前 298—前 266 年在位。　孝成王:赵国国君,名丹,赵惠文王子,公元前265—前245年在位。 去:离开。此意为免职。 东武城:赵邑名,在今山东武城县西北。当时赵国西北部还有一个武城,故加“东”字,以示区别。 4 临:下临,俯看。 5 躄(bì)者:跛脚之人。 槃(pán)散:即“蹒跚(pán shān)”,瘸子走路时一拐一瘸的样子。 行汲(jí):去打水。汲,从井里取水。

明日,躄者至平原君门,请[1]曰:“臣闻君之喜士,士不远千里而至者,以君能贵士而贱妾也。臣不幸有罢癃之病,而君之后宫临而笑臣,臣愿得笑臣者头。[2]”平原君笑应曰:“诺。”躄者去,平原君笑曰:“观此竖子,乃欲以一笑之故杀吾美人,不亦甚乎![3]”终不杀。居岁余,宾客门下舍人稍稍引去者过半。[4]平原君怪之,曰:“胜所以待诸君者未尝敢失礼,而去者何多也?”门下一人前对曰:“以君之不杀笑躄者,以君为爱色而贱士,士即去耳。”于是平原君乃斩笑

第二天,跛者来到平原君门前,请求道:“我听说您喜爱才士,才士不远千里到您这儿来,是因为您重视才士而轻视侍妾。我不幸患有残疾,而您的侍妾在楼上看见了却大声地讥笑我,我希望得到嗤笑我的那个美人的脑袋。”平原君笑着应答说:“好吧。”跛者离开后,平原君笑着说:“瞧这个小子,竟想因为一笑的缘故杀了我的美人,这不是太过分了吗?”最终没有杀那个美人。过了一年多,平原君门下的宾客渐渐走了一半多。平原君对此感到奇怪,说:“我赵胜对待门下宾客从未有过失礼的地方,可是为什么有这么多人离开呢?”一个门客上前回答说:“这是因为您没有杀掉讥笑跛者的那位美人,这使大家都认为您贪爱美色而轻视才士,所以才士就离开了。”于是平原君便砍下讥笑跛者的那个美女的头颅,亲自登门献给那个跛者,并借此向他道歉。

躄者美人头，自造门进躄者，因谢焉。[5]其后门下乃复稍稍来。是时齐有孟尝，魏有信陵，楚有春申，故争相倾以待士。

这以后平原君的门客又逐渐地回来了。当时齐国有孟尝君，魏国有信陵君，楚国有春申君，为此，他们都争相礼贤待士，以延揽人才。

注释 1 请：请求。此有抗议的意思。 2 罢癃(pí lóng)：即“疲癃”，一种腰曲背隆、手脚不灵活的残疾病。罢，通“疲”。 后宫：古代后妃居住的宫室。此指平原君的美姬。 3 乃：竟。 甚：过分。 4 稍稍：逐渐，慢慢地。 引去：退去，避开。 5 造门：登门。 进：献，给。 因：顺便。 谢：道歉，谢罪。

秦之围邯郸，赵使平原君求救，合从于楚，约与食客门下有勇力文武备具者二十人偕。[1]平原君曰：“使文能取胜，则善矣。[2]文不能取胜，则歃血于华屋之下，必得定从而还。[3]士不外索[4]，取于食客门下足矣。”得十九人，余无可取者，无以满二十人。门下有毛遂者，前，自赞[5]于平原君曰：“遂闻君将合从于楚，约与食客门下二十人偕，不外索。今少一人，愿

秦军围攻邯郸，赵国派平原君去楚国求援，打算与楚国签订合纵盟约，并约定带门下勇力兼备、文武双全的二十个人一同前往。平原君说：“假使这次能用和平的方式达到目的，那就最好不过了。如果和平的方式不能达到目的，那就只好在华丽的宫殿中要挟楚王歃血为盟，总之一定要签订了合纵盟约才回来。贤士不必到外面找，在门下食客中挑选就足够了。”结果符合条件的只找到十九人，其余都不符合条件，无法凑足二十人。门下有个叫毛遂的，主动向前，向平原君自我推荐说：“我听说您准备与楚国订立合纵同盟，约定带门下食客二十人

君即以遂备员[6]而行矣。”平原君曰:“先生处胜之门下几年于此矣?”毛遂曰:“三年于此矣。”平原君曰:“夫贤士之处世也,譬若锥之处囊中,其末立见。[7]今先生处胜之门下三年于此矣,左右未有所称诵,胜未有所闻,是先生无所有也。[8]先生不能,先生留。”毛遂曰:“臣乃今日请处囊中耳。使遂蚤得处囊中,乃颖脱而出,非特其末见而已。[9]”平原君竟与毛遂偕。十九人相与目笑之而未废也。[10]

一同前往,并且不到外面挑选人手。现在空缺一人,希望您允许我凑个数,以便成行。”平原君说:“先生在我门下有几年了?”毛遂说:“到现在三年了。”平原君说:“一个贤能的人活在世上,就好像锥子放在布袋里,它的锥尖立即就会显露出来。如今毛先生在我的门下已有三年,左右的人未曾有赞誉您的,我也没听说过您,可见先生没有什么才能。先生不能去,还是留下算了。”毛遂说:“今天,我就是请您把我放在布囊里的呀。假使能把我早点放在布囊里,我会脱颖而出,不仅仅是显露锥尖而已。”平原君最后决定带毛遂一同前往。那十九个人虽然相互眉来眼去,暗中讥笑毛遂,但也没有阻止。

注释 1 邯郸:赵国都城,在今河北邯郸。 合从(zòng):即“合纵”。 于楚:推楚国为盟主,订立合纵盟约,联合抗秦。 偕:一同,一道。 2 使:假如。 文:指和平的方式。 3 歃(shà)血:古代盟誓的一种仪式,参与订立盟约的人都要用手指蘸牲血,涂在口旁,表示信守盟约。一说为口含血。 华屋:华丽高大的屋子。此指楚国朝会和议事的地方。 定从(zòng):签订合纵盟约。 4 索:寻找,求取。 5 自赞:自我引荐。 6 备员:凑足人数。 7 囊:布袋。末:锥尖。 立:马上,立刻。 见(xiàn):显露。 8 左右:平原君身旁的门客。 称诵:称赞。 无所有:没有什么能力。 9 使:假如。 蚤:通“早”。 颖脱而出:整个锥子头都会出来。颖,原指禾穗的芒尖,此指锥尖。 非特:不仅仅。 10 目笑:用眼光示意,暗中讥笑毛遂。 未废:没有劝阻。

毛遂比至楚,与十九人论议,十九人皆服。[1]平原君与楚合从,言其利害,日出而言之,日中不决。十九人谓毛遂曰:“先生上。”毛遂按剑历阶[2]而上,谓平原君曰:“从之利害,两言而决耳。今日出而言从,日中不决,何也?”楚王[3]谓平原君曰:“客何为者也?”平原君曰:“是胜之舍人也。”楚王叱曰:“胡不下!吾乃与而[4]君言,汝何为者也!”毛遂按剑而前曰:“王之所以叱遂者,以楚国之众也。今十步之内,王不得恃楚国之众也,王之命县[5]于遂手。吾君在前,叱者何也?且遂闻

等毛遂到了楚国,和那十九个人商量事情,那十九个人都佩服他。平原君跟楚国君臣商议合纵联盟的事,阐述合纵之利害,可从早上日出就讨论,直到中午还没有结论。那十九人怂恿毛遂说:“先生上堂。”于是毛遂握着剑,越阶而上,对平原君说:“合纵是利是害,两句话就可以说清。今天从日出开始商谈,到了中午还定不下来,这是为什么?”楚王对平原君说:“这位客人是干什么的?”平原君说:“是我的舍人。”楚王呵叱说:“还不下去!我是和你的主人谈话,你来干什么!”毛遂握着剑柄上前说:“您之所以呵叱我,是依仗着楚国人多。现在我与大王相距不过十步,在这十步之内,大王是不可能再依仗楚国的人多了,您的性命就掌握在我毛遂的手中。我主人就在面前,你呵叱什么?况且我听说商汤凭着纵横七十里的土地称王于天下,周文王凭着方圆百里的土地使诸侯臣服,难道是因为他们士卒众多吗?其实是由于他们能掌握有利

汤以七十里之地王天下，文王以百里之壤而臣诸侯，岂其士卒众多哉！[6]诚能据其势而奋其威。[7]

今楚地方五千里，持戟百万，此霸王之资[8]也。以楚之强，天下弗能当。白起，小竖子耳，率数万之众，兴师以与楚战，一战而举鄢郢，再战而烧夷陵，三战而辱王之先人。[9]此百世之怨而赵之所羞，而王弗知恶[10]焉。合从者为楚，非为赵也。吾君在前，叱者何也？”楚王曰：“唯唯[11]，诚若先生之言，谨奉社稷而以从。”毛遂曰：“从定乎？”楚王曰：“定矣。”毛遂谓楚王之左右曰：“取鸡狗马之血来。[12]”毛遂奉铜槃而跪进之楚王曰[13]：“王当歃血而定从，次者吾君，次者遂。”遂定从于殿上。毛遂左手持槃血而右手招十九人曰：“公相与歃此血于堂下。

的时机来充分展示自己的威力。

现在楚国的土地纵横五千里，持戟的士兵上百万，这是称霸的资本。这么强大的楚国，天下没有一个国家能抵挡。白起只不过是个小子罢了，然而他率领几万人的军队，来跟楚国交战，一战就攻克了鄢郢都城，再战就烧掉了夷陵，三战又侮辱了您的先祖。这是楚国百世不解的深仇大恨，连赵国都替楚国感到羞耻，可是您却不感到羞愧。合纵，完全是为了楚国，而不是为了赵国。我主人就在面前，你呵叱我做什么？”楚王说：“是！是！您说得对极了，我愿意恭敬地奉献出整个楚国来和赵国联合抗秦。”毛遂说：“合纵的事，就这么定了？”楚王说：“决定了。”毛遂对楚王左右的人说：“拿鸡血、狗血、马血来。”毛遂捧着铜盘，跪着献给楚王说：“您先歃血来表示合纵的诚意，其次是我的主人，再其次是我。”于是在楚国殿堂上签订了合纵盟约。毛遂左手端着一盘血，右手招呼那十九个人说：“各位相继在堂下歃血吧。

公等录录，所谓因人成事者也。[14]”

你辈平庸无能，只能算是依靠别人而坐享其成的人。”

注释 1 及，等到。 论议：交换意见，讨论。 2 历阶：越阶而上。 3 楚王：即楚国国君考烈王，熊完，公元前 262—前 238 年在位。 4 而：通“尔”，代词，你。 5 县(xuán)：同“悬”，吊挂。引申为掌握。 6 汤：商朝的建立者。原为商族首领，后陆续攻灭邻国，一举灭夏，建立商朝。 王天下：在天下称王。 文王：即周文王姬昌，商末周族首领。在位五十年，先后攻灭邻国，为西周王朝的建立奠定了基础。 壤：土地。 臣诸侯：使诸侯臣服。臣，使动用法。 7 诚能：实在。 据其势：根据其有利时机。 奋：展示，发挥。 8 资：资本，凭借。 9 白起：秦国名将。曾坑杀赵长平之军四十多万，后因与秦昭王、丞相应侯意见不同，被迫自杀。 小竖子：小小子，是对人鄙视的一种称呼。 鄢郢：楚国都城之一，在今湖北宜城南。 夷陵：楚先王墓地，在今湖北宜昌东南。 10 恶(wù)：羞愧。 11 唯唯(wěi wěi)：谦卑地连声应答。 12 鸡狗马之血：古代歃血定盟所用的血因等级而不同。一般帝王用牛和马血，诸侯用狗和猪血，大夫以下用鸡血。此泛指所需血的总称。 13 奉：捧。 铜槃：即铜盘。 进：献给。 14 公等：你们，各位，对较多人的称呼。 录录：同“碌碌”，平庸无用。 因人：依赖他人。此句即坐享其成的意思。

平原君已定从而归，归至于赵，曰：“胜不敢复相士[1]。胜相士多者千人，寡者百数，自以为不失[2]天下之士，今乃于毛先生

平原君办完和楚国合纵的事后，就赶着回国，到了赵国，说：“我不敢再考察识别人才了。自我考察人才以来，多者有一千人，少则几百人，自认为不会错漏过才士，今天却错看了毛先生。毛先生一到楚国，

而失之也。毛先生一至楚，而使赵重于九鼎大吕。[3]毛先生以三寸之舌，强于百万之师。胜不敢复相士。”遂以为上客[4]。

就使赵国的地位重于九鼎和大吕。毛先生凭着三寸不烂之舌，胜过百万雄师。我不敢再考察识别才士了。”于是平原君尊毛遂为上等宾客。

注释 1 复相(xiàng)士：再考察人才了。相，观察，考察。 2 不失：没有漏掉，没有看错。 3 九鼎：相传为夏禹所铸，象征九州。 大吕：相传是周庙的大钟。 两者均为当时宝贵的传国重器。此比喻分量很重。 4 上客：尊贵的客人。

平原君既返赵，楚使春申君将兵赴救赵，魏信陵君亦矫夺晋鄙军往救赵，皆未至。[1]秦急围邯郸，邯郸急，且降，平原君甚患之。邯郸传舍吏子李同说平原君曰：“君不忧赵亡邪？”[2]平原君曰：“赵亡则胜为虏，何为不忧乎？”李同曰：“邯郸之民，炊骨易子而食，可谓急矣，而君之后宫以百数，婢妾被绮縠，余

平原君返回赵国以后，楚国派春申君率领军队赶赴援救赵国，魏国的信陵君也假托魏王的命令，夺取了晋鄙的兵权前往增援赵国，都还没有赶到。秦国加紧围攻邯郸，邯郸形势危急，快要投降了，平原君非常焦急。邯郸传舍官吏的儿子李同游说平原君说：“您不担忧赵国灭亡吗？”平原君说：“赵国灭亡了，我就成为俘虏，为什么不担忧呢？”李同说：“邯郸的老百姓，已到了用枯骨当柴烧、相互交换小孩烹食的地步，可以说情况十分危急了，但是您后宫里还拥有成百的美人，您的奴婢侍妾个个身穿细纱绸绫，每天都有吃不完的精粮鱼肉，而老百姓却连完整的粗布衣都穿不上，每

粱肉，而民褐衣不完，糟糠不厌。[3]民困兵尽，或剡木为矛矢，而君器物钟磬自若。[4]使秦破赵，君安得有此？使赵得全，君何患无有？今君诚能令夫人以下编于士卒之间，分功而作，家之所有尽散以飨士，士方其危苦之时，易德耳。[5]”于是平原君从之，得敢死之士三千人。李同遂与三千人赴秦军，秦军为之却三十里。亦会楚、魏救至，秦兵遂罢，邯郸复存。[6]李同战死，封其父为李侯[7]。

餐吃糟糠都不能管饱。百姓贫困，武器竭尽，有的人削尖树棍当矛矢，可您家里器皿、钟磬依然完整。假使秦国把赵国灭亡了，您还能拥有这些东西吗？要是赵国得以保全，您又何必担忧没有这些东西呢？现在只要您能把夫人以下的人员编在军队中，让她们分担一些工作，再把家中所有的财物拿出来犒劳士兵，士兵正处在危急困苦的时候，他们是很容易感激您给他们的恩德的呀。”于是平原君听从了他的建议，得到敢死的士兵三千人。李同便和这三千人冲向秦军拼命，秦军竟被他们逼退了三十里。也恰好在这个时候，楚、魏两国的救兵赶来了，秦军只好收兵回去，邯郸城终于保住了。在这场战争中，李同在战斗中阵亡，他的父亲被封为李侯。

注释　**1** 矫：假传命令。　晋鄙：魏国大将。为援赵，是年信陵君设法窃得兵符，击杀将军晋鄙，夺取兵权。　**2** 传(zhuàn)舍：古代官办的供来往行人居住的旅舍。相当于现在的招待所。　李同：原名为“李谈”。为避司马迁的父亲“司马谈”之讳而改。　**3** 炊骨：用死人的骨头当柴烧。　易子而食：互相交换孩子吃。因为不忍心食自己的儿女。　被：穿着。　绮(qǐ)：有花纹的丝织品。　縠(hú)：绉纱一类的丝织品。　粱肉：精美的膳食。　褐(hè)衣：粗布短衣。　不完：不完整。　不厌：吃不饱。厌，通“餍”，饱。　**4** 兵尽：兵器用完了。　剡(yǎn)木：削尖木棍。剡，削尖。 器物:此泛指享用的器皿。 钟磬:古代乐器。钟,由青铜制成。磬,用石片制成。两者均为敲击乐器。 自若:和从前一样,没有什么变化。 5 分功而作:分配任务给她们做。功,劳动任务。 飨(xiǎng)士:犒赏士兵。飨,赐予,犒劳。 易德:容易感激。易,容易。德,感激。 6 会:时逢,恰好。 罢:停止进攻。 7 李侯:因其封地在李(今河南温县西南),故称。

虞卿欲以信陵君之存邯郸为平原君请封。公孙龙闻之,夜驾见平原君曰[1]:"龙闻虞卿欲以信陵君之存邯郸为君请封,有之乎?"平原君曰:"然。"龙曰:"此甚不可。且王举君而相赵者,非以君之智能为赵国无有也。割东武城而封君者,非以君为有功也,而以国人无勋[2],乃以君为亲戚故也。君受相印不辞无能,割地不言无功者,亦自以为亲戚故也。今信陵君存邯郸而请封,是亲戚受城而国人计功[3]也。此甚不可。且虞卿操其两权,事

虞卿想凭借信陵君保存邯郸的功劳替平原君请求封赏爵邑。公孙龙听到这件事,连夜乘车赶去拜见平原君,说:"我听说虞卿想凭借信陵君保全邯郸的功劳替您请求封赏,有这回事吗?"平原君说:"有这回事。"公孙龙说:"我认为这事很不合适。且说赵王选拔您当赵国的丞相,并不是因为您的智慧和才能是赵国独一无二的。将东武城封给您,也不意味着您对赵国有什么功劳,而国人一点功劳都没有,这些都是因为您是赵王亲戚的缘故。您接受了丞相的相印,并未推辞自己没有能力,您接受了封邑,也没有表明自己并无功劳,这也是您自己觉得自己是赵王亲戚的缘故。如今,信陵君保存了邯郸,而有人却为您请求封赏,这既是凭着您是赵王亲戚的关系让您接受封邑,又是以普通国人的身份来为你计算功劳。

成，操右券以责；[4]事不成，以虚名德[5]君。君必勿听也。”平原君遂不听虞卿。

这很不恰当。再说虞卿掌握着两个方面的主动权，事情成功的话，他会像债主一样手持债券向您讨取报酬；事情不成功，他也可以用曾建议请赏的虚名来使您感激他。您千万不要听他的。”于是平原君没有听从虞卿的建议。

平原君以赵孝成王十五年卒。[6]子孙代[7]，后竟与赵俱亡。

平原君在赵孝成王十五年去世。他的子孙世代承袭封爵，后来终于和赵国一起灭亡。

平原君厚待公孙龙。公孙龙善为坚白之辩，及邹衍过赵言至道，乃绌公孙龙。[8]

平原君平时十分优待公孙龙。公孙龙擅长坚白之辩，等到邹衍访问赵国谈论大道后，平原君才疏远了公孙龙。

注释 1 公孙龙：赵国人，为战国后期以讲形式逻辑著称的名家。著有《公孙龙子》一书。 夜驾：连夜驾车前往。 2 无勋：没有功劳。勋，功勋，功劳。 3 计功：计算功劳。 4 操其两权：掌握着两个方面的主动权。操，掌握。权，权变。 操右券以责：古代债券为左右两联，双方各执一联。债权人执右券或左券向债务人索取债务。此比喻虞卿像讨债人一样握有主动权。责，讨取债务。 5 德：施德。 6 赵孝成王十五年：即公元前251年。另《六国年表》《赵世家》载，平原君死于赵孝成王十四年。 7 子孙代：子孙世代相承。代，相承。 8 坚白之辩：关于“坚”与“白”的区别的辩题。公孙龙说，一块白石头，用眼睛来看，只能得到“白”的概念；用手来摸，只能得到“坚”的概念。所以“坚”和“白”是两个概念，不能合二为一。 绌(chù)：通“黜”，排除，疏远。

虞卿者，游说之士[1]也。蹑蹻檐簦说赵孝成王。[2]一见，赐黄金百镒[3]，白璧一双；再见，为赵上卿，故号为虞卿。[4]

虞卿是位从事游说的士人。他穿着草鞋，扛着长柄笠来游说赵孝成王。第一次见面，赵孝成王就赏赐他一百镒黄金，一双白璧；第二次见面，就成为赵国的上卿，所以他被称为虞卿。

注释　1 游说(shuì)之士：战国时期，周游各国，提出政治主张，帮助君主排忧解难，以谋求高官厚禄的策士。　2 蹑蹻(niè jué)：穿着草鞋。蹑，穿。蹻，通"屩"，草鞋。　檐簦(dàn dēng)：打着伞。檐，通"担"，扛着。簦，古代有柄的笠，即长柄伞。　3 镒(yì)：古代重量单位。一镒，相当于现在的二十四两。　4 上卿：周代官制，指最尊贵的诸侯大臣，地位相当于相国。　虞卿：一说因封邑在虞（今山西平陆县东北），故称"虞卿"；一说姓"虞"而称之"虞卿"。

秦赵战于长平，赵不胜，亡一都尉[1]。赵王召楼昌[2]与虞卿曰："军战不胜，尉复死，寡人使束甲而趋之，何如？[3]"楼昌曰："无益也，不如发重使为媾。[4]"虞卿曰："昌言媾者，以为不媾军必破也。而制[5]媾者在秦。且王之论秦也，欲破赵之军乎，不邪？[6]"王曰："秦不遗[7]余力矣，必

秦国和赵国在长平交战时，赵国没有取胜，丧失了一名都尉。赵孝成王召令楼昌和虞卿说："我军这次没有取胜，一名都尉又战死了，我想派遣士兵增援，你们看怎么样？"楼昌说："这是没有益处的，不如派遣地位显贵的使者去讲和。"虞卿说："楼昌所说的要媾和，是认为如果不媾和，赵军一定会被打败。但是媾和的主动权掌握在秦国手里。而且大王分析秦国的意图，秦国是不是想彻底打败赵军呢？"赵王

且欲破赵军。”虞卿曰：“王听臣，发使出重宝以附楚、魏，楚、魏欲得王之重宝，必内[8]吾使。赵使入楚、魏，秦必疑天下之合从，且必恐。如此，则媾乃可为也。”赵王不听，与平阳君[9]为媾，发郑朱入秦。秦内之。赵王召虞卿曰：“寡人使平阳君为媾于秦，秦已内郑朱矣，卿以为奚如[10]？”虞卿对曰：“王不得媾，军必破矣。天下贺战胜者皆在秦矣。郑朱，贵人也，入秦，秦王与应侯必显[11]重以示天下。楚、魏以赵为媾，必不救王。秦知天下不救王，则媾不可得成也。”应侯果显郑朱以示天下贺战胜者，终不肯媾。长平大败，遂围邯郸，为天下笑。

说：“秦国不遗余力，必定是要歼灭赵军。”虞卿说：“请您听从我的建议，派遣使者带着贵重的宝物去亲附楚国和魏国，魏、楚两国想要得到您的贵重宝物，一定会接纳我们的使者。赵国的使者一旦进入楚国和魏国，秦国必定会怀疑诸侯国又要合纵联盟了，必将感到恐慌。这样，媾和才会取得成功。”赵王没有接受虞卿的建议，让平阳君主持与秦国和谈的工作，并派郑朱出使秦国。秦国接待了他。赵王召见虞卿说：“我让平阳君主持与秦国和谈的工作，秦国已接待了郑朱，您认为怎么样？”虞卿回答说：“您的媾和不会取得成功，我军肯定会被击溃。天下所有向战胜者祝贺的人都在秦国了。郑朱，是个显贵的人物，到了秦国，秦王和应侯一定会宣扬、尊重他，并以此向天下的诸侯张扬。这样楚、魏两国以为赵国已经与秦国讲和了，肯定不会来援救赵国。秦国知道天下的诸侯不来援救您，那么媾和也就不可能取得成功。”应侯果然利用郑朱向天下准备祝贺秦国战争胜利的诸侯国张扬，并始终不肯与赵国媾和。长平之战赵军被打得大败，秦军包围了邯郸，此事被天下人所耻笑。

注释 1 都尉:武官名,职位略低于将军。 2 楼昌:赵国将领。 3 束甲:士兵。 趋之:增援。 4 重使:职位高的使臣。 媾:求和。 5 制:控制,决定。 6 不(fǒu):同“否”。 邪:语气助词。 7 遗:留下。 8 内:同“纳”,接受。 9 平阳君:即赵豹。赵惠文王的同母弟,因封于平阳(今河北临漳县西),故称。 10 奚如:何如,如何。 11 显:宣扬。 重:尊重。

秦既解邯郸围,而赵王入朝,使赵郝约事[1]于秦,割六县而媾。虞卿谓赵王曰:“秦之攻王也,倦而归乎?[2]王以其力尚能进,爱王而弗攻乎?”王曰:“秦之攻我也,不遗余力矣,必以倦而归也。”虞卿曰:“秦以其力攻其所不能取,倦而归,王又以其力之所不能取以送之,是助秦自攻也。来年秦复攻王,王无救矣。”王以虞卿之言告赵郝,赵郝曰:“虞卿诚能尽秦力之所至乎?诚知秦力之所不能进,此弹丸之地弗予[3],令秦来年复攻

秦国解除了对邯郸的包围之后,赵王要去秦国朝见秦王,派赵郝签订侍奉秦国的条约,割让六个县来媾和。虞卿对赵王说:“秦国进攻您,是因为疲倦才撤军的呢?还是您认为他们仍有能力进攻,而是因为爱惜您才停止进攻的呢?”赵王说:“秦国进攻我们,是不遗余力了,一定是疲倦不堪后才撤退的。”虞卿说:“秦国凭着自己的力量,来攻取他所不能得到的地方,疲惫后才撤军,您又把靠秦军的力量不能夺取的地方送给他们,这是帮助秦国进攻自己啊。如果明年秦军再来进攻,您就无法自救了。”赵王把虞卿的话告诉赵郝,赵郝说:“虞卿真能完全了解秦军兵力所达到的程度吗?假如真知道秦军兵力不能进攻了,这六个像弹丸大的地方不给秦国,假如明年秦军再来进攻,您能不割让腹地而求和吗?”赵王说:

王，王得无割其内而媾乎？”王曰：“请听子割矣，子能必使来年秦之不复攻我乎？”赵郝对曰：“此非臣之所敢任[4]也。他日三晋之交于秦，相善也。[5]今秦善韩、魏而攻王，王之所以事秦必不如韩、魏也。今臣为足下解负亲之攻，开关通币，齐交韩、魏，至来年而王独取攻于秦，此王之所以事秦必在韩、魏之后也。[6]此非臣之所敢任也。”

“那我就听从您割地的建议吧，您能让秦军明年必定不来进攻我们吗？”赵郝回答说：“这不是我敢担保的。从前韩、魏、赵三国和秦国的交往，彼此一向友好。现在秦国和韩、魏两国相好，却进攻您，您侍奉秦国必有不如韩、魏两国的地方。现在，我替您解除因背叛盟国而招致的进攻，开放边关，相互赠送礼品，像韩、魏两国一样和秦国交往，到明年还是唯独您被秦国攻打，那一定是您侍奉秦国落在韩、魏两国后面的缘故。这就不是我所敢担当的了。”

注释　1 约事：签约侍奉。　2 倦：疲惫。　归：撤军，撤退。　3 弗予：不给予。予，给予。　4 任：担保，负责任。　5 他日：以往。　三晋：韩、魏、赵三国。因它们由原先的晋国分化而来，故又称“三晋”。　6 负亲：背叛亲交。此指赵国接受韩国的上党地区，发兵抵抗秦国一事。　开关：开放边关，相互往来。　通币：互相赠送礼物，引申为互相往来。币，原为古人用作礼物的丝织品。　齐：相同，一样。　王独取攻于秦：王您被秦国单独攻打。此为宾语前置。于，被。

王以告虞卿。虞卿对曰：“郝言‘不媾，来年秦复攻[1]王，王得无割其内而

赵王又把赵郝说的话告诉虞卿。虞卿回答说：“赵郝说‘这次不讲和，明年秦国再来攻打，您能不割

媾乎。’今媾，郝又以不能必秦之不复攻也。今虽割六城，何益！来年复攻，又割其力之所不能取而媾，此自尽之术[2]也，不如无媾。秦虽善攻，不能取六县；赵虽不能守，终不失六城。秦倦而归，兵必罢。我以六城收天下以攻罢秦，是我失之于天下而取偿于秦也。吾国尚利，孰与坐而割地，自弱以强秦哉？[3]今郝曰‘秦善韩、魏而攻赵者，必以王之事秦不如韩、魏也’，是使王岁以六城事秦也，即坐而城尽。来年秦复求割地，王将与之乎？弗与，是弃前功而挑秦祸也；与之，则无地而给之。语曰：‘强者善攻，弱者不能守’。今坐而听秦，秦兵不弊[4]而多得地，是强秦而弱赵也。以

让腹地而求和吗’。现在讲和，赵郝又不能保证秦国一定不再进攻赵国。目前即使割让给秦国六个县，又有什么好处呢！明年秦国再来进攻，又割让秦军兵力所不能夺取的地方来求和，这是一种自取灭亡的方法，不如不跟秦国媾和。即使秦国再擅长进攻，也不能夺取六个县；赵国虽然不能坚守，最终也不至于丧失六个县。秦国倦困而回，一定是军队疲惫不堪。我们将六县分给天下诸国以联合各国攻打疲惫的秦国，那么我们失去的给天下诸国的六县就能从秦国得到补偿。我国必能得到一定的好处，和坐等割地求和来削弱自己增强秦国相比，哪种办法更好呢？现在，赵郝说‘秦国和韩、魏两国友好而进攻赵国，一定是因为您侍奉秦国不如韩、魏两国的缘故’，这是要您每年以六县奉献给秦国，也就是坐等城邑全部丢失。明年秦国又来要求割地，您准备给它吗？不给它的话，是前功尽弃，又会招来被秦国攻打的祸患；如果给它的话，那么没有这么多的土地可给。俗话说‘如果强者善于进攻，弱者便不能坚守’。现在坐视听从秦国，秦军没有疲惫就获得那么多土地，这会使秦

益强之秦而割愈弱之赵，其计[5]故不止矣。且王之地有尽而秦之求无已，以有尽之地而给无已之求，其势必无赵矣。[6]”

国强盛而使赵国衰弱啊。用愈加强盛的秦国，来宰割愈加衰弱的赵国，秦国的侵略野心就不会休止。况且您的土地是有限的，而秦国的要求是无止境的，以有限的土地来满足无休止的要求，其趋势是必然再不会有赵国了。”

注释 1 复攻：再来进攻。 2 自尽之术：自取灭亡的办法。 3 尚：副词，必然。 利：得利。 坐：白白地，无故。 4 弊：疲惫。 5 计：打算，念头。指分割赵国的土地。 6 给(jǐ)：供给，满足。 无已：无休止。 势：形势，趋势。

赵王计未定，楼缓[1]从秦来，赵王与楼缓计之，曰：“予秦地何如[2]毋予，孰吉？”缓辞让曰：“此非臣之所能知也。”王曰：“虽然，试言公之私[3]。”楼缓对曰：“王亦闻夫公甫文伯[4]母乎？公甫文伯仕于鲁，病死，女子为自杀于房中者二人。[5]其母闻之，弗哭也。其相室[6]曰：‘焉有子死而弗哭者乎？’其母曰：‘孔子，贤人也，逐于鲁，而是人[7]不随也。今死而妇

赵王还是没有拿定主意，楼缓从秦国回来，赵王和楼缓商量这件事，说：“给秦国土地，和不给它土地，哪种方法更好呢？”楼缓推辞说：“这不是我所能知道的。”赵王又说：“即使是这样，还是不妨试着谈谈您个人的意见。”楼缓回答说：“您也许听说过公甫文伯的母亲吧？公甫文伯在鲁国做官，病死了，家里有两个姬妾自愿在房中为他殉葬。他的母亲听到儿子死了，却一声也没有哭。他家的保姆说：‘哪有儿子死了，当母亲的不哭的道理呢？’他的母亲说：‘孔子，是贤人，被鲁国驱逐

人为之自杀者二人，若是者必其于长者薄而于妇人厚也。[8]'故从母言之，是为贤母；从妻言之，是必不免为妒妻[9]。故其言一也，言者异则人心变矣。[10]今臣新从秦来而言勿予，则非计[11]也；言予之，恐王以臣为为秦也：故不敢对。使臣得为大王计，不如予之。”王曰：“诺。”

时，这个孩子不跟随他。现在他死了，却有两个女人为他自杀，这表明他对长者感情冷漠而对姬妾感情深厚。'所以从他母亲的角度说出这些话，那她就是位贤良的母亲；然而从他妻子的角度来说这样的话，那她难免是位嫉妒的妻子。所以说的话虽然一样，但是说话人的身份不同，人们的想法也就不一样了。现在我刚从秦国回来，说不割让给土地，也不是个办法；说割让土地，恐怕您会认为我替秦国着想：所以我不敢回答这个问题。假使让我替您着想的话，不如割让给它。”赵王说：“好吧。”

注释　1 楼缓：赵臣，亲秦派辩士。　2 何如：与……相比，怎么样。　3 私：私见，个人意见。　4 公甫文伯：鲁定公时大夫。　5 仕：做官。　女子：妾婢一类的人。　自杀：自愿为公甫文伯殉葬。　6 相室：帮忙料理家务的人，类似于现在的保姆。　7 是人：指公甫文伯。　8 薄：感情淡薄、冷漠。　厚：深厚。　9 妒妻：嫉妒的妻子。　10 言者异：指“从母言之”或“从妻言之”。　人心：用心，想法。　11 计：策略。

虞卿闻之，入见王曰：“此饰说[1]也，王慎勿予！”楼缓闻之，往见王。王又以虞卿之言告楼缓。楼缓对曰：“不然。虞卿得

虞卿听到这个消息，进宫朝见赵王，说：“这都是些虚伪的胡言乱语，您千万不要割土地给秦国。”楼缓听说了，也赶来求见赵王。赵王又把虞卿的话告诉了楼缓。楼缓回

其一，不得其二。夫秦赵构难而天下皆说，何也？[2]曰'吾且因强而乘弱矣'[3]。今赵兵困于秦，天下之贺战胜者则必尽在于秦矣。故不如亟割地为和，以疑天下而慰秦之心。[4]不然，天下将因秦之强怒，乘赵之弊，瓜分之。赵且亡，何秦之图[5]乎？故曰虞卿得其一，不得其二。愿王以此决之，勿复计也。"

答说："不是这样。虞卿只知其一，不知其二。如果秦国和赵国结为仇敌，发生战乱，天下的诸侯都会感到高兴，这是为什么呢？他们说'我们将可以借着强国的威势欺负弱国了'。目前，赵军被秦军所围困，天下凡是祝贺战争胜利的诸侯必定都在秦国了。所以不如尽快割让土地与秦国媾和，借以混淆天下诸侯的视听，并讨好秦国。不然的话，天下的诸侯会借着秦国的愤怒，趁赵国疲惫时，将赵国瓜分了。如果赵国灭亡了，又怎么去图谋秦国呢？所以说虞卿只知其一，不知其二。希望您就这样定下来，不要再考虑了。"

注释 1 饰说：虚伪而漂亮的言词。 2 构难(nàn)：结为仇敌，造成祸难。 说：通"悦"，高兴。 3 因：凭借，依靠。 乘：欺凌。 4 亟(jí)：迅速，尽快。 疑：使动用法。使天下怀疑，即混淆视听。 慰：宽慰，讨好。 5 图：算计。

虞卿闻之，往见王曰："危哉！楼子之所以为秦者，是愈疑天下，而何慰秦之心哉？[1]独不言其示天下弱乎？且臣言勿予者，

虞卿听说，前去拜见赵王，说："危险啊！楼缓所提出的用来替秦国着想的办法，这是越发让天下诸侯怀疑我们，怎么能满足秦国的野心呢？为何偏偏不说它是向诸侯显

非固[2]勿予而已也。秦索六城于王，而王以六城赂齐。齐，秦之深仇也，得王之六城，并力西击秦，齐之听王，不待辞之毕也。[3]则是王失之于齐而取偿于秦也。而齐、赵之深仇可以报矣，而示天下有能为也。王以此发声，兵未窥于境，臣见秦之重赂至赵而反媾于王也。[4]从秦为媾，韩、魏闻之，必尽重王；[5]重王，必出重宝以先[6]于王。则是王一举而结三国之亲，而与秦易道也。[7]"赵王曰："善"。则使虞卿东见齐王[8]，与之谋秦。虞卿未返，秦使者已在赵矣。楼缓闻之，亡去。赵于是封虞卿以一城。

示赵国的弱点呢？况且，我所说的不割让土地，不是坚决不给就算了。秦国向您索取六县，您可以用这六县来贿赂齐国。齐国是秦国最大的仇敌，得到您的六座城邑，将会与赵国同心协力向西进攻秦国，齐王听从您的建议，不等您说完便会应允。这样您失去的给齐国的六县，便会从秦国那里得到补偿。齐、赵两国就可以趁机向秦国报仇，并且向天下的诸侯显示您是有能力办事的。您把这个计划声张出去，军队还没有开赴边境，就会看到秦国的丰厚礼物到了赵国并向您求和了。这时，顺从秦国的意愿和它媾和，韩、魏两国知道了，肯定会尊重大王；尊重大王，一定会拿出贵重宝物争先地进献给您。这样您一举便和齐、魏、韩三国建立友好关系，并且改变了与秦国之间的地位。"赵王说："妙极了。"于是派遣虞卿往东拜见齐王，跟齐王商量对付秦国的策略。虞卿还没有回国，秦国的使者已经到达了赵国。楼缓听说后，逃离而去。赵国于是把一个县封赐给虞卿。

注释　1 楼子：对楼缓的尊称。　是：代词。指楼缓割地的主张。　愈：更加，越发。　2 固：坚决。　3 辞：说的话。　毕：完。　4 发声：宣布，声张出去。 窥：窥探。引申为开赴。 **5** 从：顺从，答应。 重：尊重，敬重。 **6** 先：争先。 **7** 亲：友好关系。 易道：互相变更主动和被动的地位。 **8** 齐王：即齐国国君田建，公元前 264—前 221 年在位。

居顷之，而魏请为从[1]。赵孝成王召虞卿谋。过[2]平原君，平原君曰："愿卿之论从也。[3]"虞卿入见王。王曰："魏请为从。"对曰："魏过[4]。"王曰："寡人固[5]未之许。"对曰："王过。"王曰："魏请从，卿曰魏过，寡人未之许，又曰寡人过，然则从终不可乎？"对曰："臣闻小国之与大国从事[6]也，有利则大国受其福，有败则小国受其祸。今魏以小国请其祸，而王以大国辞其福，臣故曰王过，魏亦过。窃以为从便。"王曰："善。"乃合魏为从。

过了不久，魏国请求与赵国缔结合纵联盟。赵孝成王召见虞卿前来商议。虞卿拜访平原君，平原君建议说："希望您能谈论合纵的主张。"虞卿入宫拜见赵王。赵王说："魏国请求与我缔结合纵联盟。"虞卿回答说："魏国错了。"赵王说："我本来就没有答应它呢。"虞卿回答说："那您也错了。"赵王说："魏国请求合纵，您说错了，我还没有应允，又说我错了，那么合纵盟约最终是不可以缔结吗？"虞卿回答说："我听说小国跟大国一起办事，有利益的话则大国就占尽好处，不利的话则小国就承担祸害。现在魏国因为是小国愿意承担祸害，而您因为是大国拒绝了好处，所以我说您错了，魏国也错了。我个人认为合纵对赵国有利。"赵王说："好主意。"于是赵王与魏国缔结了合纵联盟。

注释 **1** 从(zòng)：通"纵"，指"合纵"。本段以下"从"都读作"纵"。 **2** 过：访问，拜访。 **3** 卿：您。此为朋友之间的爱称。 论从：谈论合纵的主张。 4 魏过:魏国错了。过,错了。以下“过”字,意均同。 5 固:本来。 6 从事:相从处事,一起办事。

虞卿既以魏齐之故,不重万户侯卿相之印,与魏齐间行,卒去赵,困于梁。[1]魏齐已死,不得意,乃著书,上采《春秋》,下观近世,曰《节义》《称号》《揣摩》《政谋》,凡八篇,以刺讥国家得失,世传之曰《虞氏春秋》。[2]

虞卿因为魏齐的缘故,抛弃了万户侯的爵位和卿相的官职,跟魏齐抄小路悄悄地逃走,离开赵国,在魏国处境窘迫。魏齐死去,虞卿不得志,于是开始撰书,在上采集《春秋》,在下观察近世,撰成了《节义》《称号》《揣摩》《政谋》等八篇,借以评论国家政治的成败,后世流传下来称为《虞氏春秋》。

注释

1 不重:不重视,此为“抛弃”之意。 间(jiàn)行:从偏僻的小道逃走。间,偏僻的小路。 困于梁:在魏国处境困迫。指信陵君不接纳,魏齐自杀一事。 2 不得意:不顺心,不得志。刺讥:评论,批评。

太史公曰:平原君,翩翩浊世之佳公子也,然未睹大体。[1]鄙语曰“利令智昏”,平原君贪冯亭邪说,使赵陷长平兵四十余万众,邯郸几亡。[2]虞卿料事揣情,为赵画策,何其工也![3]及不忍魏齐,卒困

太史公说:平原君在混乱之世是一个风度优雅的好公子,可惜他往往不能着眼于大局。俗话说“利令智昏”,平原君听信冯亭的邪说,致使赵国在长平战役中损失了四十多万军士,邯郸几乎沦陷。虞卿能预料大事,揣测时情,替赵王出谋画策,是多么的巧妙啊!后来竟不忍魏齐,最终在魏国穷困潦倒,凡夫俗

于大梁，庸夫[4]且知其不可，况贤人乎？然虞卿非穷愁，亦不能著书以自见[5]于后世云。

子尚且知道是不可行的，更何况是贤人呢？但是，虞卿如果不穷困愁苦，也不可能著书立说，使自己闻名于后世了。

注释 1 翩翩：形容风度、文采的优美。 浊世：混乱之世。 佳：美好。 公子：古代对诸侯儿子的称呼。 睹：察看，观察。 大体：大局，整体。 2 鄙语：俗语。 利令智昏：因贪图利益而失去理智。 邪说：指公元前 262 年，冯亭将上党归属于赵国，引发出长平之战的事。
3 料事揣情：预料事情，揣摸人情。料，猜度。揣，估量。 画策：制定计划、策略。 工：细致，巧妙。 4 庸夫：见识浅陋的人。 5 见：同“现”，表露。

史记卷七十七

魏公子列传第十七

原文

魏公子无忌者，魏昭王少子而魏安釐王异母弟也。[1]昭王薨，安釐王即位，封公子为信陵[2]君。是时范雎亡魏相秦，以怨魏齐故，秦兵围大梁，破魏华阳下军，走芒卯。[3]魏王及公子患之。

公子为人仁而下士，士无贤不肖皆谦而礼交之，不敢以其富贵骄士。[4]士以此方数千里争往归之，致食客[5]三千人。当是时，诸侯以公子贤，多客，不敢加兵谋魏十余年。

译文

魏公子无忌，是魏昭王的小儿子，也就是魏安釐王的异母弟弟。昭王去世，安釐王就国君位，封公子做信陵君。这时候范雎逃离魏国，在秦国做了丞相，因为他怨恨魏齐的缘故，秦国军队包围了大梁，打败了魏国驻守在华阳城下的军队，吓跑了魏军主将芒卯。魏王和公子都忧患起来。

公子为人仁爱并礼贤下士，士人不论是贤能或不贤能，他都谦恭地以礼和人家交往，从不敢因为自己富足高贵就用骄傲的态度对待士人。因此，士人们不远千里争相来依附他，结果他门下的食客达到三千人。这时，各国诸侯因为公子贤明，又有很多食客，有十多年不敢进兵谋犯魏国。

注释 1 魏昭王：魏国国君，名遬，公元前295—前277年在位。 魏安釐王：魏国国君，魏昭王之子，名圉，公元前276—前243年在位。 2 信陵：在今河南宁陵县。 3 范雎(jū)：字叔，一作范且。原魏国人，后入秦国，为秦国大臣。 魏齐：魏诸公子之一，当时为魏相。 华阳：古地名，在今河南新郑北，亦称"华"、"华下"。 走：打退，吓跑。 芒卯：当时魏军主将。 4 下士：谦恭地对待贤士，礼贤下士。下，降低自己的身份与人交往。 无：无论。 5 食客：寄食于富贵之家，并为之所用的门客。

公子与魏王博，而北境传举烽，言"赵寇至，且入界"。[1]魏王释博，欲召大臣谋。公子止王曰："赵王田猎[2]耳，非为寇也。"复博如故。王恐，心不在博。居顷[3]，复从北方来传言曰："赵王猎耳，非为寇也。"魏王大惊，曰："公子何以知之？"公子曰："臣之客有能深得赵王阴事[4]者，赵王所为，客辄以报臣，臣以此知之。"是后魏王畏公子之贤能，不敢任公子以国政。

公子和魏王正在博戏，国境北部传来点燃烽烟报警的消息，说"赵国要来侵犯，就将进入国境"。魏王停止博戏，想要召集大臣们谋划。公子制止魏王说："赵王只不过是打猎罢了，不是为了侵犯魏国而来的。"他们仍旧像无事一样继续博戏。魏王恐惧，心思不在博戏上。过了不久，又从北方传来消息说："赵王只是打猎罢了，不是侵犯魏国。"魏王非常惊奇地问："公子您怎么会知道呢？"公子说："我的食客有人能够探听到赵王的诡秘事情，赵王所做的事，食客都会向我报告，因此我就知道了。"这以后魏王害怕公子的贤能，不敢把国家政事委任给公子。

注释 1 博：下棋。 举烽：点燃报警之烽烟。 寇：指侵犯国境。 2 田猎：打猎。 3 居顷：过了不久。 4 阴事：诡秘之事。

魏有隐士曰侯嬴，年七十，家贫，为大梁夷门监者。[1]公子闻之，往请，欲厚遗[2]之。不肯受，曰："臣修身洁行[3]数十年，终不以监门困故而受公子财。"公子于是乃置酒大会宾客。坐定，公子从车骑，虚左，自迎夷门侯生。[4]侯生摄敝衣冠，直上载公子上坐，不让，欲以观公子。[5]公子执辔[6]愈恭。侯生又谓公子曰："臣有客在市屠中，愿枉车骑过之。[7]"公子引车入市，侯生下见其客朱亥，俾倪，故久立与其客语，微察公子。[8]公子颜色[9]愈和。当是时，魏将相宗室宾客满堂，待公子举酒。市人皆观公子执

魏国有位隐士叫作侯嬴，七十岁了，家中贫穷，在大梁城东门做看门人。公子听说了，派人前往拜见，想送他丰厚的财物。侯嬴不肯接受，说："我修养身心、注重操行已经几十年，不能因为做看门人的缘故而接受公子的财物。"公子于是就备办酒席大肆宴请宾客。宾客坐定以后，公子带着随从车骑，把自己左边的座位空着，亲自去城东门迎接侯生。侯生整理一下破旧的衣冠，径直上车坐在公子空出的贵宾座位上，毫不谦让，想观察公子的表现。公子牵着缰绳更加恭谨。侯生又对公子说："我有个客人在屠宰集市上，还望您能屈尊驾车从那里经过。"公子引着车辆进入集市，侯生下车去见他的客人朱亥，斜着眼睛瞧着公子，故意在那里长时间站着，和他的客人谈话，暗中观察公子的态度。公子面容越发温和。这时，魏国的将相和宗族人员以及宾客已经满堂，等待着公子举杯开宴。集市上的人都看到公子手拉缰绳替侯嬴驾车。随从的骑士都暗地里责骂侯生。侯生看到公子的面

辔。从骑皆窃骂侯生。侯生视公子色终不变，乃谢客就车。至家，公子引侯生坐上坐，遍赞宾客，宾客皆惊。[10]酒酣，公子起，为寿[11]侯生前。侯生因谓公子曰："今日嬴之为[12]公子亦足矣。嬴乃夷门抱关者也，而公子亲枉车骑，自迎嬴于众人广坐之中，不宜有所过，今公子故过之。[13]然嬴欲就公子之名，故久立公子车骑市中，过客以观公子，公子愈恭。市人皆以嬴为小人，而以公子为长者[14]能下士也。"于是罢酒，侯生遂为上客。

容始终没有改变，才与客人告辞重新上车。到了家中，公子带侯生坐在贵宾座位上，向全体宾客赞扬侯生，宾客们都很惊异。酒兴正浓的时候，公子起身，到侯生面前为他祝福。侯生这才对公子说："今日我侯嬴太难为公子了。我只是一个在夷门掌门闩的人，但公子亲自屈尊驾车到大庭广众当中来迎接我，我本来不该去集市拜访朋友，但公子还是屈尊驾车让我去拜访。然而我是想成就公子的名声，所以让公子的车骑长久停留在集市中，借拜访客人来观察公子，看到公子更加恭敬。集市上的人都认为我是一位小人，而认为公子是宽宏厚道、礼贤下士的人。"在这次酒宴结束以后，侯生就成了公子的贵客。

注释　1 夷门：魏都大梁之东门，以其朝着城东之夷山而得名。　监者：守门人。　2 遗(wèi)：赠送。　3 修身洁行(xíng)：修养自身的品德，纯洁个人的操行。　4 虚左：空着左边的位置。古代乘车以左为尊。　生：先生。　5 摄：整理。　敝：破旧。　坐："座"之古字。　6 辔(pèi)：缰绳。　7 市：市井。　屠：屠宰牲畜的地方。　枉：委屈，屈辱。　8 俾倪：同"睥睨"，斜视，用余光偷看人。　微察：暗中观察。　9 颜色：面容，脸色。　10 遍：普遍，全体。　赞：称美。　11 为寿：为长者祝福。　12 为：难为。 **13** 抱关:守门。关,门闩。 过:拜访。 故:还,仍然。 **14** 长者:宽宏厚道之人。

侯生谓公子曰:"臣所过屠者[1]朱亥,此子贤者,世莫能知,故隐屠间耳。"公子往数请之,朱亥故不复谢,公子怪之。[2]

侯生对公子说:"我所拜访的屠夫朱亥,是位贤人,世人不了解他,所以隐居在屠宰人中罢了。"公子多次前往拜见他,朱亥故意不回谢,公子觉得他很奇怪。

魏安釐王二十年,秦昭王已破赵长平军,又进兵围邯郸。[3]公子姊为赵惠文王弟平原君夫人,数遗魏王及公子书,请救于魏。[4]魏王使将军晋鄙[5]将十万众救赵。秦王使使者告魏王曰:"吾攻赵旦暮[6]且下,而诸侯敢救者,已拔赵,必移兵先击之。"魏王恐,使人止晋鄙,留军壁邺,名为救赵,实持两端以观望。[7]平原君使者冠盖相属于魏,让魏公子曰:"胜所以自附为婚姻者,以公子之高义,为能

魏安釐王二十年,秦昭王在长平打败了赵军,又进兵包围了邯郸。公子的姐姐是赵惠文王弟弟平原君的夫人,多次送信给魏王和公子,请求魏国援救。魏王派将军晋鄙领兵十万人去救赵国。秦王派使者告诉魏王说:"我早晚将拿下赵国,假若诸侯国有敢援救的,等攻占了赵国,一定转移军队先去攻击它。"魏王恐惧,派人止住晋鄙,让军队留在邺县驻扎,名义上去救援赵国,实际上是左右摇摆以便观望。平原君的使者接连不断地前往魏国,责备魏公子说:"我赵胜依附魏国并与魏国结成婚姻的原因,是由于公子有高尚的节义,能热心帮人解除危难。如今邯郸早晚要投降秦国,但魏国的救兵还不到来,哪里能显示公子是热心帮人解除危难的人呢!况且公子

急人之困。[8]今邯郸旦暮降秦而魏救不至,安在[9]公子能急人之困也!且公子纵轻胜,弃之降秦,独不怜公子姊邪?[10]”公子患之,数请魏王,及宾客辩士说王万端[11]。魏王畏秦,终不听公子。公子自度终不能得之于王,计不独生而令赵亡,乃请宾客,约车骑百余乘,欲以客往赴秦军,与赵俱死。[12]

即使轻视我赵胜,抛弃了赵国让它降秦,难道公子不怜悯自己的姐姐吗?”公子感到忧虑,多次请求魏王,并派宾客辩士以种种情由去劝说魏王。魏王畏怕秦国,最终不听从公子的建议。公子估计最终不可能得到魏王的同意,决计自己不能单独活着而让赵国灭亡,就请求宾客,结集车骑一百多辆,想带领宾客们前往与秦军拼命战斗,和赵国一起死亡。

注释 1 屠者:屠夫。 2 请:拜访。 故:故意。 复谢:答谢,回拜。 3 魏安釐王二十年:即公元前257年。 长平:古地名,在今山西高平西北。 4 赵惠文王:赵国国君,名何,公元前298—前266年在位。 平原君:战国四公子之一,赵国人,名赵胜,时为相。 5 晋鄙:魏国将领。 6 旦暮:早晚。谓时间短。 7 邺:邺县,魏地名,近于赵,在今河北临漳县西南邺镇一带。 两端:两头,两方面。此意为左右摇摆,拿不定注意。 8 冠盖:帽子和车盖。此指戴着礼帽,坐着车子的使者。 属(zhǔ):连接。自附:自愿结交,自动依附。 9 安在:在哪里。 10 纵:纵然,即使。 怜:怜悯。 邪:语气助词。 11 万端:种种理由。 12 度(duó):估计,考虑。 计:决计,决定。 约:凑集,集结。

行过夷门，见侯生，具告所以欲死秦军状。[1]辞决[2]而行，侯生曰：“公子勉之矣，老臣不能从。”公子行数里，心不快，曰：“吾所以待侯生者备矣，天下莫不闻，今吾且死而侯生曾无一言半辞送我，我岂有所失[3]哉？”复引车还，问侯生。侯生笑曰：“臣固[4]知公子之还也。”曰：“公子喜士，名闻天下。今有难，无他端而欲赴秦军，譬若以肉投馁虎，何功之有哉？[5]尚安事客[6]？然公子遇臣厚，公子往而臣不送，以是知公子恨之复返也。”公子再拜，因问。侯生乃屏人间语，曰：“嬴闻晋鄙之兵符常在王卧内，而如姬最幸，出入王卧内，力能窃之。[7]嬴闻如姬父为人所杀，如姬资[8]之三年，自

公子领着车骑经过夷门，见到侯生，详细告诉他为什么要去秦军赴死的情况。诀别后要继续前行，侯生说：“公子努力干吧，老臣不能随从。”公子行进了几里路，心中总不痛快，说：“我款待侯生的礼数，已经很周备了，天下没有谁不知道，如今我将要去赴死而侯生却没有一言半语赠送给我，我难道有什么过失吗？”他于是带领着车骑返回，询问侯生。侯生笑着说：“我原本就知道公子会返回的。”侯生接着说：“公子喜好贤士，声名闻于天下。如今有了急难，想不出别的办法，却想去与秦军决战，这就像拿着肉投向饿虎，哪里能建功呢？那样何必要侍奉这么多宾客呢？然而公子对待我这么优厚，公子前行我却不相送，因此我知道公子会怨恨我而重新返回的。”公子又向侯生拜了一拜，乘势询问。侯生就请求屏退其他人以便私语，他说：“侯嬴听说委派晋鄙的兵符经常放在魏王卧室内，如姬最受魏王宠幸，可以随时从魏王卧室内出入，一定能偷到兵符。侯嬴听说如姬的父亲被人所杀，如姬怀恨在心已有三年，一直想从魏王以下的人中找到能为她报仇之人，但没能找到。如姬对公子哭泣，公子派宾

王以下欲求报其父仇，莫能得。如姬为公子泣，公子使客斩其仇头，敬进[9]如姬。如姬之欲为公子死，无所辞，顾未有路耳。[10]公子诚一开口请如姬，如姬必许诺，则得虎符夺晋鄙军，北救赵而西却秦，此五霸之伐也。[11]”公子从其计，请如姬。如姬果盗晋鄙兵符与公子。

客斩杀了她仇人的头颅，恭敬地进献给了如姬。如姬有想替公子去死的心意，会在所不辞，只是还没有找到机会。公子果真开口请求如姬帮忙，如姬一定会答应，那么就能得到虎符夺来晋鄙的军权，往北可援救赵国，往西可打退秦国，这就是像五霸一样的功业了。”公子听依从他的计谋，请求如姬帮忙。如姬果然偷到了晋鄙的兵符给了公子。

注释　**1** 具：详细，全部。　状：情况。　**2** 辞决：告辞，诀别。决，通“诀”。**3** 失：过失，错误。　**4** 固：本来，原本。　**5** 他端：别的办法。　馁(něi)：饿。**6** 事客：侍奉宾客。事，侍奉。　**7** 屏(bǐng)：除去，排除。　间(jiàn)语：私语，私下谈话。　兵符：军队中用的符印，是帝王授予臣下兵权或调发军队的信物。此符分为两半，一半在朝廷，一半在臣下，验合后才能生效。　卧内：卧室内。　力：一定。　**8** 资：积蓄。此指含恨。　**9** 进：进献。　**10** 辞：推辞。　顾：不过，只是。　路：机会。　**11** 诚：真的，果真。　却：退。　伐：功业。

公子行，侯生曰：“将在外，主令有所不受，以便国家。公子即合符，而晋鄙不授公子兵而复请之，事必危矣。臣客屠者朱

公子要前行，侯生说：“将军领兵在外，君主的命令有所不受，以便利国家。公子到后即使验合了兵符，但晋鄙不授给公子兵权而要重新请示魏王，事情必定就危险了。我的朋友屠夫朱亥可以同您一起前往，

亥可与俱，此人力士。晋鄙听，大善；不听，可使击之。”于是公子泣。侯生曰：“公子畏死邪？何泣也？”公子曰：“晋鄙嚄唶宿将[1]，往恐不听，必当杀之，是以泣耳，岂畏死哉？”于是公子请朱亥。朱亥笑曰：“臣乃市井鼓刀[2]屠者，而公子亲数存之，所以不报谢者，以为小礼无所用。今公子有急，此乃臣效命之秋[3]也。”遂与公子俱。公子过谢侯生。侯生曰：“臣宜从，老不能。请数公子行日，以至晋鄙军之日，北乡[4]自刭，以送公子。”公子遂行。

这人是位大力士。晋鄙要是听从，当然好；要是不听从，可以让朱亥击杀他。”这时候公子哭了起来。侯生说：“公子害怕死吗？为什么要哭呢？”公子说：“晋鄙是个威武有经验、有资格的将领，我去恐怕他不会听从，那他一定会被杀的，因此我哭起来了，哪里是怕死呢？”于是公子去请朱亥。朱亥笑着说：“我是集市上一个敲击刀具的屠夫，而公子多次亲自来慰问，我之所以不回应答谢，是认为小礼节没有什么用处。如今公子有急难，这才是我为您效命的时候。”朱亥就和公子一起前往。公子经过夷门向侯生辞行。侯生说：“我本当随从前往，因为老了做不到。我将计算公子行进的日数，待公子抵达晋鄙军队的那日，我将面向北自刎，以死报答公子。”公子就出发了。

注释　1 嚄唶(huò zè)：原意为大笑、大呼，此为威武、雄壮之意。 宿将：有经验、有资格之老将。　2 鼓刀：古时屠夫宰杀牲畜时敲击刀具作响，故曰鼓刀。　3 秋：时刻，时机。　4 乡：通“向”。

至邺，矫[1]魏王令代晋鄙。晋鄙合符，疑之，举手

到了邺县，公子假托魏王命令他来替代晋鄙。晋鄙验合兵

视公子曰:“今吾拥十万之众,屯于境上,国之重任,今单车来代之,何如哉?”欲无听。朱亥袖四十斤铁椎,椎杀晋鄙,公子遂将晋鄙军。[2] 勒[3]兵下令军中曰:“父子俱在军中,父归;兄弟俱在军中,兄归;独子无兄弟,归养。”得选兵八万人,进兵击秦军。秦军解去[4],遂救邯郸,存赵。赵王及平原君自迎公子于界,平原君负韊矢为公子先引。[5] 赵王再拜曰:“自古贤人未有及公子者也。”当此之时,平原君不敢自比于人。公子与侯生决,至军,侯生果北乡自刭。

符以后,怀疑起来,就举起手直视公子说:“如今我统率十万军士,屯驻在国境上,这是国家的重任,如今您单独一人来替代我,这是怎么回事呢?”想不听从。朱亥袖里藏有四十斤重的铁椎,用铁椎击杀了晋鄙,公子就统率了晋鄙的军队。他向军中下达命令说:“父子都在军中的,父亲回去;兄弟都在军中的,哥哥回去;独生子因为没有兄弟,回去奉养父母。”这样选择了兵士八万人,进兵攻击秦军。秦军解除包围退去,于是邯郸得救,保存了赵国。赵王和平原君亲自到郊界来迎接公子,平原君背着箭筒在前面为公子引路。赵王一再拜谢说:“自古以来的贤人没有比得上公子的。”这时,平原君不敢拿自己和公子相比了。公子和侯生诀别,到了晋鄙军中的时候,侯生果真面向北自刎了。

注释 1 矫:假托。 2 袖:袖内藏有。 椎杀:用铁椎打死。 3 勒:统率,约束。 4 解去:解除包围而离去。 5 韊(lán)矢:箭筒。韊,皮制筒,用以藏箭矢。 先引:在前面引路。负韊矢先引,是古人的一种极隆重的礼节,表示对对方的尊敬,自己甘居于奴仆地位。

魏王怒公子之盗其兵符矫杀晋鄙，公子亦自知也。已却秦存赵，使将将其军归魏，而公子独与客留赵。赵孝成王德公子之矫夺晋鄙兵而存赵，乃与平原君计以五城封公子。[1]公子闻之，意骄矜而有自功之色。[2]客有说公子曰："物[3]有不可忘，或有不可不忘。夫[4]人有德于公子，公子不可忘也；公子有德于人，愿公子忘之也。且矫魏王令，夺晋鄙兵以救赵，于赵则有功矣，于魏则未为忠臣也。公子乃自骄而功之，窃为公子不取也。"于是公子立自责，似若无所容者。[5]赵王埽除自迎，执主人之礼，引公子就西阶。[6]公子侧行辞让，从东阶上，自言罪过，以负[7]于魏，无功于赵。赵王侍酒至暮，

魏王对公子偷窃了他的兵符并假托君命杀死了晋鄙的行为非常恼怒，公子对此也很清楚。他领军击退秦军保存了赵国后，就派将领统率军队回魏国，自己单独和门客留在赵国。赵孝成王感激公子假托魏王的命令夺了晋鄙的军权并保存了赵国，就和平原君商议把五座城邑封给公子。公子听说了，心生骄色，以有功者自居。门客中有人劝告公子说："事情有的不可以遗忘，也有的不可以不遗忘。如果人家对公子有恩德，公子不可以遗忘；如果公子对人家有恩德，希望公子把它遗忘。况且公子假托了魏王的命令，夺了晋鄙的军权来援救赵国，对赵国来说算是有功了，对魏国来说那就不是忠臣啊。公子以此而骄傲，认为自己是有功之人，我私下认为公子不应该这样。"公子随即开始自责，好像无地自容的人一样。赵王扫除殿堂台阶亲自出门迎接，执行主人的礼节，引导公子从西边的台阶上殿。公子侧着身子前行推辞谦让，从东边台阶上殿，称说自己有罪，背弃了魏国，对赵国并无功劳。赵王侍奉公子饮酒一直到傍晚，口中不好意

口不忍[8]献五城,以公子退让也。公子竟留赵。赵王以鄗为公子汤沐邑,魏亦复以信陵奉公子。[9]公子留赵。

思说出要献给他五座城邑,是由于公子的谦让自责。公子最终留在赵国。赵王把鄗邑作为公子汤沐邑,魏国也用信陵之赋税来奉养公子。公子留在赵国。

注释 1 赵孝成王:赵国国君,名丹,赵惠文王之子,公元前265—前245年在位。 德:感谢。 2 矜:夸耀。 自功:自以为有功。 3 物:事物,事情。 4 夫:句首发语词。 5 立:立刻。 无所容者:无地自容的人。 6 埽除:即扫除。埽,同“扫”。 就西阶:就位于西阶。 7 负:背弃,辜负。 8 口不忍:口中不好意思说出。 9 鄗(hào):赵邑名,在今河北柏乡北。 汤沐邑:春秋以前天子赐给诸侯上朝时斋戒自洁的地方,这里谦指那里的赋税收入只能供给公子做日常洗沐之用。 信陵:此指信陵一地之赋税。 奉:奉养。

公子闻赵有处士毛公藏于博徒,薛公藏于卖浆家,公子欲见两人,两人自匿不肯见公子。[1]公子闻所在,乃间步[2]往从此两人游,甚欢。平原君闻之,谓其夫人曰:“始吾闻夫人弟公子天下无双,今吾闻之,乃妄从博徒卖浆者游,公子妄[3]人耳。”夫人以告公子。公子乃谢夫人去,

公子听说赵国有两个有才德但隐居起来不做官的人,一个是毛公藏在赌徒中,一个是薛公藏在卖酒人家的店里,公子想见这两个人,两人躲起来不肯会见公子。公子听说他们在什么地方,就秘密步行前往和这两个人见面,交往甚欢。平原君听说了,对他的夫人说:“当初我听说夫人的弟弟公子是天下无双,如今我听说,他竟荒唐地去跟赌徒和卖酒人交往,公子是个诞妄的人罢了。”夫人把这些话告诉公子。

曰:"始吾闻平原君贤,故负魏王而救赵,以称[4]平原君。平原君之游,徒豪举耳,不求士也。[5]无忌自在大梁时,常闻此两人贤,至赵,恐不得见。以无忌从之游,尚恐其不我欲也,今平原君乃以为羞,其不足从游。[6]"乃装为去。[7]夫人具以语平原君。平原君乃免冠谢,固留公子。平原君门下闻之,半去平原君归公子,天下士复往归公子,公子倾[8]平原君客。

公子就向夫人告辞要离去,说:"当初我听说平原君贤明,所以违背了魏王的意愿来援救赵国,以便平原君称心如意。平原君与人交往,只是一种表示声势显赫的举动,不是为了真正求得贤士。自我在大梁的时候起,就常常听说这两个人贤能,到了赵国,唯恐不能见到他们。我和他们交往,还恐怕他们不想理我呢,如今平原君却认为这是羞耻,可见他不值得结交。"就收拾行装准备离去。夫人把这些话全部说给平原君听。平原君脱了帽子来谢罪,坚决挽留公子。平原君门下宾客听说了,有一半人离开平原君归附公子,天下的士人又来归附公子,公子的宾客人数远远超过平原君。

注释 1 处士:有才德而隐居不仕之人,亦即隐士。 博徒:赌徒。 浆:古时一种带酸味的饮料,后亦指酒。 2 间(jiàn)步:秘密步行。 3 妄:荒唐,诞妄。 4 称(chèn):称心,满足。 5 徒:只,仅仅。 豪举:声势显赫的举动。 6 不我欲:不愿意和我(游)。 羞:耻辱。 足:值得。 7 装:整理行装。 为去:做离开的准备。 8 倾:压倒,胜过。

公子留赵十年不归。秦闻公子在赵,日夜出兵东伐魏。魏王患之,使使

公子留在赵国十年没有回国。秦国听说公子在赵国,日夜出兵往东去攻打魏国。魏王忧虑这件事,

往请公子。公子恐其怒之，乃诫门下："有敢为魏王使通者，死。"宾客皆背魏之赵，莫敢劝公子归。毛公、薛公两人往见公子曰："公子所以重于赵，名闻诸侯者，徒以有魏也。今秦攻魏，魏急而公子不恤，使秦破大梁而夷先王之宗庙，公子当何面目立天下乎？[1]"语未及卒，公子立变色，告车趣驾归救魏。[2]

派出使者前去请公子回国。公子害怕魏王恼怒自己，就诫令门下："有敢于替魏王使者通报的，处死。"宾客们就都背弃魏国到了赵国，没有谁敢劝公子回国。毛公、薛公两人前去会见公子说："公子所以在赵国受到尊重，声名能传播到诸侯各国，只是因为有魏国存在。如今秦国进攻魏国，魏国形势紧急而公子毫不顾及，假若秦国攻破了大梁并夷灭了您的宗庙，公子当会用什么面目在天下立足呢？"话还没有来得及说完，公子马上改变神色，告诉门下赶紧准备车驾回去解救魏国。

注释　1 恤：顾及，关心。　夷：铲平，毁灭。　2 卒：结束。　趣(cù)：赶快。

魏王见公子，相与泣，而以上将军印授公子，公子遂将。魏安釐王三十年[1]，公子使使遍告诸侯。诸侯闻公子将，各遣将将兵救魏。公子率五国之兵破秦军于河外，走蒙骜。[2]遂乘

魏王见到公子，相互痛哭，就把上将军的印章授给公子，公子便统领着魏国军队。魏安釐王三十年，公子派出使者遍告各国诸侯。诸侯们听说他做了魏军统帅，纷纷派遣将军领兵援救魏国。公子率领五国的兵众在黄河南打败了秦军，赶跑了蒙骜。便乘胜追逐秦军

胜逐秦军至函谷关，抑[3]秦兵，秦兵不敢出。当是时，公子威振天下，诸侯之客进兵法，公子皆名之，故世俗称《魏公子兵法》。

到了函谷关，把秦兵逼入函谷关以内，秦兵不敢出关了。这时，公子的威望震动天下，诸侯各国的宾客进献兵法，公子书写上自己的名字，所以世上叫它《魏公子兵法》。

注释 1 魏安釐王三十年：即公元前247年。 2 河外：黄河以南，今陕西、河南交界地区。 走：打败。 蒙骜(ào)：秦国的著名将领。 3 抑：按压。

秦王患之，乃行[1]金万斤于魏，求晋鄙客，令毁公子于魏王曰："公子亡在外十年矣，今为魏将，诸侯将皆属，诸侯徒闻魏公子，不闻魏王。公子亦欲因此时定南面[2]而王，诸侯畏公子之威，方欲共立之[2]。"秦数使反间，伪贺公子得立为魏王未也。[3]魏王日闻其毁，不能不信，后果使人代公子将。公子自知再以毁废，乃谢病不朝，与宾客为长夜饮，饮醇酒，多近妇女。[4]日夜为乐

秦王忧患起来，便使用万斤黄金在魏国行贿，寻求到晋鄙原来的门客，让他们在魏王面前毁伤公子说："公子逃亡在外十年了，如今做了魏国主将，诸侯各国的将领都归属他统率，诸侯们只听说魏国有个公子，不曾听说有个魏王。公子亦想借着这个时机面朝南坐而称王，诸侯们畏惧公子的威严，正想共同拥立他。"秦国多次使用间谍手段，假装来道贺公子是否已经确立做了魏王。魏王每日都听到毁伤公子的言论，就不能不相信，后来果真派人替代公子统率军队。公子知道自己被再次因毁谤而被排斥，就借口有病不上朝，在家和宾客们整夜的饮宴，饮的是浓烈美味的酒，还常

饮者四岁，竟病酒[5]而卒。其岁，魏安釐王亦薨。

亲近女人。这样日夜寻乐畅饮了四年，终于因饮酒过度而去世了。这一年，魏安釐王也去世了。

注释 1 行：使用，带着。 2 南面：面向南，即称王。 3 数(shuò)：多次。 未：用在句末表示疑问，此处可译为“是否”。 4 再：第二次。 醇酒：浓烈美味之酒。 5 病酒：因饮酒而患病。

秦闻公子死，使蒙骜攻魏，拔二十城，初置东郡[1]。其后秦稍蚕食魏，十八岁而虏魏王，屠大梁。[2]

高祖始微少时，数闻公子贤。[3]及即天子位，每过大梁，常祠[4]公子。高祖十二年，从击黥布还，为公子置守冢五家，世世岁以四时奉祠公子。[5]

秦国听说公子死了，派蒙骜进攻魏国，夺取了二十座城邑，先设置为东郡。这以后秦国逐渐蚕食魏国，经过十八年，俘虏了魏王，屠灭了大梁城。

汉高祖刘邦当初年轻地位低贱的时候，多次听说公子贤能。等到他即位做了天子，每次经过大梁，总是要祭祀公子。高祖十二年，出击黥布回来的时候，替公子设置五户人家负责守墓，要求他们世世代代每年按照四季供奉祭祀公子。

注释 1 东郡：秦置郡名，治所濮阳，在今河南濮阳西南。 2 稍：逐渐。 魏王：名假，景湣王之子，公元前227—前225年在位。 3 高祖：即汉高祖刘邦。 微少：地位低，年轻时。 4 祠：祭祀。 5 高祖十二年：即公元前195年。 黥布：即英布。 守冢：守护坟墓的人。 四时：四季。

太史公曰：吾过大梁之墟[1]，求问其所谓夷门。夷门者，城之东门也。天下诸公子亦有喜士者矣，然信陵君之接岩穴隐者，不耻下交，有以也。[2]名冠诸侯，不虚耳。高祖每过之而令民奉祠不绝也。

太史公说：我经过大梁的遗址，访求那个所谓的夷门，才知道夷门原来是大梁城的东门。天下诸公子也有喜交士人的，然而像信陵君这样能够交结在山野隐居的人，不因为交结低贱身份的人而感到耻辱，是有道理的。声名远在各国诸侯之上，确实是名不虚传啊。高祖因此每次经过大梁都要命令民众供奉祭祀他。

注释 1 墟：废墟，遗址。 2 岩穴隐者：泛指隐士。岩穴，深山幽谷。 以：道理，原因。

史记卷七十八

春申君列传第十八

原文

春申君者，楚人也，名歇，姓黄氏。游学博闻，事楚顷襄王[1]。顷襄王以歇为辩[2]，使于秦。秦昭王使白起攻韩、魏，败之于华阳，禽魏将芒卯，韩、魏服而事秦。[3]秦昭王方令白起与韩、魏共伐楚，未行，而楚使黄歇适至于秦，闻秦之计。当是之时，秦已前使白起攻楚，取巫、黔中之郡，拔鄢郢，东至竟陵，楚顷襄王东徙治于陈县。[4]黄歇见楚怀王[5]之为秦所诱而入朝，遂见欺，留死于

译文

春申君是楚国人，名叫歇，姓黄。曾周游学习，渊博广闻，在楚顷襄王时任职。楚顷襄王因为黄歇有辩才，让他出使秦国。秦昭王派白起攻打韩国和魏国，在华阳打败了它们，并活捉了魏国大将芒卯，韩国和魏国只好顺服并侍奉秦国。秦昭王正要命令白起和韩、魏两国共同进攻楚国，军队还没有出发时，楚国的使者黄歇正好到了秦国，听到了秦国的这项计划。正当这个时候，秦国已经在这以前就派白起进攻过楚国，夺取了巫郡、黔中郡，攻陷了鄢郢，东面到达了竟陵，楚顷襄王被迫把国都往东迁到了陈县。黄歇看到楚怀王被秦国所引诱进入秦国朝见，受欺骗而被羁留，最终死在了秦

秦。顷襄王，其子也，秦轻之，恐壹[6]举兵而灭楚。歇乃上书说秦昭王曰：

国。楚顷襄王是楚怀王的儿子，秦国轻视他，黄歇深怕秦国一旦举兵把楚国灭了。黄歇于是上书劝告秦昭王说：

注释 1 楚顷襄王：即楚国国君熊横，公元前 298—前 263 年在位。 2 辩：能说会道，有辩才。 3 秦昭王：即秦国国君昭襄王嬴稷，公元前 306—前 251 年在位。 败：使动用法，打败。 华(huà)阳：县名。在今河南新郑北边。华阳之役，实系秦攻赵、魏以救韩，领兵者亦非白起一人。 禽：通“擒”，活捉。 4 巫：郡名，地在今重庆东北，治所在今重庆巫山县东。 鄢郢：楚都，在今湖北宜城南。 竟陵：县名，在今湖北潜江西北。 陈县：县名，在今河南淮阳县。 5 楚怀王：楚国国君熊槐，公元前 328—前 299 年在位。公元前 299 年，被诱入秦，死于秦国。 6 壹：一旦。

天下莫强于秦、楚。今闻大王欲伐楚，此犹两虎相与斗。两虎相与斗而驽犬受其弊，不如善楚。[1]臣请言其说：

臣闻物至[2]则反，冬夏是也；致至则危，累棋是也。[3]今大国之地，遍天下有其二垂，此从生民已来，万乘之地未尝有也。[4]先帝文王、庄王之身，三世

天下没有哪个国家比秦、楚两国更强大。现在我听说大王想要讨伐楚国，这就好比两只猛虎相互争斗。两虎相互争斗，劣马和犬就会受牵连，不如善待楚国。请允许我来分析其中的道理：

我听说事物到了极点，就会向相反的方向发展，冬天和夏天的变化就是这样；积累到不能再高的程度就会产生危险，堆积棋子就是这样。如今贵国的土地，遍及天下并拥有西、北两个边陲，这是自有人类以来，连万乘大国都不曾有过的。

不妄接地于齐，以绝从亲之要。[5]今王使盛桥守事于韩，盛桥以其地入秦，是王不用甲，不信威，而得百里之地。[6]王可谓能矣。王又举甲而攻魏，杜大梁之门，举河内，拔燕、酸枣、虚、桃，入邢，魏之兵云翔而不敢救。王之功亦多矣。王休甲息众，二年而后复之；又并蒲、衍、首、垣，以临仁、平丘，黄、济阳婴城，而魏氏服；王又割濮磿之北，注齐秦之要，绝楚赵之脊，天下五合六聚而不敢救。[7]王之威亦单[8]矣。

自先帝文王、庄王至大王您，三代都没有忘记使国土跟齐国接壤，以此断绝合纵的中枢地带。现在您派盛桥在韩国临时任职，盛桥则把韩国的土地并入秦国，这样您不动用武力，不显示威力，就得到了百里土地。您可以说是非常贤能了。您又举兵进攻魏国，堵塞了大梁的门户，占据了河内，拔取了燕邑、酸枣、虚邑、桃邑，进入邢邑，魏国的军队像白云一样在天空漂游而不敢前来救援。您建立的功勋也够多了。您又让军民休养生息，两年后才重新用兵；又兼并了蒲邑、衍邑、首邑、垣邑，逼近仁地、平丘，黄邑、济阳环城固守，魏国只好投降了；您又割取了濮水和磿山以北的土地，将齐国通往秦国的交通要道连接起来，断绝了楚国和赵国的联系，天下的诸侯多次会聚，但终不敢前来救援。您的威力可谓发挥到极点了。

注释　1 驽(nú)犬：劣马和犬。驽，劣马。此借指韩、魏两国。　弊：疲困。2 至：指发展到了极点。　3 致：积累。　累：堆叠。　4 二垂：天下的两个边境。指秦国拥有天下西、北两个边陲。垂，通“陲”。　生民：人类。　已：同“以”。　万乘(shèng)：拥有万辆兵车，借指大国。

5 先帝文王、庄王之身：《战国策》作“文王、武王、王之身”，当从。秦无庄王，且句漏“王”字。　不妄：《史记会注考证》认为是“不忘”。　要(yāo)：同“腰”，即中枢地带。一说，要，约。　6 盛桥：人名。　守事：临时任职，辅佐。　不用甲：不动用武力。甲，军队。　信威：显示威力。信，通“伸”。　7 濮厝(lì)之北：指濮水至历山一带以北。濮水在今河南封丘县西南从济水分出东北流。厝，又作“历”，历山，在今山东菏泽东北，北近濮水。《战国策》此下有“属之燕”三字，当属地带意。亦待考。　注：衔接。　要：交通要道。　绝：切断。　脊：此借指楚、赵之间的联系。8 单：通“殚”，尽。

王若能持功守威，绌攻取之心而肥仁义之地，使无后患，三王不足四，五伯不足六也。[1] 王若负人徒之众，仗兵革之强，乘毁魏之威，而欲以力臣天下之主，臣恐其有后患也。[2]《诗》曰“靡不有初，鲜克有终”[3]。《易》曰“狐涉水，濡[4]其尾”。此言始之易，终之难也。何以知其然也？昔智氏见伐赵之利而不知榆次之祸，吴见伐齐之便而不知干隧之败。[5] 此二国者，非无大功也，没[6]利于前

您如果能够保持功绩，固守威势的话，那就要绌退攻取别人土地的心愿，并在占有的土地上厚施仁义之道，使得不产生后患，这样三王之后将有第四王，五霸之后将有第六霸。假如您自恃人多势众，依仗军备的强大，乘着摧毁魏国的的威势，想用武力迫使天下的诸侯称臣，我想祸患恐怕就会产生了。《诗经》说“每件事情都有个开头，但很少有能把它保持到终了的”。《易经》说“狐狸渡河，总会沾湿它的尾巴”。这些都是说，一件事情在开始时比较容易，但能保持到最终就难了。我是怎么知道这个道理的呢？从前智伯氏只看到了伐赵的好处，却不知道榆次的灾祸；吴国看到了伐齐的利益，可是不知道干隧的失败。这两个国家，不是没有建立伟大

而易患于后也。吴之信越也，从而伐齐，既胜齐人于艾陵，还为越王禽三渚之浦。[7]智氏之信韩、魏也，从而伐赵，攻晋阳城，胜有日矣，韩、魏叛之，杀智伯瑶于凿台之下。[8]今王妒楚之不毁也，而忘毁楚之强韩、魏也，臣为王虑而不取也。[9]

的功绩，而是前面过于贪图利益，后面就容易产生灾祸。由于吴国完全相信越国，因此去进攻齐国，已经在艾陵战胜了齐军，但吴王在班师回国时却在三渚之浦被越王擒获。智伯由于相信韩、魏，才敢去讨伐赵国，进攻晋阳城，胜利指日可待，结果韩、魏背叛了他，将智伯瑶杀死在凿台下面。现在大王怨恨楚国没有被消灭，但却忘了灭亡楚国就会加强韩国和魏国，所以我替大王考虑，灭亡楚国的举动是不可取的。

注释　**1** 持功守威：保持功绩，守护威势。　绌：排除，取消。　肥：增厚，增广。　地：道。　三王不足四，五伯不足六：意为“三王”就显得不足该有第四王，“五伯”不足该有第六伯。“三王”，指夏、商、周三代的开国君主，即禹、汤、周武（文）王。“五伯”，即春秋五霸，多指齐桓公、晋文公、楚庄王、秦缪公、越王句践。　**2** 负：依仗，自恃。　臣：使……称臣。　**3** 见《诗经·大雅·荡》。　靡（mǐ）：无。　初：开头。　鲜（xiǎn）：少。　克：能够。　终：终了。　**4** 濡（rú）：沾湿。　**5** 智氏：即原晋国贵族智瑶，是晋国末期智、韩、魏、赵四大贵族势力中的最强者。　伐赵之利：公元前 455 年，智瑶向韩、魏、赵三家索地，赵氏拒绝。为此智瑶联合魏氏、韩氏围攻赵氏于晋阳。　榆次之祸：公元前 453 年智氏决汾水灌赵氏晋阳。赵氏与韩氏、魏氏联合，决水反灌智军，在榆次擒杀智瑶，三分其地。榆次，邑名，在今山西太原东南。　吴：即吴王夫差。　伐齐之便：公元前 484 年，吴王攻齐，在艾陵大败齐军。　干隧之败：公元前 473 年，吴被越国打败，越王句践欲将夫差流放于甬东(今浙江舟山岛),夫差被迫自杀。吴国灭亡。干隧,地名,在今江苏苏州,吴王夫差自尽于此。 6 没(mò):贪恋,贪图。 7 艾陵:地名,在今山东莱芜市东北。 禽:通"擒"。 三渚(zhǔ):即娄江、松江、浦江。 浦:水滨。 8 晋阳:邑名,在今山西太原西南。 凿台:台名。在今山西晋中榆次区南。 9 妒:怨恨,痛恨。 毁:灭亡。

《诗》曰"大武远宅而不涉"[1]。从此观之,楚国,援也;邻国,敌也。《诗》云"趯趯毚兔,遇犬获之。[2]他人有心,余忖度[3]之"。今王中道[4]而信韩、魏之善王也,此正吴之信越也。臣闻之,敌不可假[5],时不可失。臣恐韩、魏卑辞除患而实欲欺大国也。何则?王无重世[6]之德于韩、魏,而有累世之怨焉。夫韩、魏父子兄弟接踵而死于秦者将十世矣。本国残,社稷坏,宗庙毁。刳腹绝肠,折颈摺颐,首身分离,暴骸骨于草泽,头颅僵仆,相望于境,父子老弱系脰

《诗经》说"大军不远离国土长途跋涉去征伐"。由此看来,楚国,才是秦国的后援力量;邻国,才是秦国的敌人。《诗经》又说"那跳跃的狡兔,一遇到猎犬就会被捉住。别人的心思,我一揣度就会知道"。现在您竟中途相信韩、魏两国对秦国的友善,这正好像是吴国相信越国一样啊。我听说,敌人是不可以宽容的,时机是不可以错过的。我担心韩、魏两国是想用谦卑的言辞来消除灾祸,实际上是想欺骗大国。何以见得呢?因为您对韩、魏两国没有累世的恩德,却有世代的仇恨。韩国和魏国的父子兄弟接连不断地被秦国杀死,到现在将近有十代了。他们的国家残破,社稷损坏,宗庙毁灭。他们的人民,有的被剖腹断肠,有的被折断了脖颈和面颊,有的身首分离,骸骨暴露于草野荒泽,头颅僵仆在地上,这种情形在国境之内到处

束手为群虏者相及于路。[7]鬼神孤伤，无所血食[8]。人民不聊生，族类离散，流亡为仆妾者，盈满海内矣。故韩、魏之不亡，秦社稷之忧也，今王资之与攻楚，不亦过乎！[9]

可见，他们的父子、老弱被系着脖子，捆着手，成为一批批俘虏，前后相随行走在道路上。鬼神孤泣悲伤，得不到后人的祭享。人民无法维持生计，家族分离散亡，流浪逃亡而成为仆妾的，遍布天下。所以说韩国和魏国不灭亡，才是秦国的忧患，现在您反而借助他们的力量来进攻楚国，不是大错特错吗？

注释 1 大武远宅而不涉：大军不远离国土长途跋涉而征伐。大武，大军。宅，住宅，此处借指本国国土。 2 趯趯(tì)：跳越的形态。 毚(chán)兔：狡猾的兔子。 3 忖度(cǔn duó)：估量，揣度。 4 中道：中途。 5 假：宽容。 6 重(chóng)世：累世。 7 刳(kū)：挖空，剖开。 摺(lā)颐(yí)：拉折面颊。“摺”简化为“折”，但在二字意义可能混淆时，仍用“摺”。颐，面颊。 系脰(dòu)：用绳子索住脖子。脰，脖子。 8 血食：受祭祀。古代以杀牲祭祀鬼神，所以鬼神受祭，又称“血食”。 9 资：凭借，依靠。 过：错误。

且王攻楚，将恶[1]出兵？王将借路于仇雠[2]之韩、魏乎？兵出之日而王忧其不返也，是王以兵资[3]于仇雠之韩、魏也。王若不借路于仇雠之韩、魏，必攻随水右壤[4]。随水右壤，

况且您攻打楚国时，将从哪儿出兵？您将向仇敌韩国和魏国借路吗？如果是这样，那么从发兵之日起，您恐怕就会担忧士兵回不来了，这是因为您的军队借道于仇敌韩、魏，给了它们机会袭击秦军。假如您不向仇敌韩、魏两国借路，就必须攻打随水右边的地带。随水右边的

此皆广川大水，山林溪谷，不食[5]之地也，王虽有之，不为得地。是王有毁楚之名而无得地之实也。

地带，都是一些宽阔的河水、山林溪谷和不长庄稼的地区，您即使占有它，也不能算是获得了土地。这样您虽说有打败楚国的虚名，却没有获得实际的土地。

注释 1 恶(wū)：何处，哪里。 2 仇雠(chóu)：仇敌。雠，敌对。 3 资：帮助。 4 随水右壤：随水右边地区，今湖北随州以西地区。 5 不食：指不能耕种或不长庄稼。

且王攻楚之日，四国必悉起兵以应王。[1]秦、楚之兵构而不离，魏氏将出而攻留、方与、铚、湖陵、砀、萧、相，故宋必尽。[2]齐人南面攻楚，泗上[3]必举。此皆平原四达，膏腴之地，而使独攻。王破楚以肥韩、魏于中国而劲齐。[4]韩、魏之强，足以校[5]于秦。齐南以泗水为境，东负海，北倚河，而无后患，天下之国莫强于齐、魏，齐、魏得地葆利而详事下吏，一年之后，为

况且您攻打楚国的时候，齐、赵、韩、魏四国也一定会起兵来对付您。在这种情况下，秦、楚两军如果因苦战而僵持时，魏国就会趁机出兵攻打留、方与、铚、湖陵、砀、萧、相等地，原先宋国的领地就会被魏国全部占有。齐军向南进攻楚国，必定会占领泗水流域。这些地带均是大平原，交通便利，土地肥沃，却让魏、齐两国单独占有。您打败了楚国，必然会壮大韩国和魏国在中原的势力，同时也会加强齐国的实力。韩、魏两国的强盛，就足以与秦国较量了。更有齐国，南面以泗水为界，东面靠近渤海，北面倚靠黄河，又无后患，这时，天下的国家没有比齐、魏两国更强的了。齐国和魏国获得土地以后，保持已得的利

帝未能，其于禁王之为帝有余矣。[6]

益，佯装侍奉秦国，一年之后，他们即使不能称帝，但阻止您称帝的力量却绰绰有余了。

注释 1 四国：指齐、赵、韩、魏四国。 应：对付。 2 构而不离：双方交战不能分离，形成拉锯战。构，交战。 尽：占领。 3 泗上：泗水的上游。相当于今山东曲阜、兖州等地。 4 中国：中原之意。 劲：雄壮。使动用法。 5 校：较量，匹敌。 6 负海：背靠大海。负，背靠。 葆利：保持原来的利益。葆，通“保”。 详事下吏：佯装侍奉秦国。详，通“佯”。下吏，此指秦国。 禁：禁止，阻止。

夫以王壤土之博，人徒之众，兵革之强，壹举事而树怨于楚，迟令韩、魏归帝重于齐，是王失计也。[1] 臣为王虑，莫若善楚。秦、楚合而为一以临韩，韩必敛手。[2] 王施以东山之险，带以曲河之利，韩必为关内之侯。[3] 若是而王以十万戍郑，梁氏寒心，许、鄢陵婴城，而上蔡、召陵不往来也，如此而魏亦关内侯矣。王壹善楚，而关内两万乘之主注地于齐，齐右壤可拱手而

再说大王以广袤的土地，众多的人口，强大的军队，一旦发兵和楚国结怨树敌，就会坐等着韩国和魏国把帝位重新让给齐国，这是您的失策。我替您考虑，不如与楚国亲善友好。秦、楚两国联合成一体来进逼韩国，韩国一定不敢轻举妄动。然后您以东山的险要地带为襟，以河曲的有利条件为带，韩国一定会成为关内侯。假如这样，您再用十万大军镇守郑地，魏国一定畏惧，许地、鄢陵便会闭关自守，上蔡、召陵无法往来，这样，魏国也会成为秦国的关内侯。您一和楚国修好，关内两个拥有万乘战车的诸侯就会向齐国索取土地，这样齐国右边的土地，您也可轻而易举得到。您的国

取也。[4]王之地一经两海，要约天下，是燕、赵无齐、楚，齐、楚无燕、赵也。[5]然后危动燕、赵，直摇齐、楚，此四国者不待痛而服矣。[6]

昭王曰："善。"于是乃止白起而谢[7]韩、魏。发使赂楚，约为与国[8]。

土横跨东西，又控制着天下的中心，这样，燕、赵两国无法依赖齐国和楚国的援助，齐、楚两国也无法接应燕国和赵国。然后再威逼燕国和赵国，直接动摇齐国和楚国，这四个国家不待动武便臣服了。

秦昭王看了春申君的上书后说："好极了。"于是就命令白起停止进兵，并使韩、魏两国军队退兵。同时派遣使臣拉拢楚国，相约结为友好之邦。

注释 1 壤土：国土。 博：广大。 兵革：指军队。兵，兵器。革，甲胄。 树怨：结怨。 迟(zhì)令：等着使他。迟，等待。令，使。 归帝重(chóng)于齐：把帝位重新让给齐国。公元前288年，齐湣王、秦昭王相约称之"东帝""西帝"。后在苏秦的劝说下，齐湣王去帝号，合纵反秦。秦昭王亦去帝号。故此说重归帝号。 2 临：进逼。 敛手：缩手，表示不敢有所举动。 3 施：《战国策》作"襟"，衣襟。 带：腰带。 "襟带"谓山川屏障环绕，如襟似幕，比喻地理形势险要。 关内之侯：即关内侯，为秦国二十等爵位的第十九级。此指韩国将降于秦，被秦封为关内侯。 4 注地：割取土地。 齐右壤：相当于今河南东北和山东西北一带。 拱手：两手在胸前相合，此喻指轻而易举就可以获得。 5 经：贯通。 两海：西海和东海。此指从东到西。 要约：约束。 天下：此指韩、魏所处的中心地带。 6 危动：用危险的处境来威慑。 直摇：直接动摇。 痛：动武。 7 谢：辞退，辞却。 8 与国：盟国。事在公元前272年，即楚顷襄王二十七年。

黄歇受约归楚，楚使歇与太子完入质于秦，秦留之数年。楚顷襄王病，太子不得归。而楚太子与秦相应侯[1]善，于是黄歇乃说应侯曰："相国诚善楚太子乎？"应侯曰："然。"歇曰："今楚王恐不起疾[2]，秦不如归其太子。太子得立，其事秦必重而德相国无穷，是亲与国而得储万乘也。[3]若不归，则咸阳一布衣耳；楚更立太子，必不事秦。夫失与国而绝万乘之和，非计也。愿相国孰虑之。"应侯以闻[4]秦王。秦王曰："令楚太子之傅[5]先往问楚王之疾，返而后图之。"黄歇为楚太子计曰："秦之留太子也，欲以求利也。今太子力未能有以利秦也，歇忧之甚。而阳文君子二人在中，王若卒大命，太子不在，阳文君

黄歇接受了盟约后回到楚国，楚国派遣黄歇和太子完到秦国做人质，秦国扣留了他们好几年。楚顷襄王病了，太子完不能够回国。但楚国太子完和秦国的丞相应侯关系很好，于是黄歇就劝说应侯道："丞相真的和楚太子相好吗？"应侯说："是的。"黄歇说："如今楚王的病恐怕无法好转了，秦国不如送回楚国的太子。太子能够被立为国君，他一定会厚待秦国并无限感激丞相的恩德，这是亲善盟国、争取拥有万乘大国支持的做法。假如不让太子回国，那么他只不过是咸阳城里的一个平民罢了；楚国要是另立太子，一定不会奉事秦国。这样轻易地失去盟国并和一个万乘诸侯国断绝友好关系，实在不是个好计策啊。希望丞相仔细地考虑这个问题。"应侯把这些话报告给秦王。秦王说："先让楚国太子的师傅回去探望楚王的病情，回来以后再做考虑。"黄歇向楚太子献计说："秦国之所以羁留太子，是想谋求好处。如今以太子的能力还不能使秦国得到好处，对此我十分担忧。而阳文君的两个儿子又偏偏在宫中，假如大王不幸寿终，

子必立为后，太子不得奉宗庙矣。[6]不如亡秦，与使者俱出。臣请止，以死当之。[7]”楚太子因变衣服为楚使者御以出关，而黄歇守舍，常为谢病。[8]度太子已远，秦不能追，歇乃自言秦昭王曰：“楚太子已归，出远矣。歇当死，愿赐死。”昭王大怒，欲听其自杀也。应侯曰：“歇为人臣，出身以徇其主，[9]太子立，必用歇，故不如无罪而归之，以亲楚。”秦因遣黄歇。

太子又不在，阳文君的儿子一定会被确定为继承人，那么太子就不能奉祀宗庙了。还不如逃离秦国，和出使的人一齐出境。我请求留下来，用死来抵挡这个罪过。”楚国太子因而变换衣服，装扮成楚国使者的车夫混出了关口，而黄歇留守馆舍，常推脱太子有病谢绝来访的宾客。估计太子已经走远，秦国追不上的时候，黄歇便亲自对秦昭王说：“楚国太子已经回国，出关很远了。黄歇该当死罪，请您赐我一死。”秦昭王非常生气，想准予他自杀。应侯说：“黄歇作为人臣，情愿为主子献身而死，如果楚太子能立为楚君，肯定会重用黄歇，所以不如释罪让他回国，借此亲善楚国。”秦王因此把黄歇遣送回楚国。

注释　1 应侯：即范雎，魏国人，任秦丞相，封于应(今河南鲁山县东西南)，故号应侯。　2 恐不起疾：恐怕疾病不会有好转。　3 重：恭敬，厚待。　德：感激。　无穷：无限。　储：争取。　万乘：拥有万乘战车的大国，此指楚国。　4 闻：转告，呈报。　5 傅：古代教育、辅导太子的官。
6 阳文君：楚顷襄王的兄弟。　卒大命：终结了寿命。卒，终结。大命，天命，寿命。　宗庙：帝王、诸侯祭祀先祖的处所。常用作国家的代称。　7 止：留下。　当之：抵挡罪责。　8 御：车夫。　谢病：推脱有病。　9 出身：献身。　徇：通“殉”。

歇至楚三月，楚顷襄王卒，太子完立，是为考烈王[1]。考烈王元年，以黄歇为相，封为春申君，赐淮北地十二县。后十五岁，黄歇言之楚王曰："淮北地边[2]齐，其事急，请以为郡便。"因并献淮北十二县，请封于江东[3]。考烈王许之。春申君因城故吴墟[4]，以自为都邑。

黄歇回到楚国三个月，楚顷襄王便去世了，太子完做了国君，这就是考烈王。考烈王元年，任用黄歇做丞相，并封为春申君，赏赐给他淮北十二个县的土地。以后十五年，黄歇对楚王进言说："淮北地区邻近齐国，那里情势紧急，请把这一带改为郡来管理更合适。"为此，黄歇献出淮北十二个县，请求改封于江东。考烈王答应了他。春申君于是就在原来吴国的废墟上筑城，作为自己的都邑。

注释 1 考烈王：楚国国君熊完，"考烈"为谥号，公元前262—前238年在位。 2 边：邻近。 3 江东：地区名。长江在安徽芜湖至南京段作西南—东北流向，所以古人将此段的长江南岸地区称为江东。 4 城：筑城。 故吴墟：原来吴国的都城，即今江苏苏州。

春申君既相楚，是时齐有孟尝君，赵有平原君，魏有信陵君，方争下士，招致宾客，以相倾夺，辅国持权。[1]

春申君为楚相四年，秦破赵之长平军四十余万。五年，围邯郸。邯郸告急

春申君已经担任了楚国的宰相，这时齐国有孟尝君，赵国有平原君，魏国有信陵君，大家正在争着礼贤下士，招揽宾客，并互相争夺人才，辅佐国家，把持政权。

春申君担任楚国宰相的第四年，秦国在长平打败了赵军四十多万人。第五年，秦军围攻赵国的都城邯郸。邯郸向楚国告急，楚国派

于楚，楚使春申君将兵往救之，秦兵亦去，春申君归。

春申君相楚八年，为楚北伐灭鲁，以荀卿为兰陵令。[2] 当是时，楚复强。

春申君带兵前往援救，秦军撤离了，春申君回到楚国。

春申君担任宰相的第八年，带领军队向北征伐，灭掉了鲁国，任用荀卿做了兰陵县令。这时，楚国又重新强盛起来。

注释

1 下士：谦恭地对待士人。　招致：招引，收罗。　倾夺：倾覆，争夺。

2 鲁：古国名，周初分封的诸侯国。在今山东西南部，建都曲阜。　荀卿：即荀况。战国时赵人，著名的思想家。　兰陵：县名，在今山东兰陵县西南。　令：县的行政长官。

赵平原君使人于春申君，春申君舍之于上舍[1]。赵使欲夸楚，为玳瑁簪，刀剑室以珠玉饰之，请命春申君客。[2] 春申君客三千余人，其上客皆蹑珠履以见赵使，赵使大惭。[3]

春申君相十四年，秦庄襄王立，以吕不韦为相，封为文信侯。[4] 取东周[5]。

春申君相二十二年，诸侯患秦攻伐无已时，乃

赵国的平原君派使者拜见春申君，春申君把他安排到上等馆舍居住。赵国的使者想向楚国夸耀自己，便头上插着玳瑁簪子，拿着用宝石珠玉镶饰的刀鞘，请求会见春申君的门客。春申君的门客有三千多人，其中的上等客人都穿着用珠宝做的鞋来接见赵国的使者，赵国的使者见了感到非常惭愧。

春申君做宰相的第十四年，秦庄襄王继位，任用吕不韦做丞相，封他为文信侯。灭了东周。

春申君做宰相的第二十二年，诸侯各国担心秦国的进攻毫无休

相与合从，西伐秦，而楚王为从长，春申君用事。至函谷关，秦出兵攻，诸侯兵皆败走。楚考烈王以咎[6]春申君，春申君以此益疏。

止，就互相联合起来，向西去征伐秦国，并推举楚王为合纵首领，让春申君掌权主事。合纵的军队到了函谷关，秦军出关反击，诸侯国的军队战败逃走了。楚考烈王借这件事责备春申君，从此以后春申君被渐渐疏远了。

注释 1 舍：安排住宿。 上舍：上等馆舍。 2 夸：夸耀。 玳瑁(dài mào)簪：用玳瑁材料做成的簪子。玳瑁，一种大海龟。簪，古代男女用来绾住头发或把帽子别在头发上的一种针形首饰。 室：外鞘。 3 蹑(niè)：穿。 珠履：缀有珍珠或宝石的鞋子。 4 秦庄襄王：即秦国国君嬴子楚，秦始皇的父亲。公元前249—前247年在位。 吕不韦：？—前235年，卫国(今河南濮阳)人。曾入秦游说华阳夫人立子楚为太子，子楚即位后，任他为相，封文信侯。 5 东周：国名。公元前367年，西周威公去世，公子朝在东部争立，赵国和韩国以武力支持，遂使西周分为西周、东周两小国。东周建都于巩邑(今河南巩义)。 6 咎：责怪。

客有观津[1]人朱英，谓春申君曰："人皆以楚为强而君用[2]之弱，其于英不然。先君时善秦二十年而不攻楚，何也？秦逾黾隘[3]之塞而攻楚，不便；假道于两周，背韩、魏而攻

门客中有个观津人名叫朱英的，对春申君说："一般人都认为楚国是个强国，但是您掌权后却把它变弱了，这种观点，我认为是不对的。先王的时候跟秦国友好了二十年，秦国没有进攻楚国，是为什么呢？这是因为秦国要逾越黾隘的关塞来攻打楚国，非常不方便；要是向东西两周借道吧，背着韩国和魏国来攻打楚国，是不可以的。现在情

楚，不可。[4]今则不然，魏旦暮亡，不能爱许、鄢陵，其许魏割以与秦。[5]秦兵去陈百六十里，臣之所观者，见秦、楚之日斗也。[6]”楚于是去陈徙寿春；而秦徙卫野王，作置东郡。春申君由此就封于吴，行相事。

况则不是这样了，魏国亡在旦夕，没有力量再吝惜许地和鄢陵了，魏国答应会将它们割让给秦国。这样秦军距我国的都城陈地只有一百六十里了，今后我所看到的，将是秦国和楚国每天的争斗啊。”楚国于是将都城搬离了陈地，迁到寿春；而秦国就把卫国移到野王，在原先卫都濮阳设置了东郡。春申君从此前往吴地的封邑，继续履行宰相的职权。

注释 1 观津：邑名，在今河北武邑县东南。 2 用：治理，掌权。 3 逾：越过。 黾(méng)隘：亦作“冥阨”“鄳隘”，隘道名，即今河南信阳西南平靖关。 4 假道：借路。 两周：即东周和西周两国。 5 旦暮：早晚，比喻时间很短。 爱：吝惜。 许：地名。在今河南许昌东。 6 去：离开。 陈：地名。在今河南许昌市东南。

楚考烈王无子，春申君患之，求妇人宜子者[1]进之，甚众，卒无子。赵人李园持其女弟，欲进之楚王，闻其不宜子，恐久毋宠。[2]李园求事春申君为舍人，已而谒归，故失期。[3]还谒，春申君问之状，[4]对曰：“齐王使使

楚考烈王没有儿子，春申君对此感到忧虑，寻找能生儿子的妇女进献给楚王，虽然进献了许多人，却最终还是没有得子。赵国人李园带着他的妹妹来到楚国，想把她献给楚王，可又听说楚王没有生子的能力，担心时间长了，妹妹会失宠。李园请求侍奉春申君，做他的门客，不久他又请假归里，却延误了归期。回来后，他拜见春申君，春申君询问他情况，他

求臣之女弟,与其使者饮,故失期。”春申君曰:“娉[5]入乎?”对曰:“未也。”春申君曰:“可得见乎?”曰:“可。”于是李园乃进其女弟,即幸[6]于春申君。知其有身[7],李园乃与其女弟谋。

回答说:“齐王派遣使臣来求聘我的妹妹,我和使者饮酒,所以耽误了日期。”春申君说:“收下聘礼了吗?”李园回答说:“还没有。”春申君说:“可以让我看看她吗?”李园说:“可以。”于是李园把妹妹进献给春申君,她随即得到了春申君的宠幸。后来李园知道妹妹有了身孕,就和妹妹周详地谋划了一番。

注释 1 妇人宜子者:能生儿子的妇女。 2 持:携带。 女弟:妹妹。 3 舍人:家臣,门客。 谒(yè)归:请假回家。谒,请假。 4 还谒:回来后拜见。谒,进见,拜见。 状:状况,情况。 5 娉:通“聘”,订婚的财礼。按古代婚姻制度,女家收下男方的聘礼后,其女不能再择夫婿。 6 幸:宠爱。 7 有身:有了身孕。

园女弟承间[1]以说春申君曰:“楚王之贵幸[2]君,虽兄弟不如也。今君相楚二十余年,而王无子,即百岁后将更立兄弟,则楚更立君后,亦各贵其故所亲,君又安得长有宠乎?[3]非徒然[4]也,君贵用事久,多失礼于王兄弟,

李园的妹妹找机会对春申君说:“楚王对您的尊重与宠爱就是亲兄弟也赶不上啊。如今您做了二十多年的楚国宰相,而楚王没有儿子,假若楚王去世,必将立他的兄弟为王,楚国改立新君以后,新君必定会重用他所亲近的人,那么您怎能长久地得到宠爱呢?不仅如此,您受重用并掌权这么长时间了,一定有许多对楚王兄弟失礼的地方,假如楚王的兄弟真被立为国君,灾祸就将要降临到您身上了,又怎能保全

兄弟诚立，祸且及身，何以保相印江东之封乎[4]？今妾自知有身矣，而人莫知。妾幸君未久，诚以君之重而进妾于楚王，[5]王必幸妾；妾赖天有子男[6]，则是君之子为王也，楚国尽可得，孰与身临不测之罪乎？”春申君大然之，乃出李园女弟谨舍[7]，而言之楚王。楚王召入幸之，遂生子男，立为太子，以李园女弟为王后。楚王贵李园，园用事。

李园即入其女弟，立为王后，子为太子，恐春申君语泄而益骄，阴养死士，欲杀春申君以灭口，而国人颇有知之者。[8]

相位和江东的封地呢？现在贱妾自知怀有身孕，而别人不知道。贱妾被您宠幸时间不长，如果真能利用您的声望把我进献给楚王，楚王一定会宠爱我；如果上天保佑，贱妾能生个儿子，那您的儿子就会成为楚王，你就可得到整个楚国，这和身临无法预测的大罪相比较，哪个更好呢？”春申君认为她说得很有道理，于是把李园的妹妹秘密转移到馆舍，严谨守护，然后向楚王报告。楚王召她进宫，对她很宠爱，她不久生下一个男孩，就被确立为太子，还封她为王后。楚王重用李园，李园开始执掌楚国的政事。

李园使他的妹妹进宫，被封为了王后，儿子被确立为太子以后，害怕春申君泄露秘密且日益骄横，便暗中收养亡命之徒，想杀害春申君灭口，而楚国都城中有不少人知道这件事的内幕。

注释　1 承间(jiàn)：趁机会。间，空隙，机会。　2 贵幸：尊重和宠爱。　3 即：假如。　百岁：对君主去世的一种委婉说法。　更立：改立。　安：怎能。　4 非徒然：不仅仅是这样。　5 诚：如果。　重：资历，声望。　6 子男：即儿子。古代的“子”，包涵儿、女之意。所以单称儿子时，又称为“子男”。　7 谨舍：设立馆舍，严谨守护。　8 阴：暗中。　死士：敢于去死的武士。　国人：居住在国都的百姓。

春申君相二十五年，楚考烈王病。朱英谓春申君曰：“世有毋望[1]之福，又有毋望之祸。今君处毋望之世，事毋望之主，安可以无毋望之人乎？[2]”春申君曰：“何谓毋望之福？”曰：“君相楚二十余年矣，虽名相国，实楚王也。今楚王病，旦暮且卒，而君相少主，因而代立当国，如伊尹、周公，王长而反政，不即遂南面称孤而有楚国？[3]此所谓毋望之福也。”春申君曰：“何谓毋望之祸？”曰：“李园不治国而君之仇也，不为兵而养死士之日久矣，楚王卒，李园必先入据[4]权而杀君以灭口，此所谓毋望之祸也。”春申君曰：“何谓毋望之人？”对曰：“君置臣郎中[5]，楚王卒，李园必先入，臣为君杀李园。

春申君做楚国宰相的第二十五年，楚考烈王病重。朱英对春申君说：“人世间有出乎意外而得到的幸福，也有不能预期而招致的灾祸。现在您正处在一个生死无常的时代，侍奉着一个不可依恃的国君，怎么可以没有能排难脱厄的人呢？”春申君说：“什么是出乎意外的幸福？”朱英说：“您担任楚国的宰相二十多年了，虽然在名份上您居相位，实际上您就是楚王。现在楚王病重，很快会去世，而您是辅佐少主的人，因而代替他执掌国政，就像伊尹、周公一样，等到楚王年长，再把权力还给他，这不就等于您南面称王而实际全部占有楚国吗？这就是出乎意外而得到的幸福。”春申君说：“什么是不能预期而招致的灾祸？”朱英说：“李园因为有您就不能执掌国事，所以他视您为仇敌，虽然他不掌握大权，但是暗中豢养亡命之徒已经很长时间了，楚王一去世，李园一定会先入宫掌握政权，然后杀掉您来灭口，这就是不期望而必来的灾祸啊。”春申君说：“什么是出乎意外而能排难脱厄的人呢？”朱英回答说：“您先安排我做楚王的郎中，楚王一去世，李园必定先入宫，我

此所谓毋望之人也。”春申君曰:“足下置之。[6]李园,弱人也,仆又善之,且又何至此[7]!”朱英知言不用,恐祸及身,乃亡去。

替您杀了李园。这就是没有预料而能排难脱厄的人。”春申君说:“先生还是放弃这种想法吧。李园是个软弱的人,我一向待他很好,将来怎么会发展到这个地步!”朱英知道他的话不会被采纳,害怕灾祸殃及自身,就偷偷逃走了。

注释 1 毋望:同“无妄”,出乎意料,不能预期但又必然发生的事。 2 毋望之世:指生死无常的世界。 毋望之主:指不可依恃的国君。 毋望之人:指能排难脱厄的义士。 3 相:辅佐。 少(shào)主:年幼的君主。 代立当国:代替幼君掌握政权。当国,掌权。 伊尹:商初大臣。助商汤攻灭夏桀又曾辅佐三位君王。武王死后,成王年幼即位,由他摄政,代管国事。 反政:归还政权。 不即:不就。 南面称孤:古代帝王上朝时均坐北朝南。孤,帝王对自己的谦称。 4 据:掌握。 5 郎中:官名。战国时担任国君警卫工作。 6 足下:古代下称上或同辈相称时对对方的敬称。 置之:放弃它。指朱英谋杀李园的建议。 7 弱人:软弱无能的人。 仆:谦词,我。

后十七日,楚考烈王卒,李园果先入,伏死士于棘门[1]之内。春申君入棘门,园死士侠刺春申君,斩其头,投之棘门外。于是遂使吏尽灭春申君之家。而李园女弟初幸

十七天后,楚考烈王死了,李园果然先进入王宫,在宫门后埋伏下刺客。春申君刚进宫门,李园的刺客从两面夹刺春申君,割下了春申君的头,抛到了宫门之外。然后又派遣官吏将春申君一家满门斩首。而李园的妹妹起初被春申君宠幸怀孕,后又进献给楚王所生的那个儿子就继位了,

春申君有身而入之王所生子者遂立，是为楚幽王[2]。

是岁也，秦始皇帝立九年矣。嫪毐亦为乱于秦，觉，夷其三族，而吕不韦废。[3]

这就是楚幽王。

这一年，是秦始皇即帝位九年。嫪毐也在秦国作乱，被发现后，诛灭了他的三族，同时吕不韦受牵连被废黜。

注释 1 棘(jǐ)门：宫门。棘，通“戟”，插戟的门。 2 楚幽王：即楚国国君熊悍，公元前237—前228年在位。“幽”为其谥号。 3 嫪毐(lào'ǎi)：初为吕不韦舍人。公元前238年，假借秦王和太后命令，组织叛乱，事败后被杀。 夷：诛灭。 三族：无定论。一说为父族、母族、妻族；一说为父母族、兄弟族、妻子族；一说为父、子、孙三族。 废：废黜。

太史公曰：吾适楚，观春申君故城，宫室盛矣哉！[1]初，春申君之说秦昭王，及出身遣楚太子归，何其智之明也！后制于李园，旄矣。[2]语曰：“当断不断，反受其乱[3]。”春申君失朱英之谓邪？

太史公说：我到了楚国，观看了春申君的故城，宫室建筑非常壮观和华丽呀！起初，春申君劝说秦昭王，以及宁可牺牲自己也要遣送楚太子回国，举措是多么的明智啊！后来反受制于李园，昏庸糊涂了！俗话说：“当断不断，反受其乱”。说的就是春申君没有采纳朱英的建议这种事吧？

注释 1 适：到，前往。 盛：壮观，华丽。 2 制：控制。 旄(mào)：通“耄”，年老，昏乱。 3 反受其乱：反而遭受祸害。乱，祸害。

史记卷七十九

范雎蔡泽列传第十九

原文

范雎者，魏人也，字叔。游说诸侯，欲事魏王，家贫无以自资，乃先事魏中大夫[1]须贾。

须贾为魏昭王[2]使于齐，范雎从。留数月，未得报。齐襄王闻雎辩口，乃使人赐雎金十斤及牛酒，雎辞谢不敢受。[3]须贾知之，大怒，以为雎持魏国阴事告齐，故得此馈[4]，令雎受其牛酒，还其金。既归，心怒雎，以告魏相。魏相，魏之诸公子，曰魏齐。魏齐大怒，使舍人笞击

译文

范雎是魏国人，字叔。他游说各国诸侯，想侍奉魏王，由于家中贫寒没有钱财作为自己的活动资金，就先侍奉魏国的中大夫须贾。

须贾替魏昭王出使齐国，范雎随从。在齐国停留了几个月，还没有能够回国禀报。齐襄王听说范雎善辩论有口才，就派人赐给范雎黄金十斤和一些牛酒，范雎婉言谢绝不敢接受。须贾知道了，非常恼怒，认为范雎将魏国的政事秘密告诉了齐国，所以才得到了这样的馈赠，让他只接受牛酒，把黄金还给齐国。回国以后，须贾心里还是恼怒范雎，把这件事告诉了魏国宰相。魏国宰相，是魏国王室众公子中的一位，叫魏齐。魏齐大发雷霆，派舍人去抽打范

睢,折胁摺齿。[5] 睢详死,即卷以箦,置厕中。[6] 宾客饮者醉,更溺睢,故僇辱以惩后,令无妄言者。[7] 睢从箦中谓守者曰:“公能出我,我必厚谢公。”守者乃请出弃箦中死人。魏齐醉,曰:“可矣。”范睢得出。后魏齐悔,复召求之。魏人郑安平闻之,乃遂操范睢亡,伏匿,更名姓曰张禄。[8]

睢,打断了他的肋骨,打落了他的牙齿。范睢诈死,被人用竹席卷起来,弃置在厕所里。喝醉了酒的宾客,轮番往他身上撒尿,故意糟蹋他来警戒以后的人,使他们不敢再胡说。范睢在竹席里对看守他的人说:“您能放我出去,我一定重重酬谢您。”看守人就请求把竹席里边的死人抬出去扔掉。魏齐这时喝醉了,说:“可以。”范睢得以逃出。后来魏齐反悔,又想任用他。魏国人郑安平听说了,于是就带着范睢逃亡,躲藏起来,范睢更名为张禄。

注释 1 中大夫:官职名。当时大夫分上、中、下三级。 2 魏昭王:魏国国君,名遬,襄王之子,公元前295—前277年在位。 3 齐襄王:齐国国君,名法章,公元前283—前265年在位。 辩口:有口才,善论辩。 牛酒:牛和酒。古时馈赠、犒劳、祭祀多用牛酒。 4 馈:馈赠的东西。 5 笞(chī)击:用竹板、荆条抽打。 折胁(xié)摺(lā)齿:打断肋骨,打落牙齿。胁,本指胸部两侧,此指肋条骨。摺,折断。 6 详:通“佯”。 箦(zé):竹席。 7 更溺:交替撒尿。 僇(lù)辱:侮辱,糟蹋。 8 操:领,带。 伏匿:躲藏起来。

当此时,秦昭王使谒者王稽于魏。[1] 郑安平诈为卒,侍王稽。王稽问:“魏

这时,秦昭王派谒者王稽到魏国来。郑安平假扮成一个当差人,侍奉着王稽。王稽询问:“魏国有什

有贤人可与俱西游者乎？”郑安平曰：“臣里中有张禄先生，欲见君，言天下事。其人有仇，不敢昼见。”王稽曰：“夜与俱来。”郑安平夜与张禄见王稽。语未究，王稽知范雎贤，谓曰：“先生待我于三亭之南。”[2]与私约而去。

么贤能的人可以和我一起往西面去交游的吗？”郑安平说：“我的里巷中有个张禄先生，想拜见您，和您谈论天下大事。这个人有仇敌，不敢白天来拜见。”王稽说：“晚上带他一起来。”郑安平夜晚带着张禄拜见王稽。一番话还没有谈完，王稽知道范雎贤能，对他说：“先生在三亭的南边等着我。”和他私下约定后就离去了。

注释　**1** 秦昭王：即秦昭襄王，秦国国君，名则，一名稷，公元前 306—前 251 年在位。　谒者：官名，接待宾客的近侍。　**2** 究：尽，完。　三亭：地名，在今河南尉氏县西南。

王稽辞魏去，过，载范雎入秦。至湖[1]，望见车骑从西来。范雎曰：“彼来者为谁？”王稽曰：“秦相穰侯东行县邑。[2]”范雎曰：“吾闻穰侯专秦权，恶内诸侯客，此恐辱我，我宁且匿车中。[3]”有顷，穰侯果至，劳王稽，因立车而语曰：“关东有何变？”曰：“无有。”又谓王

王稽告别魏国离去，路过三亭南面时，载着范雎进入秦国。到了湖邑，望见有车骑从西边过来。范雎说：“那位过来的人是谁？”王稽说：“秦国宰相穰侯到东部来巡视县邑。”范雎说：“我听说穰侯专断秦国政权，讨厌接纳诸侯各国的宾客，这回恐怕会侮辱我，我宁可暂且隐藏在车子里面。”过了一会儿，穰侯果然到了，慰劳王稽，就站在车上说：“关东有些什么变化？”王稽说：“没有。”穰侯又对王稽说：“谒者该不会把诸侯国

稽曰："谒君得无与诸侯客子俱来乎？[4]无益，徒乱人国耳。"王稽曰："不敢。"即别去。范雎曰："吾闻穰侯智士也，其见事迟，乡者疑车中有人，忘索之。[5]"于是范雎下车走，曰："此必悔之。"行十余里，果使骑还索车中，无客，乃已。王稽遂与范雎入咸阳。

的说客一起带来了吧？这帮人没有什么益处，只会扰乱别人的国家罢了。"王稽说："不敢这样做。"随即就各自离去。范雎说："我听说穰侯是位智谋之士，他发现问题会比较晚，刚才已经怀疑到车里面会有人，忘记搜索了。"于是范雎就下车奔跑，说："这回他一定会后悔。"行进了十多里路，穰侯果然派骑兵回来搜索车子里面，发现没有说客，才罢手。王稽就和范雎进入了咸阳。

注释　1 湖：秦邑名，在今河南灵宝西。　2 穰侯：名魏冉，秦昭王之舅父。因地封于穰（音 ráng，今河南邓州）而名。　行：巡视，察看。3 恶（wù）：讨厌。　内：同"纳"，接纳。　宁（nìng）：宁可。　且：暂且。4 得无：莫非，该不会。　客子：对诸侯客蔑视之称呼。　5 见事迟：遇到事情反应迟钝。　乡者：刚才。乡，通"向"。　索：搜查。

已报使，因言曰："魏有张禄先生，天下辩士也。曰'秦王之国危于累卵，得臣则安。然不可以书传[1]也'。臣故载来。"秦王弗信，使舍食草具。[2]待命岁余。

王稽随后向秦昭王禀报出使情况，趁机会进言说："魏国有位张禄先生，是天下的辩士。他说'秦王的国家像摞着的鸡蛋一样危险，能够任用我就会安全。然而我的谋略是不可以写在书面上陈述的'。我因此把他用车带过来了。"秦王不相信，让他住下来，只供给他粗劣的饭食。范雎有一年多都在等待任命。

当是时，昭王已

立三十六年。南拔楚之鄢郢，楚怀王幽死于秦。[3]秦东破齐。湣王[4]尝称帝，后去之。数困三晋[5]。厌天下辩士，无所信。

这时，昭王已经继位三十六年。南边攻占了楚国的鄢郢，又使楚怀王幽居客死秦国。秦国东边打败了齐国。齐湣王曾经称过帝号，后来又把这个称号取消了。秦国还多次围困韩、赵、魏三国。秦昭王厌恶天下的辩说之士，对这些人不予信任。

注释 1 书传：书面陈述。 2 舍：居住。 草具：粗劣的饭菜。 3 鄢郢：古地名，旧称鄢，在今湖北宜城南，因楚昭王由旧都郢迁都于此，故名。 楚怀王：楚国国君熊槐，公元前 328—前 299 年在位。 幽死：被幽禁而死。此指熊槐应邀赴秦后，被扣，死于秦。 4 湣王：即齐湣王，齐国国君，公元前 300—前 284 年在位。 5 三晋：即韩、赵、魏三国。

穰侯、华阳君，昭王母宣太后之弟也；[1]而泾阳君、高陵君皆昭王同母弟也。[2]穰侯相，三人者更将[3]，有封邑，以太后故，私家富重于王室。及穰侯为秦将，且欲越韩、魏而伐齐纲、寿，欲以广其陶封[4]。范雎乃上书曰：

穰侯和华阳君都是昭王母亲宣太后的弟弟；而泾阳君和高陵君都是昭王同母的弟弟。穰侯是丞相，其他三人交替为将军，拥有封邑，因为太后的缘故，他们私家的财富超过了王室。等到穰侯做了秦国将军，他就想越过韩国、魏国去攻打齐国的纲邑、寿邑，想借此扩展他陶邑的封地。范雎于是上书奏说：

注释 1 华阳君：名芈戎，被封为华阳君，亦号新城君。 宣太后：名芈八子，秦惠文王妃，昭王母。 2 泾阳君：名嬴市。 高陵君：名嬴悝。 以上二人均为宣太后子。 3 更将:交替为将。 4 纲、寿:即纲、寿两地。纲,亦名刚,在今山东宁阳县东北。寿,在今山东东平县西南。 广:扩大。 陶封:在陶的封地。陶,古地名,在今山东菏泽定陶区北。

臣闻明主立政,有功者不得不赏,有能者不得不官,劳大者其禄厚,功多者其爵尊,能治众者其官大。故无能者不敢当职焉,有能者亦不得蔽隐。使[1]以臣之言为可,愿行而益利其道;以臣之言为不可,久留臣无为[2]也。语曰:"庸主赏所爱而罚所恶;明主则不然,赏必加于有功,而刑必断于有罪。"今臣之胸不足以当椹质,而要不足以待斧钺,岂敢以疑事尝试于王哉![3]虽以臣为贱人而轻辱,独不重任臣者之无反复于王邪?[4]

且臣闻周有砥砨,宋有结绿,梁有县藜,楚有和朴,此四宝者,土之所生,良工之所失也,而为天下

我听说英明的国君推行政事,有功劳的人不能不给奖赏,有才能的人不能不给官职,劳苦大的俸禄多,功绩多的爵位高,能治理众多事务的官职大。所以没有才能的人不敢担任官职,有才能的人也不会被埋没。大王假若认为我的意见是可行的,希望能够推行并使这一主张有利于国;认为我的意见是不行的,长久地把我留下来也没有意义。俗话说:"昏庸的国君奖赏自己喜爱的人,惩罚自己厌恶的人;英明的国君就不是这样,奖赏一定要给予有功的人,刑罚一定要断给有罪的人。"如今我的胸膛抵挡不住砧板上的砍刀,而腰承受不了用刑时的斧钺,怎么敢拿自己疑惑的事情来对您进行试探呢!即使您认为我是低贱的人而加以轻视侮辱,难道不相信保荐我的人对于您的忠心无贰吗?

况且我听说周室有砥砨,宋国有结绿,梁国有县藜,楚国有和朴,这四种宝玉,是土里出产的,都曾被

名器。[5]然则圣王之所弃者，独不足以厚[6]国家乎？

优秀的玉工遗弃过，却成为天下名贵的宝物。既然如此，那么圣明君主抛弃的人，难道就不能有利于国家吗？

注释 1 使：假使，假如。 2 无为：无意义，无用。 3 椹(zhēn)质：亦名砧板，古代杀人或剁肉用的垫板。 要："腰"的本字。 斧钺：一作"铁钺"，古代杀人的斧子。钺，大斧。 4 虽：即使。 独：表示反问，难道。 重：重视，相信。 任臣者：保荐我的人，指王稽。 反复：亦作"反覆"，倾覆，倾动。 5 砥砨(è)：美玉名。 结绿：美玉名。 县藜：亦名"悬黎""玄黎"，美玉名。 和朴：亦作"和璞""和璧"，楚国人卞和得到的璞玉。 失：遗弃。 6 厚：有利，加强。

臣闻善厚家者取之于国，善厚国者取之于诸侯[1]。天下有明主则诸侯不得擅厚者，何也？为其割荣也。[2]良医知病人之死生，而圣主明于成败之事，利则行之，害则舍之，疑则少尝[3]之，虽舜禹复生，弗能改已。语之至者，臣不敢载之于书，其浅者又不足听也。[4]意者臣愚而不概于王心邪？[5]亡其[6]言臣者贱而不可用

我听说善于使私家富厚的要从国中去取利，善于使国家富厚的要从封君身上去取利。天下有英明的国君，那么封君就不能专擅富厚，为什么呢？因为它会分割国家的荣耀权势。优秀的医生能知道病人的死生，而圣明的君主了解事情的成败，有利就施行，有害就舍弃，有疑问就略加尝试，即使是虞舜夏禹复生，也不能改变这种方略。有些含义深刻的话，我不敢写在这篇书奏上，而一些浅显的意见又不值得去听取。想来是我愚昧而不能说中您的心意吧？或是推荐我的人地位低贱而不可任用呢？如果不是这样的话，我希望得到

乎？自非然者，臣愿得少赐游观之间，望见颜色。[7]一语无效，请伏斧质。[8]

您一点游览观赏的空闲时间，让我瞻望拜见您一次。如果一次进言没有成效，我请求服罪就死。

注释 1 诸侯：此指国内的封君。 2 割：分割，划分。 荣：指荣誉，权势。 3 少：稍微，略微。 尝：尝试。 4 语之至者：含义深刻的话。 足：值得。 5 意：猜想。 概：符合，切中。 6 亡其：即"无其"，抑或，还是。 7 自：如果。 间(jiàn)：空隙。 颜色：面容。《战国策》作"足下"。此指昭王。 8 效：效应，作用。 伏：通"服"，服罪。 斧质：斧钺和砧板。

于是秦昭王大说，乃谢王稽，使以传车召范雎。[1]

于是范雎乃得见于离宫，详为不知永巷而入其中。[2]王来而宦者怒，逐之，曰："王至！"范雎缪为曰："秦安得王？秦独有太后、穰侯耳。"[3]欲以感怒昭王。昭王至，闻其与宦者争言，遂延迎，谢曰："寡人宜以身受命久矣，会义渠之事[4]急，寡人旦暮自请太后；今义渠之事已，寡人乃得受命。窃闵然不敏，敬执宾主

读了这封书奏，秦昭王特别高兴，就向王稽表示了歉意，派人用专车去召来范雎。

这样，范雎才能够在离宫见到昭王，他假装不知道是通往后宫的长巷而故意走进巷中。昭王来了，宦官们发怒，驱赶他，说："秦王到了！"范雎故意瞎说："秦国哪里能有王？秦国只有太后、穰侯罢了。"想拿这样的话来触怒昭王。昭王到了，听见他和宦官们争吵，就上前去迎接，向他道歉说："我本应早点儿向您请教您，碰上义渠部落的事情紧急，我早晚都得亲自请示太后；如今义渠部落的事情结束了，我才能来请教。我糊涂不聪敏，让

之礼。[5]”范雎辞让。是日观范雎之见者,群臣莫不洒然变色易容者。[6]

我以主人的身份恭敬地对您行贵宾的礼节。”范雎谦逊地推让。这一日凡是观看范雎被召见的大臣,没有不感到肃敬畏惧改变脸色的。

注释 1 说:通“悦”。 传(zhuàn)车:接送宾客的专用车辆。 2 离宫:行宫,帝王正宫以外临时居住的宫室。 详:通“佯”。 永巷:宫中长巷,通往后宫。 3 缪(miù)为:即“谬谓”,随便乱说。缪,通“谬”。 秦安得王:秦怎么能有王? 4 义渠之事:义渠为战国时西戎的一个部落,位于秦西北。当时义渠首领与宣太后淫乱,后宣太后用计诈杀义渠首领,昭王就此起兵灭掉了义渠。 5 闵然:糊涂的样子。 执:行。 6 洒(xiǎn)然:肃敬的样子。 变色易容:改变了脸色。

秦王屏左右,宫中虚无人。秦王跽而请曰:“先生何以幸教寡人?”[1]范雎曰:“唯唯[2]。”有间[3],秦王复跽而请曰:“先生何以幸教寡人?”范雎曰:“唯唯。”若是者三。秦王跽曰:“先生卒不幸教寡人邪?”范雎曰:“非敢然也。臣闻昔者吕尚[4]之遇文王也,身为渔父而钓于渭滨耳。若是者,交疏也。已说而立为太师,载与俱归者,其言深

秦王斥退了左右侍从,宫室中没有了其他人。秦王长跪着请教说:“先生要用什么来指教我?”范雎说:“嗯,嗯。”过了一会儿,秦王再次长跪着请求说:“先生要用什么来指教我?”范雎说:“嗯,嗯。”像这样的问答连续有三次。秦王长跪着说:“先生终究不肯指教我吗?”范雎说:“不敢这样。我听说从前吕尚遇到文王,自己不过是作为渔翁在渭河边上钓鱼罢了。如果像这样,就是交情疏远。吕尚进言后,文王就任用他做太师,用车载着他一起回去,他的进言是很深切了。所以文王就从吕尚的进言

也。故文王遂收功于吕尚而卒王天下。乡使文王疏吕尚而不与深言,是周无天子之德,而文武无与成其王业也。[5]

中收到功效,终于称王天下。假使让文王疏远吕尚而不和他深入交谈,这样周就没有做天子的德望,而文王、武王也就没有机缘成就他们的帝王事业。

注释 1 跽(jì):长跪,挺直上身,两膝跪着。顾炎武曰:"古人之坐,皆以两膝着席,有所敬,引身而起,则为长跪。" 幸:谦词。意谓使我感到幸运。 2 唯唯:连声答应。 3 有间:隔了一会儿。 4 吕尚:即姜太公,又称姜子牙。 5 乡使:假使。乡,通"向"。 无与:没有……和。

"今臣羁旅之臣也,交疏于王,而所愿陈者皆匡君之事,处人骨肉之间,愿效愚忠而未知王之心也。[1]此所以王三问而不敢对者也。臣非有畏而不敢言也。臣知今日言之于前而明日伏诛[2]于后,然臣不敢避也。大王信行臣之言,死不足以为臣患,亡不足以为臣忧,漆身为厉被发为狂不足以为臣耻。[3]且以五帝之圣焉而死,三王之仁

"如今我是一个做客寄居的人,和您关系疏远,但是我所希望陈述的都关系匡扶君王的大事,处在人家母子舅甥的情谊中间,愿意奉献愚笨的忠诚却并不了解您的真正心意。这就是您三次询问而不敢对答的原因。我并不是有什么畏惧而不敢进言。我知道今日进言在前,而明日就会服罪受诛于后,然而我也不敢逃避。大王相信我并按我的进言施行,受死不足以成为我的祸患,流亡不足以成为我的忧虑,漆身成为癞子、披发变成疯子不足以成为我的耻辱。况且像五帝那样圣明也死了,三王那样仁德也死了,五霸那样贤能也死了,乌获、任鄙那样力强也死了,成荆、孟贲、王

焉而死，五伯之贤焉而死，乌获、任鄙之力焉而死，成荆、孟贲、王庆忌、夏育之勇焉而死。[4]死者，人之所必不免也。处必然之势，可以少[5]有补于秦，此臣之所大愿也，臣又何患哉！伍子胥橐载而出昭关，夜行昼伏，至于陵水，无以糊其口，膝行蒲伏，稽首肉袒，鼓腹吹篪，乞食于吴市，卒兴吴国，阖闾为伯。[6]使臣得尽谋如伍子胥，加之以幽囚[7]，终身不复见，是臣之说行也，臣又何忧？箕子、接舆漆身为厉[8]，被发为狂，无益于主。假使臣得同行于箕子，可以有补于所贤之主，是臣之大荣也，臣有何耻？臣之所恐者，独恐臣死之后，天下见臣之尽忠而身死，因以是杜口裹足，莫肯乡秦耳。[9]

庆忌、夏育那样勇敢也死了。死是每一个人必不可免的。处在这样必然的趋势下，可以稍微对秦国有所补益，这就是我的最大愿望，我又有什么可害怕的呢！伍子胥装在袋子里逃出了昭关，夜间行进白天躲起来，到达了陵水以后，没有食物糊口，就双膝跪地爬行，一路磕头，袒露上身，鼓起肚皮吹篪，在吴国的集市上乞讨，他最终使吴国兴盛起来，使阖闾成为霸主。让我能够像伍子胥一样竭尽智谋，再把我囚禁起，终身不再与您见面，我的主张施行了，我又有什么忧虑的？箕子、接舆漆身成为癞子，披发变成疯子，对他们的君主没有益处。假若让我的行为能和箕子一样，可以对我所侍奉的贤明君主有所补益，这是我最大的荣耀，我又有什么耻辱？我所恐惧的，是我死了以后，天下人看到我是竭尽忠诚才死的，因为这件事而把嘴闭起来，把脚捆起来，没有谁肯向往秦国罢了。

注释　1 羁旅：做客寄居。　陈：陈述，讲出。　匡：辅佐，帮助。　处人骨肉之间:凌稚隆曰:"暗伏太后、穰侯。" 2 伏诛:服诛,受死刑。 3 漆身为厉(lài):用漆涂在身上,使皮肿似癞。厉,通"癞"。 被发为狂:披发装疯。被,通"披"。 4 乌获、任鄙:传说中秦国的大力士。 成荆:古勇士。 孟贲(bēn):卫国勇士。 王庆忌:《吴越春秋》说他是吴王僚之子。 夏育:《汉书音义》说他是卫国人,能力举千钧。 5 少:稍微。 6 橐载:用口袋装着。 陵水:古水名,今江苏之溧水。 糊其口:填饱肚子。 蒲伏:即"匍匐",爬行。 稽(qǐ)首:叩头至地。 肉袒:露出身体。 篪(chí):古代管乐器。 阖闾:春秋末吴国国君,夫差之父。 伯:通"霸"。 7 幽囚:囚禁,禁闭。 8 箕子:纣王之叔,因进谏被囚,曾佯狂为奴。 接舆:又名陆通,曾装疯避世。 9 杜口:闭口不言。 裹足:缠住脚不走路。 乡:通"向"。

"足下上畏太后之严,下惑于奸臣之态,居深宫之中,不离阿保之手,终身迷惑,无与昭奸。[1] 大者宗庙灭覆,小者身以孤危,此臣之所恐耳。若夫穷辱之事,死亡之患,臣不敢畏也。臣死而秦治,是臣死贤[2]于生。"秦王跽曰:"先生是何言也!夫秦国辟远,寡人愚不肖,先生乃幸辱至于此,是天以寡人慁先生而存先王之宗庙也。[3] 寡人得受命

"您在上畏惧太后的威严,在下被奸臣谄媚欺诈的心态迷惑,居住在深宫里面,没有脱离近臣的纠缠,一生都在迷惑当中,没有人帮您辨别奸恶。事态发展严重,大则会使国家倾覆,小则会使您自身陷入孤立危亡的境地,这是我恐惧的。至于像穷困羞辱的事情,受死逃亡的忧患,我是不会畏惧的。若是我死了而秦国得到了治理,那么我死的价值就超过了活着的价值。"秦王长跪着说:"先生这是说的什么话!秦国僻处边远,我又愚昧不贤能,先生能屈尊光临到这里,这是上天让我烦扰先生以便保

于先生，是天所以幸先王，而不弃其孤也。先生柰何而言若是！事无小大，上及太后，下至大臣，愿先生悉以教寡人，无疑寡人也。”范雎拜，秦王亦拜。

存先王的宗庙。我能接受先生的指教，这是上天用这个办法来恩赐先王，而不抛弃他们孤独的后代啊。先生怎么说出这样的话！事情不论大小，上及太后，下至大臣，希望先生都提出来教导我，不要怀疑我呀。”范雎恭行拜礼，秦王也行拜礼。

注释　1 态：指奸臣谄媚欺诈的心态。　阿(ē)保：本指古代教育抚养贵族子女的妇女。此引申指近臣。　昭：表明，辨别。　2 贤：胜过。　3 辟：通“僻”，偏僻。　慁(hùn)：扰忧，烦劳。

范雎曰：“大王之国，四塞以为固，北有甘泉、谷口，南带泾、渭，右陇、蜀，左关、阪，奋击百万，战车千乘，利则出攻，不利则入守，此王者之地也。[1]民怯于私斗而勇于公战，此王者之民也。王并此二者而有之。夫以秦卒之勇，车骑之众，以治诸侯，譬若施韩卢而搏蹇兔也，霸王之业可致也，而群臣莫当其位。[2]至今闭关十五年，不敢窥兵于山东[3]者，

范雎说：“大王的国家，四边都是坚固的要塞，北边有甘泉山、谷口，南边环绕着泾水、渭水，西边有陇山、蜀山，东边有函谷关、崤山阪道，勇于奋战的军士有百万，战车有千辆，形势有利就出国进攻，不利就退回来守御，这是建立王业的好基地。秦国民众怯于为私事殴斗，而勇于为国家死战，这是建立王业的好民众。您同时兼有这两方面的条件。如果利用秦国士兵的勇敢，车骑的众多，来制服诸侯各国，就好比驱使韩国的名犬去搏击跛腿的野兔，霸王的功业是可以成就的，但是各大臣没有谁算称职。直到如今函谷关已经关了十五年，不敢

是穰侯为秦谋不忠，而大王之计有所失也。”秦王跽曰：“寡人愿闻失计。”

用武力去窥视崤山以东的国家，这就是穰侯替秦国谋划不忠诚，而大王的计策有所失误啊。”秦王长跪着说：“我希望听您说说我计谋的失误之处。”

注释 1 塞：边界要塞。 甘泉：山名，在今陕西淳化县北。 谷口：即寒门，在今陕西礼泉县东北，又名瓠口。 带：围绕。 关：函谷关。 阪：崤山有东、西二阪。 奋击：此指勇敢作战之士。 2 施：驱使。 卢：战国时韩国名犬。 蹇(jiǎn)：跛腿。 当：担当，胜任。 3 山东：崤山以东，此指其他六国。

然左右多窃听者，范雎恐，未敢言内，先言外事，以观秦王之俯仰[1]。因进曰：“夫穰侯越韩、魏而攻齐纲、寿，非计也。少出师则不足以伤齐，多出师则害于秦。臣意王之计，欲少出师而悉韩、魏之兵也，则不义矣。[2]今见与国之不亲也，越人之国而攻，可乎？其于计疏[3]矣。且昔齐湣王南攻楚，破军杀将，再辟

然而秦王左右的侍从多有窃听的人，范雎恐惧，不敢谈论国内有关太后、穰侯专权的事，先谈论有关对外交往策略方面的事，以便观察秦王的态度。因而进言说：“穰侯越过韩国、魏国而去进攻齐国的纲邑、寿邑，不是正确的计策。军队出动少了就无法借以伤害齐国，军队出动多了就会有害于秦国。我猜想您的计策，是想少出动秦国军队而让韩国、魏国出动全部军队，这是不道义的。如今看到结盟的国家不亲近了，就要越过别国进攻它，可以吗？这样做在计策上是疏漏了。况且从前齐湣王往南进攻楚国，打败了楚军，杀死了楚将，再次开辟了千里土地，但齐国最后没有得到尺寸土地，难道是它不想得到土地吗？

地千里，而齐尺寸之地无得焉者，岂不欲得地哉，形势[4]不能有也。诸侯见齐之罢弊[5]，君臣之不和也，兴兵而伐齐，大破之。士辱兵顿，皆咎其王，[6]曰：'谁为此计者乎？'王曰：'文子[7]为之。'大臣作乱，文子出走。故齐所以大破者，以其伐楚而肥韩、魏也。此所谓借贼兵而赍盗粮[8]者也。王不如远交而近攻，得寸则王之寸也，得尺亦王之尺也。今释此而远攻，不亦缪乎！[9]且昔者中山之国地方五百里，[10]赵独吞之，功成名立而利附焉，天下莫之能害也。今夫韩、魏，中国之处而天下之枢也，王其欲霸，必亲中国以为天下枢，以威楚、赵。[11]楚强则附赵，赵强则附楚，楚、赵皆附，齐必惧矣。齐惧，

是形势不允许它占有。诸侯各国见到齐国疲乏困顿，君臣之间不和睦，就兴兵攻打齐国，把齐国打得大败。齐国士兵受辱，军队受困，都指责他们的君王，说：'谁想出了这样的计谋？'齐王说：'是文子想出的。'大臣们兴起内乱，文子出国逃亡。所以齐国被打得大败的原因，是由于它攻打楚国反而壮大了韩国、魏国。这就是所说的借给贼人兵器而送给强盗粮食。您不如采取结交远距离国家，而去进攻近距离国家的策略，那样得到一寸土地就是您的一寸土地，得到一尺土地也就是您的一尺土地。如今放弃这种策略，而去进攻远距离的国家，不是太荒谬了吗？况且从前中山国有土地纵横五百里，赵国单独吞并了它，事成功就，声名确立，而且实利也归于赵，天下没有谁能使之受损。如今的韩国、魏国处在中原且是天下的枢纽，您想称霸，必定要亲近中原各国以便掌握天下的枢纽，借着这样的形势来威慑楚国、赵国。楚国强大就亲附赵国，赵国强大就亲附楚国，楚国、赵国都能亲附，齐国一定会畏惧。齐国畏惧，必定言辞卑下地拿

必卑辞重币[12]以事秦。齐附而韩、魏因可虏也。”昭王曰：“吾欲亲魏久矣，而魏多变之国也，寡人不能亲。请问亲魏柰何？”对曰：“王卑词重币以事之；不可，则割地而赂之；不可，因举兵而伐之。”王曰：“寡人敬闻命矣。”乃拜范雎为客卿[13]，谋兵事。卒听范雎谋，使五大夫绾伐魏，拔怀。[14]后二岁，拔邢丘。

出丰厚的礼物来侍奉秦国。齐国亲附了，那么韩国、魏国就可以乘势收服了。”昭王说：“我想亲近魏国很久了，但是魏国是个变化多端的国家，我不能和它亲近。请问怎样才能亲近魏国？”范雎回答说：“您先用卑下的言辞和丰厚的礼物去侍奉它；侍奉它不成，就割让土地去贿赂它；贿赂它不成，就借机出动大军去攻打它。”昭王说：“我恭敬地聆听您的指教。”昭王就任命范雎做客卿，谋划发动战争。昭王最终听信范雎的计谋，派五大夫绾攻打魏国，攻取了怀邑。二年后，攻取了邢丘。

注释 1 俯仰：此指态度。 2 意：推测，估计。 悉：全部。让韩、魏出动全部军队。 3 疏：疏忽，失误。 4 形势：当时的外交形势和地理环境。 5 罢弊：疲乏困顿。罢，通“疲”。 6 顿：困顿。 咎：埋怨，指责。 7 文子：指田文，即孟尝君。此处所言齐事，与史实有出入。 8 借贼兵而赍(jī)盗粮：借给贼兵器而送给强盗粮食。兵，兵器。赍，送给。 9 释：放弃。 缪：通“谬”。 10 昔者：过去。 中山：原名鲜虞，春秋战国时诸侯国名，管辖今河北中部一带，后被赵武灵王所灭。 地方：指国土的纵横。一说指土地方圆。 11 中国：中原。 枢：中枢，枢纽。 12 币：古人赠送的礼物，包括金、帛、玉等。 13 客卿：秦官名。请他国人来秦做官，其位为卿，因称客卿。 14 五大夫：秦爵位名，为二十级中的第九级。 绾：人名，秦大夫。 怀：魏地名，在今河南武陟县西南。

客卿范睢复说昭王曰:"秦韩之地形,相错[1]如绣。秦之有韩也,譬如木之有蠹[2]也,人之有心腹之病也。天下无变则已,天下有变,其为秦患者孰大于韩乎?王不如收韩。"昭王曰:"吾固欲收韩,韩不听,为之柰何?"对曰:"韩安得无听乎?王下兵而攻荥阳,则巩、成皋之道不通;北断太行之道,则上党之师不下。王一兴兵而攻荥阳,则其国断而为三。夫韩见必亡,安得不听乎?若韩听,而霸事因可虑[3]矣。"王曰:"善。"且欲发使于韩。

客卿范睢再次劝说昭王道:"秦、韩两国间的地形,互相交错如同刺绣一般。秦国有了韩国,好像树木有了蛀虫,人有了心腹疾病一样。天下没有变乱就罢了,天下一有变乱,能够成为秦国祸患的,有谁能超过韩国?您不如收服韩国。"昭王说:"我本来就想收服韩国,韩国不听从,该怎么办?"范睢回答说:"韩国怎么能不听从呢?您派出军队去进攻荥阳,那么巩邑、成皋之间的道路就会不通;往北去切断太行山要道,那么上党的军队就不能南下。您一兴动军队去进攻荥阳,那么韩国就会被割断为三部分。韩国眼看会灭亡,怎么能够不听从呢?假若韩国听从了,就可以谋划建立霸业了。"昭王说:"好。"就准备派出使者到韩国去。

注释　1 错:交错。　2 蠹(dù):蛀虫。　3 虑:思考,谋划。

范睢日益亲,复说用数年矣,因请间说曰[1]:"臣居山东时,闻齐之有田单,不闻其有王也;闻秦之有太

范睢和秦王日益亲近,多次游说并被任用几年后,他找机会请求秘密地进言,说:"我住在崤山以东的时候,听说齐国只有田单,没有听说还有个君王;听说秦

后、穰侯、华阳、高陵、泾阳，不闻其有王也。夫擅国之谓王，能利害之谓王，制杀生之威之谓王。[2]今太后擅行不顾，穰侯出使不报，华阳、泾阳等击断无讳，高陵进退不请。[3]四贵备[4]而国不危者，未之有也。为此四贵者下，乃所谓无王也。然则权安得不倾[5]，令安得从王出乎？臣闻善治国者，乃内固其威而外重其权。穰侯使者操王之重，决制于诸侯，剖符于天下，政適伐国，莫敢不听。[6]战胜攻取则利归于陶，国弊御于诸侯；[7]战败则结怨于百姓，而祸归于社稷。

国只有太后、穰侯、华阳君、高陵君、泾阳君，没有听说还有君王。只有能独揽国家大权才称为王，能够兴利除害才称为王，控制了生杀之权才称为王。如今太后专断行事不顾一切，穰侯出使回国不向您报告，华阳君、泾阳君等人任意惩罚诛杀，高陵君兴废号令、任免官员也不向您请示。四位权贵掌握了全部权力而使国家不危险的，还从来没有过。您的实际地位处在这四位权贵之下，就是所说的没有君王啊。这样大权怎么能够不旁落，政令怎么能够从您这里发出去呢？我听说善于治理国家的人，就是要在内加强自己的威势，而对外重视自己的权力。穰侯派出的使者操持您的重权，对诸侯国发号施令，在天下剖分符信订立盟约，征讨敌方进攻别国，没有谁敢不听从。战争胜利，所得之利归于他的陶邑，致使国家困乏，受制于诸侯国；战争失败就会让百姓怨恨，而把祸患归给国家。

注释　1 用：任用。　间(jiàn)：秘密地。　2 擅：独揽国家大权。　利害：此为动词，兴利除害。　制：控制。　3 击断：惩罚与诛杀。　讳：顾忌。　进退：此指任免与兴废。　4 四贵：四大权贵。　备：此指掌握了全部权力。

5 倾：倾覆，旁落。 6 决制：决断和控制。 剖符：本指帝王授予诸侯或功臣的凭证，把符剖为两半，双方各执一半，以昭信守和应验。此指订立盟约。 政適(zhēng dí)：征讨敌人。政，通“征”。適，通“敌”。 7 陶：穰侯封地。 弊：困乏。 御：取用。

“诗曰‘木实繁者披其枝，披其枝者伤其心；[1]大其都[2]者危其国，尊其臣者卑其主’。崔杼、淖齿管齐，射王股，擢王筋，县之于庙梁，宿昔而死。[3]李兑管赵，囚主父于沙丘，百日而饿死。[4]今臣闻秦太后、穰侯用事，高陵、华阳、泾阳佐之，卒无秦王，此亦淖齿、李兑之类也。[5]且夫三代所以亡国者，君专授政，纵酒驰骋弋猎[6]，不听政事。其所授者，妒贤嫉能，御下蔽上，以成其私，不为主计，而主不觉悟，故失其国。[7]

今自有秩以上至诸大吏，下及王左右，无非

“有诗说‘树上果实太多就会压劈树枝，压劈了树枝就会伤害树心；封君都邑太大的会危害他的国家，尊崇臣下就会使君主卑辱’。崔杼、淖齿在齐国专权，崔杼射中了齐王的大腿，淖齿抽了齐王的筋，还把齐王悬吊在庙梁上，齐王很快就死去了。李兑在赵国专权，把主父囚禁在沙丘台，一百天后主父就被饿死了。如今我听说秦国的太后、穰侯掌握朝政，高陵君、华阳君、泾阳君加以辅佐，他们心中根本没有秦王，这也就是淖齿、李兑一类的人物啊。况且夏、商、周三代灭亡的原因，就在于君主把掌管国家的大权交给了信任的大臣，自己放纵饮酒，骑马驰骋，到处游猎，不处理朝廷政事。而他们所给予大权的大臣，又妒忌贤人，嫉恨能臣，驾御臣下，欺骗君上，来替自己谋求私利，不为君主着想，而君主又没有觉察醒悟，所以失掉了国家。

如今从在职位的人直到上面各个大官吏，以及您的左右侍从，没有一个

相国之人者。[8]见王独立于朝，臣窃为王恐，万世之后，有秦国者非王子孙也。[9]”昭王闻之大惧，曰：“善。”于是废[10]太后，逐穰侯、高陵、华阳、泾阳君于关外。秦王乃拜范雎为相。收穰侯之印，使归陶[11]，因使县官给车牛以徙，千乘有余。到关，关阅[12]其宝器，宝器珍怪多于王室。

秦封范雎以应[13]，号为应侯。当是时，秦昭王四十一年[14]也。

不是相国的亲信。看到您独自一人站在朝廷上，我私下替您感到害怕，您万世之后，占有秦国的就不是您的子孙了。”昭王听了特别恐惧，说：“好。”于是夺掉了太后的权力，把穰侯、高陵君、华阳君、泾阳君驱逐到关外。于是秦王任命范雎做相国。把穰侯的相印收回了，让他回到封地陶邑去，因而命令官府拨给他车子和牛帮助他迁徙，运送家什财物的车子有一千多辆。到了关塞，关上官员查阅他的珍宝器物，比王室还多。

秦王把应邑封给范雎，称为应侯。这个时候，正是秦昭王四十一年。

注释　1 木实：树的果实。　披：裂开，屈折。　心：树心，树干。　2 都：封君的都邑。　3 崔杼(zhù)：春秋时齐国大臣，曾与宦官贾举一道杀死齐庄公。　淖齿：楚国大臣，曾相齐国，后杀死齐湣王。　擢：抽，拔。　县：同“悬”。　宿昔：隔一夜，比喻时间很短。昔，通“夕”。　4 李兑：战国时赵国大臣，曾囚禁赵武灵王，使其饿死于沙丘宫。　主父：即赵武灵王，自称主父。　沙丘：即沙丘台，赵王离宫，在今河北平乡县东北。　5 卒无：根本没有。　6 专：专断。　弋(yì)猎：打猎。　7 私：私利。　觉悟：觉察，醒悟。　8 有秩：有职位的人。　大吏：高官。　无非：没有不是。　9 独：单独一人。　恐：担心，害怕。　万世：亦称百世，犹言死去。　10 废：此指免除太后的权力，非废除太后之位。　11 使归陶：穰侯免相后犹未就国，及太后既葬之后始出之陶。 **12** 阅：查阅。 **13** 应：秦地名，在今河南鲁山县东。 **14** 秦昭王四十一年：即公元前266年。

范雎既相秦，秦号曰张禄，而魏不知，以为范雎已死久矣。魏闻秦且东伐韩、魏，魏使须贾于秦。范雎闻之，为微行，敝衣间步之邸，见须贾。[1]须贾见之而惊曰："范叔固无恙[2]乎！"范雎曰："然。"须贾笑曰："范叔有说于秦邪？"曰："不也。雎前日得过于魏相，故亡逃至此，安敢说乎！"须贾曰："今叔何事？"范雎曰："臣为人庸赁[3]。"须贾意哀之，留与坐饮食，曰："范叔一寒[4]如此哉！"乃取其一绨[5]袍以赐之。须贾因问曰："秦相张君，公知之乎？吾闻幸于王，天下之事皆决于相君。今吾事之去留[6]在张君。孺子[7]岂有客习于相君者哉？"范雎曰："主人

范雎做了秦国相国以后，秦国人称他叫张禄，魏国人不知道他就是范雎，认为范雎已经死去很久了。魏国听说秦国将要往东来攻打韩国、魏国，魏国派须贾出使到秦国。范雎听说了，就隐瞒身份改变装束出行，穿着破旧的衣服悄悄步行到馆舍，来见须贾。须贾见到他吃惊地说："范叔一直没有遭受祸难吧！"范雎说："是的。"须贾笑着说："范叔是对秦国进行游说吧？"范雎说："不是的。我范雎从前得罪了魏国宰相，所以逃跑到这里，哪里还敢游说啊！"须贾说："如今范叔在做什么事？"范雎说："我为被人家雇佣做工。"须贾心里有些哀怜他，留范雎坐下来一起喝酒吃饭，说："范叔竟贫寒到这个地步啊！"就拿出自己的一件绨袍送给范雎。须贾乘机询问说："秦国的相国张君，您了解吗？我听说他受到秦王宠幸，有关天下的大事都要由他来决定。如今我要办的事，成败就在张君身上。你有没有

翁习知之。唯睢亦得谒，睢请为见君于张君。”[8]须贾曰：“吾马病，车轴折，非大车驷马，吾固不出。”范睢曰：“愿为君借大车驷马于主人翁。”

朋友与相国熟识呢？”范睢说：“我的主人与他熟识。即使是我也能把您引见给张君。”须贾说：“我的马病了，车轴也断了，不是四匹马驾的大车，我是坚决不出门的。”范睢说：“我愿意替您向我的主人借来四匹马拉的大车。”

注释　1 微行：隐瞒自己的身份改装出行。　敝衣：破败之衣。　间步：悄悄地行走。　邸（dǐ）：招待外交人员的馆舍。　2 无恙：没有疾病，没有忧患、灾难。　3 庸赁：被人雇佣做工。　4 一：乃，竟。　寒：贫寒。　5 绨（tí）：粗厚光滑的丝织品。　6 去留：成败。　7 孺子：犹言小伙子，年轻人。　8 唯：虽，即使。　谒：求见。　见：引见。

范睢归取大车驷马，为须贾御之，入秦相府。府中望见，有识者皆避匿。须贾怪之。至相舍门，谓须贾曰：“待我，我为君先入通于相君。”须贾待门下，持车良久，问门下曰：“范叔不出，何也？”门下曰：“无范叔。”须贾曰：“乡者[1]与我载而入者。”门下曰：“乃

范睢回去取来四匹马驾着的大车，替须贾赶着车，进入秦国的相国府。相府里的人望见了，有认出范睢的人都走开隐藏起来。须贾感到奇怪。到了相国官舍门前，范睢对须贾说：“等着我，我替您先进去向相国张君通报。”须贾在官舍门前等着，挽起马缰守着车等了好长时间，询问门卒说：“范叔不出来，为什么呀？”门卒说：“没有人叫范叔。”须贾说：“就是刚才和我一起乘车进去的那个人。”门卒说：“这就是我们的相国张君。”须贾大吃一惊，自己知道受骗上当了，就袒

吾相张君也。”须贾大惊，自知见卖[2]，乃肉袒膝行，因门下人谢罪。于是范雎盛帷帐，侍者甚众，见之。须贾顿首言死罪，曰：“贾不意君能自致青云之上[3]，贾不敢复读天下之书，不敢复与天下之事。贾有汤镬之罪，请自屏于胡貉之地，唯君死生之！[4]”范雎曰：“汝罪有几？”曰：“擢贾之发以续贾之罪，尚未足。[5]”范雎曰：“汝罪有三耳。昔者楚昭王时而申包胥为楚却吴军，楚王封之以荆五千户，包胥辞不受，为丘墓之寄于荆也。[6]今雎之先人丘墓亦在魏，公前以雎为有外心于齐而恶雎于魏齐，公之罪一也。当魏齐辱我于厕中，公不止，罪二也。更醉而溺我，公其何忍乎？罪三矣。然公之所

露上身在地上跪着爬行，通过门卒向范雎赔礼认罪。于是范雎张设了盛大的帐幕，侍从的人特别多，来召见须贾。须贾磕头口称自己犯了死罪，说：“我须贾没有想到您能凭借自己的能力达到这样高的官位，须贾不敢再读天下的书，不敢再参与天下的大事。我须贾犯了要被沸水锅煮死的罪，请您把我流放到北方边远的地方去，任凭您来决定我的死活！”范雎说：“你的罪有几条？”须贾说：“拔下须贾的头发来计算我须贾的罪过，还是不够多。”范雎说：“你的罪有三条。从前楚昭王时候申包胥替楚国打退了吴国军队，楚王把楚国五千户人家的土地封给他，申包胥推让不接受，因为他祖先的坟墓安置在楚国。如今范雎祖先的坟墓也在魏国，你以前认为范雎一心在外维护齐国的利益，并在魏齐面前诋毁我，这是你的第一条罪。当魏齐羞辱我，把我扔在厕所里面，你不制止，这是第二条罪。更有甚者你喝醉了酒却把尿撒在我身上，你为什么这样残忍呢？这是第三条罪。然而你能够不死的理由，是因为你送给我一件绨袍表现出顾恋之

以得无死者，以绨袍恋恋，有故人之意，故释公。”乃谢罢。入言之昭王，罢归须贾。

心，显示出对故旧的情意，所以我释免你。”于是辞却须贾，结束了召见。范雎进宫去向昭王报告了事情的原委，并让须贾办完事后回国。

注释 1 乡者：即向者，刚才。乡，通“向”。 2 见卖：被欺骗，上当。 3 青云之上：此喻在高位。后世谓登科，有平步青云之语。 4 汤镬(huò)：古代酷刑名，把人扔到煮沸的锅里煮死。 屏(bǐng)：排斥，排除。此指放逐，流放。 胡貉(mò)：古代对北方一带部族的蔑称。 死生之：决定我的生死。 5 擢：拔。 续：计算。 6 楚昭王：楚国国君，公元前515—前489年在位。 申包胥：楚大夫。 却：抗击。 荆：楚。 丘墓：坟墓。

须贾辞于范雎，范雎大供具，尽请诸侯使，与坐堂上，食饮甚设。[1]而坐须贾于堂下，置莝豆其前，令两黥徒夹而马食之。[2]数[3]曰：“为我告魏王，急持魏齐头来！不然者，我且屠大梁。”须贾归，以告魏齐。魏齐恐，亡走赵，匿平原君所。

须贾来向范雎告辞，范雎大摆宴席，把各国的使者全都请来，和他们在堂上坐着，酒宴非常丰盛。却让须贾在堂下坐着，把拌有豆子的饲料摆在他面前，让两个脸上刺了字的刑徒夹着他，像喂马一样逼着他吃。范雎指责他说：“替我告诉魏王，赶快把魏齐的头交来！要不然，我将要屠灭大梁。”须贾回国后，把详情报告魏齐。魏齐恐惧，逃跑到赵国，躲在平原君家里。

注释 1 大供具：大摆宴席。 甚设：备办得极其丰盛。 2 坐：让……

坐。 莝(cuò)豆:拌有豆子的饲料。莝,铡碎的草。 马食:像喂马一样。 3 数(shǔ):指责,数落。

范睢既相,王稽谓范睢曰:“事有不可知者三,有不可柰何者亦三。宫车一日晏驾[1],是事之不可知者一也。君卒然捐馆舍[2],是事之不可知者二也。使臣卒然填沟壑,是事之不可知者三也。[3]宫车一日晏驾,君虽恨[4]于臣,无可柰何。君卒然捐馆舍,君虽恨于臣,亦无可柰何。使臣卒然填沟壑,君虽恨于臣,亦无可柰何。”范睢不怿[5],乃入言于王曰:“非王稽之忠,莫能内臣于函谷关;非大王之贤圣,莫能贵臣。[6]今臣官至于相,爵在列侯,王稽之官尚止于谒者,非其内臣之意也。”昭王召王稽,拜为河东守,三岁不上计。[7]又任[8]郑

范睢做了相国以后,王稽对范睢说:“不可预知的事有三件,无计可施的事也有三件。君王说不定哪天去世,这是第一件不可预知的事。您突然死去,这是第二件不可预知的事。我突然死去,这是第三件不可预知的事。君王说不定哪天去世了,您虽然因为我没有被君王重用而感到遗憾,但也没有什么办法。您突然死去,您虽然因为我没有被君王重用而感到遗憾,也没有什么办法。我突然死去,您虽然因为我没有被君王重用而感到遗憾,也没有什么办法。”范睢不高兴,就入宫向昭王进言说:“没有王稽的忠诚,谁也不能把我带进函谷关;不是大王的贤智圣明,谁也不能让我显贵。如今我的官职达到了相国,处在列侯的爵位上,王稽的官职还停留在谒者,这不是他把我带进秦国的意愿啊。”昭王召见王稽,任命他做河东郡守,三年可以不向朝廷报告政绩。范睢又保荐了郑安平,昭王任他做将军。范睢于是布散自家的财

安平，昭王以为将军。范雎于是散家财物，尽以报所尝困厄者[9]。一饭之德必偿，睚眦[10]之怨必报。

物，全都用来报答那些曾在他窘迫、穷困的境遇中救助过他的人。给自己吃过一顿饭的恩惠一定要酬偿，一点极小的仇怨一定要追究。

范雎相秦二年，秦昭王之四十二年，东伐韩少曲、高平，拔之。[11]

范雎在秦做了二年相国，秦昭王四十二年，往东去攻打韩国的少曲、高平，攻拔了这两座城池。

注释　1 宫车一日晏驾：比喻君王一旦死亡。宫车，即王车，君车。晏驾，晚起驾，后指君王死。　2 卒(cù)然：突然。卒，同"猝"。　捐馆舍：捐身于馆舍，指死。　3 使臣：王稽是谒者，故称使臣。　填沟壑：谦词，称自己死。　4 恨：遗憾，悔恨。　5 怿(yì)：高兴。　6 内：同"纳"。　贤圣：贤智英明。　7 河东：秦所设郡名，治所在安邑，今山西夏县西北。　上计：向朝廷报告施政情况。　8 任：保荐。　9 所尝困厄者：指那些曾在窘迫、穷困的境遇中救助过他的人。　10 睚眦(yá zì)：怒目而视。此指极小的仇恨。　11 秦昭王之四十二年：即公元前265年。　少曲：韩地名，在今河南济源西北。　高平：韩地名，又名"向"，在今河南济源南。

秦昭王闻魏齐在平原君所，欲为范雎必报其仇，乃详为好书遗平原君曰[1]："寡人闻君之高义，愿与君为布衣之友[2]。君幸过寡人，寡人愿与君为十日之饮。"平原君畏秦，

秦昭王听说魏齐躲在平原君家里，想要替范雎报仇，就假意写了一封表示友好的信送给平原君说："我听说您的节义高尚，希望和您交个普通朋友。您能光临到我这儿，我愿意和您进行十日的饮宴。"平原君畏惧秦国，而且又认为秦昭王真会同自己交朋友，就进入秦国见了昭

且以为然，而入秦见昭王。昭王与平原君饮数日，昭王谓平原君曰："昔周文王得吕尚以为太公，齐桓公得管夷吾以为仲父，今范君亦寡人之叔父也。范君之仇在君之家，愿使人归取其头来；不然，吾不出君于关。"平原君曰："贵而为交者，为贱也；富而为交者，为贫也。夫魏齐者，胜之友也，在，固不出也，今又不在臣所。"昭王乃遗赵王书曰："王之弟在秦，范君之仇魏齐在平原君之家。王使人疾持其头来；不然，吾举兵而伐赵，又不出王之弟于关。"赵孝成王乃发卒围平原君家，急，魏齐夜亡出，见赵相虞卿。[3]虞卿度赵王终不可说，乃解其相印，与魏齐亡，间行，念诸侯莫可以急抵者，乃复走大梁，欲因信陵君

王。昭王和平原君饮宴了好几天，昭王对平原君说："从前周文王得到了吕尚就任命他做太师，齐桓公得到了管夷吾就把他当作仲父，如今范君也是我的叔父啊。范君的仇人躲在您家里，我想派人去取他的头颅；不这样做的话，我不放您出关。"平原君说："尊贵时仍和人交往，是为了维护低贱时结交的情谊；富有时仍和人交往，是为了维护贫穷时结交的情谊。要说魏齐，是我赵胜的好友，即使在我家里，我也不会把他交出的，何况他如今又不在我家里。"昭王就给赵王写了一封信说："您的弟弟在秦国，范君的仇人魏齐躲在平原君家里。您派人迅速拿魏齐的头颅来；不这样的话，我就出动大军攻打赵国，不会把您的弟弟放出关去。"赵孝成王就发兵包围了平原君的家，事情紧急，魏齐夜晚逃出平原君家，见到了赵国宰相虞卿。虞卿估计赵王最终不可被说服，就解下他的宰相印绶，和魏齐一起逃亡，秘密地抄小路行进，考虑到诸侯没有谁是紧急情况下可投靠的人，就又跑到大梁，想通过信陵君然后跑到楚国去。信陵君听说了，畏惧

以走楚。[4]信陵君闻之，畏秦，犹豫未肯见，曰："虞卿何如人也？"时侯嬴在旁，曰："人固未易知，知人亦未易也。夫虞卿蹑屩檐簦，一见赵王，赐白璧一双，黄金百镒；[5]再见，拜为上卿；三见，卒受相印，封万户侯。当此之时，天下争知之。夫魏齐穷困过虞卿，虞卿不敢重爵禄之尊，解相印，捐万户侯而间行。[6]急士之穷而归公子，公子曰'何如人'。人固不易知，知人亦未易也！"信陵君大惭，驾如野迎之。魏齐闻信陵君之初难见之，怒而自刭。赵王闻之，卒取其头予秦，秦昭王乃出平原君归赵。

秦国，态度犹豫不决不肯接见，说："虞卿是个什么样的人？"当时侯嬴在旁边，说："人本来很不容易了解，了解人也很不容易。那个虞卿穿着草鞋，肩搭雨伞来到赵国，第一次见到赵王，赵王就赏赐给他一双白璧，百镒黄金；第二次见到赵王，赵王就任命他做上卿；第三次见到赵王，就被授以相国印绶，并被封做万户侯。这时，天下人争着去了解他。那个魏齐穷困窘迫去寻求虞卿保护，虞卿不看重自己尊贵的爵位俸禄，解下宰相印绶，抛弃万户侯的地位秘密出走。为紧急解救善士的穷困而来归附公子，公子却说'是什么人'。人本来很不容易了解，了解人也很不容易啊！"信陵君非常惭愧，驾着车到郊野去迎接他们。魏齐听说信陵君起初为是否接见他们感到为难，心里愤怒，就自刎而死。赵王听说了，就割取魏齐的头颅给了秦国，秦昭王这才放平原君回赵国。

注释　1 详：通"佯"。　好书：友好之书信。　遗(wèi)：送。　2 布衣之友：同常人一样友好交往。　3 赵孝成王：赵国国君，公元前 265—前 245 年在位。　虞卿：战国时人，因游说为赵上卿。　4 度(duó)：推测。　说：

劝说,回心转意。 念:考虑。 抵者:投靠的人。 5 蹻屩(juē):穿着草鞋。 檐:通“担”,扛着。 簦(dēng):有长柄的笠,即今之雨伞。 6 穷困:急迫。 捐:抛弃。

昭王四十三年,秦攻韩汾陉,拔之,因城河上广武。[1]

后五年,昭王用应侯谋,纵反间卖赵,赵以其故,令马服子代廉颇将。[2] 秦大破赵于长平,遂围邯郸。已而与武安君白起有隙,言而杀之。任郑安平,使击赵。郑安平为赵所围,急,以兵二万人降赵。应侯席稿[3]请罪。秦之法,任人而所任不善者,各以其罪罪之。于是应侯罪当收三族[4]。秦昭王恐伤应侯之意,乃下令国中:“有敢言郑安平事者,以其罪罪之。”而加赐相国应侯食物日益厚,以顺适其意。后二岁,王稽为河东守,与诸侯

昭王四十三年,秦国进攻韩国的汾陉,攻下了它,乘机在黄河边上建筑广武城。

五年以后,昭王运用应侯的谋策,使用反间计欺骗赵国,赵国由于中了秦国反间计的缘故,让马服子赵括替代廉颇为统军将领。秦国在长平把赵国打得大败,包围了邯郸。随后应侯和武安君白起有嫌隙,他向昭王进言把白起杀了。应侯保举郑安平,派他去攻击赵国。郑安平被赵国包围了,情况危急,就带领二万名秦军投降赵国。应侯跪在草席上表示有罪请求惩处。秦国的法律规定,保荐别人任职而被保荐人犯了罪,保荐人要依被保荐人所犯的罪来治罪。这样应侯的罪应当是收捕三族。秦昭王担心伤害应侯的情绪,就在国内下达命令:“有敢于谈论郑安平事件的,拿郑安平的罪来惩治他。”还赏赐给应侯更加丰厚的食物,来顺遂安慰他的情绪。两年以后,王稽任河

通[5]，坐法诛。而应侯日益以不怿。

东郡守，和其他诸侯国秘密来往，触犯法律被诛杀。于是应侯一日比一日不高兴。

注释 1 昭王四十三年：即公元前264年。 汾陉(xíng)：韩地名，在今河南襄城县东北。 城：筑城。 河上：黄河旁。 2 纵：使，使用。 卖：欺骗。 马服子：赵国将领马服君赵奢之子赵括。子，子男之称，非父子之子。 廉颇：赵国著名将领。 3 席稿：跪在用稻草编成的草席上。稿，稻草。以此表示有罪听候发落。 4 收：捕。 三族：指父、母、妻三族。 5 通：私通，勾结。

昭王临朝叹息，应侯进曰："臣闻'主忧臣辱，主辱臣死'。今大王中朝[1]而忧，臣敢请其罪。"昭王曰："吾闻楚之铁剑利而倡优拙[2]。夫铁剑利则士勇，倡优拙则思虑远。夫以远思虑而御勇士，吾恐楚之图秦也。夫物不素具，不可以应卒。[3]今武安君既死，而郑安平等畔[4]，内无良将而外多敌国，吾是以忧。"欲以激励应侯。应侯惧，不知所出。蔡泽闻之，

昭王正在当朝时哀声叹气，应侯上前说："我听说'让君主忧患是臣子的耻辱，让君主受辱是臣子的死罪'。如今大王正在朝廷上处理政事而感到忧虑，我请求给我治罪。"昭王说："我听说楚人的铁制刀剑锋利，但他们的歌舞艺人演技笨拙。要是铁制刀剑锋利，那么士兵就会勇敢；歌舞艺人笨拙，那么计谋就会深远。要是运用深远的计谋来指挥勇敢的士兵，我担心楚国要算计秦国了。物品要是平常不准备好，就不可以应付突发事变。如今武安君已经死去，而郑安平等人又背叛了，国内没有优秀将领而外部又有很多敌对国家，我因此感到忧虑。"昭王想用这番话来激发鼓励应侯。应侯恐惧起来，不知道该怎么办。蔡泽

往入秦也。

听说这件事，进入了秦国。

注释 1 中朝：当朝，还未散朝。 2 倡优：古代以歌唱、舞蹈、演戏为业的艺人。 拙：笨拙，技艺差。 3 素具：平素准备。 卒：同“猝”，突然。 4 畔：通“叛”。

蔡泽者，燕人也。游学干[1]诸侯小大甚众，不遇。而从唐举相，曰：“吾闻先生相李兑，曰‘百日之内持国秉’，有之乎？”[2]曰：“有之。”曰：“若臣者何如？”唐举孰视而笑曰：“先生曷鼻，巨肩，魋颜，蹙齃，膝挛。[3]吾闻圣人不相[4]，殆先生乎？”蔡泽知唐举戏之，乃曰：“富贵吾所自有，吾所不知者寿也，愿闻之。”唐举曰：“先生之寿，从今以往者四十三岁。”蔡泽笑谢而去，谓其御者曰：“吾持粱刺齿肥，跃马疾驱，怀黄金之印，结紫绶于要，揖让人主之前，食肉富贵，

蔡泽是燕国人。曾周游列国拜师学习，向很多大大小小的诸侯国君谋求过官职，都不被赏识。就去找唐举看相，说：“我听说先生给李兑看过相，说‘一百日之内可以掌握国家权力’，有这样的事吗？”唐举说：“有这事。”蔡泽说：“你看像我这个人会怎么样？”唐举仔细瞧了瞧笑着说：“先生塌鼻子，双肩高耸，额头突出，凹鼻梁，两膝蜷曲。我听说圣人不在相貌，大概说的就是先生吧？”蔡泽知道唐举在戏弄他，就说：“富贵我自己本来已经有了，我所不知道的是我能活多大岁数，希望听听您的看法。”唐举说：“先生的寿年，从现在往后还有四十三岁。”蔡泽笑着辞谢后离去，对他的驾车人说：“我吃着精美饭食和肥肉，赶着车马飞驰，抱着黄金大印，把紫色印带拴在腰上，得到人主的敬重，俸禄优厚，尊贵荣华，有四十三年足够了。”他离开燕国前往赵国，被驱

四十三年足矣。[5]"去之赵，见逐。[6]之韩、魏，遇夺釜鬲于涂。[7]闻应侯任郑安平、王稽皆负重罪于秦，应侯内惭，蔡泽乃西入秦。

逐。又前往韩国、魏国，在路途上遇到强盗，把食锅炊具都抢走了。听说应侯保举的郑安平、王稽在秦国都犯了重罪，应侯内心惭愧，蔡泽就往西进入了秦国。

注释　1 干：求取。 2 唐举：魏国人，当时著名的相面术士。 相：看相。 持：掌握。 国秉：国家权力。秉，通"柄"。 3 孰视：仔细地看。孰，同"熟"。 曷鼻：坍鼻子。 巨肩：肩胛高耸。魋(tuí)颜：额头大，突出。 蹙齃(cù è)：凹鼻梁。 膝挛：双膝蜷曲。 4 不相：不在于相貌。5 粱：精美的饭食。 刺齿肥：即"齧肥"之误，吃肥肉。 紫绶：缚有官印的紫色腰带。 要："腰"之本字。 揖让：宾主相见时的礼仪。揖，行拱手礼。 6 之：到……去。 见：被。 7 釜(fǔ)：古代的锅。 鬲(lì)：古代炊具，似鼎。 涂：通"途"，道路。

将见昭王，使人宣言以感怒应侯曰："燕客蔡泽，天下雄俊弘辩智士也。[1]彼一见秦王，秦王必困君而夺君之位。"应侯闻，曰："五帝三代之事，百家之说，吾既知之，众口之辩，吾皆摧之，是恶能困我而夺我位乎？[2]"使人召蔡泽。蔡泽入，则

蔡泽将要拜见昭王，派人放出话来激怒应侯说："燕国来的宾客蔡泽，是天下见识高超长于论辩的智谋之士。他一拜见秦王，秦王一定会使您感到困迫并夺去您的职位。"应侯听到了说："五帝三代的事情，百家的学说，我已经知道了，许多人的口辩才能，我都把他们降服了，这个人又怎么能使我感到困迫并夺去我的职位呢？"派人去召来蔡泽。蔡泽进来，只对应侯行拱手礼。应侯

揖应侯。应侯固不快，及见之，又倨，应侯因让之曰[3]："子尝宣言欲代我相秦，宁有之乎？"对曰："然。"应侯曰："请闻其说。"蔡泽曰："吁[4]，君何见之晚也！夫四时之序，成功者去。[5]夫人生百体坚强，手足便利，耳目聪明而心圣智，岂非士之愿与？[6]"应侯曰："然。"蔡泽曰："质仁秉义，行道施德，得志于天下，天下怀乐敬爱而尊慕之，皆愿以为君王，岂不辩智之期与？[7]"应侯曰："然。"蔡泽复曰："富贵显荣，成理[8]万物，使各得其所；性命寿长，终其天年而不夭伤；[9]天下继其统[10]，守其业，传之无穷；名实纯粹，泽流千里，世世称之而无绝，与天地终始。[11]岂道德

本来心中就不痛快，等到看见蔡泽，蔡泽又态度傲慢，应侯因此责备他说："您曾经放出话想代替我做秦的相国，难道有这样的事吗？"蔡泽回答说："有这样的事。"应侯说："请让我听听其中的道理。"蔡泽说："唉，您认识问题为什么这么迟钝呢！要说四季的次序，期满了的就会退去。要说人的一生能够全身坚实强壮，手足灵活利索，耳聪目明并且心灵圣洁智慧，难道不是士人所希望的吗？"应侯说："是这样。"蔡泽说："体现仁德，秉持正义，推行正道，广施恩德，在天下实现自己的志向追求，天下人怀着欢乐的心情敬重热爱并且尊崇仰慕他，都希望他能做君王，难道不是施展论辩智谋之人所期望的吗？"应侯说："是这样。"蔡泽接着说："富足高贵尊显荣耀，成功调理万事万物，使它们各自都得到恰当归宿；个人性命年寿久长，享尽天年而不受伤害夭折；天下继承他的传统，守护他的事业，流传下去无穷无尽；名望实绩都纯洁无瑕，恩泽传播到千里以外，世世代代称颂他而不断绝，和天地同始同终。难道不是推行正道广施恩德的符验，并且是圣人所说的吉庆祥和极

之符而圣人所谓吉祥善事者与？”应侯曰：“然。”

其美好的事业吗？”应侯说：“是这样。”

注释 1 宣言：扬言。 雄俊：见识高超。 弘辩：长于辩论。 2 摧：挫败，战胜。 恶(wū)：怎么。 3 倨(jù)：态度傲慢。 让：指责。 4 吁(xū)：叹词。 5 序：次第。 成功：成熟，满期。 6 百体：身体的各个部分。 与：句末语气词，欤。 7 质仁秉义：体现仁德，主持正义。 期：期望。 8 成理：成功调理。 9 天年：指人的自然寿命。 夭：夭折，短命。 10 统：传统。 11 纯粹：纯洁无瑕。 泽：恩泽。 终始：长久。

蔡泽曰：“若夫秦之商君，楚之吴起，越之大夫种，其卒然[1]亦可愿与？”应侯知蔡泽之欲困己以说，复谬[2]曰：“何为不可？夫公孙鞅之事孝公也，极身无贰虑，尽公而不顾私；[3]设刀锯以禁奸邪，信赏罚以致治；[4]披腹心，示情素，蒙怨咎，欺旧友，夺魏公子卬，安秦社稷，利百姓，卒为秦禽将破敌，攘地千里。[5]吴起之事悼王也，使私不得

蔡泽说：“至于秦国的商君，楚国的吴起，越国的大夫种，他们突然遭遇不幸的结局也值得羡慕吗？”应侯知道蔡泽要提起这话头来使自己困迫，就故意狡辩说：“为什么不可以？公孙鞅侍奉秦孝公，献出生命没有二心，尽忠国家而不顾及私利；设置刀锯酷刑来禁止奸邪，切实执行赏罚来达到国家太平；剖露忠心，昭示实情，蒙受着怨恨责难，欺骗从前的朋友，活捉魏国公子卬，安定了秦国，有利于百姓，终于替秦国擒拿敌将打败敌国，开辟了千里国土。吴起侍奉楚悼王，使私人不能危害公家，谗言不能闭塞忠良，说话不采取随声附和的态度，行事不采

害公,谗不得蔽忠,言不取苟合,行不取苟容,不为危易行,行义不辟难,然为霸主强国,不辞祸凶。[6] 大夫种之事越王也,主虽困辱,悉忠而不解,主虽绝亡,尽能而弗离,成功而弗矜,贵富而不骄怠。[7] 若此三子者,固义之至也,忠之节也。[8] 是故君子以义死难,视死如归[9];生而辱不如死而荣。士固有杀身以成名,唯义之所在,虽死无所恨。[10] 何为不可哉?"

取苟且容身的做法,不因为危难改变操守,坚持大义不回避祸难,这样是为了君主称霸,国家强盛,决不躲避殃祸凶险。大夫种侍奉越王句践,君主即使遭受困迫侮辱,也尽忠而不松懈,君主即使面临绝嗣亡国,也是竭尽才能而不背离,成就了功业不夸耀,获得了富贵不骄傲荒怠。像这三位人物,本来就是道义的最高准绳,忠诚的行为标准。所以君子因为道义而死于祸难,会视死如归;活下来蒙受羞辱还不如死了光荣。士人本来就讲究牺牲生命来成就声名,只要是为了维护大义,即使死了也没有什么遗憾的。为什么不可以呢?"

注释

1 卒然:此指突然的不幸的变故。卒,同"猝"。 2 谬:狡辩,诡辩。 3 孝公:秦孝公。 极身:一生,终生。 贰虑:二心。 4 设刀锯:设置刀锯刑罚。 致治:达到治理。 5 披:披露,剖开。 情素:本心,真情实意。 蒙:蒙受,遭受。 怨咎:怨恨,指责。 卒:最终。 禽:通"擒"。 攘:扩大,拓展。 6 悼王:楚国国君,公元前 401—前 381 年在位。 蔽:隔绝蒙蔽。 苟合:无原则地附合。 苟容:苟且容身。 易:改变。 辟:通"避"。 7 悉:尽。 解:通"懈"。 矜:夸耀。 8 至:最高境界。 节:标准,榜样。 9 归:回家。 10 唯义之所在:只要大义存在。 恨:遗憾。

蔡泽曰："主圣臣贤，天下之盛福也；君明臣直，国之福也；父慈子孝，夫信[1]妻贞，家之福也。故比干忠而不能存殷，子胥智而不能完吴，申生孝而晋国乱。[2]是皆有忠臣孝子，而国家灭乱者，何也？无明君贤父以听之，故天下以其君父为僇辱[3]而怜其臣子。今商君、吴起、大夫种之为人臣，是也；其君，非也。故世称三子致功而不见德，岂慕不遇世死乎？[4]夫待死而后可以立忠成名，是微子不足仁，孔子不足圣，管仲不足大[5]也。夫人之立功，岂不期于成全邪？身与名俱全者，上也。名可法而身死者，其次也。名在僇辱而身全者，下也。"于是应侯称善。

蔡泽说："君主圣仁臣子贤能，是天下的最大福泽；君主英明臣子正直，是国家的福泽；父亲慈祥儿子孝顺，丈夫诚实妻子贞洁，是家庭的福泽。过去比干忠良却不能存留殷商，子胥智慧却不能保全吴国，申生孝顺而晋国混乱。这都是有忠良之臣贤孝之子的，但国家或是灭亡或是混乱，这是为什么呢？是因为没有英明的国君、贤智的父亲来听取谏言，所以天下人认为他们的国君或父亲是可耻的，而怜惜他们的臣下和儿子。如今商君、吴起、大夫种作为臣子，是良臣；他们的君主，非明君。所以社会上称赞这三位建立了功绩，他们的恩德却不被回报，难道是羡慕他们没有遇到英明君主而白白死去吗？要是等到死了以后才可以建树忠诚的美名，这样微子就不值得称为仁人，孔子就不值得称为圣人，管仲就不值得称为伟人了。要说人们去建树功勋，难道不是期望功成身全吗？自身性命和功业声名都保全了，是上策。声名被后世传颂而牺牲性命的，是次策。声名蒙受耻辱但性命却保全的，是下策。"说到这里应侯称赞他讲得好。

注释 1 信:诚实。 2 比干:殷纣王叔父,极谏而死。 子胥:伍子胥。 完:保全。 申生:晋献公太子,遭谗自杀。献公死后,诸子争立,国乱。 3 僇(lù)辱:可耻,荒谬。 4 致功:建立了功绩。 见:被。 德:德性所感。 慕:羡慕。 世:此指明君。 5 大:伟大,高尚。

蔡泽少得间,因曰:“夫商君、吴起、大夫种,其为人臣尽忠致功则可愿矣,闳夭事文王,周公辅成王也,岂不亦忠圣乎?[1]以君臣论之,商君、吴起、大夫种其可愿孰与[2]闳夭、周公哉?”应侯曰:“商君、吴起、大夫种弗若也。”蔡泽曰:“然则君之主慈仁任忠,惇厚旧故,其贤智与有道之士为胶漆,义不倍功臣,孰与秦孝公、楚悼王、越王乎?[3]”应侯曰:“未知何如也。”蔡泽曰:“今主亲忠臣,不过秦孝公、楚悼王、越王,君之设智,能为主安危修政,治乱强兵,批患折难[4],广地殖谷,富国

蔡泽稍微得到了进说的缝隙,乘机就说:“商君、吴起、大夫种,他们作为臣子竭尽忠诚获致功业那是可以让人羡慕了,闳夭侍奉周文王,周公辅佐周成王,难道不也是忠诚圣智吗?拿君臣关系来论说,商君、吴起、大夫种与闳夭、周公相比谁更让人羡慕呢?”应侯说:“商君、吴起、大夫种是不如闳夭、周公。”蔡泽说:“这样说起来,那么您的君主慈爱仁义任用忠良,敦厚宽宏不忘旧情,他的贤德智谋和有正确主张的士人情投意合如胶似漆,坚持原则不背弃功臣,与秦孝公、楚悼王、越王句践比起来谁强呢?”应侯说:“不知道是怎么样。”蔡泽说:“如今您的君主亲近忠良之臣,超不过秦孝公、楚悼王、越王句践,您施展才智,能够替君主安定危难修明朝政,平治叛乱强盛军队,排除祸患克服困难,拓广国土增殖五谷,使国家充裕百姓富足,加强了君主的权力,尊

足家，强主，尊社稷，显宗庙，天下莫敢欺犯其主，主之威盖震海内，功彰万里之外，声名光辉传于千世，君孰与商君、吴起、大夫种？”应侯曰：“不若。”

崇了社稷，显扬了宗庙，天下人谁也不敢欺辱侵犯您的国君，君主的威严覆盖震动四海之内，功德彰扬到了万里以外，声名光辉灿烂将流传到千代以后，您和商君、吴起、大夫种比起来又是谁强呢？”应侯说：“不如他们。”

注释 1 少：稍微。 间(jiàn)：空隙。此指范雎被蔡泽钻了一点空子。 愿：羡慕。 闳夭：周初贤臣，曾辅佐文王、武王。 2 孰与：熟语，用在句中表示两者之间哪一个更好。 3 慈仁任忠：慈爱仁义，任用忠臣。 惇厚旧故：敦厚宽宏，不忘旧情。 胶漆：情投意合，亲密无间，如胶似漆。 倍：通“背”。 4 批患折难：排除祸患，克服困难。

蔡泽曰：“今主之亲忠臣不忘旧故不若孝公、悼王、句践，而君之功绩爱信亲幸又不若商君、吴起、大夫种，然而君之禄位贵盛，私家之富过于三子，而身不退者，恐患之甚于三子，窃为君危之。[1]语曰‘日中则移，月满则亏’[2]。物盛则衰，天地之常数[3]也。进退盈缩，与时变

蔡泽说：“如今您的君主亲近忠良之臣不忘故交旧情比不上孝公、悼王、句践，而您的功劳业绩和受到的爱护信任亲近宠幸又比不上商君、吴起、大夫种，可是您的奉禄地位的高贵显盛，自家的富裕程度又超过了这三位人物，自身却不引退，恐怕招惹的祸患要比这三位人物还严重，我私下替您忧虑。常言道‘太阳到了中天就要偏移，月亮到了满圆就要亏缺’。事物兴盛到了顶点就要衰竭，这是天地万物的正常规律。是进是退是伸是缩，要和时势相应加以变化，这是圣人处事的

化，圣人之常道也。故‘国有道则仕[4]，国无道则隐’。圣人曰‘飞龙在天，利见大人’[5]。‘不义而富且贵，于我如浮云’。今君之怨已雠而德已报，意欲至矣，而无变计，窃为君不取也。

基本原则。所以‘国家政治清明就出来做官，国家政治黑暗就隐居山野’。圣人说‘有德的明君居尊位治理民众，利于大德大才的人出来辅佐’。‘凭借不仁义的手段获得了财富和高贵的地位，我把它看得和浮云一样清淡’。如今您的怨恨已报而恩德已经酬谢，心愿已经满足了，还没有改变的打算，我私下认为您不应该采取这样的态度。

注释 1 窃：私下。 危：忧虑。 2 日中：太阳到了中天。 满：满圆。 亏：缺。 3 常数：正常的规律。 4 仕：求取为官。 5 飞龙：喻明君。 大人：喻指做官之人。

“且夫翠、鹄、犀、象，其处势非不远死也，而所以死者，惑于饵也。[1]苏秦、智伯[2]之智，非不足以辟辱远死也，而所以死者，惑于贪利不止也。是以圣人制礼节欲，取于民有度，使之以时，[3]用之有止，故志不溢，行不骄，常与道俱而不失，故天下承而不绝。昔者齐桓公九合诸侯，一匡天下，至于葵

“再说翠鸟、天鹅、犀牛、大象，它们所处的环境并非不是远离死亡的，而之所以死亡，就是由于食饵的诱惑。苏秦、智伯的智慧，并非不足以避免羞辱远离死亡，而之所以死亡，就是由于念恋财利而没有止尽啊。因此圣人创订礼仪节制欲望，从民众中索取有限度，财用使用按时节，花费起来也有终止之期，所以他们的心志不放纵，行为不骄横，常常和道义规范同在而不失准则，所以天下人能承续而不断绝。从前齐桓公九次会合诸侯，一度匡正天下，

丘之会，有骄矜之志，畔者九国。[4] 吴王夫差兵无敌于天下，勇强以轻诸侯，陵齐晋，故遂以杀身亡国。[5] 夏育、太史噭叱呼骇三军，然而身死于庸夫。[6] 此皆乘至盛而不返道理，不居卑退处俭约之患也。[7]

到了葵丘会盟的时候，有了骄傲矜夸的神色，背叛他的就有好几个国家。吴王夫差的军队无敌于天下，自以为勇猛强大就轻辱诸侯，凌驾在齐国、晋国之上，因此最终招致杀身亡国之祸。夏育、太史噭一声呼喊可以惊骇三军，然而自身死在一般的平民手中。这些都是乘着自己十分兴盛的时候不回到正确的处世道路上来，不能甘居谦卑保持节俭简约所招致的祸患啊。

注释 1 翠：翠鸟。 鹄：天鹅。 处势非不远死：所处的形势不是不远离死亡。 饵：诱饵。 2 智伯：晋国卿大夫，为韩、赵、魏三家所灭。 3 度：限度，分寸。 以时：按时节。 4 畔：通“叛”。 九国：极言其多。 5 陵：凌驾。 遂：终于，最终。 6 夏育、太史噭(jiào)：古代传说中的勇士。 叱呼：大声呼喊。 庸夫：一般的平民。 7 至盛：十分兴盛。 道理：指正确的处世之道。 居卑：甘居谦卑。 俭约：节俭简约。

“夫商君为秦孝公明法令，禁奸本，尊爵必赏，有罪必罚，平权衡，正度量，调轻重，决裂阡陌，以静生民之业而一其俗，劝民耕农利土，一室无二事，力田稸积，习战陈之事[1]，是以兵动而地广，兵休而国富，故

“商君替秦孝公明确法律政令，禁绝奸邪的本源，尊崇爵位制度有功一定奖赏，犯了罪一定要惩处，划一权衡，统一度量，调节赋税、商品和货币流通来控制物价，废除阡陌开垦荒地，来安定民众的生活并统一他们的习俗，鼓励民众农耕充分发挥土地潜力，一个家庭不从事另外的职业，全

秦无敌于天下，立威诸侯，成秦国之业。功已成矣，而遂以车裂。楚地方数千里，持戟百万，白起率数万之师以与楚战，一战举鄢郢以烧夷陵[2]，再战南并蜀汉。又越韩、魏而攻强赵，北坑马服[3]，诛屠四十余万之众，尽之于长平之下，流血成川，沸声若雷，遂入围邯郸，使秦有帝业。楚、赵天下之强国而秦之仇敌也，自是之后，楚、赵皆慑伏[4]不敢攻秦者，白起之势也。身所服者七十余城，功已成矣，而遂赐剑死于杜邮[5]。吴起为楚悼王立法，卑减大臣之威重，罢无能，废无用，损不急之官，塞私门之请，一楚国之俗，禁游客之民，精耕战之士，南收杨越，[6]北并陈、蔡，破

力种田积蓄粮食，农闲操练作战阵法，因此军队一行动国土就可以拓展，兵士一休战国家就可以富足，所以秦国在整个天下是没有敌手的，在诸侯国中树立了威严，成就了秦国的基业。功业已经成就了，而商君最终却遭受了车裂的酷刑。楚国的国土纵横各几千里，持着战戟的兵士有上百万，白起率领几万人的军队和楚国交战，第一次开战就攻下了鄢郢并烧毁了夷陵，再次开战将南部的蜀汉也吞并过来了。又越过韩国、魏国去进攻强大的赵国，在北部地区坑杀了马服君的儿子赵括，把四十多万兵众，全部屠灭在长平城下，流出的血成了河，沸腾的声音如同雷鸣，接着又包围了邯郸，为秦国成就帝王之业打下基础。楚国、赵国是天下的强大国家，也是秦国的仇敌国家，从这以后，楚国、赵国都被震慑而屈服，不敢再来进攻秦国了，这是白起造就的形势。他亲自征服了七十多座城邑，功业已经成就了，却最终被赐剑自杀于杜邮。吴起替楚悼王确立法度，降低、减弱了大臣们的威势重权，罢免了无能之辈，废除了无用之人，裁减了不紧要的官职，杜塞了私门的请托，统

横散从，使驰说之士无所开其口，禁朋党以励百姓，定楚国之政，兵震天下，威服诸侯。功已成矣，而卒枝解[7]。大夫种为越王深谋远计，免会稽之危，以亡为存，因辱为荣，垦草入邑，辟地殖谷，率四方之士，专上下之力，[8]辅句践之贤，报夫差之仇，卒擒劲吴，令越成霸。功已彰而信矣，句践终负而杀之。此四子者，功成不去，祸至于此。此所谓信而不能诎[9]，往而不能返者也。范蠡知之，超然辟世，长为陶朱公。[10]

一了楚国的习俗，禁止了民众无业游荡，训练了能耕善战的军士，往南收服了杨越部族，往北吞并了陈国、蔡国，破坏了连横合纵的谋略，使四处奔走的游说之士无法开口，禁绝营私结党以便鼓励百姓，安定了楚国的政局，兵威震动天下，威慑臣服诸侯。功业已经成就了，而最终被肢解。大夫文种替越王句践进行了深远谋划，免除了句践在会稽被包围的困境，采取屈降之计把将要灭亡的国家保存下来，将君臣蒙受的耻辱转变为复国的光荣，开垦草地招募游民充实城邑，开辟农田种植五谷，统领四方境内的民众，团结全国上下的力量，辅佐句践这样的贤人，报复夫差灭越的仇恨，终于擒灭了强劲的吴国，使越国成为了霸主。功业已经彰显并获得了信望，句践最终负心而杀了他。这四位人物，功业成就了的时候不退离，祸患随着来临。这就是所说的能伸而不能屈，能进而不能退啊。范蠡知道这个道理，于是超然避开世俗之高官厚禄，长期做从事货殖的陶朱公。

注释　1 奸本：罪恶之根本。　调轻重：调节赋税、商品和货币流通控制物价的政策。　决裂：废除，开辟。　静：安静，平静。　一室无二事：家庭致力于农耕，不搞其他杂事。　力田稸积：努力从事生产，积蓄粮食。稸，同“蓄”。　陈：同“阵”。　2 夷陵：古地名，在今湖北宜昌东，为楚祖先墓地。 3 坑:坑杀。 马服:马服君赵奢,此指赵奢之子赵括。 4 慑伏:被震慑而屈服。 5 杜邮:秦地名,在今陕西咸阳东,白起自杀于此。 6 卑减:使……卑下、减少。 损:裁减。 精:训练。 杨越:部族名,分布在今长江中下游,亦作“白越”。 7 卒:终于。 枝解:即“肢解”。枝,通“肢”。此指吴起之死。 8 入邑:指招募游民充实城邑。 专:团结,聚集。 9 信而不能诎:伸直而不能弯曲。信,通“伸”。诎,弯曲。 10 超然:脱离世俗的样子。 辟:通“避”。 陶朱公:范蠡到陶,号朱公,成为富翁。

“君独不观夫博者乎?或欲大投,或欲分功,此皆君之所明知也。[1]今君相秦,计不下席,谋不出廊庙,坐制诸侯,利施三川,以实宜阳,决羊肠之险,塞太行之道,又斩范、中行之涂,六国不得合从,[2]栈道千里,通于蜀汉,使天下皆畏秦,秦之欲得矣,君之功极矣,此亦秦之分功之时也。如是而不退,则商君、白公、吴起、大夫种是也。吾闻之,‘鉴于水者见面之容,[3]鉴于人者知吉与凶’。《书》曰‘成功之下,

“您难到没有见到从事赌博的人吗?有的想一次投下大赌注,有的想分批投下小赌注,这都是您所清楚了解的。如今您做秦国相国,计谋不离开坐席,谋划不走出朝廷,坐在国内就可以控制诸侯,功利延及三川地带,因而充实宜阳,决开了羊肠险阪,堵塞了太行隘道,又斩断了原属范氏、中行氏的韩国与魏国交往的路途,六国就不能实行合纵,修筑了千里栈道,和蜀汉相沟通,使得天下都畏惧秦国,秦国的目的达到了,您的功劳也到了极点,这也就是秦国要分批下小赌注的时候了。如果到了这种情势还不隐退,那么就是和商君、白起、吴起、大夫种一样的结局了。我听说,‘用水作镜子能看到面部的容貌,用人事作借

不可久处'[4]。四子之祸，君何居焉？君何不以此时归相印，让贤者而授之，退而岩居川观，必有伯夷之廉，长为应侯，世世称孤，而有许由、延陵季子之让，乔松之寿，孰与以祸终哉？[5]即君何居焉？忍不能自离，疑不能自决，必有四子之祸矣。《易》曰'亢龙有悔'[6]，此言上而不能下，信而不能诎，往而不能自返者也。愿君孰[7]计之！"应侯曰："善。吾闻'欲而不知足，失其所以欲；有而不知止，失其所以有'。先生幸教，睢敬受命。"于是乃延入坐，为上客。[8]

鉴的可以知道吉祥和凶祸'。《书》上说'事业成功的形势下，不可以长久滞留'。四位人物的祸患，您为什么去承受呢？您何不乘这个时机向秦王归还相国的印绶，让位给贤能的人并把相国之位授给他，自己引退到山野居住在岩穴之中，观看江河之水，一定会有伯夷那样的廉洁名声，长期享受应侯爵位，世世代代称为封君，从而有着许由、延陵季子的辞让品格，王乔、赤松子一样的高寿，同以灾祸而了结一生相比哪样好呢？那么您准备选择哪一种呢？忍受而不能自动离去，疑惑而不能自我决断，一定会有这四位人物的祸患了。《易经》说'龙飞到顶点而有忧悔'，这是说的能上不能下，能伸不能屈，能往不能返的人啊。希望您仔细地加以考虑！"应侯说："很好。我听说'欲望不知满足，就会失去所想要的；占有不知节制，就会失去所占有的'。幸蒙先生指教，范雎恭敬从命。"于是就邀请蔡泽入座，尊奉他为上客。

注释　1 大投：押大注。　分功：分次下注。　2 施(yì)：延及，延伸。　三川：即河南省河、洛、伊三川之地。　宜阳：古地名，原韩邑，后并为秦地。　范、中行：原晋六卿之二。　涂：通"途"。　从：通"纵"。　3 鉴：借鉴。　见：现，呈现。　4 成功之下，不可久处：此句引自《逸周书》。

5 许由:尧时贤者,尧让天下不受。 延陵季子:春秋时吴王寿梦第四子,封延陵,因不受父命,辞让国位而闻名。 乔松之寿:像仙人王乔和赤松子那样长寿。王乔、赤松子,均为传说中的仙人。 6 亢龙有悔:出自《易·乾》意指龙飞到顶点而有忧悔。比喻地位高的人处于穷极之地而不知变化,必然招致灾难。亢龙,比喻地位很高的人。 7 孰:认真。孰,同"熟"。 8 延:邀请。 坐:同"座"。

后数日,入朝。言于秦昭王曰:"客新有从山东来者曰蔡泽,其人辩士,明于三王之事,五伯之业,世俗之变,足以寄秦国之政。[1]臣之见人甚众,莫及,臣不如也。臣敢以闻。"秦昭王召见,与语,大说[2]之,拜为客卿。应侯因谢病请归相印。昭王强起[3]应侯,应侯遂称病笃。范雎免相,昭王新说蔡泽计画,遂拜为秦相,东收周室。

蔡泽相秦数月,人或恶之,惧诛,乃谢病归相印,号为纲成君。居秦十余年,事昭王、孝文王、庄襄王。[4]卒事始皇帝,为秦使于燕,

几天以后,范雎上朝。他向秦昭王进言说:"新近有从崤山以东来到的游客叫蔡泽,这个人是雄辩之士,明晓夏、商、周三王的政事,五霸的业绩,世俗的变化,值得把秦国的行政大权寄托给他。我所见到的人很多,没有谁赶得上他,我也不如他。我冒昧地向您禀报。"秦昭王召见蔡泽,和他交谈,特别高兴,任命他做客卿。应侯乘机推辞说有病,请求归还相印。昭王强行起用应侯,应侯就称说病情很重。范雎被免掉了国相职位,昭王喜爱蔡泽的计谋策划,就任命他做秦的国相,往东收服了周王室。

蔡泽做秦相国几个月,有人诋毁他,他害怕诛杀,就推辞说有病归还了相国印绶,被赐封为纲成君。他留居在秦国有十多年,侍奉了昭王、孝文王、庄襄王。最后还

三年而燕使太子丹入质于秦。

侍奉了始皇帝，替秦国出使燕国，三年以后燕国派太子丹到秦国来做质子。

注释 1 五伯：即“五霸”。 寄：寄托，委托。 2 说：通“悦”。 3 强起：强行起用。 4 居秦十余年：“十”疑为“廿”。 孝文王：秦国国君，公元前250年在位。 庄襄王：秦国国君，公元前249—公元前247年在位。始皇帝之父。

太史公曰：韩子称“长袖善舞，多钱善贾”，信哉是言也！范雎、蔡泽，世所谓一切辩士，然游说诸侯至白首无所遇者，非计策之拙，所为说力少也。[1]乃二人羁旅入秦，继踵取卿相，垂功于天下者，固强弱之势异也。[2]然士亦有偶合，贤者多如此二子，不得尽意[3]，岂可胜道哉！然二子不困厄，恶能激乎[4]？

太史公说：韩非子说“袖长的人善于舞蹈，钱多的人善做买卖”，这句话说得很正确呀！范雎、蔡泽是社会上所说的辩士中的佼佼者，然而去向诸侯游说直至白头都没有知遇者，并不是他们的计谋拙劣，而是他们所去游说的国家力量太弱了。等到二人旅居寄寓在秦国，却相继取得了卿相职位，功业流传于天下，其原因本就在于国家强弱的形势是不一样的。然而辩士也常有碰巧赶上了机会的，像这二位一样贤能的人多得很，却没有机会施展才能的，难道可以一一数尽吗！然而这两个人如果不遭受困苦危难，怎么能够激发他们去成就事业呢？

注释 1 白首：白头到老。 所为说：指游说的对象。 力：指国家的力量。 少：轻，弱。 2 继踵：相继。 垂：流传。 3 尽意：施展才能。 4 恶(wū)：怎么。 激：激励，奋发向上。

史记卷八十

乐毅列传第二十

原文

乐毅者，其先祖曰乐羊[1]。乐羊为魏文侯将，伐取中山，魏文侯封乐羊以灵寿。[2]乐羊死，葬于灵寿，其后子孙因家焉[3]。中山复国，至赵武灵王时复灭中山，而乐氏后有乐毅。

乐毅贤，好兵，赵人举之。及武灵王有沙丘之乱[4]，乃去赵适魏。闻燕昭王以子之之乱而齐大败燕，燕昭王怨齐，未尝一日而忘报齐也[5]。燕国小，辟远，力不能制，于

译文

乐毅，他的祖先叫乐羊。乐羊曾经做过魏文侯的将领，攻打夺取了中山国，魏文侯把灵寿封给乐羊。乐羊死后，葬在灵寿，他的后代子孙因而居住在这里。后来中山又复国了，到赵武灵王的时候，赵国再次灭掉了中山国，而乐氏家族的后代出了乐毅。

乐毅贤能，喜好军事，赵国人举荐他出任官职。等到武灵王时期发生了沙丘之乱，他就离开赵国来到魏国。听说由于子之的祸乱使得齐国把燕国打得大败，燕昭王怨恨齐国，不曾有一天忘记向齐国报仇。燕国是个小国家，处在中原的僻远地带，力量不能够制服齐国，于是燕昭王就礼贤下士，先行优待郭隗，以便

是屈身下士，先礼郭隗以招贤者。[6]乐毅于是为魏昭王[7]使于燕，燕王以客礼待之。乐毅辞让，遂委质为臣，燕昭王以为亚卿，久之。[8]

招徕贤能的人。正在这时，乐毅替魏国出使燕国，燕王用款待贵客的礼仪接待他。乐毅推辞谦让，就向燕王表示愿意归顺燕国，燕昭王任命他做亚卿，他担任此职很长时间。

注释 1 乐(yuè)羊：亦作"乐阳"。 2 中山：即中山国。 灵寿：魏地名，在今河北灵寿县西北。 3 家焉：居住于此。 4 沙丘之乱：先是赵武灵王废长子赵章而立中子赵何为惠文王。公元前295年赵章乘赵武灵王与惠文王同游沙丘之机为乱，后被大臣赵成等杀死，赵武灵王亦被围困，饿死在沙丘行宫。沙丘，赵地名，在今河北平乡县东北。 5 燕昭王：燕国国君，公元前311—前279年在位。 子之之乱：子之，人名，燕国大臣，其任相国时，燕王哙(燕昭王父)听从大臣鹿毛寿的劝诱把王位让给子之，子之执政使燕大乱。公元前314年，齐乘机攻破燕国。
6 辟：通"僻"，偏僻。 礼：礼遇。 郭隗(wěi)：燕国大臣。 7 魏昭王：魏国国君，名遫，公元前295—前277年在位。 8 委质：古代臣下向君主献礼，表示献身，有归顺义。质，通"贽"。 亚卿：次于正卿的大臣。

当是时，齐湣王强，南败楚相唐眛于重丘，西摧三晋于观津，遂与三晋击秦，助赵灭中山，破宋，广地千余里。[1]与秦昭王争重[2]为帝，已而复归之。诸侯皆欲背秦而服于齐。湣

这时，齐湣王强大，南面在重丘打败了楚相唐眛，西面在观津打垮了魏国和赵国，随即又联合韩、赵、魏三国攻打秦国，协助赵国灭亡了中山国，打败了宋国，扩充了国土一千多里。和秦昭王争相称帝，不久又重新恢复了王号。其他诸侯国都想背离秦国来归服齐国。

王自矜，百姓弗堪[3]。于是燕昭王问伐齐之事。乐毅对曰："齐，霸国之余业[4]也，地大人众，未易独攻也。王必欲伐之，莫如与[5]赵及楚、魏。"于是使乐毅约赵惠文王，别使连楚、魏，令赵嚪说秦以伐齐之利。[6]诸侯害齐湣王之骄暴，皆争合从[7]与燕伐齐。乐毅还报，燕昭王悉起兵，使乐毅为上将军，赵惠文王以相国印授乐毅。乐毅于是并护[8]赵、楚、韩、魏、燕之兵以伐齐，破之济西。诸侯兵罢归，而燕军乐毅独追，至于临菑[9]。齐湣王之败济西，亡走，保于莒[10]。乐毅独留徇[11]齐，齐皆城守。乐毅攻入临菑，尽取齐宝财物祭器输之燕。燕昭王大说，亲至济上劳军，行赏飨士，封乐毅于昌国，

湣王为人自负，百姓们忍受不了。这时候燕昭王询问攻打齐国的对策。乐毅回答说："齐国，是齐桓公称霸遗留下的基业，国土宽广，人口众多，不容易单独去进攻它。您一定要去攻打它，不如先和赵国以及楚国、魏国结交。"于是燕昭王派乐毅去和赵惠文王订立盟约，另外派出使者去联合楚国、魏国，让赵国拿攻打齐国的利益去劝诱秦国。诸侯们认为齐湣王的骄纵横暴是个祸害，都争着通过合纵结交燕国去攻打齐国。乐毅回燕国禀报，燕昭王出动全部兵力，任命乐毅做上将军，赵惠文王也把相国的印章授给乐毅。乐毅于是总领着赵国、楚国、韩国、魏国、燕国的军队去攻打齐国，在济水西岸打败了齐国。其他诸侯国的军队罢兵回国了，只有燕国乐毅率领的军队单独追击，到达了临菑。齐湣王在济水西岸失败后逃走，据守莒城自保。乐毅单独留下来带兵攻略齐国各地，齐国人都据城防守。乐毅攻进了临菑城，把齐国的珍宝财物和宗庙祭祀礼器悉数掠取输送到燕国。燕昭王非常高兴，亲自到济水岸边来慰劳军队，进行奖赏，设酒宴款待将士，把昌国封给乐毅，

号为昌国君。[12] 于是燕昭王收齐卤[13] 获以归，而使乐毅复以兵平齐城之不下者。

封号为昌国君。当时燕昭王收集虏获的齐国财宝回国了，而派乐毅继续带着军队去平定还没有攻下来的齐国城邑。

注释 1 唐眛(mò)：楚国将领。 重丘：楚地名，在今河南泌阳县东北。 三晋：本指从晋国分出来的韩、赵、魏三国，但有时只指其中的二国或一国。此指魏、赵二国。 观津：古地名，在今河北武邑县东南。 2 争重：争相称帝。重，权力，权势。 3 堪：忍受。 4 霸国之余业：指齐桓公称霸遗留下的基业。 5 与(yǔ)：结交。 6 别：另，另外。 啗(dàn)说：劝诱。 7 从：通“纵”。 8 护：总领。 9 临菑：古地名，当时齐都城，在今山东淄博东北。 10 莒(jǔ)：齐地名，在今山东莒县。 11 徇：攻略土地。 12 飨(xiǎng)：以酒食款待人。 昌国：齐地名，在今山东淄博南。 13 卤：通“掳”。

乐毅留徇齐五岁，下齐七十余城，皆为郡县以属燕，唯独莒、即墨[1] 未服。会燕昭王死，子立为燕惠王[2]。惠王自为太子时尝不快于乐毅，及即位，齐之田单闻之，乃纵反间于燕，曰：“齐城不下者两城耳。然所以不早拔者，闻乐毅与燕新王有隙，欲

乐毅留在齐国攻略土地五年，攻取了齐国七十多座城邑，都设置成郡县隶属燕国，只有莒、即墨两座城还没有顺服。正碰上燕昭王死去，燕昭王的儿子继位做燕惠王。惠王从做太子的时候起就对乐毅不满，等到登上国君之位，齐国的田单听说了，就对燕国施加反间计，说：“齐国的城邑没有攻下的只不过两座罢了。然而没有被及早攻下的原因，听说是因为乐毅和燕国的新国君

连兵且留齐，南面而王齐。[3] 齐之所患，唯恐他将之来。”于是燕惠王固已疑乐毅，得齐反间，乃使骑劫[4]代将，而召乐毅。乐毅知燕惠王之不善[5]代之，畏诛，遂西降赵。赵封乐毅于观津，号曰望诸君[6]。尊宠乐毅以警动[7]于燕、齐。

之间有隔阂，乐毅想拖延战事，暂且留在齐国，面向南而在齐国称王。齐国最忧虑的，只恐怕其他的将领来到这里。”这时燕惠王本来已经怀疑乐毅，听到齐国的反间计放出的言论，就派骑劫替代乐毅出任将领，并召乐毅回国。乐毅知道燕惠王是不怀好意地派人来替代他，害怕回国后被诛杀，就往西投降赵国。赵王把观津封给乐毅，给他的称号为望诸君。赵王尊崇宠幸乐毅以震动燕国、齐国。

注释 1 即墨：齐地名，在今山东平度东南。 2 燕惠王：燕国国君，公元前 278—前 272 年在位。 3 纵：放，施加。 连兵：拖延战事。 南面而王齐：面向南而在齐称王。 4 骑劫：燕国将领。 5 不善：不怀好意。 6 望诸君：名号。此“望诸”非地名。 7 警动：震动。

齐田单后与骑劫战，果设诈诳燕军，遂破骑劫于即墨下，而转战逐燕，北至河上，尽复得齐城，而迎襄王于莒，入于临菑。[1]

燕惠王后悔使骑劫代乐毅，以故破军亡将失齐；又怨乐毅之降赵，恐

齐国田单后来同骑劫交战，果然设下陷阱欺骗燕军，就在即墨城下打败了骑劫，接着辗转战斗追逐燕军，往北到达了黄河岸边，重新收复了齐国的全部城邑，并从莒城迎回了襄王，迎入临菑城。

燕惠王后来懊悔派骑劫去替代乐毅，由于这个缘故军队被打败，亡失了将领，丢掉了夺得的齐国土地；又怨恨乐毅投降赵国，恐怕赵国任用乐

赵用乐毅而乘燕之弊[2]以伐燕。燕惠王乃使人让乐毅，且谢之曰："先王举国而委将军，将军为燕破齐，报先王之仇，天下莫不震动，寡人岂敢一日而忘将军之功哉！[3]会先王弃群臣[4]，寡人新即位，左右误寡人。寡人之使骑劫代将军，为将军久暴露于外，故召将军且休，计事。[5]将军过听，以与寡人有隙，遂捐燕归赵。[6]将军自为计则可矣，而亦何以报先王之所以遇将军之意乎？"

毅并趁燕国困败的时机来攻打燕国。燕惠王就派人责备乐毅，并向他表示歉意说："先王把整个国家委托给将军，将军替燕国打败了齐国，为先王报了仇，天下人没有谁不感到震动，我难道敢于有哪一天忘记将军的功劳！正碰上先王去世，我刚刚就国君之位，左右的辅佐人员误导了我。我之所以派骑劫去替代将军，是因为将军长期在外面日晒雨淋、风餐露宿，所以想召回将军暂且休养，计议国事。将军错听了，认为跟我有隔阂，就舍弃燕国归顺了赵国。将军替自己考虑这样做是可以的，可是又怎么来报答先王优待将军的深意呢？"

注释　**1** 诳：欺骗。　河上：黄河岸边。襄王：齐国国君，齐湣王之子法章，公元前283—前265年在位。**2** 弊：疲弊，困败。**3** 让：责备。　谢：道歉。　举：全部，整个。　仇：仇怨，仇恨。**4** 弃群臣：此指去世，辞世。**5** 暴(pù)露：日晒雨淋，风餐露宿。　休：休息，保养。　计事：商议国家大事。**6** 过听：错听，误听。　捐：丢下，舍弃。

乐毅报遗[1]燕惠王书曰：

臣不佞[2]，不能奉承王命，以顺左右之心，恐伤先王

乐毅回复燕惠王一封信说：

臣下没有才干，不能奉行您的命令，从而顺应左右大臣的心

之明，有害足下之义，故遁逃走赵。今足下使人数之以罪，臣恐侍御者不察先王之所以畜幸臣之理，又不白臣之所以事先王之心，故敢以书对。[3]

臣闻贤圣之君不以禄私亲，其功多者赏之，其能当者处之。[4]故察能而授官者，成功之君也；论行而结交者，立名[5]之士也。臣窃观先王之举也，见有高世主之心，故假节于魏，以身得察于燕。[6]先王过举，厕之宾客之中，立之群臣之上，不谋父兄，以为亚卿。[7]臣窃不自知，自以为奉令承教，可幸[8]无罪，故受令而不辞。

意，恐怕损伤先王的英明，有害于您的道义，所以跑到了赵国。如今您派人来指责我的罪过，臣下恐怕左右亲近大臣不能体察先王为什么要任用宠幸臣下的道理，又不理解臣下为什么要侍奉先王的诚心，所以冒昧地写信答复您。

臣下听说贤德圣明的国君不拿爵禄偏赐给亲信，而是功劳多的人就奖赏，能力适当的人就任用。所以考察才能然后授予官职的，是能成就功业的君主；衡量品行然后结交朋友的，是能树立威名的贤士。我私下观察先王的举止，看到他有超出一般君主的心态，所以凭借外交出使机会，让自身能够到燕国来考察。先王不适当地推举我，让我置身在宾客的行列，选拔出来又把我放在群臣的上面，有重大国事不去和同姓大臣商量，却把我任用作亚卿。我缺乏自知之明，自己认为只要奉行命令承受教诲，就可以侥幸不会获罪，所以就接受了命令而没有推辞。

注释　1 报：回复。　遗(wèi)：送。　2 不佞(nìng)：不才。自谦之辞。　3 数(shǔ)：数落，指责。　侍御者：左右亲近大臣。不敢直斥惠王本人，故以此指代，如“执事”“左右”等。　畜(xù)幸：任用宠幸。畜，本指饲养牲畜,此指培养,任用。 白:明白,理解。 4 私:偏,偏向。 当:相当,适当。 处:安排,任用。 5 立名:树立威名。 6 举:举措,举止。 高世主:超出一般君主。 假节:借助符节,即凭借外交出使机会。 身:自身,亲自。 7 过举:谦词,指不适当地推举。 厕:置身于,安排。 父兄:指与燕王同族的宗室大臣。当时有重大措施,国君都要与同姓大臣商量。 8 幸:侥幸。

先王命之曰:“我有积怨深怒于齐,不量轻弱,而欲以齐为事。[1]”臣曰:“夫齐,霸国之余业而最胜[2]之遗事也。练[3]于兵甲,习于战攻。王若欲伐之,必与天下图之。与天下图之,莫若结于赵。且又淮北、宋地,[4]楚魏之所欲也,赵若许而约,四国攻之,齐可大破也。”先王以为然,具符节[5]南使臣于赵。顾反[6],命起兵击齐。以天之道,先王之灵,河北之地随先王而举之济上。[7]济上之军受命击齐,大败齐人。轻卒锐兵,长驱至国[8]。齐王遁

先王命令我说:“我对齐国积累了深深的怨仇和愤怒,不考虑自己力量的轻薄微弱,却想把攻打齐国作为目标。”臣说:“齐国有霸主之国遗留的功业和多次取胜的经验。士兵熟悉战争,长于攻伐方略。您假若想攻打它,就必须发动天下的力量共同对付它。发动天下力量共同对付它,不如先和赵国结盟更有利。而且还是淮北和原宋国,以及楚国、魏国想要的,赵国假若答应结盟从而相约四国的力量去进攻齐国,就可以大败齐国。”先王认为我说得对,准备了出使的凭证派我往南出使赵国。不久我返回,先王命令我率领军队出击齐国。由于上天的引导,先王的神灵,黄河以北地区赵、魏两国的军队随从先王全部到达了济水岸边。济水岸边的所有军队接受命令出击齐国,把齐国人打得大败。轻装的士

而走莒，仅以身免；珠玉财宝车甲珍器尽收入于燕。[9] 齐器设于宁台，大吕陈于元英，故鼎反乎磿室，蓟丘之植植于汶篁，自五伯已来，功未有及先王者也。[10] 先王以为慊于志，故裂地而封之，使得比小国诸侯。[11] 臣窃不自知，自以为奉命承教，可幸无罪，是以受命不辞。

兵使用锐利的武器，长驱直入到达齐国都城。齐王逃跑到了莒城，差点儿就被活捉了；珠玉财宝战车盔甲珍贵器物全都搜索送回了燕国。齐国的宗庙祭器摆设在宁台，齐国的大吕钟陈列在元英殿中，原先被齐国掠去的燕国宝鼎返回了磿室，蓟丘的植物竹子种植到齐国的汶水，从春秋五霸以来，功业的伟大还没有人赶得上先王。先王认为自己的心志得到了满足，所以划出土地来分封我，使我可以和小的诸侯国相比拟。我缺乏自知之明，自认为是奉行命令接受教诲，心怀侥幸不致获罪，因此接受了命令没有推辞。

注释 1 积怨深怒：深仇大恨。 量：衡量，考虑。 事：图谋的目标，作战的对象。 2 最胜：多次取胜。最，《战国策》作“骤”。骤，屡次，多次。 3 练：熟悉，惯于。 4 淮北：淮河以北。 宋地：春秋时宋国故地。 上述二地后皆属齐。 5 具：准备。 符节：使者出使之凭证。 6 顾：随后，不久。 反：同“返”。 7 道：通“导”，引导。 河北：黄河以北。 地：指该地区内的赵、魏两国的军队。 举：全部。 8 国：此指齐之国都临菑。 9 仅以身免：指差点儿被活捉。 器：宗庙祭器。 10 宁台：燕台名，在今北京西。 大吕：齐国钟名。 元英：燕宫殿名。 故鼎：燕国被虏去的鼎。 磿(lì)室：燕国宫殿名。 蓟(jì)丘：燕国国都，亦称“蓟门”，“蓟”。 汶(wèn)：指汶水。 篁(huáng)：指竹子。 已：同“以”。 11 慊(qiè)：满足。 裂：分。 之：指代乐毅自己。 比：并列，相当。

臣闻贤圣之君，功立而不废，故著于《春秋》；[1]蚤知[2]之士，名成而不毁，故称于后世。若先王之报怨雪耻，夷万乘之强国，收八百岁之蓄积，及至弃群臣之日，余教未衰，执政任事之臣，修法令，慎庶孽，施及乎萌隶，皆可以教后世。[3]

我听说贤能圣明的国君，功业建立起来了就不让它废弃，所以能够记载在像《春秋》一样的史册中；有预见的士人，声名成就了就不让它毁坏，所以一直被后世称扬。像先王这样的报复仇怨洗雪耻辱，削平了有万辆战车的强大国家，收取了这个国家八百年来所有的积蓄，一直到他去世的那一天，遗余下来的教化仍在继续，执行政令负责治事的大臣，修明法令，谨慎地对待庶出子孙，其恩泽推及平民百姓，这些都可以用来教育后代。

臣闻之，善作[4]者不必善成，善始者不必善终。昔伍子胥说听于阖闾，而吴王远迹至郢；夫差弗是也，赐之鸱夷而浮之江。[5]吴王不寤先论之可以立功，故沈子胥而不悔；[6]子胥不蚤见主之不同量[7]，是以至于入江而不化。

我听说，善于创始的不一定善于最终完成，善于始者不一定善终。从前伍子胥的劝说被阖闾采纳，因而吴王使自己的足迹最远到达了楚国郢都；夫差不认为伍子胥的劝说是对的，赐给他皮口袋装着他飘浮在长江上。吴王夫差不懂得伍子胥早先的言论可以用来建立功业，所以把子胥沉入江中也不后悔；子胥没有及早看出君主有不同的气量，因此一直到被抛入长江也不改变原来的主张。

注释　1 废：废弃，衰落。　著：记载。　2 蚤知：即先知，有预见。蚤，通“早”。　3 夷：削平，战胜。　八百岁：周武王封姜太公于齐，齐始建国，到乐毅破齐,约八百年。 慎:谨慎地对待。 庶孽:指君王之嫡长子以外的儿子。 施(yì):此指恩泽的推及、延续。 萌(méng)隶:平民百姓。 4 作:兴起,首倡。 5 是:对。 鸱夷:皮口袋。 6 寤:通“悟”,明白,懂得。 先论:伍子胥早先关于吴国必须先灭亡越国的言论。 沈:同“沉”。 7 量:气量,抱负。

夫免身[1]立功,以明先王之迹,臣之上计也。离毁辱之诽谤,堕先王之名,臣之所大恐也。[2]临不测之罪,以幸为利,义之所不敢出也。[3]

脱身免祸,建立功业,来表明先王的心迹,是我的上策。遭受损害侮辱的议论诽谤,毁坏先王的名声,这是我最大的恐惧。面临不可预测的罪过,又侥幸谋取私利,从道义上说我是不敢去做的。

臣闻古之君子,交绝不出恶声;[4]忠臣去国,不洁其名。[5]臣虽不佞,数[6]奉教于君子矣。恐侍御者之亲左右之说,不察疏远之行,故敢献书以闻,唯君王之留意焉。[7]

我听说古代的君子,友情断绝而不去说对方的坏话;忠诚的臣子离开原来的国家,也不替自己的名声辩白。我虽然没有才能,也是多次接受过君子的教导。恐怕君王相信左右大臣的话,不体察已被疏远了的人的行为,所以冒昧地献上这封信让您知道我的心意,希望君王好好考虑一下。

于是燕王复以乐毅子乐閒为昌国君。而乐毅往来复通燕,燕、赵以为客卿。乐毅卒于赵。

于是燕惠王封乐毅的儿子乐閒为昌国君。而乐毅也往来于燕国、赵国之间,重新和燕国修好,燕国、赵国都任用他做客卿。乐毅死在赵国。

注释 1 免身:使自身免除灾祸。 2 离:通“罹”,遭受。 堕(huī):

通"隳",毁坏。 3 测:预料。 以幸为利:侥幸去图谋私利。 义:道义。 4 交绝:友情断绝。 恶声:说人的坏话。 5 去:离开。 洁:纯洁。即辩护、洗刷自己。 6 数(shuò):屡次。 7 亲:信任,相信。 察:察问,体察。

乐閒居燕三十余年,燕王喜用其相栗腹之计,欲攻赵,而问昌国君乐閒。[1] 乐閒曰:"赵,四战之国也,其民习兵,伐之不可。"燕王不听,遂伐赵。赵使廉颇击之,大破栗腹之军于鄗,禽栗腹、乐乘。[2] 乐乘者,乐閒之宗也。[3] 于是乐閒奔赵,赵遂围燕。燕重割地以与赵和,赵乃解[4]而去。

乐閒居住在燕国二十多年,燕王喜采纳他的宰相栗腹的计策,想进攻赵国,就询问昌国君乐閒的意见。乐閒说:"赵国是一个四方受敌而经常进行作战的国家,民众熟习战争,不可去攻打它。"燕王不听从,就去攻打赵国。赵国派廉颇迎击,在鄗地把栗腹的军队打得大败,擒住了栗腹、乐乘。乐乘是乐閒同一宗族的人。于是乐閒奔往赵国,赵国就包围了燕国。燕国割了大量土地来与赵国讲和,赵国才解除包围撤回去了。

注释

1 三十余年:《史记志疑》案:乐閒继封昌国,在燕惠王元年已后,则至栗腹攻赵时安得三十余年哉,当作"二十余年"。 燕王喜:燕国末代君主,公元前254—前222年在位。 2 鄗(hào):古地名,在今河北省高邑县东南。 禽:通"擒"。 3 宗:宗族。《史记志疑》以为此句当在后文"赵封乐乘为武襄君"下,系错简。 4 解:解除包围。

燕王恨不用乐閒，乐閒既在赵，乃遗乐閒书曰："纣之时，箕子之不用，犯谏不怠，以冀其听；[1]商容不达[2]，身只辱焉，以冀其变。及民志不入，狱囚自出，然后二子退隐。故纣负桀暴之累，[3]二子不失忠圣之名。何者？其忧患之尽矣。今寡人虽愚，不若纣之暴也；燕民虽乱，不若殷民之甚也。室有语，不相尽，以告邻里。[4]二者，寡人不为君取也。"

燕王为没采纳乐閒的意见而悔恨，乐閒已经到了赵国，燕王就写了一封信给乐閒说："殷纣王的时候，箕子不被任用，还是犯颜直谏从不懈怠，总是希望纣王能听从他的意见；商容因为劝谏纣王遭到贬谪，他自身遭受了羞辱，总是希望纣王的态度能够改变。等到民心涣散，牢房里的囚犯能随便逃脱的时候，这以后他们两人才辞官隐居了。所以殷纣王背上了凶恶残暴的罪名，他们两人没有丢失忠诚圣洁的美名。为什么呢？他们忧国忧民的责任完全尽到了。如今我本人虽然愚昧，但不像殷纣那样暴虐吧；燕国民众虽然纷乱，但不像殷朝民众那样严重吧。夫妻之间有争吵，不在家里说清，却去告诉邻居。你不坚持直谏和奔往赵国这两方面，我本人不认为你的做法是可取的。"

注释 1 犯：冒犯。 冀：希望。 2 商容：商纣王时大臣。 不达：不显达。指被罢黜。 3 桀暴：凶恶残暴。 累：罪名。 4 室：室内。 尽：完全，透彻。

乐閒、乐乘怨燕不听其计，二人卒留赵。赵封乐乘为武襄君。

其明年，乐乘、廉颇为赵围

乐閒、乐乘怨恨燕国不听从他们的计谋，二人最终留在赵国。赵国封乐乘做武襄君。

第二年，乐乘、廉颇替赵国

燕,燕重礼以和,乃解。后五岁,赵孝成王[1]卒。襄王[2]使乐乘代廉颇。廉颇攻乐乘,乐乘走,廉颇亡入魏。其后十六年而秦灭赵。

包围了燕国,燕国拿出厚重的礼物来讲和,赵国才解除了包围。五年以后,赵孝成王去世了。悼襄王派乐乘替代廉颇的官职。廉颇进攻乐乘,乐乘逃跑,廉颇逃亡进入魏国。此后十六年秦国灭亡了赵国。

其后二十余年,高帝过赵,问:“乐毅有后世乎?”对曰:“有乐叔。”高帝封之乐乡[3],号曰华成君。华成君,乐毅之孙也。而乐氏之族有乐瑕公、乐臣公,赵且为秦所灭,亡之齐高密[4]。乐臣公善修黄帝、老子之言,显闻于齐,称贤师。

二十多年后,汉高帝刘邦经过赵地,询问:“乐毅有后代吗?”回答说:“有个乐叔。”高帝把乐叔封在乐乡,称为华成君。华成君就是乐毅的孙子。而乐氏家族还有乐瑕公、乐巨公,在赵国将要被秦国灭亡的时候,逃亡到了齐国的高密。乐巨公长于修习黄帝、老子的学说,在齐国有显赫的名声,被人们称作贤师。

注释 1 赵孝成王:赵国国君,公元前265—前245年在位。 2 襄王:即悼襄王,赵国国君,公元前244—前236年在位。 3 乐乡:原作“乐卿”,据景祐本、绍兴本等改。县名,在今河北清苑县东南。 4 高密:古地名,在今山东高密西南。

太史公曰:始齐之蒯通及主父偃读乐毅之报燕王书,未尝不废书而泣也。[1]乐臣公学黄帝、老子,其本师号曰河上丈

太史公说:当初齐国的蒯通和主父偃读到乐毅回复燕王的这封信时,都不禁放下信,感动得流出眼泪。乐巨公学习黄帝、老子的学说,他的宗师称为河上丈人,不知道河上丈人师

人,不知其所出。[2] 河上丈人教安期生,安期生教毛翕公,毛翕公教乐瑕公,乐瑕公教乐臣公,乐臣公教盖公。[3] 盖公教于齐高密、胶西,为曹相国师。[4]

承于谁。河上丈人教了安期生,安期生教了毛翕公,毛翕公教了乐瑕公,乐瑕公教了乐巨公,乐巨公教了盖公。盖公在齐国高密、胶西一带讲学,是曹相国的老师。

注释 1 蒯(kuǎi)通:秦汉之际策士。 主父偃:西汉人,官至汉齐王相。 2 本师:宗师。 河上丈人:相传古代高士名。后晋葛洪据此而附会为河上公。 出:此指学问出自何人处。 3 安期生:又称安期、安其生,传说中的仙人,据说他从河上丈人学习黄老之说。 毛翕(xī)公:人名,不详。 盖(gě)公:汉初胶西人,当时著名的道家人物。 4 胶西:地区名,泛指山东胶水以西一带。 曹相国:即汉初相国曹参。